CW00469512

nrf essais

Chris Stringer

Survivants

Pourquoi nous sommes les seuls humains sur terre

Traduit de l'anglais par Alain Kihm

Gallimard

Stringer, Chris (1947-) :

Origines de l'Homme : évolution ; génétique des populations ; langage ; écologie et milieux naturels ; art pariétal ; formations des sociétés et différenciations sociales ; Neandertal et *Homo sapiens* ; Sortie d'Afrique.

L'ouvrage a originellement paru sous le titre *Lone Survivors. How We Came to Be the Only Humans on Earth* aux Éditions Time Books, Henry Holt and Company, à New York en 2012.

À la mémoire de Tony et David, la famille disparue,
Et pour Bill, Clark et Roger, les collègues disparus.

Avant-propos à l'édition française

L'histoire des origines de l'homme est de celles dans lesquelles la France a joué un rôle significatif, tant pour les importantes découvertes archéologiques et de fossiles en France même que par les contributions apportées par des chercheurs français ou rattachés à des équipes françaises. Nombre des découvertes de fossiles parmi les plus décisives ont eu lieu en France, que ce soit les ossements d'*Homo heidelbergensis* dans la grotte d'Arago ou les premiers Néandertaliens de Montmaurin et Biache, ainsi que les splendides squelettes de Néandertaliens des grottes de La Ferrassie, La Chapelle-aux-Saints et La Quina. Quant au domaine culturel, il suffit de songer aux découvertes historiquement cruciales des bifaces de la Somme, qui aidèrent à établir l'ancienneté de la présence humaine en Europe, pour ne rien dire des merveilleuses grottes décorées de Lascaux et Chauvet.

On doit aux chercheurs français ou rattachés à des équipes françaises de nombreuses découvertes d'importance, non seulement celles que je viens de mentionner sur leur territoire national, mais aussi ailleurs dans le Vieux Monde : je citerai, pour ce qui est de nos plus anciens ancêtres africains, *Sahelanthropus* au Tchad (Michel Brunet et son équipe), *Orrorin* (Martin Pickford, Brigitte Senu et leurs collègues) et *Australopithecus* (Camille Arambourg et Yves Coppens, par exemple).

Pour ce qui est des périodes plus récentes de l'évolution humaine, je retiendrai les contributions essentielles au Maroc des sites tels Djebel Irhoud (Jean-Jacques Hublin) et Taforalt (Francesco d'Errico), en Afrique du Sud de Diepkloof Rock Shelter (Pierre-Jean Texier) et des grottes, en Israël, de Qafzeh et de Kebara (Bernard Vandermeersch).

Cet ouvrage a pour sujet les dernières phases de notre évolution et retrace l'origine et la dispersion de notre espèce depuis l'Afrique jusqu'aux confins du globe. Chemin faisant, nous croiserons une pléiade de paléoanthropologues, de chercheurs et de sites de fouilles parmi lesquels le lecteur aura plaisir à retrouver des noms français.

Londres, septembre 2013.

Introduction

On a célébré, il n'y a guère, le 150e anniversaire de la publication de *L'Origine des espèces* de Darwin, ainsi que le 200e anniversaire de sa naissance. L'évolution par sélection naturelle est désormais largement acceptée. Mais que savons-nous de l'origine de notre propre espèce, *Homo sapiens* ? Malgré la fascination qu'exerce la découverte de fossiles pré-humains toujours plus nombreux, cette question de nos propres origines continue de dominer les discussions dans le milieu scientifique aussi bien que dans le grand public. Tandis qu'on s'accorde généralement sur le fait que l'Afrique est le berceau de nos premiers ancêtres humains, le débat est toujours aussi vif quant à savoir si elle est également le lieu originel de notre propre espèce et de ce que nous estimons lui être propre : le langage, l'art, la technologie complexe. D'abord centré autour des restes fossiles, le débat s'est élargi jusqu'à englober les données archéologiques et génétiques, y compris, depuis peu, l'ADN des fossiles néandertaliens. Pourtant, une bonne partie de ces faits nouveaux et les débats qu'ils suscitent demeurent confinés dans une littérature hautement technique, dispersée dans des revues et des livres spécialisés, ce qui en rend l'accès difficile au grand public, si bien informé soit-il.

Mon ambition dans le présent ouvrage est de présenter l'origine de notre espèce de façon complète et compréhensible, à partir de la place que j'occupe en ce domaine et ce débat depuis ces trente dernières années.

Ces décennies, et même davantage, je les ai passées au Muséum d'histoire naturelle de Londres (Museum of Natural History). Y travailler à étudier nos origines était un rêve d'enfance que je n'aurais jamais cru pouvoir réaliser, du fait de mes propres origines, plutôt modestes, dans un quartier ouvrier de l'est londonien. Mais, grâce au soutien de mes parents et parents adoptifs, ainsi qu'à quelques professeurs qui m'ont encouragé en chemin, j'ai commencé à réaliser ce rêve lorsque, à dix-huit ans, j'ai abandonné à la dernière minute des études de médecine pour entreprendre un diplôme d'anthropologie. Le pari a payé une première fois quand, en 1970, j'ai été accepté au sein de l'école doctorale de l'Université de Bristol, pour y étudier les Néandertaliens, population qui avait mes faveurs — et davantage encore en 1973, lorsqu'un poste m'a été offert au département de paléontologie du Muséum. Le travail dans ce domaine et pendant cette période fut une excitation régulièrement ravivée par d'extraordinaires découvertes de nouveaux fossiles et l'arrivée de nouvelles techniques permettant de les dater et de les étudier. C'est la raison pour laquelle j'espère que ce livre incitera ses lecteurs à réfléchir à ce que veut dire être humain et changera leurs façons de voir nos origines. L'écrire a beaucoup changé les miennes.

Je donne régulièrement des conférences sur l'évolution humaine, sujet sur lequel je reçois chaque année des centaines de questions, presque toujours les mêmes, venues des médias et du public. C'est à ces questions que je tâche de répondre dans cet ouvrage. En voici quelques-unes :

1. Quelles sont les grandes questions du débat sur nos origines ?

2. Comment définir l'homme moderne, et comment reconnaître nos commencements parmi les restes fossiles et archéologiques ?

3. Comment dater précisément les fossiles, y compris ceux qui excèdent la durée de datation au radiocarbone ?

4. Que disent vraiment les données génétiques de nos origines, et celles-ci sont-elles uniquement africaines ?

5. Les hommes modernes constituent-ils une espèce distincte par rapport à des populations archaïques telles que les Néandertaliens ?

6. À quoi reconnaît-on les hommes modernes du point de vue comportemental ? Des attributs comme le langage complexe et l'art leur sont-ils propres ?

7. Quels contacts nos ancêtres ont-ils eu avec, par exemple, les Néandertaliens, et sont-ils la cause de leur extinction ?

8. Les caractères archaïques rencontrés dans les fossiles et les gènes des hommes modernes hors d'Afrique sont-ils le signe d'une hybridation ?

9. Que peut-on apprendre de l'ADN à propos des Néandertaliens et de possibles croisements entre eux et les hommes modernes ?

10. Que nous apprend le génome néandertalien complet, et arriverons-nous un jour à cloner un Néandertalien ?

11. Quelles forces ont façonné l'origine des hommes modernes — sont-elles climatiques, nutritionnelles, sociales, voire volcaniques ?

12. Quelles sont les causes de la dispersion des hommes modernes hors d'Afrique et les modalités de celle-ci sur le globe ?

13. Comment les caractères régionaux (« raciaux ») ont-ils évolué, et quelle importance leur accorder ?

14. Qu'est le « Hobbit » de l'île de Florès et quelle relation entretient-il avec nous ?

15. L'évolution humaine s'est-elle arrêtée ou bien continuons-nous d'évoluer ?

16. Qu'attendre des recherches à venir sur nos origines ?

Voilà maintenant plus de vingt ans qu'a paru dans *Nature* l'article pionnier de Rebecca Cann, Mark Stoneking et Allan Wilson, « Mitochondrial DNA and Human Evolution », qui, pour la première fois, mettait à la une des journaux et des revues du monde entier l'« Ève mitochondriale » et les origines de l'humanité moderne. L'article ne plaçait pas seulement au centre de son étude l'évolution de notre espèce, il concluait sur une reformulation fondamentale des arguments scientifiques concernant notre vision de nos origines. Un an plus tard, j'écrivais pour *Science*, avec mon collègue Peter Andrews, un article intitulé « Genetic and Fossil Evidence for the Origin of Modern Humans », qui présentait les deux théories concurrentes qui n'ont cessé de dominer le débat depuis lors : l'origine africaine récente, d'une part ; l'évolution multirégionale, d'autre part. Plus avant dans l'ouvrage, nous verrons comment ces théories ont tenu face aux nombreuses découvertes nouvelles. Dans le premier chapitre, toutefois, j'entends examiner quelques-unes des grandes questions que posent les origines des hommes modernes, notamment : qu'est-ce qui révèle la présence de notre espèce ? Quel est l'objet des débats récents ? Que peut-on s'attendre à trouver dans le registre de l'évolution des hommes modernes, selon les diverses théories, et à partir des fossiles, de l'archéologie et de la génétique ?

Chapitre premier

LES GRANDES QUESTIONS

Voilà à peine 150 ans que Charles Darwin et Alfred Russel Wallace présentaient leurs idées sur l'évolution du monde. Un an plus tard, en 1859, Darwin publiait l'un des livres les plus célèbres de tous les temps, *On the Origin of Species* (*L'Origine des espèces*). On commençait à peine alors à reconnaître les premières découvertes de fossiles humains ; la paléontologie et l'archéologie étaient encore dans l'enfance. De nos jours, au contraire, la documentation matérielle en provenance d'Afrique, d'Asie et d'Europe est abondante et en augmentation constante. Nous avons le privilège de travailler à l'une des époques les plus passionnantes quant à la connaissance de nos origines. Il y a eu d'importantes découvertes de restes fossiles, certes, mais des avancées scientifiques remarquables nous ont permis d'augmenter la quantité d'informations que nous savons en extraire. Dans ce premier chapitre, je montrerai donc à partir de quelles données a été reconstruite l'origine géographique de notre espèce et j'exposerai les conceptions très différentes qui en sont issues, dont la mienne. Ce sont en fait deux origines qu'il faut considérer s'agissant des caractères humains modernes. Ici, je traiterai de notre espèce du point de vue des traits physiques que nous partageons tous aujourd'hui, tels qu'un squelette élancé par rapport à celui de nos prédécesseurs plus robustes, une boîte crânienne plus haute et plus ronde, des arcades sourcilières plus petites et un menton proéminent. Mais il y a aussi les caractéristiques qui distinguent les différentes populations actuelles, traits régionaux ou « raciaux », comme le nez plus saillant de beaucoup d'Européens ou la face plus aplatie de la plupart des Orientaux. Les premiers et les secondes ont des origines tout à fait différentes, dont je parlerai plus tard.

Dans *The Descent of Man* (1871)[1], Darwin suggère que l'Afrique serait le berceau de l'humanité le plus probable, car c'est là que vivent encore nos parents les plus proches, les grands singes africains. Il s'est toutefois écoulé encore bien des années avant que l'on ne découvre les premiers fossiles à l'appui de son hypothèse. Auparavant, c'était l'Europe et ses Néandertaliens, son « Homme de Heidelberg » et son faux « Homme de Piltdown » qui retenait l'attention scientifique s'agissant des ancêtres de l'homme. Mais la découverte en 1921 du crâne de Broken Hill dans ce qui est maintenant la Zambie, suivie en 1924 par la découverte du crâne de Taung (en Afrique du Sud), a mis en branle le processus qui, au bout de nombreuses années, allait donner à l'Afrique son importance primordiale dans l'histoire de l'évolution humaine. Dès 1970, la succession des découvertes fossiles avait établi que l'Afrique est non seulement le lieu originel de la lignée humaine — où a vécu le dernier ancêtre commun des humains et des chimpanzés — mais aussi probablement celui du genre *Homo*

1. *La Filiation de l'homme et la sélection liée au sexe,* traduction coordonnée par Michel Prim, Paris, Syllepse, 2000. L'ouvrage sera désormais cité sous ce titre. Les traductions des citations sont celles de cette édition, à laquelle renvoient les numéros de pages. (Sauf mention contraire, toutes les notes sont du traducteur.)

(les humains). Mais d'où provient notre propre espèce, *Homo sapiens* (l'homme moderne) ? Voilà qui, loin d'être clair dans les années 1970, l'est resté jusque très récemment.

Quand Darwin écrit dans *L'Origine des espèces* que « la lumière serait faite sur l'origine de l'homme et son histoire », il hésite à en dire davantage sur le sujet, comme il l'admet douze ans plus tard dans l'introduction à *La Filiation de l'homme* : « Durant bien des années, j'ai rassemblé des notes sur l'origine ou la filiation de l'homme, sans aucune intention de publication sur le sujet, mais plutôt avec la résolution de ne pas publier, pensant que je ne ferais par là qu'ajouter aux préjugés contre mes vues » (p. 81). Ayant reçu dans l'intervalle le renfort d'un nombre croissant de partisans influents, il se sentait prêt, enfin, à attaquer le sujet controversé des origines de l'homme : « L'unique objet de cet ouvrage est de considérer, premièrement, si l'homme, comme toute autre espèce, est issu par filiation de quelque forme préexistante ; deuxièmement, le mode de son développement ; et, troisièmement, la valeur des différences entre ce que l'on appelle les races de l'homme » (p. 82). Darwin reconnaît toutefois que beaucoup doutent encore, ce qui, malheureusement, reste aussi vrai de nos jours que ce l'était alors : « On a souvent affirmé avec assurance que l'origine de l'homme ne pourra jamais être connue ; mais l'ignorance engendre plus souvent l'assurance que ne le fait la connaissance ; et ce sont ceux qui connaissent peu, et non ceux qui connaissent beaucoup, qui affirment aussi positivement que tel ou tel problème ne sera jamais résolu par la science » (p. 82).

Darwin rend ensuite hommage à plusieurs savants pour leurs travaux sur les origines de l'homme, en particulier au biologiste allemand Ernst Haeckel qui, détail intéressant, s'écartait de lui et de Thomas Huxley (« le chien de garde de Darwin ») sur un point critique encore débattu aujourd'hui. Dans *La Filiation de l'homme*, Darwin écrit : « Nous sommes naturellement conduits à rechercher où était le lieu de naissance de l'homme à ce stade de la descendance où nos ancêtres ont divergé de la souche des Catarrhiniens[1] [...]. Dans chaque grande région du monde, les mammifères vivants sont étroitement apparentés aux espèces éteintes de la même région. Il est par conséquent probable que l'Afrique était antérieurement habitée par des singes aujourd'hui éteints, étroitement voisins du gorille et du chimpanzé, et comme ces deux espèces sont à présent les plus proches voisines de l'homme, il est, en quelque mesure, plus probable que nos premiers ancêtres aient vécu sur le continent africain qu'ailleurs » (p. 245). Il conclut toutefois sur une note de prudence : « Mais il est inutile de spéculer sur ce sujet [...] et il y a eu amplement le temps pour une migration sur l'échelle la plus étendue » (p. 245).

En 1871, non seulement Darwin était confronté à la rareté des données fossiles, dont une absence complète de restes d'aspect humain en Afrique, mais le concept de dérive des continents — l'idée selon laquelle les masses continentales ont migré dans le passé, se séparant et se réarrangeant à mesure qu'elles se déplaçaient sur la surface de la terre — était tout à fait inconnu. Nous savons à présent que ce processus est très souvent au fondement des distributions actuelles de plantes et d'animaux — que l'on pense aux associations uniques d'espèces rencontrées en Australie et en Nouvelle-Zélande. Auparavant, afin d'expliquer les rapports singuliers observés entre espèces

1. Les Catarrhiniens (du grec *cata*, vers le bas, et *rhinos*, le nez) sont, dans la classification des primates, un taxon regroupant les singes de l'Ancien Monde, Afrique et Asie, en opposition à ceux du Nouveau Monde.

de régions différentes, on avait coutume de supposer l'existence de continents engloutis. Ainsi, les lémuriens sont des primates assez primitifs qu'on ne trouve de nos jours que sur l'île de Madagascar, à quelque six cents kilomètres de la côte africaine. Pourtant, des fossiles d'animaux leur ressemblant ont été découverts dans le sous-continent indien, ce qui a conduit en 1864 le zoologiste britannique Philip Sclater à faire l'hypothèse qu'il existait autrefois un vaste continent, nommé par lui Lémurie, qui s'étendait sur la plus grande partie de ce qui est maintenant l'océan Indien.

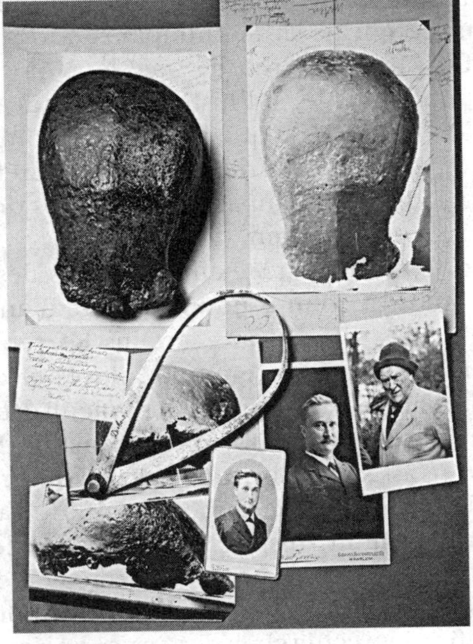

Eugène Dubois et son crâne de Pithecantropus erectus.

S'appuyant sur cette idée du continent perdu, Haeckel argumente en faveur d'un autre berceau humain que l'Afrique : « Il existe un certain nombre de faits qui suggèrent que le premier foyer de l'homme fut un continent à présent englouti sous la surface de l'océan Indien, qui s'étendait le long de l'Asie du Sud vers l'est [...] et jusqu'à Madagascar et les côtes sud-est de l'Afrique vers l'ouest. En supposant que cette Lémurie fut le premier foyer de l'homme, nous simplifions grandement l'explication de la distribution géographique de l'espèce humaine par voie de migration. » Qui plus est, Haeckel, contrairement à Darwin et à Huxley, voit dans le gibbon et l'orang-outan de l'Asie du Sud-Est de meilleurs modèles simiens de nos ancêtres que le gorille et le chimpanzé africains. À l'encontre de Darwin qui s'accorde avec le géologue Charles Lyell pour soutenir que, si l'histoire fossile de l'humanité est encore inconnue, c'est que l'on n'a pas fouillé les bons endroits (en particulier l'Afrique), Haeckel préfère l'explication selon laquelle la plupart des données décisives ont disparu dans l'océan Indien.

Du vivant de Darwin, grâce aux restes fossiles, les Néandertaliens sont déjà connus pour avoir été d'anciens habitants de l'Europe. Tandis que certains les repoussent au rang de « lien manquant », genoux ployés et gros orteils préhensiles, d'autres, tel Huxley, les voient dressés, dotés d'un gros cerveau, indiscutablement humains. Darwin n'a pas vécu pour assister à la première découverte, par un docteur hollandais, Eugène Dubois, en 1891, d'un vrai fossile d'homme primitif. Inspiré par les écrits de Haeckel, Dubois avait obtenu un poste dans l'armée de ce qui était alors les Indes orientales néerlandaises, l'Indonésie d'aujourd'hui, afin d'y rechercher des restes anciens. Haeckel avait forgé le nom de *Pithecanthropus alalus* (« Homme-singe privé de parole ») pour désigner le lien hypothétique entre les grands singes et les hommes qui, croyait-il, avaient vécu en Lémurie.

La chance favorise Dubois au cours de ses fouilles à Java, et il ne tarde pas à découvrir une calotte crânienne fossilisée d'allure simienne et un fémur d'apparence humaine. Il les nomme *Pithecanthropus* (en l'honneur de Haeckel) *erectus* (parce que le fémur indique que la créature marchait dressée, comme nous). Nous savons maintenant qu'il s'agissait d'*Homo erectus*, espèce humaine ancienne, très répandue et qui dura longtemps. Mais, comme cette première découverte eut lieu sur l'île de Java, elle contribua à renforcer les idées de Haeckel et Dubois sur une origine humaine lémurienne/sud-asiatique plutôt qu'africaine.

Avec ce nom de *Pithecanthropus erectus*, Dubois se conformait au système établi plus d'un siècle auparavant par le plus grand des classificateurs, le naturaliste suédois Carl Linné. Confucius se plaisait à répéter qu'il est un « sage » celui qui précise le nom des choses. Heureuse coïncidence, c'est ainsi que Linné choisit de nommer, en latin, l'espèce humaine : *Homo sapiens*. Avant lui, il y avait bien des façons de nommer et de grouper les plantes et les animaux, souvent fondées au hasard sur tels traits particuliers qu'ils présentent — par exemple, leur couleur, leur manière de se mouvoir ou de manger. Linné, pour sa part, pense qu'il convient de grouper les êtres vivants selon les caractères physiques qu'ils ont en commun, et le cœur de son système est constitué de deux noms appliqués à toute espèce naturelle : le nom du groupe ou genre écrit avec une majuscule initiale, par exemple *Homo*, et le nom particulier de l'espèce, par exemple *sapiens* (« sage, savant »), un peu comme un nom de famille suivi d'un prénom pour distinguer les divers enfants de même nom. Dans la dixième édition, la plus citée, de son *Systema Naturae* (1758), il nomme en outre quatre sous-espèces géographiques : *europaeus*, *afer*, *asiaticus* et *americanus*, distin-

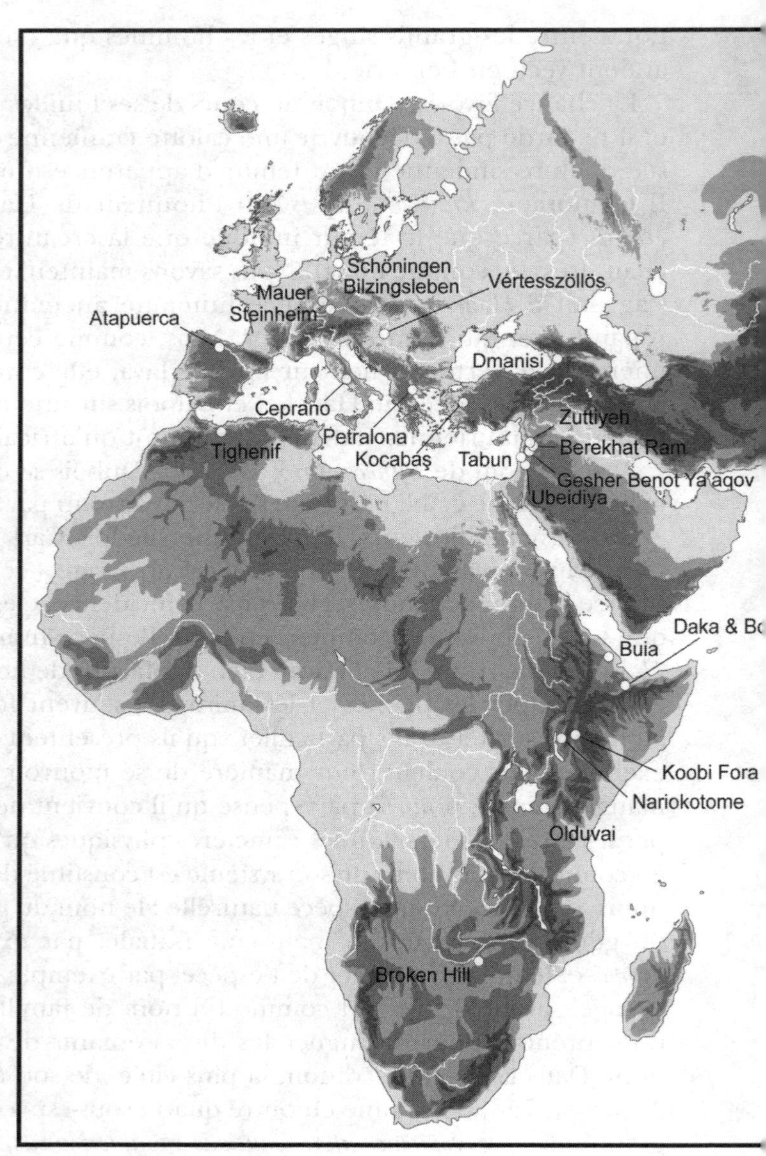

Carte des premiers sites humains

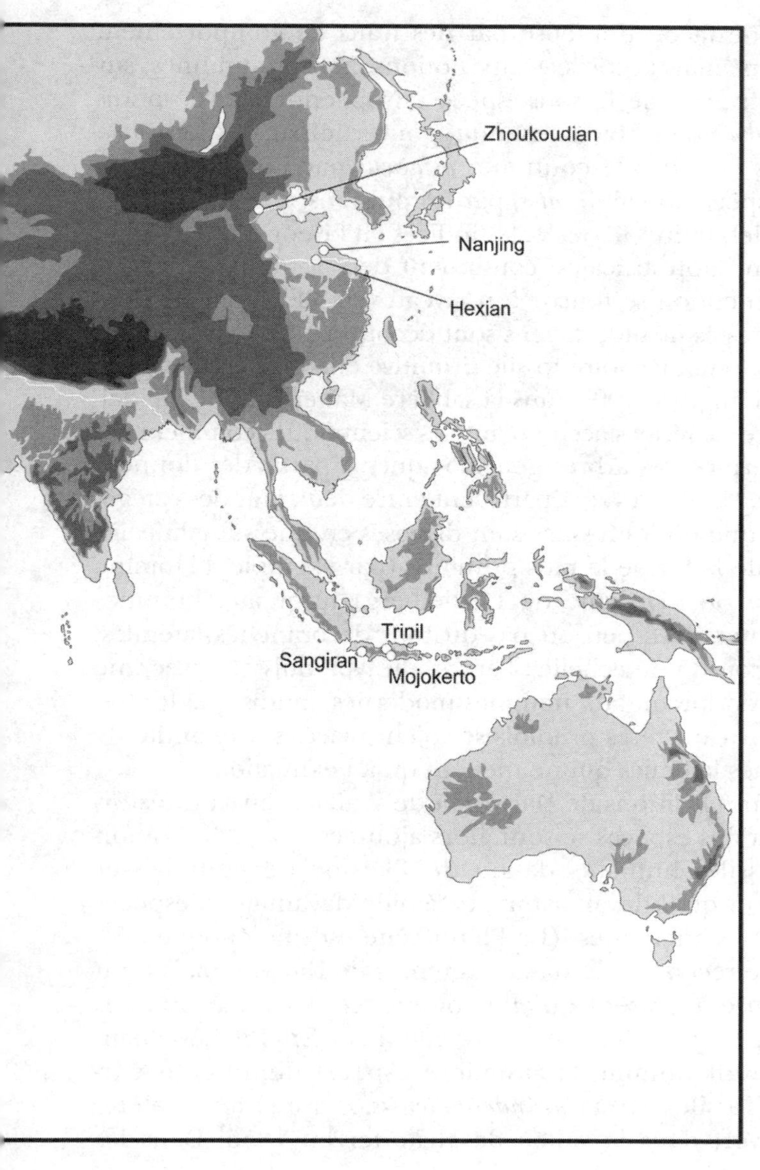
Zhoukoudian
Nanjing
Hexian
Trinil
Sangiran
Mojokerto

guées de façon douteuse par des traits de comportement mineurs, mais accordées aux notions, alors communes, sur la supériorité de la sous-espèce européenne. Ainsi, tandis qu'*europaeus* est, bien entendu, gouverné par des lois, *americanus* l'est par la coutume, *asiaticus* par l'opinion, et la sous-espèce africaine, *afer*, par les pulsions.

Au début du XXe siècle, les indices en faveur d'une origine humaine non africaine continuent de s'accumuler, si bien que l'attention se tourne à nouveau vers l'Europe. De nouveaux restes néandertaliens sont découverts en Croatie et en France, une mâchoire fossile primitive encore plus ancienne est exhumée en 1907 dans la sablière Mauer près de Heidelberg. Le matériel s'accumulant, les scientifiques commencent à construire des arbres généalogiques à partir des données fossiles. Ces arbres se répartissent entre deux grandes catégories : l'une où les fossiles sont disposés en une suite linéaire allant de la forme la plus primitive (par exemple, l'Homme de Java ou l'Homme de Heidelberg) jusqu'aux hommes modernes, avec peu ou pas du tout de branches latérales, à la façon d'une échelle ; l'autre, du type buisson, avec une ligne conduisant aux hommes modernes, tandis que les fossiles aux caractères primitifs se voient placés sur quantité de branches latérales qui ne mènent qu'à l'extinction.

Les publications de Darwin et de Wallace sur la transformation des espèces se sont alors ajoutées à la prolifération des fossiles humains datant du Pléistocène pour laisser supposer qu'il devait avoir existé bien davantage d'espèces humaines anciennes. (Le Pléistocène est une époque géologique récente, mal datée du temps de Darwin, mais dont on pense à présent qu'elle commence il y a 2,5 millions d'années et s'achève il y a 12 000 ans.) En 1864, William King avait nommé la première espèce identifiée à partir de fossiles *Homo neanderthalensis*, d'après le squelette découvert dans la vallée de Neander en 1856. Dans les cinquante années qui suivent, on attribua à des dizaines de nouvelles espèces humaines les nouvelles découvertes faites en Europe, dans une confusion typologique regrettable où des différences triviales se voient chargées de significations biologiques. Ainsi, les restes d'allure tout à fait moderne trouvés sur les sites de Cro-Magnon, Grimaldi, Chancelade et Oberkassel deviennent respectivement les espèces humaines *spelaeus, grimaldii, priscus* et *mediterraneus,* tandis que les restes de Spy, Le Moustier et La Chapelle-aux-Saints donnent naissance à *spyensis, transprimigenius* et *chapellensis,* malgré leur ressemblance avec ceux de la vallée de Neander, déjà désignés comme *Homo neanderthalensis.* Cette tendance à ce qu'on peut appeler une extrême fragmentation durera jusque dans les années 1950, lorsque le pendule oscillera vers la tendance inverse consistant à regrouper les fossiles en un petit nombre d'espèces.

Une reproduction de la mâchoire découverte près de Heidelberg en 1907 et d'une des incisives découvertes sur le site de Boxgrove.

L'idée que l'Europe ait pu abriter des humains encore plus primitifs fait surface en 1912, depuis la gravière de Piltdown au sud de l'Angleterre, qui fait apparaître encore une autre espèce, *Eoanthropus dawsoni*, « l'homme de l'aube de Dawson », Charles Dawson en étant le principal découvreur[1]. Sont extraits des morceaux d'un crâne épais mais au gros cerveau, associés à une mâchoire distinctivement simienne, en même temps que des fossiles d'animaux anciens et des outils de pierre primitifs, le tout indiquant un âge encore plus reculé que celui de l'homme de Java. L'Afrique n'a alors rien à offrir qui se compare à cette floraison de découvertes. Les choses commencent à changer dans les années 1920, mais dans des circonstances telles que les premières découvertes échouent encore à recentrer la quête des origines humaines sur l'Afrique.

Le crâne de Broken Hill (Kabwe), découvert en 1921, est le premier fossile humain d'importance trouvé en Afrique, mais c'est une découverte troublante. Bien que Sir Arthur Smith Woodward du British Museum l'ait rangé dans la nouvelle espèce *Homo rhodesiensis*, l'anthropologue tchéco-américain Aleš Hrdlička le surnomma à l'époque « une comète dans la préhistoire de l'humanité » tant il est difficile de le dater et d'en déchiffrer la parenté. Le crâne a été découvert dans ce qui est maintenant la Zambie (alors la colonie britannique de Rhodésie du Nord) parmi des dépôts extraits d'une grotte au cours d'une recherche de minerai. L'un des fossiles humains les plus merveilleusement préservés, il présente néanmoins un étrange mélange de caractères primitifs et évolués, avec une face dominée par une énorme arcade sourcilière écrasant les orbites. Et l'exploitation minière au cours de laquelle il fut découvert s'étant achevée par la complète

1. « Aube » se dit *dawn*, qui assone avec le nom du découvreur.

destruction de la mine de Broken Hill, tant son âge que sa signification sont demeurés incertains jusqu'à aujourd'hui (nous verrons toutefois les tout derniers développements au chapitre final).

Trois ans plus tard, on découvre un fossile encore plus primitif dans une carrière de calcaire à Taung, en Afrique du Sud : un crâne qui ressemble à celui d'un jeune singe. Son étude est menée par un professeur d'anatomie installé depuis peu à Johannesburg, Raymond Dart, qui publie en 1925 un article dans la revue scientifique *Nature*, où il exprime plusieurs idées remarquables à propos du fossile. Celui-ci, affirme-t-il, présente bien une combinaison de caractères simiens et humains, mais les dents, la forme du cerveau et la posture probable sont de type humain. Dart le nomme donc *Australopithecus africanus* (« singe austral africain ») et le déclare notre proche parent, voire un possible ancêtre humain.

Ces affirmations se heurtèrent à un grand scepticisme de la part de la communauté scientifique, surtout en Angleterre. La cause en est en partie la jeunesse et la relative inexpérience de Dart, en partie le fait aussi qu'il s'agit des restes d'un enfant, les jeunes singes ayant souvent l'air plus « humain » que les adultes. D'autres encore étaient d'avis que les découvertes de Java, Heidelberg et Piltdown offraient des ancêtres bien plus plausibles qu'*Australopithecus africanus.* Enfin, la localisation et l'âge estimé du fossile de Taung ont joué en la défaveur de cette découverte.

Personne, pas même Darwin et Huxley, n'avait envisagé le sud de l'Afrique comme un lieu possible pour les débuts de l'évolution humaine. Et, comme on estimait l'âge du crâne de Taung à guère plus de 500 000 ans, on le trouvait trop récent pour être celui d'un vrai ancêtre humain. On y voyait plutôt un type particulier de grand singe, par certains côtés parallèle aux humains. À présent, bien sûr, nous savons que les australopithécines représentent une longue et importante phase de l'évolution humaine, qui a duré plus de deux millions d'années, et que l'on identifie grâce à des sites échelonnés du Tchad à l'Afrique orientale et australe, où ils sont les plus nombreux. Et l'on sait aussi, depuis la révélation de 1953, que les restes de Piltdown sont une supercherie et n'ont rien à voir avec notre lignée.

D'autres découvertes à la même époque continuent à détourner l'attention de l'Afrique. Celles faites à partir de 1921 dans les sédiments d'une caverne à Zhoukoudian près de Pékin révèlent un équivalent chinois de l'Homme de Java, d'abord baptisé *Sinanthropus pekinensis* (« Homme chinois de Pékin »). Les fouilles systématiques menées de 1927 à nos jours ont livré de nombreux crânes et des parties du corps d'hommes ayant vécu là il y a environ un demi-million d'années et qui ressemblent suffisamment à la collection toujours plus importante des fossiles javanais pour qu'on finisse par regrouper les uns et les autres dans une seule espèce, *Homo erectus.*

Or, cette espèce est cruciale pour l'étude de nos origines, car elle se situe au cœur des divergences radicales entre les conceptions de l'évolution humaine apparues depuis environ soixante-dix ans. La plupart des anthropologues admettent l'existence d'au moins deux espèces humaines au cours du dernier million d'années : *Homo erectus,* disparu, et notre propre espèce, *Homo sapiens* ; mais les opinions divergent beaucoup quant à leur relation.

C'est un anthropologue allemand, Franz Weidenreich, qui, dans les années 1930, propose le premier la théorie des origines de l'homme moderne aujourd'hui appelée « multirégionale ». Bon nombre de ses arguments se fondent sur l'étude des fossiles d'*Homo erectus* de Zhoukoudian. Selon Weidenreich, *Homo erectus* donne naissance à

*Franz Weidenreich et quelques-uns des fossiles d'*Homo erectus *(dit « Homme de Pékin ») qui lui ont inspiré une première version de la théorie multirégionale des origines humaines.*

Homo sapiens sur toute l'étendue de son domaine qui, il y a environ un million d'années, comprenait l'Afrique, la Chine, l'Indonésie et peut-être l'Europe. À mesure que l'espèce se disperse dans tout l'Ancien Monde — car elle est inconnue en Australie et dans les Amériques — elle développe une variation régionale où s'enracine la différenciation « raciale » moderne, en sorte que les traits particuliers à telle région persistent dans les populations locales actuelles qui en descendent. C'est ainsi qu'au vu des fossiles, Weidenreich soutient que les spécimens chinois d'*Homo erectus* présentaient les mêmes faces aplaties et les mêmes pommettes saillantes que les populations orientales modernes, tandis qu'*Homo erectus* javanais avait les pommettes fortes et la face projetée vers l'avant, présentant des caractéristiques dont on dit qu'elles sont particulièrement marquées chez les Aborigènes australiens actuels.

À l'opposé de la théorie multirégionale de Weidenreich, il y a la théorie qui considère que les traits spécifiques des humains modernes (front élevé, menton, squelette élancé, par exemple) ont nécessité beaucoup de temps pour évoluer, si bien que la lignée menant à *Homo sapiens* (la lignée « pré-*sapiens* ») ne peut qu'être très ancienne et s'être développée en parallèle avec des formes robustes et à grosses arcades telles qu'*Homo erectus* et les Néandertaliens. C'est là une vieille idée, qui gagne en importance au début du XXe siècle grâce à des chercheurs influents comme Marcellin Boule en France et Arthur Keith au Royaume-Uni, et dont certains aspects seront repris plus tard par Louis Leakey, qui travaille au Kenya et en Tanzanie. Son support empirique fluctue tout au long du siècle dernier, allant parfois jusqu'à inclure le crâne de Piltdown et le squelette d'allure moderne de Galley Hill (Kent) — si le premier, comme on le sait à présent, était un faux, le second était, lui, faussement daté.

Entre les deux extrêmes que sont le multirégionalisme (qui range potentiellement tous les fossiles humains parmi nos ancêtres) et la théorie pré-*sapiens* (qui en exclut la plupart), se situent des théories intermédiaires qui font aux premiers Néandertaliens leur place dans l'histoire. Ici, les fossiles décisifs viennent du mont Carmel, dans ce qui était alors la Palestine. Leur découverte est due à une expédition internationale qui, à la fin des années 1920 et pendant la décennie suivante, a entrepris de fouiller un ensemble de grottes près d'Haïfa. Dans deux d'entre elles, à Skhul et à Tabun, des fossiles humains sont découverts : s'ils ont été, semble-t-il, délibérément inhumés, ils sont en outre associés à des outils lithiques du genre de ceux qu'en Europe on attribue aux Néandertaliens, mais ils montrent un mélange de caractères néandertaliens et modernes. Comment les interpréter ? Dans les années 1930, il n'existe pas de méthode de datation précise, si bien que les descripteurs des restes de Skhul et de Tabun, Theodore McCown et Arthur Keith, les estiment en gros contemporains les uns des autres. Malgré ceux qui suggèrent qu'il pourrait s'agir d'hybrides d'hommes modernes et de Néandertaliens, McCown et Keith préfèrent y voir des membres d'une population unique, mais variable, peut-être proche du point de divergence entre les lignées néandertalienne et moderne. (En fait, Keith, qui ne parvient pas à abandonner tout à fait son penchant pré-*sapiens*, pense que, du fait de leurs caractères néandertaliens, ils se situent probablement hors de la lignée qui conduit jusqu'à nous.)

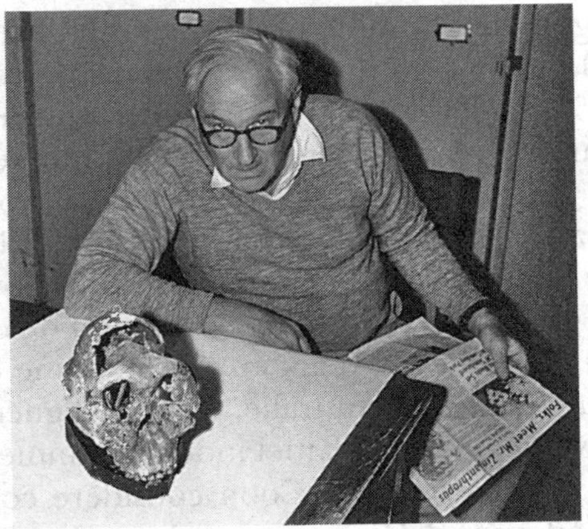

Louis Leakey et le crâne de Zinjanthropus *de la gorge d'Olduvai découvert par sa femme en 1959. C'est le premier fossile d'importance à avoir été daté par la méthode potassium-argon.*

D'autres chercheurs y voient néanmoins l'indice d'une ascendance pré-néandertalienne plutôt que pré-*sapiens* des hommes modernes, les Néandertaliens plus tardifs ou « classiques » s'écartant ensuite de la lignée principale pour aller vers l'extinction. Suivant ce raisonnement, le paléoanthropologue américain F. Clark Howell élabore dans les années 1950 un élégant scénario selon lequel des « Néandertaliens non spécialisés » ont été isolés en Europe par la dernière glaciation il y a environ 100 000 ans et y ont divergé d'*Homo sapiens*. Dans le même temps, leurs congénères du Moyen-Orient (par exemple à Tabun) évoluaient vers l'homme moderne par l'intermédiaire de formes comme celles découvertes à Skhul. Puis, complétant l'histoire, ces « proto-Cro-Magnons » moyen-orientaux migrent vers l'Europe il y a environ 35 000 ans et y remplacent leurs cousins néandertaliens.

En contraste avec cette théorie du Premier Néandertalien à l'origine de l'homme moderne, qui n'accorde guère aux Néandertaliens qu'un petit rôle dans notre évolution, deux théories se développent à partir du multirégionalisme de Weidenreich après sa mort en 1948, qui redonnent à ces mêmes Néandertaliens un rôle principal, voire unique.

D'une part, l'anthropologue américain Carleton Coon s'appuie sur de nouveaux matériaux fossiles pour élaborer un schéma global et exhaustif de l'évolution de cinq lignées distinctes d'*Homo erectus*, deux en Afrique, une en Europe, une en Chine et une en Australie. Ces cinq lignées sont censées avoir évolué pour l'essentiel indépendamment l'une de l'autre pour donner ce que Coon considère comme étant les races modernes d'*Homo sapiens* : les « Capoïdes » (Hottentots d'Afrique du Sud et populations apparentées), les « Négroïdes », les « Caucasoïdes », les « Mongoloïdes » et les « Australoïdes ». En cela Coon s'écarte fondamentalement de son maître. Pour Weidenreich, en effet, l'évolution humaine consiste en un réseau de lignées qui ne cessent d'échanger des gènes et des idées, tandis que Coon ne fait pas mystère de ce que veulent dire pour lui la séparation des lignées et les différentes vitesses d'évolution qu'il en infère : « Où qu'*Homo* soit apparu, l'Afrique étant à présent le continent le plus probable, il n'a pas tardé à se disperser, sous une forme très primitive, dans toutes les régions chaudes de l'Ancien Monde [...] Si l'Afrique est bien le berceau de l'humanité, ce ne fut qu'un médiocre jardin d'enfant. L'Europe et l'Asie furent nos grandes écoles. »

De son côté, le paléoanthropologue américain C. Loring Brace donne aux idées de Weidenreich un tour clairement néandertalien quand il soutient qu'*Homo erectus* a évolué vers l'homme moderne dans chaque partie du monde habité en passant par une phase « néandertaloïde ». La thèse essentielle de Brace est que les Néandertaliens et populations apparentées dans tout le monde habité se servaient de leurs dents antérieures comme d'outils pour manipuler nourriture et matériaux, ce qui est la cause de leur prognathisme, de leurs grandes incisives et de la forme distinctive de leur crâne. L'invention d'outils plus élaborés au Paléolithique supérieur, il y a 35 000 ans, a eu pour effet de libérer les dents et les mâchoires, si bien que la face et le crâne ont pris la forme qu'ils ont aujourd'hui.

Telles sont les grandes idées sur l'origine des hommes modernes qui dominent lorsque je commence mes études doctorales à l'Université de Bristol en 1970 : la théorie multirégionale globale et son développement par Brace, la théorie du Premier Néandertalien, la théorie pré-*sapiens* (excluant *erectus* et Neandertal), plus un schéma assez vague élaboré par les anthropologues Bernard Campbell et Joseph Weiner, l'hypothèse du spectre. Selon celle-ci, les hommes archaïques présentaient diverses combinaisons de ce qui allait devenir les caractères humains modernes, contribuant ainsi, pour partie et chacun à sa manière, à l'évolution d'*Homo sapiens.* Il s'agit donc en un sens d'une théorie multirégionale, si ce n'est que certaines lignées contribuent bien davantage que d'autres à notre ascendance.

J'entreprends de mettre à l'épreuve ces théories et hypothèses, alors même qu'une petite révolution était en cours avec l'accroissement de la puissance de calcul des ordinateurs qui commençait à influer sur les sciences de la vie. Jusqu'à cette date, les analyses de l'évolution humaine se fondaient pour la plupart sur l'observation directe. Les mesures des fossiles, quand on en faisait, étaient généralement comparées une à une ou bien au moyen d'un indice de deux mesures au plus. À partir de 1970, au contraire, des programmes d'analyse multivariée deviennent disponibles, capables de prendre en compte simultanément un grand nombre de mesures et de spécimens et permettant ainsi d'étudier plus exactement les différences de taille et de forme.

Avec ce type d'analyse au cœur de mon doctorat en cours, je quitte le Royaume-Uni en juillet 1971 pour un tour des musées et des instituts de recherche dans dix pays européens. Mon but est de rassembler autant de données que possible sur les Néandertaliens et leurs successeurs modernes, les Cro-Magnons, afin de déterminer si le patron évolutif est fait de continuité ou de rupture. Pour ce voyage de quatre mois, je n'ai qu'une modeste bourse du Medical Research Council, si bien que j'utilise ma vieille voiture, j'y dors ou bien je campe ou je descends dans les auberges de jeunesse — en Belgique, j'ai même passé une nuit dans un foyer pour personnes sans domicile fixe. Après avoir survécu à bien des aventures, y compris plusieurs altercations aux frontières et deux vols, j'arrive au bout de ces huit mille kilomètres de voyage en ayant recueilli l'un des ensembles de données sur les mesures crâniennes des Néandertaliens et des premiers hommes modernes parmi les plus vastes jamais rassemblés jusqu'alors.

Chris Stringer pendant son voyage d'étude en Europe en 1971. Jour de lessive dans un camping yougoslave.

Au cours des deux années suivantes, j'analyse toute cette information, en y ajoutant des données comparatives sur des fossiles non européens ainsi que sur des populations modernes (celles-ci généreusement fournies par l'anthropologue américain William Howells). Les mesures sont alors transférées sur des cartes perforées et entrées dans un ordinateur grand comme plusieurs pièces, mais moins puissant que mon téléphone mobile actuel. Les résultats n'en sont pas moins instructifs. Les crânes néandertaliens ne ressemblent pas plus à ceux des Européens modernes qu'à ceux des Africains, des Inuits ou des Tasmaniens autochtones, et les crânes des Cro-Magnons n'entrent pas dans une case bien définie entre Néandertaliens et Européens modernes. Partout dans le monde, les crânes modernes archaïques paraissent faire groupe avec leurs équivalents modernes plutôt qu'avec un seul crâne plus ancien de même provenance. Le premier résultat ne soutient en rien l'hypothèse d'ancêtres néandertaliens des Cro-Magnons ; le second contredit les prédictions des théories multirégionales et du spectre. L'étude de la période pré-néandertalienne en Europe n'appuie pas davantage la théorie pré-*sapiens,* car les fossiles européens très anciens ne se laissent pas diviser en type néandertalien *versus* type moderne, mais ils semblent plutôt démontrer un développement graduel de traits uniquement néandertaliens.

Les choses ne sont pas tout à fait aussi claires au Moyen-Orient, quoiqu'il ne semble pas exister là non plus de fossiles « intermédiaires » entre Néandertaliens et modernes. Les crânes de Tabun et de la grotte israélienne d'Amud ont l'air fondamentalement néandertalien, alors que ceux de la grotte de Skhul paraissent beaucoup plus modernes. Néanmoins, vu qu'aucune de ces découvertes n'est correctement datée dans les années 1970, je ne peux à cette époque exclure la possibilité qu'avec le temps les Néandertaliens trouvés en Israël se soient transformés en modernes archaïques, conformément à la théorie du Premier Néandertalien de Clark Howell et autres.

Voilà pourtant qu'à ma surprise, un autre ancêtre possible des modernes archaïques de type Skhul et Cro-Magnon ressort de mes résultats. Un crâne découvert en 1967 dans la région d'Omo Kibish en Éthiopie par une équipe dirigée par Richard Leakey (le fils des fameux préhistoriens Louis et Mary Leakey) figure parmi mes données, d'allure très moderne selon mes analyses, lesquelles confirment les premières études par l'anatomiste Michael Day. Pourtant, une datation préliminaire indique un âge d'au moins 130 000 ans, plus ancien que la plupart des Néandertaliens. Et il y a en outre ce crâne énigmatique découvert sur le site marocain de Djebel Irhoud en 1961. Par la forme de la calotte, il a l'air un peu néandertalien, mais la face est non néandertalienne, partie primitive et partie moderne. Vu son âge estimé à environ 40 000 ans, Djebel Irhoud ne peut entrer dans un quelconque scénario. Lui et le crâne d'Omo n'en sont pas moins l'indice que l'Afrique aura son mot à dire dès que davantage de données en proviendront.

À mesure que mes travaux progressent dans les années 1970 et le début des années 1980, je gravite toujours plus autour de la théorie que Bill Howells nomme en 1976 du « jardin d'Éden » (ou de « l'Arche de Noé »), non par créationnisme biblique, mais pour signifier que toute la variation actuelle de l'humanité s'est développée à partir d'un seul point d'origine. À cause du manque de fossiles dans de nombreuses parties du monde, ajouté à l'imprécision des datations pour les fossiles effectivement disponibles, ni Howells ni moi ne sommes alors capables de localiser ce point, même si nous pensons pouvoir exclure les territoires néandertaliens d'Europe et du Moyen-Orient. Mais nous sommes tous deux persuadés que les traits distinctifs partagés par les hommes modernes, tels que crâne haut et arrondi, arcades sourcilières petites, menton, impliquent une origine commune récente, car la différenciation aurait été bien plus importante autrement.

En même temps, je commence à m'éloigner de l'idée alors répandue selon laquelle des fossiles d'aspects aussi différents que Broken Hill, Neandertal et Cro-Magnon devraient tous être classés ensemble comme autant de variantes d'*Homo sapiens*, notre espèce. Au début, je partage l'avis de ces chercheurs qui distinguent « *sapiens* anatomiquement moderne » (Skhul et Cro-Magnon, par exemple) de « *sapiens* archaïque » (Neandertal et Broken Hill). Mais, au cours des années 1980, il me paraît de plus en plus préférable de limiter le terme *sapiens* aux fossiles qui nous ressemblent de près. En outre, avec quelques autres hérétiques, je commence à soutenir qu'il convient de rendre aux Néandertaliens le statut d'espèce distincte, *Homo neanderthalensis,* que leur avait assigné William King en 1864. Je suggère également que le crâne de Broken Hill découvert en 1921 peut être groupé avec des formes européennes plus primitives (par exemple, la mâchoire d'Heidelberg découverte en 1907) pour constituer l'espèce *Homo heidelbergensis.*

À mesure que mes idées sur nos origines se rapprochent d'une théorie de l'origine unique, l'importance particulière de l'Afrique se fait de plus en plus évidente. Aux découvertes d'Omo Kibish viennent s'ajouter les restes de Border Cave et des grottes de l'embouchure du fleuve Klasies en Afrique du Sud. De nouvelles datations donnent à penser que l'Afrique n'est pas le bas-fond culturel que beaucoup y voient. Bien au contraire, des archéologues comme Desmond Clark et Peter Beaumont soutiennent qu'elle a probablement montré la voie par la sophistication de ses outils lithiques. À partir de 1980, je suis pour ma part convaincu que l'Afrique a été le principal foyer de notre évolution, à cela près que, vu l'incertitude des datations, je ne peux exclure que l'Extrême-Orient ait aussi joué un rôle. Il me faudra encore quatre ans pour prendre publiquement une position décidément en faveur de la « sortie d'Afrique », *Out of Africa,* dès lors que plusieurs séries d'indices auront commencé à se combiner dans mon esprit.

Mais en 1984 les idées multirégionalistes de Weidenreich opèrent un retour en force, semant à nouveau la confusion. Ce regain est dû à Milford Wolpoff aux États-Unis, Alan Thorne en Australie et Wu Xinzhi en Chine. Prenant leurs distances d'avec Coon, ils insistent comme Weidenreich sur l'importance du flux génique entre les lignées géographiques : ils considèrent que la continuité spatio-temporelle entre les diverses formes d'*Homo erectus* et leurs descendants régionaux est si complète qu'il convient de tous les classer, et les hommes modernes avec eux, comme représentants d'une seule espèce, *Homo sapiens.* Dans cette théorie, il n'y a donc pas de véritable « origine » de la forme moderne d'*Homo sapiens.* Tel caractère comme le menton a très bien pu évoluer, par exemple, en Afrique, puis de là se répandre par croisements dans toute la série humaine, pour être ensuite sélectionné s'il se révélait avantageux. Tel autre, comme notre front haut, s'est peut-être développé, par exemple, en Chine pour ensuite se diffuser de la même manière. Les hommes modernes auraient ainsi hérité leurs caractères « locaux » par continuité avec leurs prédécesseurs et acquis leurs caractères globaux à travers un réseau de croisements.

C'est compter sans les bouleversements que va alors opérer la recherche génétique. En 1982, je suis informé des travaux sur un type particulier d'ADN présent à l'extérieur du noyau cellulaire, dans les mitochondries. Celles-ci sont des organites qui fournissent leur énergie aux cellules, probablement d'anciennes bactéries indépendantes ayant survécu à l'ingestion par une cellule primitive. Il y eut ensuite une coévolution conférant un avantage mutuel, jusqu'à produire les mitochondries que la plupart des organismes possèdent dans toutes leurs cellules. Chez les humains, l'ADN des mitochondries de la mère est cloné dans l'ovule quand celui-ci devient la première cellule de l'enfant, tandis que peu, voire aucun ADN mitochondrial venu du sperme paternel ne semble impliqué dans la fertilisation. Il s'ensuit que l'ADN mitochondrial (ADNmt) ne permet de suivre l'évolution qu'à travers les femmes (des mères aux filles), puisque l'ADNmt des fils ne se transmet pas à leurs enfants. Mutant beaucoup plus vite que l'ADN ordinaire (nucléaire), comme nous le verrons au chapitre VII, ce type d'ADN permet d'étudier l'évolution à court terme.

Les premiers travaux sur l'ADN mitochondrial paraissaient en effet prometteurs : ils semblaient bien démontrer la faible diversité de notre espèce et le caractère récent de son origine. Les répartitions géographiques restaient toutefois peu claires et n'aidaient pas à localiser cette origine.

En 1986, j'apprends par le bouche à oreille que de nouveaux résultats étonnants concernant l'ADNmt vont bientôt être publiés. Ils paraissent en effet un an plus tard, en janvier 1987, dans la revue *Nature* et donnent aux débats sur l'évolution récente de l'humanité une telle secousse que rien ne sera plus jamais comme avant. Cet article fondateur de Rebecca Cann, Mark Stoneking et Allan Wilson (« Mitochondrial DNA and Human Evolution ») met pour la première fois l'origine des humains modernes à la une des journaux, des revues et des magazines.

La recherche décrite a porté sur environ 150 types d'ADNmt dans le monde entier, dont la variation a été déterminée. Grâce à un logiciel, les auteurs ont relié tous les types actuels dans un arbre d'évolution et, moyennant le mode de changement évolutif le plus économique (la mutation), en ont reconstruit les ancêtres hypothétiques. Puis le logiciel a relié ces ancêtres les uns aux autres, jusqu'à produire un unique ancêtre hypothétique de tous les types actuels. Au final, la distribution des ancêtres montre que l'ancêtre unique commun a dû vivre en Afrique, et le nombre des mutations accumulées depuis son époque indique que l'évolution s'est déroulée sur environ 200 000 ans. Ainsi naît la désormais fameuse Ève mitochondriale, « l'heureuse mère », puisque cet ancêtre mitochondrial commun doit nécessairement être une femme.

*Milford Wolpoff, l'un des créateurs du multirégionalisme, avec un crâne d'*Homo erectus *de Java.*

De tels résultats semblent venir fortement à l'appui de l'origine africaine récente des hommes modernes, pour autant qu'ils suggèrent qu'une expansion depuis l'Afrique s'est produite assez récemment et a remplacé toutes les populations anciennement établies ailleurs, ainsi que leurs lignées mitochondriales. Très vite, ce travail suscite de sévères critiques. On démontre que le type de logiciel utilisé est capable de produire plusieurs milliers d'arbres tous plus ou moins aussi économiques que l'arbre publié et qui ne s'enracinent pas tous en Afrique. Certains contestent par ailleurs la calibration de l'époque où l'Ève mitochondriale a vécu, tandis que d'autres mettent en cause la composition des échantillons modernes analysés : ainsi, de nombreux échantillons « africains » sont en fait afro-américains. Tout cela a pour conséquence que les multirégionalistes parviennent encore, au moins pour un temps, à rejeter les données de l'ADNmt, selon eux non pertinentes ou trompeuses, et à soutenir que les matériaux fossiles (et leur interprétation) demeurent la seule approche valide pour la reconstruction de l'évolution humaine récente.

La thèse de l'origine africaine récente développée par Günter Bräuer (de Hambourg) et moi-même, également à partir de l'étude des fossiles, n'en est pas moins sérieusement confortée par les résultats de Cann, Stoneking et Wilson. Même si Bräuer est moins enclin que moi à voir *Homo sapiens* comme une espèce récente et plus disposé à envisager une hybridation avec les Néandertaliens après la dispersion depuis l'Afrique, nous accueillons tous deux avec joie les nouvelles données fournies par l'ADNmt. De mon côté, celles-ci me rassurent sur le fait que, même là où les données fossiles sont rares ou ambiguës, comme en Extrême-Orient ou en Australasie, la chronique de remplacement que je lis dans le registre européen y est probablement tout aussi vraie.

En 1987, l'archéologue Paul Mellars et moi organisons ensemble à Cambridge un colloque international destiné à comparer fossiles récents et données archéologiques aux nouvelles données issues de l'analyse de l'ADN. Les changements rapides dans le paysage de l'évolution humaine récente auxquels les chercheurs doivent s'affronter y provoquent des débats souvent vifs. Un an plus tard, après avoir totalement pris en compte les discussions du colloque et les analyses génétiques, en collaboration avec mon collègue du Muséum Peter Andrews, je décris cette nouvelle configuration dans un article que publie *Science*. Nous y exposons les deux théories opposées, multirégionalisme et origine africaine récente, et ce qu'on s'attend à trouver dans les données fossiles, archéologiques et génétiques si l'une ou l'autre constitue une représentation exacte de l'évolution humaine récente. (Malgré la popularité de la dénomination *Out of Africa*, « sortie d'Afrique », en référence au titre de la traduction anglaise des souvenirs de la Danoise Karen Blixen, parus en français sous le titre *La Ferme africaine*, je préfère utiliser le terme d'« origine africaine récente » [*Recent African Origin*, RAO], pour autant qu'il existe des fossiles plus anciens qui montrent des dispersions antérieures depuis l'Afrique. C'est pourquoi d'aucuns distinguent des *Out of Africa* 1, 2, etc., bien qu'on ignore combien il y en eut réellement — et qu'il y eut sans doute également des mouvements *Into Africa*, « entrée en Afrique » !)

Au total, nous montrons que la théorie RAO est la mieux étayée, tout en reconnaissant que les données archéologiques en général, et les données fossiles de plusieurs régions en particulier, ne suffisent toujours pas pour éprouver les théories comme il conviendrait. Je suis d'autant plus choqué par certaines réactions au vitriol. Aussi bien dans les comptes rendus anonymes envoyés à la revue par certains confrères avant la publication de l'article que dans le courrier et les commentaires médiatiques qui la suivent, nos idées et nos interprétations sont tournées en dérision, parfois à la limite de l'insulte personnelle. Les relations se tendent avec plusieurs personnes, pour certaines considérées par moi comme des amis. Bien qu'elles soient redevenues cordiales après un temps dans la plupart des cas, d'aucuns ont néanmoins difficilement pardonné ni oublié ce qu'ils tenaient pour une position extrémiste, redoublée par l'hérésie de l'Ève mitochondriale.

Davantage de données fossiles et, surtout, génétiques venant à l'appui de l'origine africaine récente, la théorie RAO classique se développe grâce à un certain nombre de chercheurs, dont je suis, qui travaillent séparément ou en collaboration. Aux alentours de l'an 2000, elle est devenue la conception dominante. Nourrie du consensus quant à

Deux des auteurs de la théorie de l'origine africaine récente, Günter Bräuer (à gauche) et Chris Stringer, photographiés dans les années 1980.

l'évolution humaine antérieure, elle pose une origine africaine pour deux espèces humaines — *Homo erectus* et *Homo sapiens* — et peut-être aussi, entre ces deux espèces, *Homo heidelbergensis* (quoique pour moi la provenance de ce dernier ne soit toujours pas éclaircie). Issu d'une espèce semblable à *Homo habilis* il y a près de deux millions d'années en Afrique, *Homo erectus* en est sorti et s'est dispersé il y a environ 1,7 million d'années, événement communément connu sous le nom de la sortie d'Afrique, d'*Out of Africa* 1. L'espèce s'est répandue dans les régions tropicales et subtropicales de l'Extrême-Orient et de l'Asie du Sud-Est, où elle est demeurée, ou bien a évolué vers d'autres formes, ou bien s'est éteinte. Il y a environ 1,5 million d'années, *Erectus* africain invente un outil lithique plus perfectionné, le biface, mais celui-ci ne se répand guère hors d'Afrique jusqu'à sa réapparition soudaine dans l'espèce successeuse *Homo heidelbergensis*, en Europe du Sud, puis en Grande-Bretagne, entre 500 et 600 000 ans.

Selon moi, l'évolution d'*Homo heidelbergensis* connaît alors une scission entre 300 000 et 400 000 ans : à l'ouest de l'Eurasie, il donne les Néandertaliens, tandis que la lignée africaine évolue pour devenir l'ancêtre de l'homme moderne il y a environ 130 000 ans. Cette origine d'*Homo sapiens* moderne en Afrique est forcément assez récente et circonscrite, vu les similitudes au niveau à la fois de la forme corporelle et de l'ADN, et elle a pu se faire très rapidement, dans une petite région favorable telle que l'Afrique orientale. De ces hommes modernes, certains se dispersent vers le Moyen-Orient (Israël) il y a environ 100 000 ans, et il se peut qu'ils aient atteint l'Australie il y a 60 000 ans. *Homo sapiens* ne pénètre toutefois en Europe pas avant 35 000 ans environ, et il le fait à la suite du développement rapide d'outils perfectionnés et de comportements complexes il y a 50 000 ans. Ce sont ces progrès qui permettent finalement aux hommes modernes de se répandre en Europe et — représentés par les Cro-Magnons et leurs outils du Paléolithique supérieur — d'y prendre le dessus et de remplacer les Néandertaliens grâce à une technologie plus avancée et une meilleure adaptation. Lecteurs, gardez cette histoire présente à l'esprit, car j'y reviendrai plusieurs fois dans ce livre.

S'il est vrai que la théorie RAO est la plus exacte, la variation régionale (« raciale ») n'a pu se développer que pendant et après la dispersion hors d'Afrique, en sorte que toute apparence de continuité de caractères régionaux entre *Homo erectus* et des populations actuelles dans les mêmes régions extra-africaines doit résulter d'une évolution parallèle ou d'une coïncidence plutôt que d'une transmission génétique, comme le soutient la théorie multirégionale. Comme cette dernière, RAO admet qu'*Homo erectus* a évolué vers de nouvelles formes humaines dans les régions qu'il a habitées hors d'Afrique ; mais pour elle, ces lignées non africaines ont fini par s'éteindre sans évoluer vers les hommes modernes. Ceux-ci en ont probablement remplacé certaines, tels les Néandertaliens, et c'est pourquoi la théorie RAO, outre son appellation populaire d'*Out of Africa*, est aussi connue sous le nom de théorie du remplacement.

Gagnant en appui et en influence, la théorie RAO n'a pu manquer d'influencer les conceptions de personnes telles que les anthropologues américains Fred Smith et Erik Trinkaus qui, tout en croyant à une continuité à l'extérieur de l'Afrique, n'adhèrent pas au multirégionalisme classique, comme je l'appelle. Leur théorie, dite de l'assimilation, représente plutôt une position moyenne entre les extrêmes que sont RAO et le multirégionalisme classique : l'Afrique y domine bien comme source des caractères modernes, mais, hors d'Afrique, ces traits n'ont été repris que graduellement par le biais de mélanges de populations. Les caractères modernes se sont donc diffusés à l'extérieur de l'Afrique plutôt que d'y être imposés par l'invasion et la domination des hommes modernes, si bien qu'on peut s'attendre à ce que ces derniers présentent des caractères des « indigènes » auxquels ils se mêlaient.

Mais, en même temps que les diverses théories de l'évolution humaine s'adaptent au paysage post-mitochondrial, la recherche génétique se voit elle-même soumise à des réévaluations. J'ai parlé plus haut des sévères critiques essuyées par l'article « Ève » de 1987, du point de vue des échantillons utilisés, des méthodes d'analyse, de la vitesse d'évolution supposée et de l'assurance des conclusions. Reconnaissant des défauts dans tous ces domaines, l'équipe responsable de la recherche initiale entreprend alors, au cours des années suivantes, de surmonter ces problèmes par de nouvelles analyses, lesquelles n'ont pour résultat que de les conforter dans leurs conclusions, comme nous le verrons au chapitre VII. Toutefois, comme nous le verrons également, la plupart des chercheurs s'accorde à présent pour estimer que l'ADNmt, quoique très utile, ne constitue qu'une petite partie des données génétiques dont nous avons besoin pour reconstituer l'histoire de nos origines.

Dans la suite de cet ouvrage, je parlerai principalement de trois espèces humaines outre la nôtre : *Homo erectus*, *Homo heidelbergensis* et *Homo neanderthalensis.* Mais comment fait-on pour reconnaître des espèces humaines distinctes à partir des restes fossiles et comment y distinguons-nous nos propres ancêtres ? La question n'est pas facile et les spécialistes y donnent des réponses différentes. Par exemple, comme je l'ai déjà expliqué, les multirégionalistes ont tendance à considérer *Homo sapiens* comme la seule espèce humaine au monde pendant ce dernier million d'années, en sorte qu'*Homo erectus* et *Homo heidelbergensis* ne signifient rien pour eux. Pour moi, en revanche, ce sont les caractères du squelette qui, pris collectivement, permettent de diagnostiquer la distinction des espèces humaines dans le passé et qui, de même, caractérisent notre espèce aujourd'hui. Du fait de la variation dans l'espace et le temps, ces caractères sont rarement absolus, mais je pense néanmoins que, combinés, ils permettent de distinguer, sur la base de la structure du squelette, des lignées évolutives séparées qu'il est permis d'appeler des espèces.

S'agissant de notre espèce, *Homo sapiens* (les hommes modernes), ces caractères comprennent : un grand volume cérébral ; la forme globulaire du neurocrâne (os de la boîte crânienne incurvés en dôme et hauteur accrue) ; en vue postérieure, une boîte crânienne plus large au sommet et plus étroite à la base ; sur le côté de celle-ci, un temporal plus long et plus régulièrement arqué ; une face moins longue et rentrée sous la boîte crânienne ; une arcade sourcilière petite et divisée en deux ; un espace osseux étroit entre les orbites ; une projection accrue du milieu de la face et du nez ; un menton osseux sur la mâchoire inférieure, présent dès la naissance ; la simplification et le rapetissement des couronnes dentaires ; un tympanal de structure légère (qui contient les os de l'oreille interne) ; une branche pubienne courte quasi circulaire en section transversale (il s'agit d'un os en avant du bassin) ; pas d'aile iliaque (une crête osseuse presque verticale renforçant le bassin au-dessus de la jointure de la hanche) ; des fémurs ovales en section transversale et d'épaisseur maximale en avant et en arrière.

Par contraste, chez *Homo erectus*, l'espèce humaine apparue en Afrique et en Asie il y a plus de 1,5 million d'années, ces mêmes caractères sont : un petit volume cérébral en moyenne ; une boîte crânienne relativement allongée et abaissée, étroite au sommet, mais large à la base ; un temporal plus court et plus triangulaire ; un occipital angulaire à l'arrière du crâne, avec un fort torus (bourrelet osseux) en travers ; des bourrelets osseux renforçant les os frontal et pariétal de la boîte crânienne ; un tympanal épais ; un torus sus-orbital (arcade sourcilière) fort et continu ; une forte constriction post-orbitale (le crâne vu de dessus est comme pincé derrière l'arcade sourcilière) ; un large espace osseux entre les orbites ; une face projetée en avant par rapport à la boîte crânienne ; une branche pubienne supérieure plus aplatie et allongée ; une aile iliaque ; des fémurs arrondis et d'épaisseur constante en section transversale.

Homo erectus paraît primitif sous bien des rapports comparé aux humains plus tardifs. Il n'en représente pas moins une borne sur le chemin vers l'humanité moderne par beaucoup d'aspects de son anatomie : un cerveau qui dépasse par la taille celui de tous les grands singes et australopithécines, une face humaine au nez saillant, des dents petites, un port du crâne humain et une charpente corporelle aux proportions humaines plutôt que simiennes. Il est en outre responsable, selon les paléobiologistes Dennis Bramble et Daniel Lieberman, d'un passage fondamental à la vie dans les grands espaces, d'abord charognant, puis chassant sur de longues distances. Nous sommes en effet uniques parmi les primates par notre aptitude à la course de fond, dont il se peut qu'elle ait d'abord évolué pour permettre aux humains de précéder les compétiteurs sur les carcasses à charogner. Encore aujourd'hui, les San de Namibie sont capables de fatiguer peu à peu le gibier en le poursuivant : les ongulés, par exemple, courent beaucoup plus vite que les humains sur de courtes distances, mais ils s'épuisent complètement sur les longues distances, après quoi il devient facile d'en disposer. Un certain nombre de traits du squelette d'*erectus* (puis des humains modernes) tels que la forme du corps, des jambes, des chevilles et des pieds, l'équilibre et la stabilité de la tête, sans oublier la sudation servant à la thermorégulation, tout cela, toujours selon Bramble et Lieberman, constitue peut-être un reste d'une adaptation ancienne à la course de fond.

H. heidelbergensis, présent en Afrique et en Europe il y a plus de 500 000 ans, présente des combinaisons des caractères des *erectus* plus primitifs et des Néandertaliens et *sapiens* postérieurs, comme il convient à une espèce possiblement intermédiaire : une arcade sourcilière comme celle d'*erectus*, mais comportant souvent de grands sinus (des vides) ; un occipital comme celui d'*erectus* ; un large espace inter-orbital comme *erectus* ; une branche pubienne supérieure comme celle d'*erectus* ; une aile iliaque comme *erectus* ; des fémurs plutôt ronds comme *erectus* ; des volumes cérébraux qui vont du plus petit d'*erectus* au plus grand d'*H. sapiens* et *H. neanderthalensis* ; une boîte crânienne plus haute que celle d'*erectus* et aux côtés parallèles en vue postérieure ; une face intermédiaire entre *erectus* et les humains plus tardifs quant à sa projection par rapport à la boîte crânienne ; un temporal qui ressemble plus à celui de *sapiens* et de *neanderthalensis* ; un tympanal comme celui des Néandertaliens et des modernes ; une face médiane et un nez plus saillants (comme chez les Néandertaliens et les modernes) ; et, parfois, des pommettes saillantes s'effaçant vers l'arrière, comme chez les Néandertaliens.

Ces derniers, quant à eux, sont des humains avancés qui ont donc des caractères en commun avec *heidelbergensis* et nous. Mais ils présentent aussi des caractères primitifs et d'autres qui sont le signe de leur évolution séparée : une branche pubienne supérieure allongée comme *erectus* et *heidelbergensis* ; des fémurs arrondis comme *erectus* et *heidelbergensis* ; un volume cérébral grand comme le nôtre ; un temporal haut et arqué comme le nôtre ; un espace inter-orbital réduit ; une projection faciale totale également réduite ; un tympanal de structure légère ; chez beaucoup, une simplification et un rapetissement des couronnes dentaires comme chez *sapiens* ; une aile iliaque discrète ou absente.

Quant aux caractères qui semblent distinguer les Néandertaliens comme lignée évolutive, certains ont à voir avec la forme du corps, la cage thoracique et les proportions des membres, mais les plus évidents apparaissent sur le crâne : arcade sourcilière double avec sinus centraux ; petit torus occipital doublement arqué avec fosse centrale (la fosse supra-iniaque) ; une forme en bombe en vue postérieure ; une forme distinctive des canaux semi-circulaires de l'oreille interne (cf. chapitre III) ; une forte projection du milieu de la face avec des pommettes saillantes et s'effaçant sur les côtés ; un nez haut placé, large et saillant ; de grandes orbites presque circulaires ; une face longue mais relativement étroite ; de grandes dents antérieures (incisives) creusées sur la surface interne des centrales supérieures.

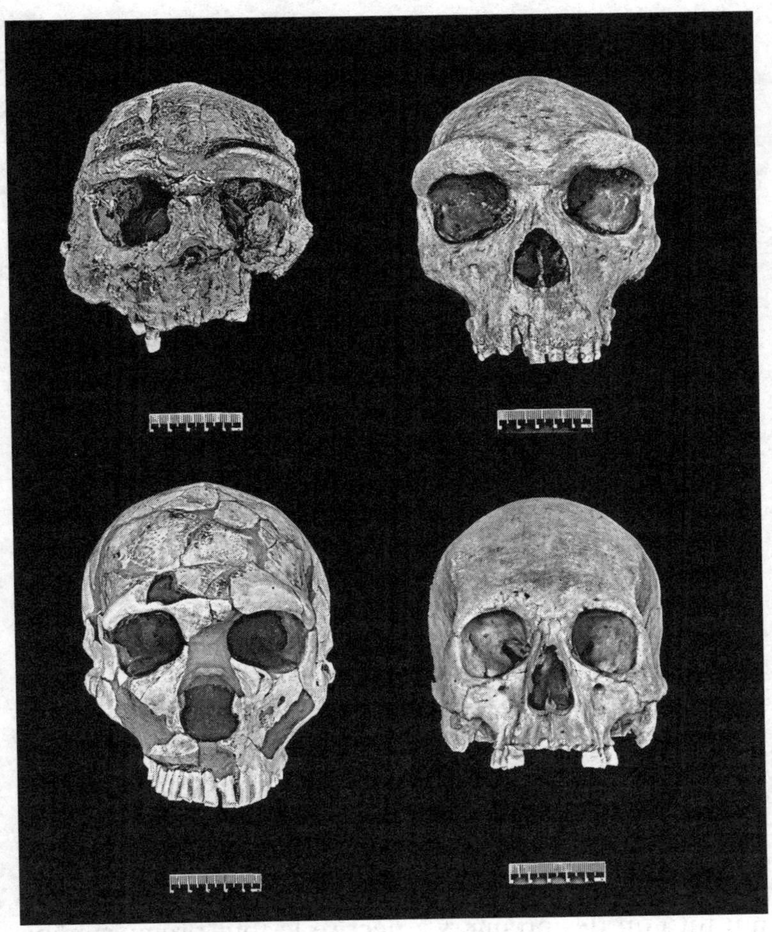

*(Sens des aiguilles depuis le haut à gauche) Crânes d'*erectus *(Sangiran, Java), d'*heidelbergensis *(Broken Hill, Zambie), de* sapiens *(Indonésie) et de* neanderthalensis *(La Ferrassie, France).*

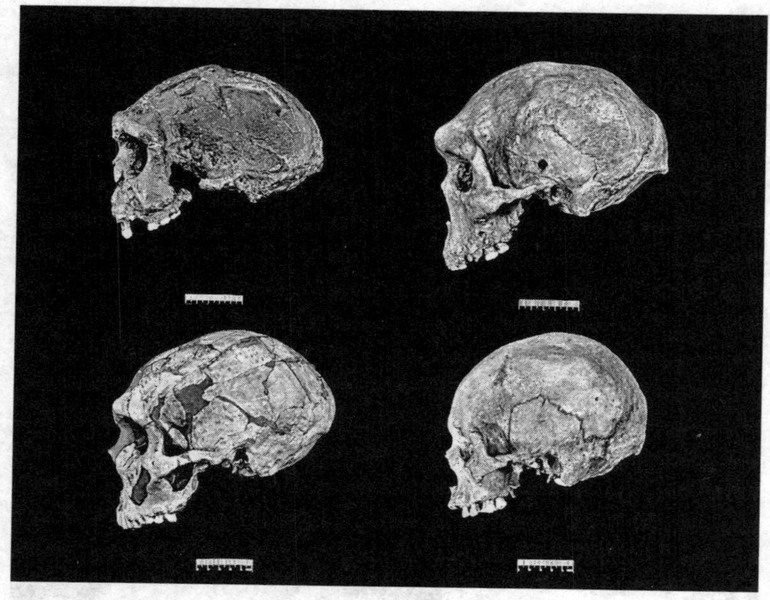

*(Sens des aiguilles depuis le haut à gauche) Vue latérale de crânes d'*erectus *(Sangiran, Java), d'*heidelbergensis *(Broken Hill, Zambie), de* sapiens *(Indonésie) et de* neanderthalensis *(La Ferrassie, France).*

Mais le caractère qui ressort (littéralement) le plus de ces comparaisons entre espèces modernes et archaïques est le fort bourrelet sus-orbital de ces dernières, et son absence chez les premières. L'anatomiste Hermann Schaaffhausen, qui fut l'un des premiers à décrire le tout premier crâne néandertalien, qualifie ces arcades de « particularité des plus remarquables ». Des nombreuses hypothèses scientifiques émises pour en expliquer la présence ou l'absence, aucune ne me convainc réellement. Le fait que beaucoup de ces énormes bourrelets que présentent les crânes fossiles soient intérieurement creux, présentant de grands sinus (des espaces remplis d'air), indique que leur fonction n'est pas de supporter ou de transmettre des forces provenant de coups à la tête ou d'une mastication vigoureuse. Grover Krantz, un anthropologue excentrique, est même allé jusqu'à s'attacher une réplique d'arcade sourcilière d'*Homo erectus* pendant six mois afin d'en découvrir les possibles bénéfices. Il a trouvé qu'elle lui protégeait les yeux du soleil, qu'elle écartait ses cheveux longs de ses yeux quand il courait et, aussi, qu'elle terrorisait les gens par les nuits noires. Pour moi, c'est ce dernier trait qui est peut-être significatif. Comme le paléontologue Björn Kurtén, je pense en effet que le bourrelet sus-orbital a pu servir de signal chez les premiers humains, pour accentuer l'agressivité du regard, en particulier chez les hommes. Il est donc possible que sa grande taille ait été sexuellement sélectionnée au cours des générations, un peu comme les andouillers des cerfs. Mais alors, pourquoi n'avons-nous pas de bourrelet comme nos prédécesseurs ? La suite de cet ouvrage montrera, je pense, que les hommes modernes ont développé tant d'autres façons de s'impressionner mutuellement, des armes aux parures clinquantes, que les avantages évolutifs des fortes arcades sourcilières se sont probablement usés au cours de ces derniers 200 000 ans.

S'il a en effet existé plusieurs espèces humaines dans le passé, ont-elles pu se croiser ? À mon avis, la théorie RAO ne s'est jamais opposée à la possibilité de croisements entre hommes modernes et archaïques pendant la dispersion des premiers hors d'Afrique. C'est là indubitablement l'une des principales zones de confusion dans l'étude des origines des hommes modernes : comment reconnaître les espèces dans les restes fossiles et qu'est-ce que cela signifie ? Pour certains, il convient d'en reconnaître autant que l'on peut distinguer de groupes morphologiques dans les restes fossiles, d'où au moins dix espèces du genre *Homo* au cours des derniers deux millions d'années : *Homo ergaster, erectus, georgicus, antecessor, heidelbergensis, rhodesiensis, helmei, floresiensis, neanderthalensis, sapiens.*

À l'autre extrême, certains multirégionalistes soutiennent, nous l'avons dit, qu'une seule espèce mérite d'être reconnue pendant cette même période : *Homo sapiens.* Pour compliquer les choses, on confond parfois plusieurs concepts d'espèce. Ainsi, certains multirégionalistes appliquent le « concept biologique d'espèce » (CBE) aux restes fossiles pour justifier leur croyance qu'*H. neanderthalensis* et *H. sapiens* appartiennent à la même espèce et étaient complètement interféconds. Ce concept, développé à partir de l'étude des organismes actuellement vivants, stipule qu'une espèce consiste en la communauté la plus vaste d'un groupe de plantes ou d'animaux capables de se reproduire ensemble, mais aucunement avec aucune autre communauté. Une espèce est ainsi « reproductivement isolée » par rapport aux autres espèces, tandis que ses variétés sont susceptibles de se croiser. Un bon exemple en est *Homo sapiens* actuel, puisque tous ses membres, où qu'ils vivent, sont potentiellement capables de s'accoupler et d'avoir des enfants fertiles, alors que nous sommes apparemment complètement séparés de nos cousins simiens pour ce qui est de la reproduction. Je dis « apparemment » à cause de rumeurs persistantes à propos d'expériences anti-éthiques menées dans les années 1940 et 1950, au cours desquelles des scientifiques américains et/ou soviétiques auraient inséminé des chimpanzés femelles avec du sperme humain — les résultats, pour qui veut croire la rumeur, auraient été éliminés.

Et si nous rencontrions un Néandertalien ? Un homme moderne pourrait-il se croiser avec lui ? Avant tout, cette question fait émerger le conflit latent entre le concept biologique d'espèce (qui concerne des espèces en vie) et les concepts tout à fait différents que j'ai utilisés pour reconnaître des espèces au sein des restes fossiles, tel le degré de variation du squelette. Avec cette dernière mesure (concept morphologique de l'espèce, fondé sur ce que les fossiles ont préservé), beaucoup d'anthropologues et moi-même considérons Neandertal comme une espèce distincte d'*Homo sapiens.* Cela étant, il y a un conflit au cœur du concept biologique d'espèce : le fait que de nombreuses espèces de mammifères étroitement apparentées peuvent s'hybrider et même engendrer une descendance fertile : par exemple, les loups et les coyotes, les bisons et les vaches, les chimpanzés et les bonobos, sans compter plusieurs espèces de petits singes. Il nous faut donc admettre que les concepts d'espèces sont des catégories humaines, qui fonctionnent ou non quand on les compare aux réalités de la nature. À mon avis, donc, même si l'hybridation Néandertalien-moderne est possible (question épineuse que je discuterai au chapitre VII), cela ne signifie pas forcément que les Néandertaliens et nous appartenons à la même espèce : tout dépend de l'ampleur et de l'effet des croisements.

Les fossiles, ces reliques d'espèces anciennes, ont éveillé mon intérêt pour le lointain passé dès que je me suis mis à les collectionner quand j'étais jeune garçon, et ils me fascinent toujours. Par eux-mêmes, ce ne sont pourtant que des os et des dents minéralisés et inertes. Aussi dans les deux chapitres suivants vais-je montrer comment toute une série de nouvelles techniques passionnantes nous aident désormais à les replacer dans leurs milieux anciens et à les ramener ainsi à la vie.

Chapitre II

LES CLEFS DU PASSÉ

Au bout du couloir depuis mon bureau du Muséum, enfermés dans une armoire spéciale, se trouvent quelques-uns des restes les plus célèbres de l'histoire de l'évolution humaine, dont il a déjà été question au chapitre précédent : l'Homme de Piltdown. Découverts et annoncés à un public sans méfiance il y a un siècle, ils sont un avertissement à tous les scientifiques de ne pas se laisser griser par ce qui paraît trop beau pour être vrai — car cela peut très bien ne pas être vrai ! Les paléoanthropologues britanniques de l'époque voyaient leurs collègues allemands, hollandais et français découvrir des restes fossiles de possibles ancêtres, mais la Grande-Bretagne n'avait rien à offrir de comparable. En outre, comme nous l'avons vu, certains soutenaient l'opinion que l'évolution de notre espèce s'était depuis longtemps séparée de celle de l'Homme de Java ou de Neandertal. Imaginez alors leur joie quand un « chaînon manquant » fut apparemment découvert dans le comté du Sussex, pour ainsi dire dans leur jardin. Il avait, semblait-il, une mâchoire simienne, mais une boîte crânienne très humaine, les deux combinées pour faire l'homme-singe dit *Eoanthropus dawsoni.* Assurément on sait maintenant que sa mâchoire « de singe » et son crâne

« d'homme » étaient précisément cela : deux spécimens complètement différents et assez récents, astucieusement combinés pour falsifier un fossile d'espèce de transition. Mais le ou les farceurs s'y connaissaient suffisamment pour ne pas seulement se fier à l'anatomie afin de tromper les experts. Ils en savaient assez quant à la manière dont on datait les fossiles en 1912 pour détourner ce savoir afin de laisser croire que l'assemblage d'ossements et d'outils de pierre de Piltdown était aussi ancien que les restes de l'Homme de Java. Et ils ont réussi leur coup parce qu'aucune des techniques physiques de datation dont je vais parler dans ce chapitre (par exemple, la datation au radiocarbone) n'existait il y a cent ans, si bien que les fossiles humains ne pouvaient être datés que *relativement*, c'est-à-dire par rapport aux matériaux trouvés près d'eux. Les farceurs avaient donc disposé aux côtés des restes de l'Homme de Piltdown d'authentiques fossiles de mammifères anciens pris sur d'autres sites, afin de faire paraître ces mêmes restes dûment anciens. Toute la triste histoire commença de se dévoiler en 1953. Et, quand la datation au radiocarbone enfin appliquée démontra que les restes de singe et d'homme avaient les uns et les autres moins de mille ans, ce fut le dernier clou dans le cercueil de l'Homme de Piltdown.

Aussi vais-je montrer dans ce chapitre comment les nouvelles techniques de datation ont révolutionné nos conceptions de l'évolution humaine pour chacune des grandes régions et époques auxquelles on les a appliquées. Je m'appuierai en outre sur plusieurs sortes d'exemples pour faire voir en quoi le registre des climats et des milieux du passé influent sur l'histoire de nos origines et de notre évolution. On pense à présent que les Néandertaliens et les hommes modernes ont évolué sur des voies parallèles, les premiers au nord de la Méditerranée, les seconds au sud, en Afrique. Après plusieurs faux départs, ces derniers sont finalement sortis d'Afrique et se sont répandus en longeant les côtes asiatiques, vers la Chine et l'Australie. L'Europe, en revanche, sans doute le dernier bastion des Néandertaliens, semble être restée hors de la portée des hommes modernes jusque il y a environ 45 000 ans. Ce n'est que récemment qu'on a daté quelques-uns des fossiles humains les plus importants, révolutionnant ainsi l'échelle chronologique de notre évolution. De nouvelles données environnementales et archéologiques tout à fait passionnantes démontrent en outre la complexité des facteurs responsables du processus évolutif et de l'extinction de nos proches parents néandertaliens.

Il existe deux grands types de datation : la datation *relative* et la datation *physique* (c'est-à-dire fondée sur les lois de la physique et parfois aussi appelée *radiométrique* ou *absolue*). La première établit une relation temporelle entre un objet ou une couche et un autre objet ou une autre couche : ou bien l'un est moins ancien que l'autre, ou bien (dans les limites de la méthode) ils ont à peu près le même âge. D'après la loi de superposition, et sauf perturbations importantes, la couche supérieure est toujours plus récente que l'inférieure dans une série géologique, et c'est là le principe premier de la datation relative. Plus rarement, il arrive qu'un événement géologique tel qu'un tsunami ou une éruption volcanique se laisse détecter dans toute une région, en sorte qu'on puisse supposer que les fossiles ou les artefacts associés à cet événement lui sont contemporains et, par conséquent, le sont les uns avec les autres. Toutefois, la datation relative ne nous dit pas l'âge réel des matériaux en question, elle ne peut que les mettre en relation, à savoir montrer qu'ils sont relativement plus anciens, plus récents ou corrélés (semblables) en âge. Par exemple, si, en creusant dans mon jardin, je trouve une poterie romaine qui ressemble aux poteries du palais romain de Fishbourne dans le Sussex, je supposerai que ma trouvaille a à peu près le même âge que celles-ci ; mais, sans preuve indépendante de l'âge du palais ou de la poterie, je n'irai pas au-delà. Je pourrai alors ou bien affiner ma datation relative, par exemple en recherchant l'âge des monnaies romaines également trouvées à Fishbourne, ou bien tenter une détermination physique en demandant à un spécialiste de la datation par luminescence (voir plus loin) de me dire, grâce aux signaux physiques émis par l'argile, depuis combien de temps la poterie a été cuite.

Pour aller au-delà des datations relatives, il nous faut donc des horloges physiques qui révèlent quand telles pierres ont été déposées, quand telle plante ou tel animal est mort, quand tel événement comme le chauffage d'une argile ou d'un silex s'est produit. Parmi ces horloges, beaucoup mesurent le temps au moyen de la désintégration radioactive naturelle des isotopes. Ceux-ci sont des atomes particuliers de substances comme l'argon ou le carbone dont le poids atomique est différent parce que leurs noyaux contiennent un nombre différent de neutrons. Un exemple de ces techniques est la *datation au potassium-argon*, utilisables pour les roches volcaniques. Le potassium se compose en partie d'un isotope instable appelé potassium 40, qui se transforme peu à peu, en plusieurs millions d'années, en gaz argon. Quand une éruption volcanique se produit, la lave liquide ou les cendres ardentes contiennent une petite proportion de potassium 40. Dès que la lave ou la cendre refroidit et se solidifie, cet isotope instable commence à se changer en argon, pour moitié chaque 1,25 milliard d'années (c'est ce qu'on appelle sa demi-vie). Pourvu que l'éruption ait été suffisamment forte pour chasser tout argon plus ancien (ce qu'on peut raisonnablement supposer en général) et pourvu que tout l'argon nouvellement formé reste emprisonné dans la couche volcanique une fois celle-ci durcie, la quantité produite peut alors servir de mesure naturelle du temps écoulé depuis le dépôt de la roche volcanique. L'une des premières et des plus fameuses applications de cette technique à l'archéologie, en 1960, a ainsi montré que des laves à la base du site de la gorge d'Olduvai en Tanzanie étaient âgées d'environ 1,8 million d'années. Ce fut une sensation, car on se rendait compte ainsi pour la première fois de l'ancienneté des artefacts et des fossiles de type humain de la couche I d'Olduvai, dont l'âge estimé s'en trouvait d'un coup doublé. Un développement plus récent de la datation au potassium-argon consiste à utiliser plutôt la transformation de l'argon 40 en argon 39, lequel sert à dater des cristaux isolés dans les roches volcaniques avec une précision bien plus grande sur la période où se déroule l'évolution humaine.

La méthode de datation physique la plus connue est la *datation au radiocarbone*, qui utilise une forme instable du carbone. Elle s'appuie sur le fait que du radiocarbone (un isotope appelé carbone 14) est constamment produit dans les couches supérieures de l'atmosphère terrestre par les rayons cosmiques agissant sur l'azote. Cette forme instable du carbone est alors absorbée par les organismes vivants, en même temps que le carbone 12, beaucoup plus commun et stable. Quand la plante ou l'animal meurt, en revanche, aucun carbone 14 n'est plus absorbé et la quantité accumulée commence à décroître par désintégration radioactive, diminuant de moitié en 5 700 ans, une durée bien plus brève que celle de la datation au potassium-argon. Mesurer la quantité de carbone 14 subsistant dans, par exemple, un morceau de charbon de bois ou un os fossilisé nous permet ainsi d'estimer le temps écoulé depuis que la plante ou l'animal était en vie.

C'est en 1949 que le chimiste américain Willard Libby et son équipe appliquent cette méthode pour la première fois à un morceau d'acacia extrait de la tombe du pharaon Djoser (qui vivait il y a environ 5 000 ans). Le raisonnement de Libby était que, puisque la demi-vie du carbone 14 est proche de 5 000 ans, ils devaient en trouver une concentration égale à environ 50 % de ce que contient le bois vivant — ce qui se confirma. Pour cette recherche, et bien d'autres ensuite, Libby obtint le prix Nobel en 1960.

La méthode ne peut cependant pas être utilisée sur des matériaux très anciens, car la quantité de carbone 14 restante est alors trop faible pour être mesurée avec précision, si bien que la datation au radiocarbone se fait de moins en moins fiable dès que l'on dépasse 30 000 ans dans le passé. En outre, on sait à présent que l'hypothèse d'une production et d'une absorption constantes de carbone 14 n'est qu'une approximation, du fait des variations passées du flux de rayons cosmiques et de changements dans la circulation atmosphérique. Aussi les scientifiques parlent-ils d'âge carbone 14 plutôt que d'âge réel.

D'autres méthodes sont par conséquent nécessaires pour vérifier (calibrer) la précision des datations au carbone 14. Plusieurs se sont révélées particulièrement utiles pour des datations comprises dans les limites de ces derniers 10 000 ans. Il s'agit toujours de compter et de dater des couches ajoutées année après année. L'une, la dendrochronologie, se sert des anneaux de croissance des arbres préservés dans des pièces de bois ayant servi à la construction de maisons ou de bateaux, ou bien déposées naturellement. Partant d'un ensemble d'anneaux, elle cherche à établir des séquences longues telles que l'âge estimé à partir du bois peut-être comparé avec l'âge carbone 14 mesuré sur chaque anneau. Une autre méthode, du même type, utilise les varves (couches sédimentaires déposées annuellement sur le fond des lacs profonds). On mesure les durées en comptant les varves, et on effectue parallèlement une datation au radiocarbone des résidus végétaux et animaux qu'elles contiennent. Une autre méthode encore, qui consiste à dater au radiocarbone des couches de glace annuelles, présente en plus l'intérêt que les bulles de gaz emprisonnées dans la glace constituent un instantané de la composition de l'atmosphère au moment où cette couche particulière s'est déposée.

Outre toutes ces méthodes, il faut mentionner encore ces très vieux arbres préservés dans des marécages néo-zélandais qui promettent un calibrage précis de la datation au radiocarbone au-delà de 40 000 ans. Et aussi d'anciens plateaux coralliens datables aussi bien au radiocarbone qu'à l'uranium-thorium (voir plus loin), qui permettent ainsi de recouper ces deux méthodes physiques indépendantes l'une de l'autre et impliquant chacune des hypothèses différentes.

Les comparaisons menées à ce jour indiquent que la datation au radiocarbone, imprécise au-delà de 40 000 ans, est tout à fait fiable autrement, même si elle connaît parfois des écarts qui vont jusqu'à 10 %. Malheureusement, l'une des phases où elle est le moins précise coïncide avec l'extinction des Néandertaliens et une bonne partie de l'expansion des hommes modernes dans le monde — d'où la nécessité d'affiner encore la méthode ou de la compléter par une autre chaque fois que possible, comme je l'expliquerai dans la suite de ce chapitre.

La datation au radiocarbone a connu bien des améliorations techniques depuis les premiers travaux de Libby. Ainsi, celui-ci analysait le carbone solide, tandis que les techniques plus récentes convertissent le carbone en gaz ou bien le dissolvent dans des solvants. La méthode à ses débuts avait également besoin de gros échantillons pour détecter la désintégration du carbone 14, si bien que, pour tenter une datation, il fallait parfois scier de gros morceaux d'artefacts ou d'os fossiles importants, ce pour quoi les conservateurs de musées soucieux de leurs collections refusaient souvent leur permission. Heureusement, depuis 1977, la méthode de la *spectrométrie de masse par accélérateur* (AMS) s'est progressivement imposée, qui compte directement les atomes de carbone 14 au lieu d'en mesurer la radioactivité. Le poids des échantillons s'est ainsi réduit à quelques milligrammes, ce qui permet de dater des reliques aussi précieuses que le suaire de Turin, les rouleaux de la mer Morte, « Ötzi », l'homme des glaces alpin, ou les peintures rupestres de Lascaux et de la grotte Chauvet.

Un bon exemple de la puissance accrue de la datation au radiocarbone est l'enquête que nous avons menée, quatre collègues et moi, sur l'un des mystères persistants du Paléolithique britannique. Les manifestations de l'art rupestre de l'époque de la dernière glaciation sont extrêmement rares en Grande-Bretagne. Parmi les quelques exemplaires connus (ou revendiqués), l'un, découvert dans les années 1870, se situe dans la grotte de Robin Hood dans le Derbyshire, l'autre, à Sherborne dans le Dorset. Tous deux montrent un profil de cheval, assez semblable de l'un à l'autre, gravé sur un fragment d'os plat. L'exemplaire du Derbyshire a été découvert par des préhistoriens en même temps que des artefacts paléolithiques d'âge approprié (environ 14 000 ans). « L'os de Sherborne », en revanche, est la trouvaille, en 1912, d'écoliers de l'école publique locale, au voisinage d'une carrière d'où rien de semblable n'avait jamais été extrait. L'authenticité de la découverte de Sherborne fut donc bientôt mise en doute. Mais il n'était pas question d'une datation directe au radiocarbone, qui aurait probablement détruit tout ou partie de l'objet. C'est l'arrivée de l'AMS à l'Université d'Oxford en 1995 qui nous a permis, après en avoir extrait un minuscule fragment, de dater l'os à environ 600 ans. En même temps, l'étude microscopique de la gravure montrait qu'elle avait probablement été réalisée très récemment, avec un instrument en métal et non un outil de pierre. On confirmait ainsi les dires de l'un des membres du corps enseignant de Sherborne qui, quatorze ans après la « découverte », confiait que l'un des garçons avait probablement copié la gravure à partir d'une image du spécimen de la grotte de Robin Hood trouvée dans la bibliothèque de l'école, afin de faire une farce au professeur de sciences !

Mais la datation par AMS n'est pas non plus parfaite : elle produit une date à partir de n'importe quel radiocarbone qui se trouve dans l'échantillon. Or, même une petite quantité de radiocarbone introduit par contamination peut gravement affecter l'estimation de l'âge, surtout quand l'objet est vieux de 30 ou 40 000 ans et que seule une toute petite fraction de son radiocarbone originel y subsiste encore. Par bonheur, de nouvelles procédures de préparation des échantillons, comme la méthode dite *acid-base-wet oxidation* (ABOX) pour les charbons de bois et l'*ultrafiltration* pour les ossements, parviennent à surmonter presque entièrement les problèmes de contamination dans la datation des matériaux paléolithiques, nous donnant ainsi des estimations de plus en plus crédibles.

La redatation d'échantillons osseux provenant de Gough's Cave constitue une démonstration particulièrement convaincante de l'intérêt de l'ultrafiltration. Gough's Cave, dans la Cheddar Gorge, Somerset, est non seulement l'une des grottes les plus spectaculaires de Grande-Bretagne du point de vue touristique, mais aussi le site le plus important pour le Paléolithique supérieur. Des fouilles étalées sur plus d'un siècle y ont mis au jour des quantités d'artefacts lithiques, ainsi que des ossements humains et animaux représentatifs des occupants vers la fin de la dernière glaciation. Récemment, une datation au radiocarbone corrigée a jeté une lumière neuve sur la nature de la présence humaine sur le site et sur la chronologie du retour des humains en Grande-Bretagne après une période d'abandon d'environ 10 000 ans pendant la glaciation. Avant cette étude, il n'y avait pas de certitude quant à la date de l'occupation, ni quant à la manière dont les différentes parties de l'histoire archéologique s'ajustaient. À présent, en revanche, il semble bien que Gough's Cave ait été l'un des premiers sites fréquentés par les chasseurs de chevaux sauvages et de cerfs quand les humains sont revenus en Grande-Bretagne après l'apogée de la dernière glaciation.

Cette transformation de notre point de vue a été rendue possible par deux scientifiques, Tom Higham, spécialiste de la datation, et Roger Jacobi, archéologue, qui ont prétraité par ultrafiltration des ossements animaux découpés ou travaillés par ces hommes du Paléolithique, ainsi que des restes humains. Jusque-là, les datations au carbone 14 permettaient seulement d'arrêter l'estimation de la durée d'occupation de la grotte à environ 1 500 ans. On peut désormais accepter en confiance une datation qui montre que presque tous les matériaux du Paléolithique supérieur trouvés dans la grotte s'y sont accumulés en à peine deux ou trois générations, autour d'il y a 14 700 ans. Cette date, détail intéressant, coïncide précisément avec un réchauffement spectaculaire du climat enregistré dans la composition des couches de glaces annuelles du Groenland, qui indiquent que l'océan Atlantique, auparavant recouvert de glaces, a dégelé en à peu près cinq ans.

Parmi les matériaux datés à Gough's Cave, il y a des ossements de plusieurs humains, dont certains montrent des marques de découpe ainsi disposées qu'on peut les interpréter comme un signe de cannibalisme. On a longtemps cru que ces marques pouvaient appartenir à une phase d'activité plus récente que celle qu'on associe à la chasse au cheval et au cerf, mais on sait à présent qu'elles ont exactement le même âge. Les animaux et les humains qui les pourchassaient représentent ainsi quelques-uns des premiers colonisateurs de la Grande-Bretagne après l'apogée de la dernière glaciation. À mesure que le climat se réchauffait rapidement, des hardes de chevaux et de cerfs ont dû migrer à travers le Dogger Bank, maintenant submergé par la mer du Nord, et les chasseurs ont suivi.

Au nombre des fossiles britanniques, il en est un, bien plus ancien, découvert en 1927 à Kent's Cavern, dans le sud-ouest de l'Angleterre, que j'ai contribué à étudier. L'anatomiste Arthur Keith avait alors identifié ce fragment de mâchoire supérieure comme ayant appartenu à un homme moderne, mais il a fallu attendre soixante ans pour qu'il acquière une nouvelle célébrité en étant l'un des premiers fossiles humains datés par la spectrométrie de masse par accélérateur (AMS) à Oxford. Son âge estimé à quelque 35 000 ans en faisait déjà l'un des hommes modernes les plus anciens d'Europe. Mais le travail de détective auquel Roger Jacobi s'est livré par la suite sur les restes de Kent's Cavern laissait entendre qu'il pouvait être encore plus vieux. Aussi, en 2004, décidons-nous d'emprunter le spécimen au musée de Torquay et de le réétudier, en employant tous les moyens scientifiques que nous pouvons rassembler. L'équipe réunie par moi inclut des chercheurs tels qu'Erik Trinkaus et Tim Compton, spécialistes de la tomodensitométrie et de l'analyse des ADN anciens (dont il sera question aux chapitres III et VII), des conservateurs ainsi que Higham et Jacobi. Un examen attentif et une modélisation par tomodensitométrie confirment l'intuition d'Erik Trinkaus que l'une des dents a été recollée dans la mauvaise alvéole. On procède alors à une nouvelle reconstruction, de façon à pouvoir analyser l'ADN d'un échantillon de racines dentaires et les dater par AMS avec ultrafiltration. Hélas, ces deux expériences échouent, mais la datation des ossements animaux entourant le fossile indique que son âge réel est d'environ 40 000 ans, et qu'il est l'indice possible d'une première expansion des hommes modernes en Europe occidentale.

Depuis une vingtaine d'années, d'autres méthodes physiques de datation applicables aux matériaux fossiles et archéologiques au-delà des limites du radiocarbone ont été encore développées ou améliorées. Il y a, par exemple, la datation à l'uranium-thorium, fondée sur la désintégration radioactive de diverses formes d'uranium, à quoi s'ajoute la méthode exploitant l'accumulation des produits de filiation, comme on les appelle, dans des formations comme les stalagmites et les coraux, où on peut les mesurer. La première méthode se révèle très fructueuse dans les cavernes, tandis que la seconde s'emploie pour déterminer les changements passés du niveau des mers près des côtes tropicales et subtropicales, ainsi, comme on l'a vu, que pour contrôler la précision des mesures au carbone 14. L'une des quêtes du Graal en matière de datation consiste à tenter d'appliquer la méthode uranium-thorium aux ossements fossiles, entreprise notoirement difficile, car, au contraire des stalagmites et des coraux, scellés après dépôt, l'os reste accessible à l'accumulation ou à la perte d'uranium (par exemple, par percolation d'eaux souterraines). Le fonctionnement de son horloge physique peut donc se révéler très erratique. Des progrès considérables ont néanmoins été accomplis récemment, dont je reparlerai au chapitre IX à propos des fossiles d'*Homo heidelbergensis* de Broken Hill.

Plusieurs autres méthodes s'appuient sur le fait que les matériaux cristallins comme le quartz des grains de sable, le silex ou l'émail des dents, une fois enterrés, accumulent des altérations au niveau de leur structure atomique dues aux radiations reçues depuis l'environnement. L'ampleur des altérations (correspondant aux effets des radiations) est alors mesurée à partir du dégagement d'énergie accumulée dans le quartz ou le silex quand celui-ci est soumis à l'action d'un laser (*luminescence stimulée optiquement*, OSL) ou chauffé (*thermoluminescence*, TL). Avec l'émail dentaire, les modifications accumulées au niveau atomique se laissent mesurer au moyen de micro-ondes (*résonnance de spin électronique*, ESR). Pour que ces méthodes fonctionnent, le signal émis par la radiation doit d'abord être fixé à zéro — par exemple, le moment où une dent commence à pousser pour l'ESR — ou bien avoir été remis à zéro par effacement du signal précédent, ce qui se produit lorsque les grains de quartz sont exposés au soleil, ou que le silex ou l'argile sont fortement chauffés au feu (TL). Dès lors que l'environnement dans lequel le matériau s'est trouvé enterré (par exemple, un foyer Cro-Magnon ou un site de dépeçage néandertalien) permet d'évaluer le taux d'accumulation des altérations dues au rayonnement, on peut aussi estimer la durée du séjour dans la terre.

Comme pour la datation au radiocarbone, les procédures ne cessent d'être affinées, si bien que même un seul grain de quartz peut maintenant être daté par luminescence. De la même façon, avec l'ESR, là où il fallait auparavant sacrifier un gros morceau de dent, nous en sommes arrivés au point où, grâce à la microtechnique de l'*ablation laser*, nous sommes à présent capables de dater directement une zone minuscule de l'émail de dents humaines fossiles.

Cela étant, l'ESR pose un problème, à savoir que les fossiles emmagasinent de l'uranium quand ils sont enterrés, ajoutant ainsi à la dose de radiations qu'ils accumulent. Estimer le taux de prise d'uranium est difficile — la plus grande partie en est-elle arrivée peu après l'enterrement ou bien progressivement ? — mais c'est là une inconnue que l'on parvient désormais à traiter en combinant, en « couplant » une datation ESR et une datation à l'uranium-thorium du même émail, puis en comparant les deux pour retenir l'estimation la plus compatible.

L'un des meilleurs exemples de l'extraordinaire impact des datations par ESR et par luminescence sur notre vision de l'évolution humaine nous vient du Moyen-Orient, des fameuses grottes israéliennes de Tabun et Skhul (mont Carmel) dont il a déjà été question au chapitre I. J'ai eu la chance de participer à une partie des premiers travaux de datation de ces sites à la fin des années 1980 et au début des années 1990, car le Muséum de Londres possède une part des fossiles humains, des artefacts et des sédiments qui en proviennent.

Ces fossiles ont joué un rôle-clef dans l'évolution des idées à propos des relations entre Néandertaliens et hommes modernes : représentent-ils une unique population assez variable, peut-être vieille de 40 000 ans, ou bien les occupants d'allure plus moderne de Skhul ont-ils succédé à ceux de type néandertalien de Tabun, voire ont-ils

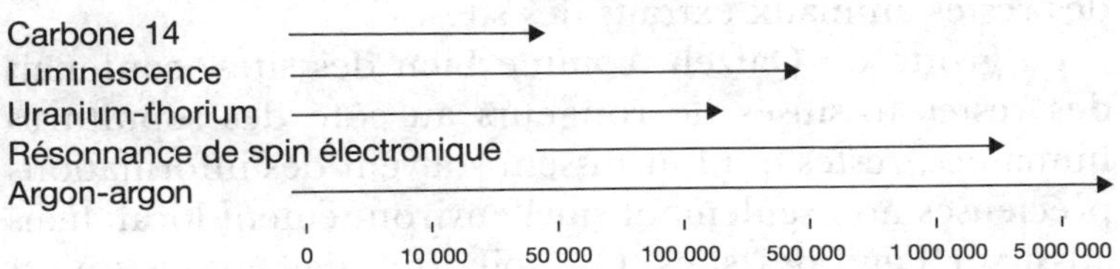

Portée des principales méthodes de datation pour l'évolution humaine récente

évolué à partir d'eux ? Même quand de nouveaux fossiles néandertaliens sont venus s'ajouter depuis les sites israéliens d'Amud et de Kebara (dans les deux cas, des squelettes très complets dans ce qui ressemble à des sépultures), puis encore d'autres squelettes de type moderne depuis le site de Qafzeh (près de Nazareth), le tableau n'en est pas devenu plus clair. Une datation relative basée sur des similitudes entre les outils lithiques indiquait des âges assez semblables, tandis qu'une datation au carbone 14 de charbons de bois de Tabun laissait entendre que son Néandertalien n'avait guère plus de 40 000 ans. Par ailleurs, en se fondant sur ce qu'on savait de la succession des Néandertaliens par les hommes modernes il y a 35 000 ans, on s'attendait à trouver une séquence semblable au Moyen-Orient, quoique peut-être un peu plus ancienne. Il paraissait donc raisonnable au début des années 1980 de supposer que les hommes « modernes » de Qafzeh et Skhul étaient âgés d'environ 40 000 ans, et de proposer deux scénarios d'évolution pour la région. Selon l'un, préféré par Erik Trinkaus, les Néandertaliens y avaient évolué en modernes assez rapidement, tandis que pour l'autre, que je soutenais, ceux de Tabun avaient été remplacés par les hommes modernes de Skhul et Qafzeh. Nous nous trompions tous les deux ! Et la raison de notre erreur se voyait déjà dans la datation relative effectuée sur des restes animaux extraits des sites.

La grotte de Qafzeh, comme bien des sites, contenait des restes fossilisés de rongeurs au côté des sépultures humaines, restes qui fournissent souvent des informations précieuses non seulement sur l'environnement local, mais aussi sur l'âge des sites. Or, voilà que des études tout à fait novatrices menées par des chercheurs israéliens sur ces restes de petits mammifères laissaient entendre que Qafzeh pouvait bien être en fait plus ancien que les sites néandertaliens plutôt que plus récent. D'où l'hypothèse de l'archéologue Ofer Bar-Yosef, selon qui l'âge des hommes modernes de Qafzeh devait être d'au moins 70 000 ans. Mais comment s'en assurer, puisqu'une telle ancienneté dépasse largement la portée du carbone 14 ? Cela est devenu possible au cours des années 1980, grâce aux progrès de la datation par ESR et par luminescence.

La première application importante de ces nouvelles techniques — en l'occurrence la thermoluminescence appliquée à des silex qui avaient été chauffés dans un foyer — est le fait d'une équipe franco-israélienne et elle paraît d'abord renforcer le schéma attendu pour le Moyen-Orient en datant à environ 60 000 ans la sépulture néandertalienne récemment découverte à Kebara. Mais peu après, en 1988, le même procédé appliqué au site moderne archaïque de Qafzeh donne l'estimation étonnante de 90 000 ans, plus de deux fois la durée généralement attendue, confirmant et même amplifiant la datation relative fournie par les rongeurs.

Les deux sites suivants sur la liste étaient Skhul et Tabun. C'est là que je commence à travailler avec deux spécialistes de la datation, le Canadien Henry Schwarcz, doyen de la datation dans cette plage temporelle, et l'Allemand Rainer Grün, à présent à Canberra, son ancien élève et son collaborateur. L'analyse par ESR d'échantillons de dents animales pris sur les deux sites donne rapidement des résultats révélateurs. En trois ans, nous démontrons que les hommes modernes de Skhul sont au moins aussi anciens que ceux de Qafzeh, et que la séquence de la profonde grotte de Tabun couvre des centaines plutôt que des dizaines de milliers d'années. Nous indiquons en outre que la sépulture néandertalienne de Tabun est sans doute bien plus ancienne que les 40 000 ans du carbone 14, peut-être aussi ancienne que les modernes de Skhul et Qafzeh.

En fait, la séquence était à l'évidence bien plus complexe que quiconque l'avait envisagé. D'une certaine façon, la suite des événements se présentait à l'inverse de ce qu'on attendait : les occupants d'allure moderne de Skhul et de Qafzeh plus anciens que le Néandertalien de Kebara. Plus anciens aussi, comme l'ont montré des travaux ultérieurs, que le Néandertalien d'Amud. Ils ne pouvaient donc pas avoir évolué à partir de ces Néandertaliens tardifs, lesquels, étrangement, étaient arrivés au Moyen-Orient après les premiers hommes modernes et non avant eux. On sait à présent, grâce à des datations répétées utilisant toutes les techniques disponibles, que l'âge des occupants de Skhul et de Qafzeh va de 90 000 à 120 000 ans, tandis que le Néandertalien de Tabun est probablement vieux d'environ 120 000 ans. Il en ressort un scénario où les populations n'ont cessé d'affluer et de refluer dans cette région, ce qui se comprend vu sa position géographique intermédiaire entre les mondes changeants des Néandertaliens au nord et des premiers hommes modernes au sud.

Selon Bar-Yosef, les hommes modernes auraient pu monter dans la région au cours d'une période particulièrement chaude et humide il y a 120 000 ans, mais celle-ci fut suivi d'une glaciation qui refroidit et assécha le nord, poussant vers le sud les Néandertaliens, qui occupèrent alors le Moyen-Orient. Surprenant renversement de la théorie du remplacement ! Mon opinion, en fait, est que ces mouvements sont encore plus complexes et duraient depuis longtemps, qu'ils remontent loin dans l'histoire de l'évolution des deux espèces. Lorsque les conditions étaient favorables, l'un ou l'autre groupe, voire les deux, aurait pu se déplacer vers le Moyen-Orient, alors que, dans les périodes de grande sécheresse, celui-ci aurait même pu être complètement déserté. Quant à savoir si, en général, les populations y ont été poussées par des conditions défavorables chez elles, ou bien attirées par des améliorations climatiques provoquant des accroissements démographiques, nous l'ignorons encore. Mais de nouvelles données climatiques sont en train d'émerger.

L'aptitude potentielle de l'ESR (résonnance de spin électronique) à égaler la méthode AMS (spectrométrie de masse par accélérateur) pour la datation directe des fossiles humains est enfin en voie de se concrétiser. La première des désormais nombreuses applications de cette technique à des fossiles importants a lieu en 1996, quand Rainer Grün et moi-même collaborons avec plusieurs collègues, dont le Sud-Africain James Brink, pour dater le crâne de Florisbad. Ce fossile, découvert en 1932, est incomplet, mais il semble associer une face de grandes dimensions et d'allure assez moderne à un fort bourrelet sus-orbital et un front un peu fuyant. Depuis de nombreuses années, on lui supposait un âge d'environ 40 000 ans, sur la base d'une datation au radiocarbone de dépôts de tourbe sur le site, si bien qu'il semblait une relique attachée aux marges de l'Afrique australe, pendant que les hommes modernes évoluaient et se répandaient dans l'ouest de l'Asie et en Europe. Par là, il était censé démontrer le rôle rétrograde de l'Afrique dans l'évolution des hommes modernes : les humains primitifs de Florisbad n'auraient fait que passer le temps jusqu'à ce que les modernes arrivent du nord et les remplacent.

Or, le fossile avait conservé une molaire supérieure, dont un petit fragment de l'émail a pu être expédié au laboratoire de Rainer Grün en Australie pour y être daté par ESR — avec des résultats sensationnels ! Le fossile n'était pas vieux de 40 000 ans, mais bien de 260 000 ans ! Du coup, son rôle possible dans l'évolution humaine était bouleversé : d'équivalent sud-africain des Néandertaliens à la limite de l'extinction, il devenait un ancêtre possible pour nous tous.

Il y a des situations où même les meilleures techniques de datation physique ont besoin d'aide et doivent être associées à des méthodes de datation relative. Les Néandertaliens semblent avoir disparu il y a environ 30 000 ans, mais on se dispute encore à propos des facteurs responsables de leur extinction et du temps pris par celle-ci. Quoique la méthode AMS mesure en général les âges avec une très bonne précision, elle se heurte à des problèmes pour cette période critique, à la fois parce que le taux de carbone 14 dans l'atmosphère y a été exceptionnellement variable et parce que même une contamination minime par du carbone récent ou ancien peut faire une différence importante quant à la mesure de l'âge obtenue. Comme je l'ai expliqué plus haut, on pallie la deuxième difficulté grâce à des techniques qui réussissent à éliminer les agents contaminants avant que l'on ne tente une datation. Quant à la première, il est heureux qu'il se soit produit des événements importants en Europe pendant cette même période, qui nous permettent des datations relatives tout à fait précises. Ainsi, et j'en reparlerai au chapitre IV, une violente éruption volcanique s'est produite en Campanie, au sud de l'Italie, voilà à peu près 39 300 ans (comme nous le savons grâce à une datation à l'argon). En même temps que d'énormes quantités de dépôts locaux tels que lave, pierre ponce et cendres, l'éruption a produit beaucoup de poussières volcaniques fines connues sous le nom de *cryptotéphras* ou *microtéphras*, parce qu'on ne peut pas les voir à l'œil nu. Ces microtéphras peuvent être éjectés jusque dans la haute atmosphère et parcourir des milliers de kilomètres. L'ignimbrite campanien — comme on l'appelle d'un nom formé des deux mots latins *ignis* (« feu ») et *imber* (« pluie ») — est ainsi allé se déposer jusqu'en Afrique du Nord et aussi loin vers l'est que la Russie.

L'ignimbrite campanien a été détecté dans des dizaines

de sites archéologiques, dont le fameux site russe de Kostenski, à des niveaux dont on savait grâce à la datation au radiocarbone qu'ils étaient âgés d'au moins 35 000 ans. Chaque éruption volcanique est le résultat d'une combinaison unique de facteurs tels que composition chimique, température et pression, si bien qu'on peut lui « prendre les empreintes » et la reconnaître. Par conséquent, dans tout site archéologique où l'on rencontre la signature chimique de l'ignimbrite campanien, on peut être sûr que la couche en question, avec ses fossiles et ses artefacts, s'est déposée il y a peine plus de 39 000 ans. En même temps, ce treillis de dépôts volcaniques contemporains permet de rattacher tous les sites de cette sorte à cette même période.

Cette approche a donné lieu à un vaste projet collaboratif nommé RESET (*Response of Humans to Abrupt Environmental Transitions*, « Réactions humaines à des transformations environnementales brusques ») auquel je participe. Sur un temps de recherche de cinq ans, RESET s'attache à mettre en relation les sources volcaniques des téphras avec leurs points de chute dans les profondeurs de l'océan et les sédiments lacustres, et même plus loin, dans d'importants sites archéologiques d'Europe, du Moyen-Orient et d'Afrique du Nord. L'objectif de RESET est d'examiner les effets des changements climatiques et environnementaux sur les populations humaines de ces régions, y compris les derniers Néandertaliens et les premiers hommes modernes. Les téphras eux-mêmes ne sont que des marqueurs d'éruptions volcaniques qui, pour la plupart, ont été locales et sans effets durables. Mais, comme nous le verrons plus loin dans ce chapitre, quelques-unes ont eu un impact majeur, voire global.

L'emploi des dépôts volcaniques pour dater les fossiles humains a une longue histoire, comme je l'ai expliqué précédemment à propos de la gorge d'Olduvai, et la cartographie des rejets dus à des éruptions successives a beaucoup contribué à affiner la datation de nombreux sites fossiles importants en Afrique orientale, dont Omo Kibish en Éthiopie. Comme on le sait, les deux fossiles humains les plus complets provenant de ce site, le squelette d'Omo 1 et la boîte crânienne d'Omo 2, y ont été découverts en 1967 par une équipe dirigée par Richard Leakey, et ils ont joué un rôle important pour les premières hypothèses quant à une origine africaine récente. À en croire les premières estimations, ces restes étaient âgés de plus de 100 000 ans. Des doutes subsistaient pourtant, car certaines de ces estimations se basaient sur l'application de la méthode uranium-thorium à des coquilles présentes dans les dépôts, qui ne sont pas le matériau le plus fiable pour cette technique de datation.

Plus de trente ans après, une équipe internationale dirigée par l'anthropologue John Fleagle revient dans la région de Kibish, retrouve les lieux des découvertes et met au jour de nouveaux fossiles et de nouveaux outils de pierre. Aussi bien Omo 1 qu'Omo 2 avaient été originellement recouverts par la partie inférieure de l'énorme formation de Kibish, série non continue de sédiments annuels déposés par l'ancienne rivière Omo lors de ses débordements périodiques avant qu'elle n'entre dans le lac Turkana. Ces dépôts se situent à environ cent kilomètres au nord de l'actuel delta de la rivière, à proximité de la frontière entre l'Éthiopie et le Kenya. À l'occasion, des éruptions ont également déposé des cendres volcaniques et de la pierre ponce par-dessus la rivière et les sédiments lacustres, que l'on peut dater grâce à l'argon qu'elles contiennent.

Une couche de cendres située à environ trois mètres en dessous d'Omo 1 a ainsi été estimée à près de 196 000 ans, tandis qu'une autre couche, à environ cinquante mètres au-dessus d'Omo 1, l'était à 104 000 ans. Mais, vu la présence de signes évidents d'érosion géologique (élimination de sédiments lors d'une baisse de niveau de la rivière et du lac) entre le niveau Omo 1 et la couche de cendre supérieure, il paraît probable que l'âge d'Omo 1 est beaucoup plus proche de celui de la cendre inférieure, 196 000 ans, que de celui de la cendre supérieure, 104 000 ans.

Cette conclusion s'est vue confirmée indirectement par des données venues de fort loin : le fond de la Méditerranée. Durant les anciennes périodes de mousson, pluie et neige fondue débordaient des hauts plateaux éthiopiens jusqu'aux sources du Nil, provoquant le dépôt de *sapropèles* (couches sédimentaires noires) dans la Méditerranée lorsque les eaux du fleuve finissaient par s'y déverser. L'un de ceux-ci, particulièrement bien marqué, peut être daté à partir de sa position au sein de carottes extraites du fond de la mer. Or, son âge, environ 195 000 ans, semble se corréler parfaitement avec la mousson exceptionnelle qui a provoqué un déluge en sens inverse, vers l'aval de l'Omo, produisant ainsi les vastes dépôts de la partie inférieure de la formation de Kibish où ont été trouvés le squelette d'Omo 1 et la couche sous-jacente de cendres volcaniques. La boîte crânienne d'Omo 2, quant à elle, a été découverte en surface et non pas extraite de sédiments (comme le squelette partiel d'Omo 1), mais, comme son environnement n'en est pas moins également la partie inférieure de la formation de Kibish, l'équipe responsable des nouvelles datations continue à penser qu'Omo 1 et Omo 2 sont très proches dans le temps, tous deux âgés d'environ 195 000 ans, et cela malgré de fortes différences quant à leur degré de modernité — ce à quoi je reviendrai au chapitre IX.

Autre cas où les sapropèles méditerranéens fournissent des indices à propos d'événements internes au continent africain : le « verdoiement » du Sahara il y a quelque 120 000 ans. De nos jours, le Sahara constitue la plus vaste région hyperaride de la planète, avec une pluviométrie annuelle qui n'excède pas un millimètre sur la plus grande partie de sa surface. Mais l'on sait par des découvertes archéologiques et des peintures rupestres d'animaux et d'hommes loin dans le désert que, voilà seulement 6 000 ans, le Sahara était une étendue humide de savanes, de lacs et de forêts galeries bordant un vaste système fluvial. Ce qu'on sait moins, c'est qu'il y a 120 000 ans, au Paléolithique moyen, le Sahara était encore plus humide et capable de sustenter une importante population de chasseurs-cueilleurs. Les preuves sont nombreuses : indices chimiques de dépôts d'eau douce, sapropèles dans des carottes extraites du fond de la mer au large des côtes de Libye, l'un et l'autre indiquant de puissants afflux de sédiments fluviaux au cours de la dernière période interglaciaire. À quoi s'ajoute la détection de produits chimiques d'origine végétale dans des dépôts terreux au large de l'Afrique de l'Ouest. Leur analyse montre que le niveau des plantes hygrophiles (tels les arbres par opposition aux herbes) a atteint un premier sommet il y a environ 115 000 ans, puis un second, plus bref, il y a environ 50 000 ans.

Les images radar fournies par les satellites font voir en outre d'énormes lits fluviaux enterrés sous les sables, certains larges de cinq kilomètres et longs de huit cents. En somme, comme l'ont démontré le géologue Nick Drake et ses collaborateurs, il y a 120 000 ans, le désert actuel était sillonné par un réseau de fleuves et de lacs qui formaient des galeries humides s'étendant des grands lacs du sud comme le Fazzan et le lac Tchad jusqu'à la Méditerranée. Ces galeries ont permis à une faune et une flore typiquement africaines de prospérer pendant au moins 20 000 ans et, avec elles, les humains qui en vivaient. Aussi sommes-nous maintenant assurés que beaucoup des outils lithiques que voyageurs et archéologues recueillent à la surface du désert depuis un siècle, souvent loin de toute oasis actuelle, datent de ce Sahara verdoyant, il y a 100 000 ans, au Paléolithique moyen.

Parmi ces outils, on trouve des pointes de pierre triangulaires munies d'une soie ou d'une embase, probablement destinées à les monter sur un manche ou une hampe de bois pour en faire des projectiles. Ces artefacts exemplaires caractérisent l'industrie atérienne, d'abord identifiée sur le site de Bir el-Ater en Algérie, et produite par une variété très robuste et à grande dentition d'*Homo sapiens* archaïque, semblable à ce que l'on connaît à Herto en Éthiopie. Très probablement, l'humidification du climat dans plusieurs parties de l'Afrique a conduit à un accroissement de la population et, des régions auparavant isolées se trouvant reliées par des couloirs habitables, à d'importants échanges de concepts et de techniques. Ainsi, l'usage culturel, comme message adressé à autrui, des perles de coquillage et de l'ocre rouge semble s'être répandu dans tous les habitats connus des hommes modernes archaïques, de l'Afrique du Sud au Maroc, et même au Proche-Orient voisin, à Skhul et à Qafzeh. Là, dans l'actuel Israël, l'élévation de la pluviométrie a produit le grand lac Samra, qui, il y a entre 135 000 et 75 000 ans, s'étendait bien au-delà de l'actuel bassin rabougri de la mer Morte.

Cette douceur du climat connaît sa fin quand la dernière glaciation commence à se faire sentir. Nous en détectons l'effet sur les habitants du sud de l'Afrique il y a 75 000 ans grâce à deux industries lithiques importantes et innovantes : Still Bay et Howiesons Poort. À côté d'artefacts de pierre perfectionnés — et, à Still Bay, chauffés afin d'en améliorer le débitage — ces deux cultures montrent des perles faites de coquillages marins ou de coquilles d'œufs d'autruches, et toutes deux font un usage symbolique de l'ocre rouge. Alors que l'industrie de Still Bay n'est connue que par une poignée de sites au sud de l'Afrique, celle d'Howiesons Poort est beaucoup plus répandue, avec au moins trente sites, des plus connus comme les grottes de la Klasies River jusqu'aux marges du désert de Namibie et jusqu'aux montagnes du Lesotho. Still Bay, pensait-on, avait précédé Howiesons Poort. Mais, comme elles se situent toutes deux bien au-delà de la portée de la datation au carbone 14, il a fallu employer les méthodes uranium-thorium et ESR pour les dater relativement l'une à l'autre, avec toutefois une mauvaise précision quant à la durée de chacune.

La percée a eu lieu en 2008, quand une équipe de spécialistes de la datation, dont Zenobia Jacobs et Bert Roberts, s'est associée à des archéologues, dont Hilary Deacon et Lyn Wadley, pour appliquer les toutes dernières techniques de datation par luminescence à des grains de quartz extraits des sites, avec les mêmes procédures expérimentales tout du long. Les échantillons étaient au nombre de cinquante-quatre, provenant de sites très dispersés présentant ou bien les deux industries ou bien une seule. Les résultats ont été surprenants : au lieu de s'étendre sur des périodes de 50 000 ans ou davantage, comme le laissaient entendre d'autres techniques, aussi bien Still Bay que Howiesons Poort ont été des épisodes culturels assez brefs, qui sont apparus et se sont éteints très soudainement sur de vastes étendues de l'Afrique australe. Still Bay n'a duré que quelques millénaires il y a environ 72 000 ans ; Howiesons Poort est apparu il y a 65 000 ans, pour finir brusquement il y a 60 000 ans. Qui plus est, les successeurs d'Howiesons Poort ne sont revenus qu'après quelques milliers d'années, et leurs outils, comparables à ceux du

Paléolithique moyen de l'Eurasie occidentale, sont plus conservateurs et ne montrent pas les innovations de leurs prédécesseurs.

Il est bien entendu toujours possible que les auteurs des industries de Still Bay et d'Howiesons Poort n'aient pas disparu, mais se soient simplement déplacés vers des sites qui n'ont pas encore livré de données archéologiques. (Ils auraient pu, par exemple, déménager vers des zones du plateau continental à présent submergées.) Mais, comme ils n'ont apparemment jamais réapparu, il semble bien que nous ayons vraiment affaire à de brefs épisodes, à des lumières qui s'allument et puis s'éteignent, sans doute pour toujours. On a invoqué, pour expliquer ce caractère épisodique, une détérioration du milieu due à un changement climatique rapide. J'y reviendrai au chapitre VIII. Pour le moment, j'aimerais examiner un événement global qui, affirme-t-on non sans controverses, se cacherait, non seulement derrière les innovations de l'industrie de Still Bay, mais aussi derrière des changements encore plus importants ayant affecté les populations humaines et leurs comportements : je veux parler de l'éruption du volcan Toba à Sumatra.

Il y a quelque 73 000 ans, la grande île de Sumatra en Indonésie a été le siège de l'éruption volcanique la plus puissante de ces derniers 100 000 ans (voire de ces derniers deux millions d'années selon certains calculs). Environ mille fois plus forte que la fameuse éruption de Mount St. Helens dans l'État de Washington en 1980, elle a rejeté l'équivalent d'à peu près mille kilomètres cubes de roches de toutes tailles, ainsi que d'énormes volumes de vapeur d'eau et de gaz. Elle a laissé d'épais dépôts de cendres qui se retrouvent dans des carottes marines depuis l'Arabie jusqu'au sud de la Chine, et qui interrompent sur plusieurs mètres d'épaisseur des séquences archéologiques en Inde. L'ampleur indiscutable de l'éruption a alors été prétexte à annonces sensationnelles quant à ses effets : on a parlé d'un « hiver volcanique » tel que la planète entière n'aurait pas connu d'étés pendant de nombreuses années, à cause des nuages de poussière et des gouttelettes d'acide sulfurique en suspension dans la haute atmosphère. La chute consécutive des températures et l'absence de soleil estival aurait alors eu des effets dévastateurs sur la croissance des plantes et sur tout ce qui en dépend, y compris les populations humaines. Pour certains, l'éruption aurait déstabilisé le climat terrestre pendant un millier d'années, voire aurait déclenché une glaciation globale, réduisant la population humaine à quelques milliers d'individus.

Pourtant, l'étude des faunes d'Asie du Sud-Est, au plus proche de l'éruption, indique que les effets n'ont pu être que mineurs et passagers, puisqu'elles n'ont pas subi de dévastation. De même, en Inde, l'étude des séquences archéologiques menée par Mike Petraglia et son équipe montre que l'impact sur les populations humaines est resté modéré. Je suis, pour ma part, toujours demeuré très prudent quant aux effets globaux de Toba sur l'humanité. Après tout, les Néandertaliens vivant dans l'Europe tempérée, le Hobbit de Florès en Indonésie (voir chapitre IV) et nos ancêtres en Afrique y ont bien survécu, d'une manière ou d'une autre.

Deux études récentes, par Alan Robock et Claudia Timmreck et leurs équipes, basées sur des modélisations différentes des effets globaux de Toba, relèvent pourtant un impact, certes temporaire, mais sérieux. Sans soutenir l'hypothèse d'une avancée générale des glaces, ces travaux n'en concluent pas moins que Toba a pu provoquer jusqu'à une décennie de froid, de sécheresse et d'obscurité, des conditions assez graves pour affecter la vie végétale et animale sur terre et dans les mers, mais sans doute pas de façon dévastatrice. D'un autre côté, de nouvelles analyses de sédiments terrestres et de pollens contenus dans une carotte extraite du golfe du Bengale, analyses menées en partie par le principal théoricien des effets de Toba sur les premiers hommes, Stanley Ambrose, révèlent en effet des signes d'une longue période d'assèchement en Inde, à l'époque de l'éruption. Malheureusement pour les scénarios simples, l'extinction des hommes de Still Bay après leur brève floraison s'est produite environ 2 000 ans après Toba, si nos datations sont exactes. Il est vrai qu'il est aussi possible de soutenir qu'ils auraient été forcés à innover par la dégradation du milieu due à l'éruption.

Passons maintenant au monde d'il y a 35 000 ans, autour de l'époque où les derniers Néandertaliens se sont éteints. Bien sûr, s'il est vrai qu'ils ont transmis leurs gènes aux humains modernes, comme nous en discuterons au chapitre VII, ils ne se sont pas tout à fait éteints, puisque leur ADN survit en nous. Il n'en reste pas moins qu'en tant que population avec ses caractéristiques physiques distinctives, ils ont disparu, et l'on a construit bien des scénarios pour expliquer ce qui a pu leur arriver. Les causes proposées vont de maladies importées contre lesquelles ils n'avaient pas d'immunité naturelle jusqu'à une concurrence économique, voire un conflit avec les hommes modernes.

Jusqu'à une date récente, nos conceptions des changements climatiques dans l'Europe de cette époque étaient assez simplistes, de telle sorte qu'on ne prenait pas en compte le climat en tant que facteur de l'extinction des Néandertaliens : ils avaient disparu avant l'apogée de la dernière glaciation, ils avaient survécu à des épisodes froids antérieurs, ils étaient adaptés physiquement et, sans doute, culturellement à affronter les aléas du climat. La plupart des explications (y compris la mienne) se focalisaient plutôt sur l'impact direct de l'arrivée des hommes modernes et sur la supériorité intrinsèque des Cro-Magnons. Mais nos connaissances paléoclimatiques se sont enrichies, et des carottes extraites des banquises, des fonds marins et du fond des lacs révèlent à présent une surprenante complexité des changements climatiques à l'époque, avec de nombreuses et rapides oscillations. Il en a résulté de nouvelles hypothèses quant à l'extinction des Néandertaliens, à l'instar de mes amis Clive Finlayson et John Stewart qui considèrent que ceux-ci étaient probablement déjà en voie de disparaître et que les hommes modernes n'y ont pas été pour grand-chose. Pour Clive Finlayson, par exemple, du fait que les hommes modernes archaïques avaient affuté leurs adaptations dans les plaines africaines, un environnement très différent de celui auquel les Néandertaliens d'Europe étaient adaptés, il suit que les deux espèces avaient des préférences écologiques distinctes et n'ont jamais vraiment cohabité, ni ne sont entrées en concurrence, ni ne se sont croisées. Dans cette hypothèse, les Néandertaliens se seraient évanouis il y a environ 30 000 ans, quand les habitats mixtes qu'ils préféraient ont finalement disparu jusque dans leurs ultimes réduits, tel Gibraltar.

Pour ma part, j'ai collaboré autour de l'an 2000 à un projet nommé *Stage 3 Project* (il s'agit du stade isotopique 3 qui a duré de 60 000 à 30 000 ans avant le présent) dirigé par Tjeerd van Andel et basé à Cambridge. Grâce aux fluctuations de température enregistrées dans une carotte de glace du Groenland et une carotte extraite d'un lac en Italie centrale, nous avons tenté de reconstruire des « courbes de stress » européennes hypothétiques, fondées sur deux facteurs de poids égal, tous deux censément nocifs pour les humains, Neandertal ou Cro-Magnon : températures basses et déstabilisation due à de rapides fluctuations dans l'une ou l'autre direction, vers le chaud comme vers le froid. L'approche était simpliste en cela qu'elle n'essayait pas de modéliser d'autres facteurs tels que les changements dans la pluviométrie, les chutes de neige et la froidure des vents, qui n'ont pu manquer d'avoir des effets importants sur les populations humaines d'Europe et leurs perspectives de survie. Les courbes ainsi produites montrent une phase de climat tempéré il y a 45 000 ans, qui correspond peut-être à la migration des hommes modernes vers l'Europe. Le plus fort du « stress climatique », en revanche, se situe il y a 30 000 ans environ, et non à l'apogée de la glaciation qui vient plus tard, et il coïncide avec les dernières traces connues des Néandertaliens ou de leur industrie lithique, à Gibraltar et en Crimée. Des conditions aussi contraires devaient nécessairement affecter les deux populations, Néandertaliens et Cro-Magnons, et aiguiser leur concurrence pour des ressources en diminution dans les environnements où elles se rencontraient. Mais seul *Homo sapiens* a surmonté la crise.

Une modélisation nettement plus sophistiquée des conditions régnant en Europe quand les derniers Néandertaliens y cohabitaient avec les Cro-Magnons a été publiée en 2008. Pour ce travail, William Banks et ses collègues se sont appuyés sur la localisation d'ensembles d'outils lithiques datés d'entre 37 000 et 42 000 ans, supposés identifier la présence de Néandertaliens ou de Cro-Magnons dans des régions données. Puis, traitant ces distributions comme s'il s'agissait d'espèces de mammifères et non d'outils, ils ont utilisé une modélisation écosystémique pour reconstituer les préférences et les tolérances environnementales des deux populations, ainsi que les étendues que chacune aurait été capable d'occuper à l'époque, en fonction de ces préférences. La période considérée couvre deux phases de climat tempéré, séparées par un coup de froid bref, mais sévère, il y a environ 39 000 ans. Celui-ci ne coïncide pas avec l'ignimbrite campanien, qui s'est déposé plus à l'est, mais avec le gel de l'Atlantique pendant plusieurs centaines d'années, dû à la descente vers le sud d'une armada d'icebergs (connu sous le nom d'*événement d'Heinrich*, dont je reparlerai au chapitre IV).

L'étude démontre qu'avant le coup de froid, les Néandertaliens devaient être répartis sur un vaste territoire, ce qu'ils étaient en effet. Pendant l'événement d'Heinrich, la distribution des deux populations, la réelle et la modélisée, se rétrécit à cause de la détérioration de l'environnement. Mais, quand les conditions s'améliorent il y a environ 38 000 ans, alors que le réchauffement et l'augmentation de l'hygrométrie auraient dû ragaillardir les deux populations, les hommes modernes en tirèrent profit, mais pas les Néandertaliens. La modélisation montre en outre que ces derniers et les Cro-Magnons tâchaient d'exploiter des niches écologiques similaires ; mais qu'en pratique, les seconds ont étendu les leurs avec le temps, aux dépens des premiers. Tandis qu'au début de la période, la niche des modernes n'incluait pas les régions centrales et méridionales de la péninsule Ibérique, les Cro-Magnons n'ont cessé ensuite de se répandre vers le sud, jusqu'aux derniers réduits néandertaliens, dont Gibraltar.

On voit, grâce à cette intéressante étude, comment procède ce type de modélisation, dont il devrait être possible d'affiner encore les analyses à mesure que se répand l'usage de la datation au radiocarbone avec ultrafiltration, ainsi que d'instruments de corrélation comme les microtéphras. Mais c'est une estimation plus directe de la taille relative des populations des derniers Néandertaliens et des premiers hommes modernes en Europe occidentale qu'ont tentée deux archéologues de Cambridge, Paul Mellars et Jennifer French. Ils ont fouillé une vaste base de données où sont enregistrées les surfaces de tous les sites des derniers Néandertaliens dans le sud-ouest de la

France, ainsi que des Aurignaciens qui leur ont succédé dans la même région. Ils ont également comparé les données sur le nombre d'outils lithiques que chaque population a laissés derrière elle, et la quantité de déchets alimentaires qu'elles ont produits. Ayant croisé toutes ces données, ils concluent que la population des hommes modernes avait environ dix fois la taille de celle des prédécesseurs néandertaliens. Voilà qui pourrait vouloir dire que les modernes ont submergé les Néandertaliens, sauf que, pour le moment, nous sommes incapables de déterminer avec précision le temps pendant lequel ils ont été en concurrence directe dans les paysages européens. Nous ne pouvons qu'inférer leur coexistence probable.

De toute façon, je m'en rends compte à présent, il ne faut pas chercher une cause unique de l'extinction de Neandertal, mais il faut voir les choses plus largement. Certes, les événements fascinants qui se sont produits en Europe occidentale il y a quelque 35 000 ans attirent la majeure partie de l'attention des scientifiques et du grand public, mais ils ne sont que l'aboutissement de centaines de milliers d'années d'évolution et d'interactions possibles entre les lignées des hommes modernes et des Néandertaliens, dont les ancêtres ont pu entrer en contact de façon intermittente, par exemple dans l'ouest de l'Asie. Je suis persuadé qu'il existait des différences (dont nous ignorons la plupart) en matière d'aspect, de communication, d'expression et de comportement global qui pesaient sur la façon dont Néandertaliens et hommes modernes se voyaient réciproquement. Quand ils se rencontraient, se percevaient-ils simplement comme d'autres gens, ou bien comme des ennemis, des étrangers, voire des proies ? Enfin, les Néandertaliens ayant disparu à des époques différentes dans les différentes régions d'Asie et d'Europe, les raisons de leur disparition en Sibérie peuvent fort bien ne pas être celles pour lesquelles ils se sont éteints au Moyen-Orient, qui à leur tour peuvent différer des facteurs à l'œuvre à Gibraltar ou en Grande-Bretagne — facteurs qui n'ont sans doute pas toujours inclus la présence d'hommes modernes.

Tout cela nous ramène à l'une des explications favorites de l'extinction des Néandertaliens : le comportement. Je suis de ceux qui invoquent souvent la supériorité comportementale des hommes modernes sur les autres espèces humaines comme étant la principale raison de notre succès et de leur échec. Mais reconstruire ce comportement à partir des données archéologiques n'est pas chose facile, pour ne rien dire de l'évaluation de la supériorité des uns sur les autres. Dans le prochain chapitre, nous examinerons de nouvelles méthodes permettant d'interpréter la signification évolutive et comportementale des fossiles. Puis, dans les deux chapitres suivants, nous regarderons ce que les données archéologiques semblent à présent nous dire.

Chapitre III

CE QUI ÉTAIT CACHÉ

Les données fossiles concernant les débuts de l'histoire de notre espèce et de nos proches parents, entre autres les Néandertaliens, se sont énormément accrues ces derniers vingt-cinq ans. Mais, ce qui s'est développé encore plus vite, c'est notre capacité à dévoiler les secrets enclos dans ces fossiles et à découvrir ainsi la biologie et les modes de vie de ces individus morts depuis si longtemps. Dans ce chapitre, j'entends montrer comment de nouvelles techniques nous permettent, à partir de la taille et de la forme des crânes anciens, de révéler des structures cachées telles que les chaînes osseuses de l'oreille interne, qui nous renseignent à leur tour sur la posture, les mouvements et les sens des disparus. Nous sommes à présent capables d'examiner au microscope des marques de dépeçage pour y lire des indices des comportements humains anciens ; ou bien des stries de croissance sur des dents fossiles pour reconstituer la façon dont les enfants grandissaient il y a un million d'années. Et nous savons utiliser les isotopes afin de découvrir comment les hommes d'autrefois exploitaient leur milieu dans diverses parties du monde, et ce qu'ils mangeaient. Depuis une vingtaine d'années, les méthodes traditionnelles pour enregistrer la taille et la forme des ossements et des dentitions fossiles ont été complétées et, de plus en plus, remplacées par des techniques informatiques de numérisation. La technique médicale de la *tomodensitométrie,* en particulier, s'est révélée particulièrement efficace pour travailler sur des structures anatomiques qui sont ou bien difficiles à mesurer par les techniques traditionnelles (ainsi, les formes curvilignes comme celles d'un bourrelet sus-orbital) ou bien inaccessibles (par exemple, des fossiles enfouis dans de la roche ou des dents non sorties restées à l'intérieur d'une mâchoire). Quant à la technique informatique de la *morphométrie géométrique* (où morphométrie veut simplement dire « mesurer les formes »), elle permet des comparaisons plus étendues et plus détaillées de la taille, de la forme et même du schéma de croissance des échantillons fossiles ou récents.

La plupart de ces nouvelles techniques n'existaient pas quand j'ai commencé mes recherches sur l'évolution humaine, et elles étaient encore à l'état embryonnaire quand les théories autour de l'origine africaine récente ont commencé à germer dans les années 1980. Ainsi, durant les quatre mois de mon tour d'Europe de 1971, pendant lequel j'ai mesuré une centaine de crânes fossiles d'hommes archaïques et modernes, je transportais une petite valise pleine d'instruments de mesure métalliques, compas, mètres pliants, rapporteurs, ainsi qu'un appareil photo pour enregistrer l'état de conservation et la forme générale des spécimens que j'étudiais. (La description complète d'un seul crâne bien conservé muni de sa mâchoire inférieure pouvait prendre jusqu'à une demi-journée.) En l'absence d'ordinateurs portables et de calculettes, toutes mes données devaient être lentement notées à la main sur des feuilles de papier et, la photocopie n'existant pas non plus, le risque (dont je ne me suis d'abord pas rendu compte) était grand que toutes ces données durement acquises dont ma carrière dépendait soient égarées par inadvertance, voire disparaissent dans l'un des deux vols de voiture dont j'ai été victime.

À mon retour à Bristol, il a fallu des mois pour tout transcrire laborieusement sur des cartes perforées, puis pour faire tourner l'unique ordinateur, énorme mais d'une puissance ridicule en comparaison des machines modernes, qui desservait toute l'université. De nos jours, un seul chercheur sachant où aller voir, assis devant son ordinateur et téléchargeant mesures et imagerie médicale recueillerait en quelques jours la quantité de données qui m'a demandé quatre mois et un voyage de huit mille kilomètres. Et des analyses comparatives des formes des crânes, bien plus sophistiquées que celles que j'ai produites en deux ans, s'accompliraient probablement en quelques jours ! Pourtant, je suis persuadé que l'étude directe des fossiles m'a donné des aperçus de leur nature que je n'aurais jamais obtenus sur l'écran d'un ordinateur. En outre, j'ai eu l'honneur et l'émoi de tenir et d'étudier de première main des fossiles aussi insignes que les crânes de la vallée de Neander et de l'abri rocheux de Cro-Magnon.

La méthode que j'utilisais pour mesurer et comparer mes échantillons de crânes est à présent appelée *morphométrie traditionnelle*, mais c'était en 1971 la méthode établie, employée dès avant Darwin. Il y a sur le crâne humain plusieurs endroits où les os se rencontrent, où les marques d'attache musculaire apparaissent en travers d'un os, ou bien qui comportent des localisations spécifiques, telles celles du trou de l'oreille externe ou de la plus grande largeur de l'ouverture nasale. Ces « repères » servent de points de mesure, en sorte qu'on peut, par exemple, placer un instrument en travers du nez pour en mesurer la plus grande largeur, ou bien mesurer la longueur totale de la boîte crânienne depuis le sommet des os du nez à l'avant jusqu'au point le plus distant vers le milieu de l'os occipital à l'arrière. On peut alors comparer directement les mesures et leurs variations d'un spécimen à un autre, soit une à une, soit, prenant deux mesures ou plus, par le calcul d'un indice ou d'un angle. C'est ainsi qu'on utilisait beaucoup l'*indice céphalique*, le rapport de la largeur à la longueur du crâne, qui, pour certains scientifiques racistes de ces deux derniers siècles, constituait une mesure grossière de la « primitivité », selon l'hypothèse que les « races » les plus arriérées ont les crânes les plus allongés.

Dans ma thèse, je faisais bien usage des angles et des indices, mais j'allais plus loin, jusqu'au domaine alors assez nouveau de l'*analyse multivariée*, grâce à laquelle on peut prendre en compte un grand nombre de mesures en même temps, en comparant les spécimens à l'intérieur d'un espace de calcul à plusieurs dimensions, ou bien par le biais d'une seule mesure de la *distance statistique* — quelque chose un peu comme un rapport ou un indice, mais calculé à partir de nombreuses mesures combinées et non de deux seulement. Mais même ainsi, je me rendais compte que mes mesures échouaient à saisir la totalité de la forme complexe d'un crâne, en particulier certaines surfaces incurvées où il y a peu de repères convenables. Il était en outre évident, à comparer des crânes de petite et de grande taille, que même au sein d'une seule population les proportions relatives peuvent changer avec la taille, changements (dont l'étude est l'*allométrie*) difficiles à saisir et à visualiser efficacement avec les techniques disponibles dans les années 1970.

De nos jours, la nouvelle méthode appelée morphométrie géométrique permet une visualisation et une manipulation bien plus sûres de la forme d'objets tridimensionnels complexes tels qu'un crâne. La forme entière est scannée ou numérisée, et un logiciel crée des repères virtuels à intervalles sur toute la surface de l'objet étudié, crâne ou mâchoire. En général, ces repères secondaires sont attachés à un réseau de points primaires qui se correspondent sur tous les objets que l'on veut comparer, cela afin de disposer d'un cadre de référence commun. On peut ensuite afficher à l'écran une grille de points dessinant une forme globale, par exemple d'un crâne de Cro-Magnon, et la comparer avec une grille semblable pour un autre objet, par exemple un crâne de Néandertalien, affichée à côté ou superposée. Avec le logiciel de morphométrie géométrique, on réduit alors les deux crânes à la même taille générale et l'on calcule l'ampleur de la distorsion nécessaire pour changer l'un en l'autre, tout en évaluant quelles sont les zones du crâne qui se modifient le moins ou le plus dans ce processus. Les travaux d'anthropologues tels que Katerina Harvati ont ainsi montré que les différences de forme entre les crânes des hommes modernes et des Néandertaliens sont certainement du niveau de celles qui séparent des espèces chez les primates récents. On utilise aussi ces techniques pour faire apparaître comment une série de crânes change avec la maturation. On peut même créer des formes intermédiaires théoriques — par exemple, entre un *Homo erectus* et un homme moderne — que l'on compare ensuite avec des spécimens réels, par exemple un crâne d'*Homo heidelbergensis*. La morphométrie géométrique prend une importance particulière associée à la tomodensitométrie, autre technologie récemment appliquée aux fossiles.

La découverte des rayons X, en 1895, est généralement attribuée au physicien allemand Wilhelm Röntgen, qui leur a choisi ce nom pour mettre en avant le fait que leur nature était alors inconnue. Cette découverte fortuite lui valut le prix Nobel. Lui-même en avait reconnu les usages médicaux possibles après avoir « photographié » la main de sa femme au moyen de sa trouvaille et en avoir révélé la structure osseuse. La technique n'a pas tardé à être appliquée aux fossiles, par exemple aux squelettes néandertaliens de Krapina en Croatie et à la mâchoire d'*Homo heidelbergensis* en Allemagne. Les rayons X ont ainsi été beaucoup employés en paléoanthropologie au cours du XXe siècle. L'absence de relief des clichés traditionnels a toutefois pour inconvénient que des structures peuvent se masquer mutuellement et qu'elles ne sont pas toujours à la bonne échelle l'une par rapport à l'autre (de même qu'une ombre peut être hors de proportion avec la vraie forme d'un objet).

Peu après la découverte de Röntgen, un radiologiste italien, Alessandro Vallebona, invente une méthode pour produire des tranches d'image plus nettes, méthode ensuite connue sous le nom de *tomographie* (du grec *tomos* « coupe, tranche » et *graphein* « écrire »), qui a trouvé de nombreux usages en médecine. Puis, il y a environ quarante ans, Godfrey Hounsfield et Allan Cormack, travaillant le premier au Royaume-Uni, le second aux États-Unis, élaborent indépendamment l'un de l'autre le perfectionnement appelé tomodensitométrie, qui leur vaut un prix Nobel commun. Avec cette technique, le scanner émet plusieurs rayons simultanément sous des angles différents, après quoi on mesure les forces relatives des signaux, ce qui permet de reconstituer une coupe bidimensionnelle ou bien toute une structure tridimensionnelle. Les images numérisées montrent la densité des tissus ou des matériaux que les rayons ont traversés : ainsi, les creux laissent passer un signal fort, les dents ou les ossements fossiles un signal beaucoup plus faible. En outre, la netteté des images fournies par la tomodensitométrie fait qu'on a accès à beaucoup plus de détails qu'avec les rayons X traditionnels, en sorte qu'on peut examiner jusqu'aux microstructures des ossements et des dents.

À mesure que la tomographie se développait et qu'augmentait la puissance de calcul, l'impact sur l'étude de l'évolution humaine se faisait plus important. L'une des premières applications dans les années 1980 a consisté à scanner des restes fossiles d'*Homo erectus* javanais. Sont ainsi apparues des structures de l'oreille interne jamais observées auparavant, mais la qualité des images n'était pas vraiment assez bonne pour replacer ces structures au sein d'un schéma évolutif. Mais dix ans plus tard, les progrès accomplis étaient tels — grâce à des recherches initiées par le paléoanthropologue Fred Spoor — qu'il était devenu possible de scanner les minuscules osselets de l'oreille interne de plusieurs fossiles néandertaliens et de montrer pour la première fois qu'ils diffèrent par leur forme de ceux des hommes modernes.

Du point de vue anatomique, notre oreille se divise en trois parties : externe, moyenne et interne. L'oreille externe recueille et transmet les ondes sonores par l'intermédiaire du tympan jusqu'à l'oreille moyenne, où une petite chaîne d'osselets transforme l'énergie sonore en vibrations mécaniques. Il arrive qu'on trouve ces osselets — le marteau, l'enclume et l'étrier — dans ou près du canal auriculaire de crânes fossiles, ce qui a parfois permis de les étudier sans avoir besoin de la tomodensitométrie. Nous savons ainsi que les osselets de l'oreille moyenne des Néandertaliens archaïques du site de la Sima de los Huesos à Atapuerca en Espagne avaient la même forme que les nôtres, ce qui signifie que leur perception des sons devait être semblable à ce qu'elle est chez nous actuellement. Les vibrations transmises par les osselets passent ensuite à travers le liquide et les membranes du limaçon de l'oreille interne, où elles se transforment en influx nerveux, transmis au cerveau pour finalement susciter la perception du son.

Mais notre oreille ne sert pas qu'à entendre : deux autres parties du labyrinthe de l'oreille interne nous aident à contrôler notre équilibre et nos mouvements de tête. La première consiste en deux cavités remplies de liquide dont les parois sont recouvertes de petits cils sensibles aux déplacements de minuscules cristaux de calcite, ce qui nous permet d'équilibrer convenablement la position de notre tête. La seconde est faite de trois boucles également remplies de liquide disposées à 90 degrés l'une par rapport à l'autre, les canaux semi-circulaires, eux aussi tapissés de cils qui, grâce aux déplacements du liquide, sont sensibles aux mouvements et aux rotations de la tête. Ce sont ces canaux qui se sont révélés si intéressants pour la comparaison des Néandertaliens avec les autres humains. On sait, en particulier, que leur taille et leur forme sont fixées avant la naissance et restent inchangées pendant la croissance, en sorte que toute différence observée est probablement d'origine génétique et ne risque guère d'être due à l'environnement durant la vie de l'organisme.

L'anatomie de l'oreille interne d'une vingtaine de Néandertaliens a maintenant été scannée par tomodensitométrie. Chaque canal semi-circulaire se révèle subtilement différent des nôtres par la taille, la forme et l'orientation. Ce qui rend cette découverte particulièrement intéressante, c'est que les canaux étudiés jusqu'à présent chez nos ancêtres présumés *Homo erectus* et chez les hommes modernes archaïques se révèlent beaucoup plus semblables aux nôtres, si bien que ce sont les Néandertaliens qui paraissent anormaux. Par ailleurs, les fossiles européens qui représentent sans doute leurs ancêtres, par exemple les crânes de Steinheim et de Reilingen en Allemagne, montrent une conformation proche de celle de leurs descendants, ce qui donne à penser que cette forme distinctive a dû évoluer en Europe. Mais pourquoi ?

Une réponse possible est que la forme des canaux semi-circulaires soit le signe de quelque chose d'autre, tel que la forme générale du crâne ou du cerveau. Et c'est un fait que les Néandertaliens présentent des traits distinctifs quant à la forme du temporal — l'os qui entoure la région de l'oreille de chaque côté du crâne. Autre possibilité : elle reflète un type d'adaptation, par exemple au climat — mais les hommes modernes vivant dans des climats froids ne diffèrent pas significativement de ceux qui vivent dans des climats chauds. Pour les scientifiques qui ont mené les études les plus complètes sur le sujet, y compris Fred Spoor, une explication plausible est à chercher dans ce qui est la fonction essentielle des canaux semi-circulaires : contrôler les mouvements et la rotation de la tête. Bien qu'on comprenne mal les mécanismes exacts de l'interaction entre la tête, le cou et le système des canaux semi-circulaires, on constate que les Néandertaliens ont le cou plus court et plus massif que les hommes modernes, ce qui peut avoir influé sur les mouvements de la tête dès lors que celle-ci est enfoncée plus profondément entre les muscles puissants du cou et des épaules. En outre, le crâne des Néandertaliens se projette davantage vers l'arrière, leur boîte crânienne est plus plate à la base et leur face plus projetée vers l'avant, en particulier autour du nez, toutes choses qui peuvent faire une différence pour les mouvements de la tête, que ce soit dans les activités les plus tranquilles comme marcher ou dans celles qui dépensent le plus d'énergie, comme courir et chasser.

L'un des premiers fossiles à révéler la forme particulière de l'oreille interne des Néandertaliens appartient aux collections du Muséum d'histoire naturelle de Londres. Il s'agit du crâne de Devil's Tower, un crâne d'enfant (vu sa grande taille, probablement un garçon), assez fragmentaire et découvert associé à des ossements animaux et des outils lithiques sous l'à-pic nord du rocher de Gibraltar, lors de fouilles en 1926. Il consiste en trois os crâniens, la moitié d'une mâchoire supérieure et la plus grande partie d'une mâchoire inférieure, avec à la fois des dents de lait et des dents permanentes en voie de formation. Chez un enfant moderne dont la date de naissance est inconnue, ou bien pour la victime d'un meurtre que l'on tâche d'identifier à l'institut médico-légal, la meilleure façon d'estimer l'âge est à partir des dents. Appliquée au fossile de Gibraltar, cette méthode a tout de suite révélé qu'il s'agissait d'un enfant de moins de six ans sur l'échelle moderne, car la première molaire n'était pas encore prête à sortir. L'étude du fossile menée en 1928 a ensuite permis de conclure que, compte tenu de sa maturité dentaire, il était en fait âgé de moins de cinq ans à sa mort, mais que, à en juger par le volume des os du crâne, la taille de son cerveau était légèrement supérieure à la taille moyenne de celui des hommes modernes. Jusqu'en 1982, tout le monde supposait que les ossements étaient ceux d'un seul enfant, mais cette année-là, l'anthropologue Anne-Marie Tillier avance l'hypothèse que, si la plupart des ossements correspondent en effet à un enfant d'environ cinq ans, le temporal proviendrait d'un autre enfant, moins avancé dans sa croissance, mort à l'âge de trois ans environ.

Au cours des années 1970, l'apparition de nouvelles techniques microscopiques permet d'étudier la microstructure dentaire, et l'on peut commencer à exploiter une idée plus ancienne selon laquelle l'émail contient des « stries » de croissance journalières, qui constituent donc un moyen d'estimer le temps qu'a mis une dent à se développer et, par là, d'évaluer l'âge d'un enfant à sa mort. Ces stries journalières se groupent et apparaissent à la surface des dents antérieures sous la forme de constrictions transversales appelées *perikymata* (de deux mots grecs voulant dire

« autour » et « vague »), dont chacune représente environ huit jours de croissance. Dans les années 1980, avec mes collègues paléoanthropologues Tim Bromage et Christopher Dean, puis, plus tard, le primatologue Bob Martin, nous tentons à nouveau d'estimer l'âge probable de l'enfant de Devil's Tower, au moyen d'un microscope électronique et à partir de son incisive centrale supérieure bien conservée, dont nous étudions la croissance et le développement. Ayant compté les perikymata et ajouté quelques mois pour tenir compte de la croissance de la racine, peu importante, nous arrivons à environ quatre ans. Par ailleurs, afin de tester la méthode des perikymata, nous profitons d'une importante et rare collection de squelettes humains provenant de la crypte de Christ Church à Spitalfields dans la Cité de Londres, où l'âge des morts est indiqué sur des plaques fixées aux cercueils ou bien dans les registres de la paroisse. Nous voyons que la méthode fonctionne bien pour estimer l'âge des enfants enterrés là. J'étudie en outre les temporaux de ces mêmes enfants afin de vérifier si un temporal aussi immature que celui de Devil's Tower peut aller avec les autres ossements et les dents. Le résultat est clair : aussi bien les dents des mâchoires que le temporal proviennent d'un enfant d'environ quatre ans à sa mort, et il n'y a aucune raison de les dissocier sous prétexte d'une différence de maturité. Reste que, le temporal étant situé de l'autre côté du crâne par rapport au pariétal conservé, il n'est pas possible de les articuler pour prouver qu'ils vont bien ensemble.

Le raccord a pourtant été démontré quelques années plus tard par deux experts en tomodensitométrie, Christoph Zollikofer et Marcia Ponce de León, qui, grâce à cette technique, ont mis au jour de nouvelles données anatomiques et ont réalisé une reconstruction tridimensionnelle de la totalité du crâne, qui montre de façon indubitable que le temporal est de même origine que les autres restes. Non contents de produire les images en miroir des parties manquantes à partir des parties préservées, ils ont réussi à compléter un crâne théorique en « important » les éléments appropriés depuis d'autres enfants néandertaliens chez qui ils s'étaient conservés, en en ajustant virtuellement la taille pour parfaire le raccord. Puis, afin de tester leur méthode, les deux chercheurs ont désarticulé virtuellement le crâne d'un enfant moderne de maturité comparable, pour ensuite démontrer qu'ils étaient capables de le recréer très exactement en n'utilisant que les parties préservées chez l'enfant de Gibraltar.

Ayant ainsi recréé le crâne de l'enfant de Devil's Tower numériquement, à l'écran, Zollikofer et Ponce de León l'ont alors reconstruit matériellement au moyen d'une technique nommée *stéréolithographie.* Celle-ci a été mise au point dans un but industriel, afin de vérifier comment des pièces s'ajustent les unes aux autres. Plutôt que de sculpter ou de mouler les objets, on les construit en solidifiant successivement de minces couches de résine liquide photosensible. Le spectacle du processus est magique : grâce à un rayon laser ultraviolet, guidé par les données numériques obtenues par tomodensitométrie, un objet solide se matérialise peu à peu hors d'un réservoir de résine transparente. On recrée ainsi un crâne ou une mâchoire à mesure que le rayon, scintillant à travers la résine, fait se coaguler le liquide. Cette méthode de reproduction a de nombreux avantages par rapport au moulage traditionnel : non invasive, elle n'endommage pas la surface des fossiles ; elle est remarquablement précise et exempte de distorsions ; elle permet de reproduire des structures internes comme des vides ou des dents avant leur éruption, et de les rendre visibles en ne colorant pas la résine afin de la garder transparente.

Mais il y eut d'autres révélations encore. Les dents du garçon (y compris celles encore prises dans la mâchoire) ont également été étudiées à fond, en portant une attention particulière à un caractère remarqué à l'occasion de recherches précédentes : alors que les dents de devant des deux moitiés d'une mâchoire inférieure sont ordinairement leurs images en miroir en termes de position et d'orientation, chez l'enfant de Devil's Tower, certaines du côté droit paraissent mal placées. Or, on voit clairement sur les images tomographiques qu'il avait souffert d'une fracture de la mâchoire inférieure plus tôt dans sa vie, mais qu'il y avait survécu et avait parfaitement guéri, si bien qu'il est peu probable que cet accident ait été la cause de sa mort prématurée. Comme déjà dit, il avait un gros cerveau, dont la taille, destinée à croître encore un peu, a pu être estimée précisément grâce à la reconstruction, soit entre 1 370 et 1 420 centimètres cubes, volume déjà comparable à celui des Européens actuels.

On a beaucoup discuté de la croissance des Néandertaliens — leur maturation se faisait-elle au même rythme que chez nous ? — et l'enfant de Devil's Tower en est venu à tenir une place importante dans le débat. Chez les grands singes, la croissance du cerveau est rapide avant la naissance, puis relativement lente dans les années qui suivent, tandis que chez nous, cette même croissance est rapide avant comme après. À la naissance, compte tenu des différences de taille corporelle, les bébés humains ont déjà un cerveau d'un tiers plus gros, relativement, que celui des petits singes, mais le cerveau des humains adultes est trois fois plus gros. Cette obligation où sont nos cerveaux de croître autant après la naissance est due en grande partie aux limitations imposées au passage des nouveau-nés par la taille et la forme du bassin humain. Il existe probablement un seuil d'environ 500 centimètres cubes au-delà duquel une période importante de croissance postnatale du volume cérébral est requise.

Ce seuil a probablement été atteint à l'époque d'*Homo erectus*, ce qui signifie que, par comparaison avec les grands singes, les bébés *erectus* devaient passer par une longue période d'immaturité, pendant laquelle leur cerveau pouvait continuer à croître rapidement. On estime d'autre part qu'en regard de nos jalons pour l'éruption de la première, de la deuxième et de la troisième molaires, en moyenne à six, douze et dix-huit ans, la séquence chez *erectus* devait être environ cinq, neuf et quinze ans respectivement. Cette séquence, qui marque des étapes importantes de l'enfance, de l'adolescence et du début de l'état adulte, n'en reste pas moins bien plus étalée que chez le chimpanzé, dont l'éruption de molaires se fait à environ trois, six et dix ans.

Pour le formuler à gros traits, les grands singes ont une première enfance d'environ cinq ans, puis sept ans d'adolescence, après quoi ils sont projetés dans l'état adulte, alors que les hommes modernes connaissent deux phases supplémentaires entre la première enfance et l'adolescence : l'enfance proprement dite (de trois à sept ans) et une phase juvénile (entre sept et dix ans). Durant ces phases, l'enfant reste dépendant de sa mère et de ses proches plus âgés pour la protection, l'apprentissage et la nourriture nécessaire à approvisionner la croissance d'un gros cerveau demandeur d'énergie. Le fait que nos enfants grandissent si lentement a pour effet d'étaler les coûts énergétiques des soins à leur apporter, ce qui a sans doute contribué puissamment à augmenter le nombre d'enfants qu'*Homo sapiens* peut élever, en comparaison des grands singes. Des études récentes ont montré que, bien que la taille cérébrale adulte soit atteinte pour l'essentiel à l'âge de huit ans, le cerveau continue à câbler ses connexions et interconnexions pendant toute l'adolescence, période pendant laquelle les humains ont encore beaucoup à apprendre dans les domaines culturel et social. Qui plus est, notre maturité est bien plus tardive que celle des autres grands singes, notre adolescence durant environ de l'âge de dix ans à l'âge de dix-huit ans. Les Néandertaliens et leur gros cerveau ont dû, eux aussi, connaître une enfance longue. Il y a néanmoins, nous le verrons, des indices du fait qu'ils parvenaient à l'état adulte plus tôt que les humains ne le font en moyenne aujourd'hui — ce qui paraît normal et peut-être même essentiel, dès lors que la plupart des adultes mouraient le plus souvent avant d'avoir atteint la quarantaine (cf. chapitre VI). Leurs apprentissages auraient donc été également prolongés, quoique peut-être pas tout à fait autant que dans notre espèce, si bien que leur cerveau devait croître à un rythme un peu plus rapide et sur une période plus courte, ce qui pourrait expliquer certains aspects de leur régime alimentaire. Ce gros cerveau les dotait-il d'une intelligence semblable à la nôtre ? C'est là une autre question passionnante.

La taille du cerveau et de la tête d'*Homo sapiens* à la naissance sont juste à la limite de ce que permet le bassin humain, au point que la médecine est souvent appelée à la rescousse des accouchements difficiles, en quoi elle reprend le rôle des sages-femmes des sociétés traditionnelles. Il existe quelques sépultures Cro-Magnons de femmes accompagnées de bébés apparemment nouveau-nés, qui témoignent de façon poignante des difficultés de l'accouchement il y a 30 000 ans. Une notation dans un carnet, lors de la fouille en 1932, à Tabun, dans ce qui était alors la Palestine, de la bien plus ancienne sépulture d'une femme néandertalienne, mentionne le squelette d'un fœtus serré contre son flanc. Hélas, ces restes mystérieux n'ont jamais été décrits, et nous ignorons s'il s'agit d'une identification erronée, ou bien si le matériau était trop fragile pour être extrait de sa gangue de sédiments durs. Mais le squelette de la femme, lui, a survécu, il est conservé au Muséum de Londres, et il constitue le squelette de Néandertalienne le plus complet décrit à ce jour (d'autres, provenant de la Sima de las Palomas en Espagne, sont en cours d'étude et de publication par Erik Trinkaus et ses collègues).

Les experts en tomodensitométrie ayant travaillé à la reconstruction du crâne de l'enfant de Devil's Tower se sont également attelés à reconstruire le bassin de la femme de Tabun. À défaut des restes du bébé prétendument trouvé à ses côtés, ils ont reconstruit le fragile squelette d'un nouveau-né néandertalien enterré à Mezmajskaja en Crimée, et, démonstration spectaculaire de la puissance de la technologie tomodensitométrique, l'ont associé au bassin afin d'étudier l'obstétrique néandertalienne. On découvre ainsi que le cerveau de l'enfant présentait un volume d'environ 400 centimètres cubes, conforme à celui d'un nouveau-né d'aujourd'hui, mais avec un squelette déjà beaucoup plus robuste. En examinant le processus de l'accouchement, on voit que le bassin légèrement plus large de la femme de Tabun aurait pu faciliter le travail. Mais le crâne du bébé a déjà sa forme néandertalienne, la tête plus allongée et la face davantage projetée vers l'avant, ce qui laisse penser que la naissance était aussi difficile chez les Néandertaliennes que chez nous, et qu'elle mettait en jeu le même retournement (propre aux humains) du corps du bébé pendant la délivrance.

Toutefois, une autre étude tomodensitométrique du bassin de la femme de Tabun, cette fois sans nouveau-né associé, a conduit les paléoanthropologues Tim Weaver et Jean-Jacques Hublin à des conclusions assez différentes : selon eux, la naissance chez les Néandertaliens ne se déroulait pas comme chez nous. Le bassin des femmes modernes est au plus large dans le plan transversal dans sa partie supérieure, mais ses proportions se modifient dans la partie inférieure, où il devient le plus large dans le plan sagittal (d'avant en arrière), ce pour quoi les bébés changent généralement de position pendant leur descente. Weaver et Hublin trouvent en revanche le bassin de la femme de Tabun uniformément large dans le plan transversal, si bien que la naissance chez les Néandertaliens aurait été plus simple que chez nous, sans rotation du bébé, et peut-être moins risquée. Nous autres, *Homo sapiens*, avons des bassins plus étroits que nos cousins néandertaliens et que nos prédécesseurs africains, pour des raisons encore mal comprises. Le fait n'en suggère pas moins que cette modification des hanches a dû provoquer de nouveaux besoins en matière d'évolution, a dû probablement exiger à la fois des changements physiologiques s'agissant du processus de délivrance et des changements sociaux quant au niveau d'assistance requis pour l'accouchement chez les mères humaines modernes.

Comme nous l'avons vu, la dentition constitue une ressource précieuse pour l'étude de l'évolution qui, de plus, se conserve très bien à l'état fossilisé, car elle est déjà fortement minéralisée. La taille et la forme des dents sont en grande partie déterminées génétiquement (des jumeaux homozygotes ont des dents semblables) et la forme de la couronne dentaire s'est montrée particulièrement utile pour comparer les restes humains fossiles et les humains actuels. Des formes distinctes de la face masticatrice et du collet caractérisent les populations d'aujourd'hui : avec les méthodes de la médecine légale, une dentition intacte se laisse assigner avec assez de sûreté à une région du monde. C'est de cette variation que s'est servi il y a vingt ans l'anthropologue Christy Turner pour proposer un scénario de la sortie d'Afrique dans l'évolution humaine récente. Se fondant sur le fait que la morphologie dentaire « moyenne » se rencontre de nos jours chez les populations aborigènes d'Asie du Sud-Est, il en conclut que celles-ci sont au plus près de la structure dentaire originelle des humains modernes, et que c'est là une indication du berceau d'*Homo sapiens.*

La théorie de Turner ne parvient toutefois pas à rendre compte de l'indubitable similitude entre les structures dentaires australienne et africaine récentes, à quoi mes collègues Tim Compton et Louise Humphrey et moi-même avons ajouté des dents fossiles européennes, avec pour résultat de montrer qu'une origine africaine de la variation dentaire actuelle reste la plus probable. Conclusion qui s'est vue encore renforcée par les travaux de deux anciens étudiants de Turner, Joel Irish et Shara Bailey, dont les analyses portent sur un nombre bien plus grand de dents fossiles. Cette sorte de travaux a aussi son importance pour l'étude de l'évolution humaine ancienne. Elle a, par exemple, montré que les fossiles de Sima de los Huesos à Ataperca (Espagne) sont clairement apparentés aux Néandertaliens tardifs, tandis que la dentition des hommes modernes archaïques de Skhul et de Qafzeh (Israël) présente des traits « africains ».

Du célèbre site archéologique de Boxgrove, près de Chichester, en Grande-Bretagne, on a extrait plus de quatre cents superbes bifaces de silex, à des niveaux également riches en restes de mammifères de l'époque interglaciaire : chevaux, cerfs, éléphants et rhinocéros. Le fait que même les ossements de rhinocéros montrent de nombreux signes d'activités de boucherie conduit à réévaluer les capacités des chasseurs-cueilleurs d'il y a 500 000 ans quant à l'accès à ces ressources. Ils ne faisaient pas que charogner ; c'était aussi, apparemment, des chasseurs hautement qualifiés. Ils étaient capables de s'assurer des carcasses de grands animaux afin d'en extraire un gain nutritif maximal, cela dans un environnement peuplé de dangereux concurrents : lions, loups, hyènes géantes.

Les quatre cents bifaces de Boxgrove et Claire Fisher, conservatrice au British Museum.

L'importance de Boxgrove a été encore renforcée par la découverte en 1993 d'un tibia attribué à *Homo heidelbergensis*, puis, deux années plus tard, de deux incisives appartenant à un autre individu. Le microscope traditionnel, puis le microscope électronique révèlent de nombreux signes de dépeçage animal : ainsi, le tibia a été rongé à un bout par un carnivore de taille moyenne, loup ou hyène. Mais ils montrent aussi que la surface antérieure des incisives est couverte d'éraflures et de marques en creux qui font penser à l'utilisation d'outils de pierre pour la préparation de la nourriture, les dents ayant sans doute été abîmées accidentellement au cours de cette activité. Avec Mark Roberts et Simon Parfitt, les directeurs des fouilles, ainsi qu'avec les anthropologues Simon Hillson et Silvia Bello, nous avons examiné plus à fond les deux incisives au moyen d'un microscope électronique perfectionné fabriqué par la société Alicona.

Cette étude a mis à jour d'autres activités, peut-être moins habituelles. La forte usure de la couronne indique que le possesseur des dents était un adulte d'âge moyen à sa mort. Mais, juste sous la couronne, on voit que la plupart des racines sont couvertes de cette plaque dure que nos dentistes ont coutume d'enlever à chaque visite de contrôle. De ces dépôts, on conclut que les racines ont été en partie exposées au-dessus de la gencive pendant la vie de l'individu, ce qui est signe ou bien d'une rétraction de la gencive, ou bien, plus probablement, de ce que les dents de devant ont été fortement ébranlées d'avant en arrière, sans doute alors qu'elles serraient quelque chose. Or, on pense depuis longtemps que la forte usure en arrondi de leurs dents de devant montre que les Néandertaliens amollissaient ou traitaient d'une quelconque autre façon des produits alimentaires, des matériaux fibreux ou des peaux en se servant de leurs dents comme d'une troisième main ou d'un étau.

Il semble donc bien que cette activité soit beaucoup plus ancienne en Europe, et que bon nombre des entailles et des éraflures observées sur les incisives de Boxgrove aient été faites malencontreusement par un outil de silex traversant un matériau tenu entre les dents. Mais le microscope électronique a révélé autre chose encore : une série inhabituelle d'éraflures plus récentes, profondes et semicirculaires sur les surfaces antérieures des deux incisives, faites à l'évidence non loin du moment de la mort, avec beaucoup plus de force que les autres et par un mouvement orienté de façon tout à fait différente. Les racines sont elles aussi marquées d'entailles profondes, également faites à proximité de la mort. On envisage donc la possibilité que ces violences relèvent du dépeçage de l'individu de Boxgrove à sa mort — ou plutôt, espérons-le pour lui ou pour elle, après celle-ci.

Non contentes de porter de telles cicatrices de la vie, voire de la mort, nos dents, comme je l'ai déjà expli-

Le célèbre squelette découvert dans la vallée de Neander, Allemagne, en 1856.

qué, donnent des indices importants sur notre histoire grâce à leurs stries de croissance, équivalents dentaires des anneaux des arbres, de formation journalière et non annuelle. Ces stries, on peut en étudier au microscope l'expression superficielle — par exemple, les perikymata — mais on peut aussi les examiner de l'intérieur sur des cassures ou des sections de dent. J'ai ainsi collaboré avec des anthropologues, dont Chris Dean, Meave Leakey et Alan Walker, à l'étude des stries de croissance des molaires de plusieurs fossiles humains, parmi lesquels le Néandertalien de Tabun en Israël, de qui nous avons brièvement soustrait un éclat d'émail afin de le dater par résonance de spin électronique (ESR, cf. chapitre II). Nous avons alors constaté qu'à la différence de ce qu'on observe sur les fragments dentaires d'*Homo erectus,* la vitesse de développement de ce spécimen excédait les plus rapides qu'on peut mesurer dans les molaires modernes. En 2007, une autre équipe, incluant Tanya Smith et Jean-Jacques Hublin, a étudié plusieurs dents d'un enfant néandertalien provenant de la grotte Scladina en Belgique. Par rapport au développement dentaire des humains modernes, cet enfant aurait dû avoir près de onze ans à sa mort. Pourtant, l'étude a montré qu'il n'en avait que huit environ, et que l'éruption de la seconde molaire était significativement plus précoce chez les jeunes Néandertaliens que chez les modernes, signe d'une enfance plus brève et d'une croissance plus rapide.

On ne savait pas trop si la divergence de ces résultats concernant la croissance des Néandertaliens était due à l'imprécision des diverses méthodes, à des variations interindividuelles, ou bien peut-être même à des changements évolutifs dans les schémas de croissance néandertaliens. Le plus nécessaire pour répondre à ces questions était de disposer d'échantillons fossiles plus nombreux et plus diversifiés. Or, tant que les techniques d'examen au microscope dépendaient de la disponibilité de dents naturellement brisées ou, encore plus rare, du bon vouloir d'un conservateur de musée acceptant qu'on découpe ses précieux fossiles, de telles collections d'échantillons n'avaient guère de chances de se matérialiser. Quant aux techniques non destructrices, seule la tomographie la plus fine — la micro tomographie — pouvait espérer révéler, et encore partiellement, les minuscules détails cachés des stries dentaires. Les anthropologues ont donc eu beaucoup de chance de pouvoir disposer d'une nouvelle technologie : le synchrotron.

Beaucoup ont entendu parler du grand collisionneur de hadrons, le plus grand et le plus puissant accélérateur de particules au monde, enterré dans un tunnel près de

Genève. Il s'agit en fait d'un synchrotron géant, fait d'une chambre circulaire à l'intérieur de laquelle des champs électriques et magnétiques accélèrent progressivement des particules atomiques et subatomiques, électrons et protons. Pas très loin de là, à Grenoble, se trouve un appareil plus petit, parfois distrait des problèmes de physique des hautes énergies pour lui faire envoyer ses coûteux électrons à travers de précieux fossiles. C'est ainsi que le faisceau de rayons X de 52 kilo-électrons-volts du synchrotron a déjà révélé de nouvelles espèces de coléoptères et de fourmis du temps des dinosaures, encloses dans de l'ambre opaque, et même de minuscules embryons de dinosaures encore dans l'œuf. La technique s'applique aussi désormais à des fossiles d'hominines[1] comme le crâne de *Sahelanthropus*, un possible ancêtre remontant à plus de six millions d'années, ainsi qu'à des fossiles plus récents d'*erectus* et de Néandertaliens. Avec une résolution quatre fois supérieure à celle des meilleurs scanners, allant jusqu'à une dimension égale à la largeur d'une cellule, on comprend que les chercheurs fassent la queue pour soumettre leurs fossiles aux magies du synchrotron grenoblois.

L'un de ses premiers emplois réellement significatifs a eu lieu quand une partie de l'équipe ayant conclu que le Néandertalien de Scladina présentait une maturation plus rapide que la nôtre s'est jointe au physicien Paul Tafforeau pour appliquer la technique à une mâchoire de jeune *Homo sapiens* archaïque. Celle-ci provenait du site marocain de Djebel Irhoud, dont l'un des crânes d'adultes trouvés là avait, comme je l'ai expliqué plus haut, beau-

1. Rappelons que l'on distingue les familles suivantes : les hominoïdes (hommes et grands singes actuels), les hominidés (l'homme, le chimpanzé, le gorille et l'orang-outan), les homininés (l'homme et le chimpanzé), les hominines (le rameau de l'homme, de ses parents et de ses ancêtres depuis la séparation d'avec le chimpanzé). (Note de l'éditeur.)

coup contribué à me faire comprendre que l'Afrique était probablement une région-clef dans l'origine des hommes modernes. On date communément les restes de Djebel Irhoud à environ 160 000 ans, et ils pourraient même être plus anciens, mais les opinions divergent quant à leur classification. Selon moi, ils se situent encore dans l'ensemble au-delà de la limite des hommes modernes pour l'anatomie, plus éloignés de nous que les spécimens d'âge comparable d'autres sites africains tels qu'Omo Kibish et Herto.

Cela dit, il est vrai que, comme le fait remarquer Jean-Jacques Hublin, la mâchoire de l'enfant est pourvue d'un menton, et que la face et la boîte crânienne des deux crânes adultes présentent des traits modernes. Quoi qu'il en soit de ces débats, il reste qu'une étude combinant le comptage au microscope des stries de croissance externes avec l'examen au moyen du synchrotron des stries journalières cachées montre que l'enfant avait environ huit ans à sa mort et croissait lentement, comme un enfant moderne. Il s'ensuit que, même si, comme je le crois, il ne s'agissait pas vraiment d'un enfant moderne du point de vue anatomique, ses dents poussaient déjà comme s'il en était un, avec tout ce que cela implique en termes de durée de l'enfance, d'extension des besoins énergétiques et d'accroissement des capacités d'apprentissage.

Mon collègue au Muséum Robert Kruszynski a récemment emporté à Grenoble le crâne du jeune Néandertalien de Devil's Tower, et je me suis joint à lui, ainsi que Tanya Smith, Paul Tafforeau, Jean-Jacques Hublin et d'autres collègues pour ce qui, nous l'espérons, sera une étude définitive du développement dentaire chez les Néandertaliens et les hommes modernes archaïques. Après avoir quantifié et analysé les données tirées de nombreux fossiles, nous avons soumis au synchrotron neuf Néandertaliens à diffé-

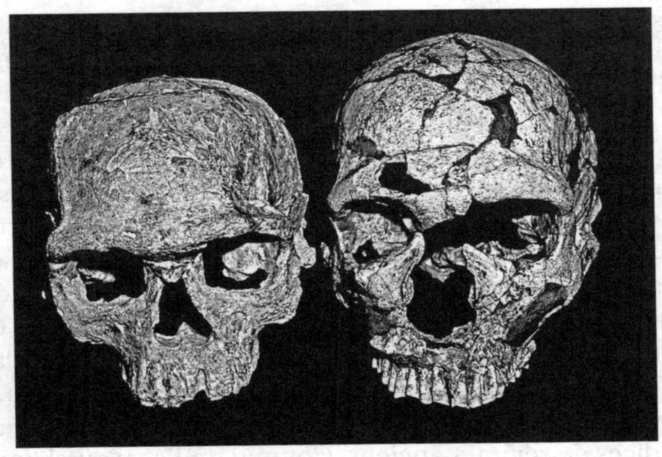

*Crâne d'*Homo sapiens *archaïque de Djebel Irhoud (à gauche) et crâne de Néandertalien de la grotte de La Ferrassie (France).*

rentes étapes de leur maturité, puis nous avons comparé ces analyses à celles de cinq hommes modernes archaïques et d'un vaste échantillon d'humains récents provenant de diverses régions. Nos résultats semblent établir définitivement que les hommes modernes archaïques tels ceux de Skhul et de Qafzeh connaissaient une maturation dentaire aussi lente que celle des humains récents, tandis que celle des Néandertaliens était un peu plus rapide, en particulier s'agissant de l'éruption des dernières dents. Ainsi, les enfants néandertaliens d'Engis, Scladina et Le Moustier auraient dû être âgés respectivement de quatre, onze et seize ans environ selon les modèles de développement modernes, alors que le synchrotron a démontré qu'ils avaient en fait environ trois, huit et douze ans. Non seulement la maturation des Néandertaliens se faisait plus vite, mais la croissance plus rapide de leurs molaires a pour conséquence que la couche d'émail de leurs dents est plus fine que chez nous. Comme nous le verrons, ces différences peuvent avoir contribué à séparer les structures sociales et les évolutions culturelles des Néandertaliens et des hommes modernes.

À un niveau physiologique encore plus fin que les stries de croissance journalières de la dentition, nos corps se construisent et se sustentent grâce aux éléments nutritifs que nous ingérons chaque jour en mangeant et en buvant. En ce sens, le vieux slogan macrobiote « Vous êtes ce que vous mangez » est parfaitement exact. Les nombreux éléments chimiques contenus dans nos aliments entrent dans nos os et nos dents, en sorte que, si ceux-ci se fossilisent, ils peuvent fournir des signaux interprétables comme autant d'indices de régimes anciens. Comme on l'a vu au chapitre précédent, les atomes de carbone et d'azote (deux composants vitaux de notre physiologie) apparaissent sous la forme d'isotopes distincts de poids atomiques différents (du fait que leurs noyaux ne contiennent pas le même nombre de neutrons). Bien que les propriétés essentielles de ces atomes légèrement différents ne changent pas — par exemple, dans les composés chimiques où ils entrent — les composés eux-mêmes peuvent se comporter un peu différemment quand on les soumet à la chaleur : les isotopes les plus légers s'évaporent d'abord, par exemple. Ou bien, quand les composés sont ingérés par des systèmes biologiques ou les traversent, cela peut se faire plus ou moins vite selon le poids des isotopes. Le carbone et l'azote ont tous deux des isotopes stables (qui ne se désintègrent pas comme le carbone 14), présents dans le collagène, cette protéine structurelle fibreuse qui constitue la plus grande partie de nos tissus et de nos os. L'os et le collagène qu'il contient se renouvellent constamment pendant la vie, mais ce renouvellement est très lent, si bien que la teneur isotopique du collagène reste représentative de la moyenne du régime alimentaire d'un individu pendant les dix dernières années ou plus de son existence. Le collagène s'élimine quand l'os se fossilise, mais il arrive qu'il s'en préserve suffisamment dans les restes vieux de moins de 100 000 ans pour qu'on puisse mesurer les isotopes qu'il contient encore.

L'abondance relative des isotopes de carbone stables ^{13}C et ^{12}C varie selon les écosystèmes, par exemple sur terre ou dans la mer, et aussi selon les différentes sortes de plantes, si bien qu'en tirant leur nourriture de ces diverses sources, les animaux recueillent des proportions différentes d'isotopes. De plus, la concentration des isotopes d'azote stables ^{15}N et ^{14}N s'accroît d'environ 2 à 5 % chaque fois qu'on monte d'un échelon dans la chaîne alimentaire (par exemple, de l'herbe au lapin qui la mange, puis du lapin à l'humain qui le mange). En mesurant simultanément les proportions d'isotopes de carbone et d'azote dans des ossements fossiles de Néandertalien, par exemple, on parvient donc à reconstituer en partie le régime de l'individu pendant sa vie. Certes, les isotopes ne reflètent pas tout : les signaux ne représentent que les principales sources de protéines et non toutes les nourritures consommées, et, comme je l'ai dit, la teneur en isotopes correspond à une moyenne sur les dernières années de vie. Qui plus est, seules de grandes catégories telles que la prédominance de protéines végétales ou animales provenant d'écosystèmes terrestres ou marins peuvent être distinguées. Enfin, les analyses doivent être effectuées avec soin, car il apparaît que des différences climatiques en matière de température ou d'hygrométrie peuvent affecter les proportions initiales d'isotopes stables, si bien que les comparaisons les plus fiables se font sur des matériaux assez proches dans le temps et l'espace.

Compte tenu de ces limites, des chercheurs comme

Michael Richards et Hervé Bocherens n'en ont pas moins réussi à nous donner une idée du régime alimentaire des Néandertaliens et des hommes modernes archaïques à partir de leurs ossements. Plus d'une douzaine de Néandertaliens et encore davantage de Cro-Magnons ont ainsi été analysés, d'où sont sortis des ensembles de données qui confirment clairement que les premiers dépendaient fortement de la viande de grands gibiers tels que rennes, mammouths, bisons et chevaux. Ils se trouvaient au sommet des chaînes alimentaires, leurs signatures isotopiques les situant au niveau des loups et des lions en tant que prédateurs dominants dans leurs environnements. Toutefois, les fossiles analysés jusqu'à présent proviennent de régions comme la France, l'Allemagne et la Croatie et ne couvrent pas encore l'ensemble du domaine des Néandertaliens, car, malheureusement, le collagène se conserve moins bien dans les régions plus chaudes comme Gibraltar et le Moyen-Orient. Nous savons d'autre part par les données archéologiques que, plus au sud, dans les régions côtières du Portugal, d'Espagne, de Gibraltar et d'Italie, les Néandertaliens complétaient le gibier par des ressources marines, crustacés, phoques et, du moins à l'occasion, dauphins probablement échoués sur les plages. Enfin, quoique leur signal isotopique soit masqué quand la viande est la principale source de protéines, les ressources végétales, quand les conditions et la saison le permettaient, étaient également importantes pour eux, comme le montrent les dépôts de noix brûlées et de graines dans les grottes.

Les analyses menées sur les Cro-Magnons, y compris les hommes modernes archaïques de Peştera cu Oase (Roumanie), vieux de 40 000 ans et plutôt primitifs (cf. chapitre IV), révèlent un tableau diététique différent de celui des Néandertaliens, même quand la comparaison

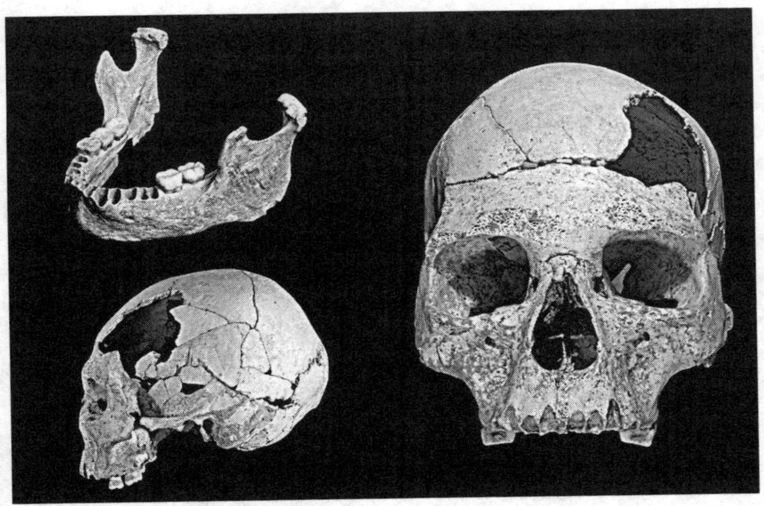

Fossiles de Peştera cu Oase vieux de 40 000 ans.

s'arrête aux mêmes régions et aux mêmes climats. Les niveaux élevés de ^{13}C que l'on trouve dans certains spécimens près des côtes indiquent un menu comprenant des quantités significatives de poissons marins et autres fruits de mer. Le régime de ceux qui vivaient plus à l'intérieur des terres était peut-être même encore plus varié, car les niveaux exceptionnellement élevés de ^{15}N dans les ossements donnent à penser que le poisson, le gibier d'eau et autres ressources d'eau douce étaient pour eux des sources alimentaires importantes. Et le fait qu'il en aille déjà ainsi des hommes modernes échantillonnés les plus anciens, ceux de Peştera cu Oase, prend tout son sens quand on considère un autre fossile d'homme moderne d'âge comparable situé à six mille kilomètres de là en Chine : le squelette d'adulte de la grotte de Tianyuan, récemment extrait du complexe de sites de Zhoukoudian. (J'y reviens au chapitre IV.) Les isotopes de carbone et d'azote contenus dans le collagène des ossements indiquent en effet un régime riche en protéines animales, mais la très forte proportion d'azote isotopique est aussi le signe de la consommation de poisson d'eau douce. On a alors mesuré le soufre isotopique contenu dans des restes d'animaux terrestres et aquatiques provenant de sites archéologiques tant anciens que récents dans la zone de Zhoukoudian, afin de se donner une base de comparaison pour cet autre indicateur diététique. L'analyse des teneurs en soufre du squelette de Tianyuan a alors confirmé qu'une partie importante du régime de cet individu devait consister en poisson d'eau douce.

Ainsi, dès les premiers indices que nous ont laissés les hommes modernes au cours de leur dispersion depuis le Moyen-Orient jusqu'en Europe et en Extrême-Orient, on constate la capacité d'*Homo sapiens* à extraire de son milieu davantage de nourriture que les Néandertaliens ne savaient le faire, ce qui a sûrement constitué l'une des clefs de notre survie et de notre succès final dans des environnements septentrionaux éprouvants.

La proportion de deux autres isotopes stables, ceux-là de strontium (^{87}Sr et ^{86}Sr), aide parfois aussi à retracer ces migrations humaines anciennes, car elle varie dans les différentes couches rocheuses que l'eau traverse. Lorsque des animaux, humains compris, ingèrent ces isotopes en mangeant ou en buvant de l'eau, ceux-ci sont stockés dans les os et les dents tout comme le calcium, marquant ainsi le lieu où l'animal vivait à ce moment-là ou plus tôt. L'émail dentaire est un indicateur depuis l'enfance, tandis que les os, qui se renouvellent, gardent un signal correspondant aux dernières années de vie. En comparant les teneurs isotopiques d'un squelette fossile avec celles des roches de l'environnement, il est dès lors théoriquement possible de

« relocaliser » un Cro-Magnon dans sa zone calcaire locale ou bien vers les collines granitiques, à plusieurs kilomètres de là, où il a peut-être passé son enfance. Et, si ce Cro-Magnon a mangé du renne, on pourrait aussi relever les migrations du troupeau à partir des restes trouvés sur le site. Cette technique devient praticable sur des fossiles de grande valeur dès lors que, grâce aux perfectionnements des appareils et des mesures, l'ablation au laser permet de détecter les isotopes dans des fragments d'émail minuscules.

Dents et ossements contiennent de nombreux indices de la vie et des activités de personnes mortes depuis longtemps. Nous venons de voir comment les nouvelles technologies nous aident à dater et à explorer ces importantes reliques. Il est temps maintenant de revenir aux fossiles eux-mêmes et de reprendre l'histoire de l'origine de notre espèce.

Chapitre IV

TOUJOURS PLUS LOIN

J'ai montré au chapitre premier comment l'hypothèse de l'origine africaine récente (RAO), que personne ne défendait en 1970, en est venue en un temps étonnamment court, moins de trente ans, à représenter le modèle dominant pour expliquer les origines de l'humanité moderne. J'ai en outre esquissé la conception classique d'une sortie africaine rapide, suivie d'expansion et de remplacements, que de nombreux collègues et moi-même avons commencé à mettre en place aux environs de 1984. J'aimerais à présent examiner comment certains éléments de la première partie de ce scénario prennent désormais une signification nouvelle, qui remet en cause la vision orthodoxe d'*Out of Africa* 1, non sans conséquences quant à nos origines ultimes.

En 1991, de surprenantes découvertes ont lieu à Dmanissi, en Géorgie. Des archéologues médiévistes fouillaient un ancien village sur une colline, lorsqu'ils découvrent les restes d'une mâchoire de rhinocéros dans la cave de l'un des bâtiments. La première idée qui leur vient à l'esprit est qu'un voyageur avait rapporté ou vendu un spécimen en provenance d'Afrique ou d'Asie. Mais l'expertise démontre qu'il s'agit en fait d'un rhinocéros fossile, vieux de peut-être un million d'années — et voilà qui est bien plus difficile à expliquer ! On s'aperçoit alors que le village a par hasard été bâti sur un dépôt fossilifère bien plus ancien, si bien que, une fois archéologues et paléontologues d'accord sur la meilleure façon de fouiller le site à leur satisfaction mutuelle, de nouvelles excavations peuvent commencer. On trouve alors de la faune pléistocène, puis une mandibule humaine et des outils lithiques primitifs.

De l'avis des chercheurs géorgiens et de leurs collaborateurs étrangers, le site était vieux d'au moins 1,8 million d'années. Le reste de la profession est toutefois demeuré prudent, car une telle ancienneté remettait en cause les idées admises. Ayant pu l'examiner pour la première fois lors d'un colloque à Francfort en 1992, la plupart d'entre nous a estimé que la mandibule paraissait trop évoluée pour un tel âge, quoique deux chercheurs espagnols, Antonio Rosas et José María Bermúdez de Castro, aient fait remarquer qu'elle ressemblait à des fossiles d'*erectus* archaïques est-africain, ainsi que d'*erectus* de Chine plus récent.

De nouvelles fouilles et recherches ont entièrement confirmé la thèse première : elles ont fixé la date à 1,75 million d'années et mis au jour cinq crânes humains indiquant un cerveau petit, trois autres mandibules, de nombreux fragments de squelettes et quantité d'outils lithiques très simples, souvent fabriqués avec la roche volcanique locale. Ces découvertes représentaient et représentent toujours un défi intellectuel. On pensait en effet que la première sortie d'Afrique avait été rendue possible par des changements comportementaux, un accroissement de la taille du cerveau ou l'apparition de meilleurs outils. Or, Dmanissi ne témoigne d'aucun de ces événements. Il est vrai que quelques-uns des animaux découverts, dont deux espèces de grands félins à dents de sabre, proviennent probablement d'Afrique. Ces fauves spécialisés n'ont pas de dents leur permettant de décharner entièrement une carcasse ou de briser les gros os de leurs proies, offrant ainsi aux humains des occasions de charognage sur ce qu'ils laissent. Mais, à comparer plus complètement les espèces animales présentes à Dmanissi, on voit que les assemblages y ressemblent de très près à ceux des prairies et des forêts de l'Europe méridionale de l'époque, ce qui appuie l'idée que ces non-Africains archaïques s'étaient déjà adaptés à leurs nouveaux milieux.

L'autre découverte dont il va maintenant être question est encore plus perturbante pour nos conceptions traditionnelles de l'évolution humaine, à tel point qu'il y eut même un chercheur pour insinuer qu'elle ressemble davantage à la supercherie de Piltdown qu'à un véritable fossile. On pensait qu'une seule espèce humaine ancienne avait vécu en Asie du Sud-Est avant l'arrivée des humains modernes : *Homo erectus*, surtout connu, comme on l'a vu, sur l'île de Java, où il a pu parvenir depuis le continent asiatique à des époques où le niveau de la mer était bas et les îles faisaient partie d'une masse continentale plus étendue que les scientifiques nomment *Sunda* (d'un mot indonésien désignant l'ouest de Java). Sans bateaux, *erectus* ne pouvait aller plus loin. On croyait donc généralement que Java/Sunda représentait la limite extrême de la colonisation humaine dans la région jusqu'à l'arrivée des hommes modernes, il y a environ 50 ou 60 000 ans, lesquels pouvaient se servir d'embarcations pour essaimer encore plus loin, vers l'Australie et la Nouvelle-Guinée.

Mais voilà qu'en 2004, l'archéologue australien Mike Morwood et son équipe publient des données remarquables à propos d'une nouvelle espèce de type humain sur l'île de Florès, à environ cinq cents kilomètres à l'est de Java. Les restes, découverts dans la grotte de Liang Bua en même temps que des fossiles plus fragmentaires, comprennent la majeure partie du squelette d'un adulte dont on estime la taille à environ un mètre et le volume du cerveau à environ 400 centimètres cubes, soit à peu près autant qu'un chimpanzé. Ils sont associés à des outils lithiques, ainsi qu'aux restes d'une forme naine d'une créature éléphantoïde disparue nommée *Stegodon.* Le squelette, âgé d'à peine 18 000 ans, s'est vu attribué à une nouvelle espèce, *Homo floresiensis* ou « homme de Florès », mais il n'a pas tardé à être mieux connu sous son sobriquet « le Hobbit ».

Cette étonnante découverte a été divulguée au monde lors d'une conférence de presse à Londres, dont j'ai eu le privilège d'être l'animateur principal. Bien des raisons la rendaient en effet des plus inattendues. Son site est séparé par cinq cents kilomètres d'océan et d'îles du domaine précédemment assigné aux humains archaïques, si bien qu'il a fallu que les ancêtres du Hobbit disposent de bateaux pour y parvenir. La face et les dents du Hobbit sont apparemment « humaines » et il marchait dressé, mais son cerveau avait la taille de celui d'un grand singe, malgré quoi il est associé à des outils de pierre et à de possibles signes de chasse et de feu. S'il s'agit bien d'une espèce distincte, d'où venait-elle ? Comment a-t-elle survécu longtemps après que d'autres types humains, les Néandertaliens par exemple, eurent disparu ? Que lui est-il arrivé il y a 18 000 ans et ensuite ? La controverse a été immédiate et enflammée à propos de la nature des découvertes et quant à savoir si elles avaient été correctement interprétées. Pour certains, la datation était fausse et il s'agissait d'hommes modernes de petite taille ; pour d'autres, ces caractères inhabituels étaient pathologiques, peut-être dus à des malformations telles que la microcéphalie, le crétinisme ou la maladie dite syndrome de Laron. La situation s'aggrava encore quand le paléoanthropologue indonésien Teuku Jakob, chercheur estimé mais alors à la retraite (il est depuis lors décédé) — et hobbito-sceptique n'ayant pas participé à l'équipe des découvreurs —, « emprunta » les fossiles afin de mener ses propres recherches. Il finit par les rendre à la suite de protestations vigoureuses, mais certains ossements avaient été gravement endommagés, à cause, semble-t-il, de tentatives hâtives et maladroites pour les reproduire.

De l'avis des premiers auteurs de l'étude, *H. floresiensis* pourrait être un descendant d'*H. erectus*, plus tôt arrivé sur Florès, peut-être à l'aide d'embarcations. Cette idée repose en partie sur l'existence dans l'île d'outils lithiques vieux d'au moins 800 000 ans. Dans de telles conditions d'isolement, l'espèce aurait ensuite évolué vers une très petite taille, phénomène de « nanisme insulaire » connu pour avoir affecté d'autres populations de mammifères de taille moyenne à grande à l'origine. Que les ancêtres d'*H. floresiensis* aient construit des embarcations pour rejoindre l'île est toutefois surprenant, car un tel comportement est d'ordinaire considéré comme propre à notre espèce. (Même les Néandertaliens n'ont apparemment pas réussi à traverser la Manche depuis la France il y a quelque 120 000 ans, ni à atteindre les îles méditerranéennes, sauf peut-être la Crête.) Cela dit, il convient de prendre en compte la possibilité d'une traversée accidentelle sur des radeaux végétaux. En 2004, des gens juchés sur de tels radeaux ont été dispersés jusqu'à cent cinquante kilomètres au large par le tsunami qui a frappé l'Asie du Sud-Est. La chose est donc possible dans une région aussi géologiquement active que l'Indonésie. En outre, l'étude des courants marins dominants donne à penser que l'origine ultime du Hobbit n'est peut-être pas Java à l'ouest, mais plutôt Sulawesi au nord. Les travaux complémentaires de Morwood à Sulawesi appuient cette hypothèse : des outils lithiques probablement vieux d'au moins un million d'années y ont aussi été trouvés, malheureusement sans qu'on ait pu jusqu'à présent les associer à des fossiles.

De nouvelles études ont apporté des informations plus détaillées quant aux os des membres d'*H. floresiensis*, tant à partir du premier squelette découvert qu'à partir d'autres individus, tous très petits et certains remontant à 95 000 ans. L'anthropologue Peter Brown a décrit une deuxième mandibule, semblable par ses traits à la fois primitifs et distinctifs (telles l'absence de menton, l'épaisseur de l'ossature et la dentition divergente) à celle associée au premier squelette. Bizarrement pour une espèce censément humaine, les proportions anatomiques, les os du poignet, les os de la hanche, ainsi que la forme et la robustesse des bras et des jambes d'*H. floresiensis* ressemblent par certains côtés davantage aux fossiles des espèces pré-humaines d'Afrique, tel *Australopithecus afarensis* (la fameuse « Lucy ») ou le nouvellement découvert (en Afrique du Sud) *Australopithecus sediba*, qu'aux humains plus récents. Qui plus est, on note des caractères inaccoutumés de l'articulation de l'épaule, à quoi s'ajoute le fait qu'*H. floresiensis* semble avoir eu de grands pieds plats ! Ces particularités, en même temps qu'elles alimentaient les spéculations sur l'anormalité des fossiles, ont amené plusieurs chercheurs à soutenir qu'elles démontraient au contraire la réalité d'une trajectoire évolutive exceptionnelle dans un isolement insulaire. S'agissant des os du poignet, leur forme chez deux adultes différents rappelle bien plus celle qu'on trouve chez les grands singes et *afarensis* que chez les humains plus récents comme les Néandertaliens et nous — et ce sont là des os dont les formes sont dessinées avant la naissance. La probabilité qu'une pathologie touchant deux individus différents ait pu ramener indépendamment leurs poignets au même état primitif paraît donc très faible.

D'autres incertitudes entourent les indices de comportement quasi humain retirés de la grotte de Liang Bua. Certains outils lithiques apparaissent habilement façonnés, et on relève des signes de combustion (quoique peut-être naturelle) et de prédation sur de jeunes *Stegodons*. Je ne suis pourtant pas convaincu qu'*H. floresiensis*, avec son cerveau de la taille de celui d'un grand singe, ait été capable de tels comportements. À mon avis, davantage d'indices et de nouvelles analyses seront nécessaires avant que nous puissions exclure la possibilité que des hommes modernes archaïques aient eux aussi utilisé les grottes de Florès il y a 18 000 ans et plus tôt et soient responsables d'une partie des restes archéologiques — encore que cela soit peu probable aux niveaux les plus profonds de la caverne.

Mais s'il s'avère qu'*H. floresiensis* est bien authentique et distinct plutôt qu'anormal (et les preuves en ce sens ne cessent de s'accumuler, me semble-t-il), reste à résoudre l'énigme non seulement de son origine (Java à l'ouest ou, comme le croit à présent Morwood, Sulawesi au nord) et de sa venue à Florès, mais aussi de ce qui lui est arrivé et de savoir si notre espèce a ou non rencontré ces cousins nanifiés. Peut-être des éruptions volcaniques ou des changements climatiques survenus il y a environ 17 000 ans ont-ils affecté son habitat ; ou peut-être les hommes modernes les ont-ils massacrés, directement ou en consommant les ressources qui les faisaient vivre — auquel cas une rencontre encore plus étrange que celle entre les Néandertaliens et les hommes modernes se serait déroulée à une date encore plus récente, à l'autre extrémité du monde habité. Contredisent toutefois cette éventualité des indices donnant à penser que personne n'a vécu sur Florès pendant plusieurs milliers d'années après l'extinction du Hobbit et avant que les hommes modernes n'y abordent finalement il y a 12 000 ans.

Le Hobbit reste une source de perplexité pour nous tous, quelles que soient nos idées sur l'évolution — voyez le mal que j'ai à admettre la possibilité que son cerveau de la taille de celui d'un chimpanzé s'accorde à la complexité des comportements « humains ». Mais la plus grande difficulté est pour ces scientifiques de conviction multirégionale qui ont épousé l'idée qu'il n'a pu exister qu'une seule espèce humaine — *Homo sapiens* — pendant ces deux derniers millions d'années ou à peu près. Plutôt que d'envisager un pénible divorce d'avec leurs chères croyances, ils ont préféré soutenir que le Hobbit représente « l'idiot du village » de la communauté humaine moderne, voire, hypothèse encore plus remarquable, qu'il n'est qu'une bizarrerie de la nature de sépulture récente, comme le montre, disent-ils, la présence de plombages (comme si le Hobbit avait jamais vu un dentiste !). À court terme, ces chercheurs ont gagné en visibilité en suscitant la controverse ; à long terme, en revanche, je pense qu'ils ont nui à leur réputation et à celle de la paléoanthropologie.

Avec *Out of Africa* 1, comme nous l'avons vu, la plupart des scientifiques considèrent qu'*Homo erectus* a été la première créature de type humain à sortir du berceau africain il y a quelque deux millions d'années. Pour certains, toutefois, les découvertes de Florès font apparaître la possibilité que des formes plus primitives, peut-être pré-humaines, se soient répandues plus tôt depuis l'Afrique et à travers le sud de l'Asie, où l'éloignement de Florès leur a permis de survivre isolées et de suivre leur propre trajectoire évolutive. Les données de Dmanissi contribuent à cette révision, d'autant qu'il y a des archéologues, par exemple Robin Dennell et Wil Roebroeks, pour estimer que l'absence de fossiles humains très anciens en Asie, mis à part Dmanissi, vient de ce qu'ils ne se sont pas conservés ou n'ont pas été découverts, et non d'une réelle inexistence. Combinant le caractère primitif des spécimens et des outils de Dmanissi avec ce même caractère attribué aux découvertes de Liang Bua, on conclut alors à une phase d'évolution humaine étendue à l'Eurasie il y a environ deux millions d'années, dont les fossiles isolés de Dmanissi et du Hobbit sont maintenant les seuls représentants. Selon cet autre scénario, donc, une espèce pré-*erectus*, petite de cerveau et de taille, peut-être comparable à *Homo habilis* voire aux australopithécines tardifs, se serait dispersée hors d'Afrique avec ses outils primitifs il y a plus de deux millions d'années, pour rejoindre l'Extrême-Orient et, finalement, Florès. En Asie, cette espèce ancestrale a aussi donné naissance à ceux de Dmanissi et à *Homo erectus.* Les premiers, ou leurs semblables, sont ensuite retournés en Afrique il y a environ 1,8 million d'années et y ont évolué pour produire les populations plus tardives, y compris, au bout du compte, *Homo sapiens.* La conception orthodoxe d'*Out of Africa* 1 se voit ainsi remise en cause par de nouvelles données et par de nouvelles interprétations d'anciennes données. Et, comme nous allons le voir, la même chose se reproduit avec *Out of Africa* 2.

Les idées sur l'origine de notre espèce ont connu bien des formulations et des reformulations depuis que Darwin expliquait ce qu'il s'attendait à voir sortir des faits. Aujourd'hui toutefois, l'origine africaine d'*Homo sapiens* représente la conception dominante. Je viens d'expliquer en quoi les découvertes de Dmanissi et de Florès remettent en cause le scénario dit *Out of Africa* 1 ; nous allons maintenant considérer d'autres faits issus d'Europe, d'Afrique et d'Asie qui modifient à leur tour nos idées sur les épisodes plus récents de l'histoire de notre évolution. Il s'agit, entre autres, des remarquables crânes d'Herto en Éthiopie, vieux de 160 000 ans (parmi les individus de notre espèce les plus anciens et les plus massifs jamais découverts) ; des fossiles vieux de 40 000 ans découverts en Roumanie par des spéléologues, dans une salle souterraine profonde, qui attestent peut-être d'une hybridation entre hommes modernes et Néandertaliens ; et des plus anciens fossiles de *sapiens* trouvés en Chine, dont les pieds portent l'indice d'une innovation moderne vitale.

Récemment, nous avons aussi beaucoup appris sur nos cousins néandertaliens, d'où ils venaient, comment ils se comportaient, comment leur corps fonctionnait et même (comme je l'explique plus loin) comment leur code génétique se compare au nôtre. Mais, à présent, j'entends mettre en avant quelques-unes des découvertes de fossiles néandertaliens parmi les plus intéressantes de ces vingt dernières années. Puis je parlerai d'autres populations peut-être plus proches de nos origines.

Les Asturies, au sud de la baie de Biscaye, sont l'une des provinces les moins touristiques d'Espagne. Mais, de même que la plus grande partie de la péninsule Ibérique, jusqu'à sa pointe méridionale au Portugal et à Gibraltar, elles ont été l'un des territoires favoris des Néandertaliens. En 1994, des spéléologues exploraient les profondeurs du vaste réseau de cavernes d'El Sidrón, caché au milieu de collines densément boisées et encore en partie inconnu, quand ils ont découvert deux mâchoires humaines gisant au milieu de sédiments. Comme on savait que des partisans s'étaient cachés dans la caverne pendant la guerre d'Espagne, ils ont averti la police pour le cas où les restes auraient été récents. Plus d'une centaine d'ossements ont ainsi été encore découverts. Les examens de médecine légale, qui ont duré plusieurs années, ont montré qu'il ne s'agissait pas d'ossements récents, mais de fossiles, appartenant en fait à des Néandertaliens morts il y a plus de 40 000 ans. La zone où ces ossements ont été découverts a reçu le nom de Galería del Osario, « galerie de l'Ossuaire », et environ 1 500 fragments osseux appartenant à une douzaine de Néandertaliens y ont été exhumés. À première vue, cela ressemble à une famille étendue, avec des adultes, des adolescents et des enfants, mais cela n'a rien d'une scène de bonheur domestique, du moins à considérer le sort qu'ils semblent avoir connu. Les ossements et les dents indiquent qu'il s'agissait d'individus raisonnablement bien portants, malgré des signes de troubles de croissance pendant la première enfance et plus tard montrés par les dents.

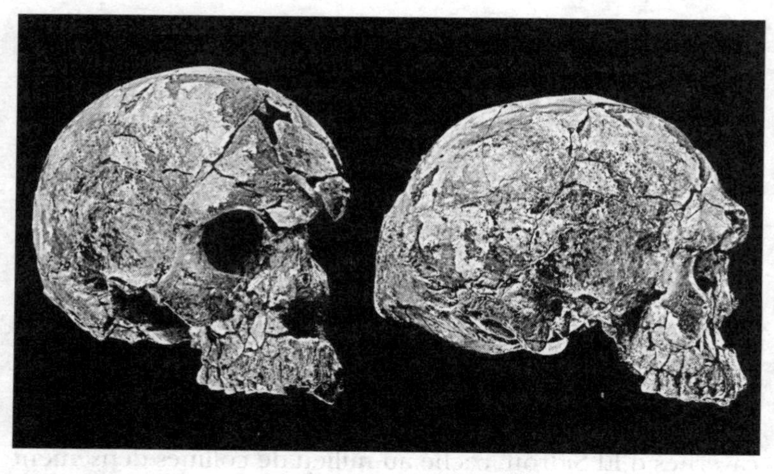

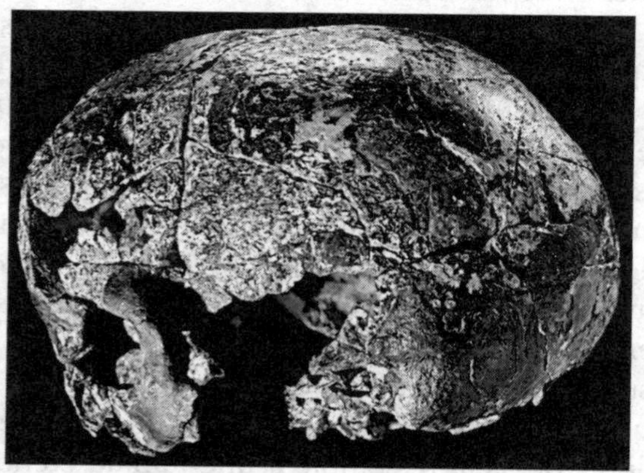

*Vue oblique du crâne d'*Homo sapiens *le plus complet découvert à Herto, Éthiopie (en haut à gauche). Vue latérale du crâne d'Herto I (en haut à droite). Crâne d'enfant d'Herto (en bas).*

L'état des ossements fossilisés montre néanmoins que ces individus ont sans doute péri de mort violente : on y voit de nombreuses marques de découpe, en particulier sur une mâchoire et sur les crânes d'enfants, et il se peut qu'ils aient été frappés et écrasés avec force au moyen d'outils de pierre ou de rocs, apparemment afin d'extraire le cerveau et la moelle pour s'en nourrir. Voilà donc des indices, en aucune façon les premiers, de cannibalisme chez les Néandertaliens. On en a d'autres exemples, ainsi en Croatie (Vindija) et en France (Marillac et Baume Moula-Guercy à Soyons), qui paraissent tous renforcer le stéréotype des Néandertaliens comme sous-hommes sauvages.

Pourtant, le cannibalisme semble avoir fait partie du comportement humain pendant ce dernier million d'années de façon assez régulière pour qu'il apparaisse dans de nombreux assemblages fossiles, si bien qu'on pourrait presque le considérer comme « normal » chez les humains archaïques, aussi dégoûtant (dans tous les sens du terme) que nous le trouvions de nos jours. Il apparaît dans les restes d'*Homo antecessor* (« l'homme avant-coureur ») d'Atapuerca il y a environ 800 000 ans, découpés et écrasés comme ceux d'El Sidrón et déposés à côté d'ossements animaux dépecés. On le trouve peut-être aussi chez *Homo heidelbergensis,* à Bodo en Éthiopie il y a 600 000 ans (quoique là l'indice principal en soit des marques de découpe sur un crâne, donnant à penser que les globes oculaires en avaient été ôtés) et à Boxgrove (Sussex), où j'ai montré que deux dents antérieures isolées avaient sans doute été violemment arrachées de la mâchoire (perdue). Il se peut même qu'il soit aussi ancien que les tout premiers humains. La pommette du crâne fossile de deux millions d'années de Sterkfontein (Afrique du Sud), souvent attribué à *Homo habilis* (« l'homme habile »), l'une des premières espèces humaines, montre des signes d'avoir été coupée lorsque la mâchoire a été séparée du crâne avec un instrument tranchant, et cela peut-être aussi à fin de consommation. Notre propre espèce ne vaut pas mieux : les ossements vieux de 80 000 ans des grottes de l'embouchure de la Klasies River en Afrique du Sud ainsi que ceux, vieux de 14 700 ans, que j'ai contribué à extraire de Gough's Cave dans le Somerset portent tous la marque d'un dépeçage. Il ne manque pas non plus, hélas, de preuves solides, par-delà les exagérations des récits de voyage, de ce que le dépeçage et la consommation de chair humaine par des humains ont continué jusqu'à un passé tout récent.

Bien entendu, ces macabres reconstitutions doivent être replacées dans un contexte où il est non moins possible que la désarticulation des corps ait fait partie de rites funéraires, ou bien que le cannibalisme ait été une pratique rituelle pour honorer le mort, ou encore qu'il ait été rendu nécessaire par quelque catastrophe ou famine, à l'instar d'exemples historiques récents. Nous avons du reste suffisamment de preuves de soins apportés à des individus, de leur vivant et après leur mort, pour voir aussi l'autre face de l'histoire, ce dont je parlerai plus en détail au chapitre VI. C'est ainsi que parmi les restes de Néandertaliens archaïques trouvés à Atapuerca, sur le site de la Sima de los Huesos dans le nord de l'Espagne, il y a un enfant dont la tête présente de graves difformités qui affectaient certainement son aspect et probablement son comportement et son langage, mais qui n'en a pas moins survécu bien au-delà de la petite enfance. Les Néandertaliens enterraient parfois leurs morts dans des grottes, enfants mort-nés comme hommes et femmes âgés. Et, dans quelques cas au moins, des objets funéraires tels que des restes d'animaux, des pierres de forme particulière ou des outils semblent avoir été placés près des corps, offrandes ou peut-être même provisions pour une vie après la mort.

Compte tenu de ces faits, qui démontrent la compassion dont savaient faire preuve nos prédécesseurs, je les considère comme probablement aussi capables d'amour et de haine, de tendresse et de violence que nous le sommes. On a même observé des bandes de chimpanzés livrant des « batailles » territoriales violentes et souvent meurtrières contre d'autres bandes, si bien qu'il est presque certain qu'un tel comportement fait également partie de notre histoire évolutive. Il y a bien des années, dans un livre peu connu, *The Dawn Warriors* (« Les guerriers de l'aube »), en partie inspiré de l'*African Genesis* de Robert Ardrey (où les humains nous sont aussi montrés dents et griffes rouges de sang)[1], le biologiste Robert Bigelow soutenait que la guerre remonte aux débuts de l'humanité et a façonné notre évolution. Faire face aux conflits avec d'autres groupes humains aurait encouragé l'intelligence et la ruse individuelles, de même que la coopération et la cohésion du groupe, alimentant ainsi l'évolution sociale et linguistique en même temps que la croissance cérébrale. Je reviendrai sur tout cela au chapitre VI. Pour le moment, nous n'en avons pas encore fini avec les malheureux Néandertaliens d'El Sidrón.

Après leur mort et avoir apparemment été mangés, leurs restes décharnés ont dû rester sur le sol près de l'entrée de la caverne, aux côtés d'autres débris de nourriture et d'outils de pierre du Paléolithique moyen, dont peut-être ceux qui avaient servi à les dépecer. Là, les ossements n'auraient pu manquer d'être piétinés, réduits en poudre ou bien charognés par des animaux. Mais, par le plus grand des hasards, un énorme effondrement de sédiments boueux les a précipités vingt mètres plus bas dans le réseau des

1. *Les Enfants de Caïn*, traduit par Philippe-Vincent Huguet, Paris, Stock, 1963.

cavernes, accroissant ainsi considérablement leurs chances d'être préservés pour longtemps dans l'environnement plus frais où on les a finalement découverts. Grandement améliorées en ont aussi été les conditions de conservation de l'ADN, en sorte que les Néandertaliens d'El Sidrón représentent à présent l'une des contributions les plus importantes au *Neanderthal Genome Project*, dont je reparlerai au chapitre VI, après les principaux pourvoyeurs d'ADN que sont les Néandertaliens, eux aussi probablement cannibalisés, de la grotte de Vindija en Croatie.

D'autres découvertes donnent toutefois une image différente des Néandertaliens, plus positive que ce tableau anthropophagique. L'une des plus importantes, il y a une trentaine d'années, est celle, à Saint-Césaire, en France, d'une partie de squelette dans un abri sous roche effondré. Son importance n'est pas d'abord due au fait que le squelette est assez complet selon les critères usuels, ni au fait qu'il s'agit apparemment d'une sépulture néandertalienne — on en connaissait déjà un bon nombre. Elle provient avant tout des données archéologiques associées : des outils lithiques appartenant à l'industrie châtelperronienne. Cette industrie énigmatique du sud-ouest de la France semble constituer une transition entre le Paléolithique moyen local (moustérien) et le gravettien du Paléolithique supérieur. Moustérien et châtelperronien ont en commun de nombreux types d'outils, mais dont la fabrication était, semble-t-il, passée du débitage néandertalien typique à la production systématique de minces éclats — des lames — caractéristique du Paléolithique supérieur et donc des Cro-Magnons qu'étaient les Gravettiens. Malheureusement, aucun fossile humain ne se trouvait associé de façon assurée au châtelperronien, si bien que sa signification véritable était restée un mystère.

Dans les années 1960 et 1970, nombreux étaient les

archéologues et les anthropologues qui s'attendaient à ce qu'une fois découverts, les artisans du châtelperronien se révèlent des intermédiaires évolutifs entre les Néandertaliens et les Cro-Magnons, fournissant ainsi la preuve ultime de la phase néandertalienne et du modèle multirégional de l'origine des hommes modernes. L'archéologue Richard Klein et moi-même étions d'un avis différent. Pour nous, les Néandertaliens étaient probablement capables de fabriquer des outils du type de ceux du Paléolithique supérieur, si bien que, vu l'origine locale du châtelperronien, ses artisans avaient toutes chances d'en être plutôt que des formes transitionnelles. Aussi, quand j'apprends vers 1980, par un bref compte rendu, qu'on a enfin découvert un squelette humain accompagné d'artefacts châtelperroniens, je me rends compte aussitôt que ce peut être là le coup décisif qui va complètement invalider la conclusion de ma thèse sur le caractère improbable d'une continuité évolutive entre Néandertaliens et Cro-Magnons en Europe. J'ai donc retenu mon souffle en attendant d'en savoir plus sur l'identité du squelette et je reconnais avoir été grandement soulagé en apprenant qu'il s'agissait d'un Néandertalien assez typique. Je n'en ai pas moins été déçu de voir que de nombreux chercheurs répugnaient à abandonner toute idée de continuité. Certains, tel Milford Wolpoff, soutenaient qu'on avait exagéré les traits néandertaliens du squelette de Saint-Césaire, qui était donc bien, en fait, « transitionnel », tandis que d'autres, par exemple l'archéologue Randy White, laissaient entendre que (conformément à la théorie de la phase néandertalienne de Loring Brace) le changement culturel avait probablement précédé et impulsé les changements morphologiques menant aux humains modernes. Ce Néandertalien-là n'était donc pas encore passé par la transition évolutive qui devait suivre.

Pendant quelques années, la signification de la découverte de Saint-Césaire a fait l'objet de débats enflammés, puis, à mesure que son caractère néandertalien était généralement accepté, elle est devenue une pièce importante à l'appui de la théorie du remplacement, du moins pour l'Europe occidentale. La raison en est que le radiocarbone date le châtelperronien à environ 35 000 ans, contemporain de l'autre industrie du début du Paléolithique supérieur, l'aurignacien, qui paraît associé à des Cro-Magnons d'aspect moderne. C'est pourquoi plusieurs d'entre nous, dont les archéologues Richard Klein et Paul Mellars, ainsi que l'anthropologue Bernard Vandermeersch (le descripteur de la nouvelle découverte), sommes en faveur d'une théorie qui voit deux lignées parallèles et distinctes occuper le début du Paléolithique supérieur en Europe occidentale. L'une, le châtelperronien, est un développement néandertalien local. L'autre, l'aurignacien, est le produit d'hommes modernes (les Cro-Magnons) qui l'avaient apportée avec eux à leur arrivée en Europe occidentale, événement désormais daté à environ 40 000 ans.

Cela étant, c'est en Europe orientale que se trouve le site remarquable dont j'aimerais parler à présent, car des fossiles d'hommes modernes y ont été découverts aux côtés des restes de milliers d'ours des cavernes, ce qui semble indiquer une arrivée peut-être encore plus ancienne et jusqu'à présent inconnue.

Avec ses quelque deux mille neuf cents kilomètres, le Danube est le deuxième fleuve le plus long d'Europe (après la Volga). Prenant sa source en Allemagne, il coule vers l'est jusqu'à la mer Noire, où son delta s'étend de la Roumanie à l'Ukraine. Voie d'eau d'une énorme importance dans les temps historiques, il a dû constituer une voie de pénétration pour les hommes de la préhistoire aussi, soit qu'ils en aient suivi les rives, soit (mais plus tard) qu'ils l'aient navigué au moyen de radeaux ou de bateaux. Plusieurs sites

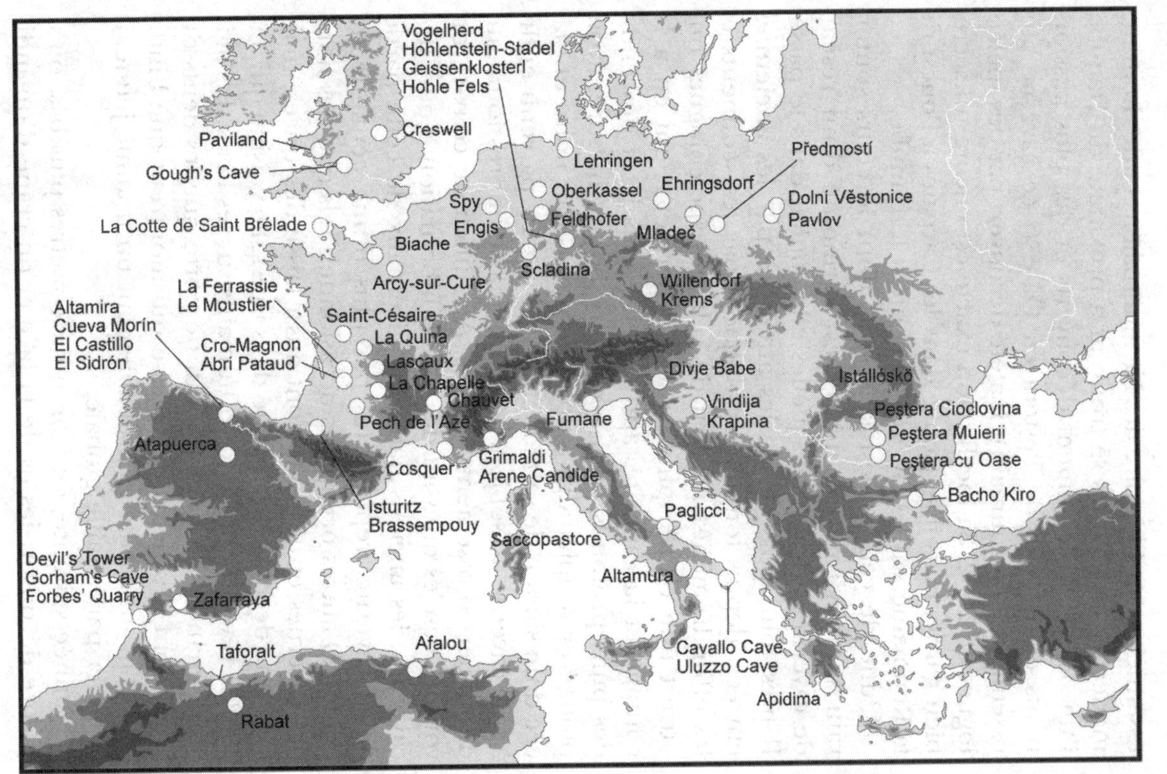

Carte des plus anciens sites humains en Europe.

essentiels pour l'histoire des Néandertaliens et des hommes modernes archaïques se trouvent à proximité du Danube, l'un des plus récemment découverts et des plus passionnants étant celui de Peştera cu Oase (« ce caverne aux ossements » en roumain). Il a été découvert par des spéléologues en 2002. Sa localisation exacte est encore un secret bien gardé, mais il se trouve dans les Carpates à l'ouest de la Roumanie, où les rivières alimentent le Danube.

L'une de celles-ci est la Ponor, dont le cours souterrain sur environ 750 mètres est surmonté d'un réseau de cavernes à travers lesquelles elle coulait dans le passé. Il n'est plus possible de les atteindre par les anciennes entrées, depuis longtemps bloquées par les sédiments et les effondrements. Au lieu de cela, les spéléologues ont ouvert une entrée plus basse qui permet à qui en a le courage et la capacité, après avoir escaladé et descendu des puits profonds puis, pour faire bonne mesure, avoir plongé en scaphandre autonome dans l'eau noire et glacée d'un siphon de seize mètres de long, de parvenir enfin à une caverne au sol jonché d'une masse impressionnante de milliers d'ossements fossiles. Au milieu de ceux-ci, on voit des cercles qui sont des nids d'hibernation d'ours des cavernes, les anciens habitants hivernaux de cette partie de la caverne, représentés par plus d'une centaine de crânes. D'autres occupants occasionnels tels que des lions des cavernes et des loups ont aussi laissé des traces, mais c'est une découverte fortuite dans une salle voisine qui, en 2002, a révélé la présence d'humains sur les lieux. Il s'agit d'une mandibule humaine qui ne porte que les dents du fond, dont des dents de sagesse qui montrent que l'individu était un adulte et probablement un homme jeune, à en juger par la taille globale.

L'année suivante, environ quinze mètres plus bas, on a encore découvert les os de la face et du crâne d'un individu plus jeune. Il semble que ces restes isolés aient été portés par le flot jusqu'au lieu de leur découverte, car rien n'indique que des humains aient occupé cette partie du réseau de cavernes ou y aient manipulé les ossements. Des relevés précis, des fouilles soigneuses et des datations (y compris des fossiles humains au radiocarbone) permettent de reconstituer la série d'événements suivante : jusqu'à il y a environ 46 000 ans, des ours pénétraient régulièrement dans la caverne la plus profonde pour y hiberner, dont beaucoup mouraient pendant l'hibernation. Puis, il y a environ 46 000 ans, un effondrement important a modifié la nature de la caverne en ouvrant une entrée plus proche de la surface. Des carnivores, loups et parfois lions, en ont alors fait leur tanière, y rapportant des restes de proies telles que cerfs et bouquetins. Il y a environ 42 000 ans, des humains sont à leur tour dans la caverne, soit qu'ils s'en fassent un abri, soit, peut-être, qu'ils y aient été apportés par ces mêmes carnivores. Leurs restes auraient alors été balayés jusque là où on les a découverts par l'une des inondations qui engloutissaient périodiquement le système de cavernes.

Une équipe internationale étudie les découvertes de Peştera cu Oase, en particulier la mandibule humaine et le crâne isolé. La première est forte, mais indéniablement moderne vu son menton bien formé. Pourtant, les molaires sont grosses, avec des faces très complexes, et on observe des caractères intéressants vers l'arrière. La branche montante est extrêmement large et présente d'autres caractères singuliers sur sa face interne. À l'arrière, à l'intérieur et de chaque côté, se trouve le *foramen mandibulaire*, un trou à travers lequel passe le nerf mandibulaire pour rejoindre les dents inférieures. Chez la plupart des humains actuels et dans presque tous les fossiles, le foramen est ouvert et en forme de V, comme il l'est d'un côté de la mandibule de Peştera cu Oase. De l'autre côté, en revanche, un pont osseux traverse le foramen, qui est donc du type connu comme *horizontal-ovale* (H-O). Ce foramen H-O est présent dans environ la moitié de tous les fossiles néandertaliens, mais il est rare en général dans les fossiles d'hommes modernes archaïques, et seul un petit pourcentage d'humains actuels le possède. Par conséquent, sa présence dans quelques fossiles isolés de Cro-Magnons européens est considérée comme le signe d'une possible ascendance néandertalienne, tout à fait possible étant donné sa rareté dans les fossiles africains plus anciens comme dans ceux de Skhul et de Qafzeh. Dans quelle mesure il constitue un caractère hérité et dans quelle mesure il est associé à la possession de ligaments maxillaires particulièrement robustes (attachés à cette partie de la mâchoire), on l'ignore encore, les choses étant rendues encore plus confuses par le fait qu'il se rencontre avec les fréquences les plus élevées dans des populations récentes bien éloignées de toute influence européenne et néandertalienne, à l'île de Pâques, par exemple.

Le crâne de Peştera cu Oase n'a pas le type néandertalien, mais il diffère étrangement des Européens ultérieurs aussi. C'est celui d'un adolescent, de sexe incertain, les troisièmes molaires encore non sorties, mais énormes, avec des faces masticatrices encore plus complexes que sur la mandibule isolée. Le front est bien un peu fuyant, mais l'absence de bourrelet sus-orbital et de fosse sus-iniaque, ainsi que la face aplatie et la forme du nez sont particulièrement non néandertaliennes[1]. Les dents du fond sont néanmoins plus grosses que celles de n'importe quel

1. Fosse sus-iniaque : dépression au milieu du bourrelet occipital propre aux Néandertaliens.

humain moderne, vivant ou fossile, que j'ai pu observer en Eurasie. À l'appui de sa théorie de l'assimilation, mon ami Erik Trinkaus maintient que des caractères tels que le foramen H-O, le front assez plat et les grosses molaires pourraient être le signe d'un héritage mêlé, moderne et néandertalien. De fait, il y a plus de 40 000 ans, les humains de Peştera cu Oase semblent avoir été à l'avant-garde de la pénétration des hommes modernes en Europe et avoir eu ainsi un maximum de chances de rencontrer des Néandertaliens. Mais d'un autre côté, les dents me paraissent également différentes de celles des Néandertaliens, d'où la question : d'où venaient ces énigmatiques Européens anciens ?

Ici, il convient de noter qu'aucun artefact n'est associé aux fossiles humains de Peştera cu Oase. Même à supposer qu'ils vivaient ailleurs dans la caverne, seuls leurs ossements ont été recouverts après avoir été redéposés depuis un lieu inconnu. Mais compte tenu de leurs caractères singuliers et de leur antiquité — peut-être supérieure à celle des autres hommes modernes d'Europe et de l'outillage assurément aurignacien —, je pense qu'ils ont pu être les artisans de la mystérieuse industrie bohunicienne. On l'appelle ainsi d'après la grotte de Bohunice en République tchèque, et ses outils caractéristiques, comme les châtelperroniens, présentent un mélange d'éléments des Paléolithiques moyen et supérieur. La méthode de fabrication en est souvent le « nucléus préparé » si typique des artefacts du Paléolithique moyen en Europe, au Moyen-Orient et en Afrique. Par là, le bohunicien maintient une ancienne tradition commune aux Néandertaliens et aux hommes modernes archaïques. Mais on y trouve aussi beaucoup de ces lames, grattoirs et burins qui caractérisent les productions d'hommes modernes au Paléolithique supérieur en Europe et au *Later Stone Age* en Afrique[1]. Le bohunicien n'a toutefois, jusqu'à présent, révélé aucun signe d'objets d'os ou d'ivoire perfectionnés, ni de perles.

Le bohunicien pose donc la même énigme que le châtelperronien : est-il l'œuvre de Néandertaliens, d'hommes modernes ou d'une créature intermédiaire ? Bien qu'il n'ait encore livré aucun reste humain révélateur, sa datation et ses origines possibles fournissent des indices intéressants. La datation, obtenue au radiocarbone et par luminescence, le situe à environ 45 000 ans — légèrement plus ancien que les humains de Peştera cu Oase — et, comme nous le verrons, certains aspects des outils et de leur fabrication le relient à des industries d'âge comparable en Turquie et au Moyen-Orient. Est-ce là l'indice d'une dispersion jamais décelée auparavant des hommes modernes vers l'Europe plus ancienne que l'aurignacien ? À mon avis, on n'a guère de chances de découvrir l'origine du bohunicien et des humains de Peştera cu Oase en Europe à une date antérieure, car aucun des deux ne semble avoir eu d'antécédents locaux et tous deux font figure d'intrus. Et quel a été le sort final de ceux de Peştera cu Oase ? Ont-ils donné naissance aux Cro-Magnons qui leur ont succédé en Europe ? Ou bien leur colonisation pionnière de l'Europe et leurs possibles et imprévisibles rencontres avec les Néandertaliens ont-elles finalement été en vain, annulées par les catastrophes climatiques et environnementales qui n'allaient pas tarder à se produire ?

Comme on l'a vu au chapitre II, il y a environ 39 000 ans s'est produite une énorme éruption dans la région volcanique de l'Italie du Sud connue sous le nom de Champs

1. Aux trois niveaux du Paléolithique en Europe correspondent en Afrique subsaharienne trois « âges de pierre » (*Stone Ages*) : ancien (*early*), moyen (*middle*) et tardif (*late*). L'usage est de garder les dénominations anglaises.

Phlégréens (*Campi Flegrei*, « les champs brûlants »), près de la baie de Naples. La région, encore active de nos jours, inclut le cratère de la Solfatare, domaine mythologique de Vulcain, le dieu romain du feu. Cette éruption a sans doute été la deuxième en importance pendant ce dernier million d'années, après celle du Toba à Sumatra, et c'est elle qui a produit les énormes dépôts de cendre appelés « ignimbrite campanien », étendus sur quelque quatre-vingts kilomètres. Elle a aussi produit des dépôts plus fins riches en soufre, qui se sont répandus encore plus loin, sur une aire d'environ cinq millions de kilomètres carrés en Méditerranée et sur l'ouest de l'Eurasie. Enfin, il se peut qu'elle ait été la cause d'un *hiver volcanique*, période de refroidissement global, qui peut survenir quand une quantité accrue de poussières atmosphériques et de gouttelettes d'acide sulfurique en suspension renvoie la lumière du soleil vers l'espace. Les composés sulfurés plus fins peuvent même avoir des effets à plus long terme s'ils atteignent la haute atmosphère et y demeurent.

Cet épisode a été suivi de près par un *événement d'Heinrich*, phénomène pour la première fois décrit par le géologue Hartmut Heinrich. Ces coups de froid brefs mais sévères sont causés par des armadas d'icebergs qui se détachent des banquises arctiques et dérivent dans l'Atlantique Nord pour des raisons encore inconnues. En descendant vers le sud, ils fondent, avec pour effet de refroidir l'océan et les terres environnantes, tout en précipitant au fond les débris qu'ils portaient, l'un des indices caractéristiques de ces événements, que des carottages en profondeur permettent de retrouver. « Heinrich 4 » a ainsi fortement refroidi l'Europe entre 39 000 et 38 000 ans dans le passé, comme le montrent des carottes extraites aussi loin vers l'est que les lacs italiens et grecs et la Méditerranée orientale.

Selon certains chercheurs, une telle conjonction exceptionnelle d'un hiver volcanique, sans véritables étés pendant plusieurs années, suivi de près par le refroidissement dû à un événement d'Heinrich, a été la cause de bon nombre des changements détectés dans les registres archéologiques de l'Europe vers cette époque, soit qu'elle ait conduit les populations néandertaliennes à un goulot d'étranglement démographique, soit qu'elle les ait forcées à se déplacer, à interagir et à s'adapter de façons radicalement nouvelles. Pour les uns, cela a ouvert la voie de la colonisation de l'Europe aux hommes modernes ; pour d'autres, cela a catalysé des changements profonds dans le comportement et la physiologie de Neandertal, jusqu'à transformer les survivants en hommes modernes ! Je rejette l'une et l'autre hypothèse, car nous savons grâce aux restes de Peştera cu Oase en Roumanie et de Kent's Cavern en Angleterre que les hommes modernes étaient déjà en Europe avant cette période et aussi, par des sites en Europe et ailleurs, que les comportements avaient déjà commencé à se modifier de façon importante. Cela dit, il est indéniable que tous ces événements ont dû affecter profondément les Néandertaliens et les hommes modernes archaïques alors présents en Europe. S'il est vrai que les modernes pionniers ne s'y trouvaient qu'en petit nombre, tandis que Neandertal continuait à occuper le sud de la France et les péninsules méridionales, ibérique, italienne et grecque, il paraît probable qu'aussi bien *Homo sapiens* que son cousin néandertalien ont connu un dépeuplement. Il se peut donc que les occupants de Peştera cu Oase se soient simplement éteints, comme beaucoup de Néandertaliens à la même époque (cf. chapitre II).

Mais d'où arrivaient ces nouveaux venus avant d'atteindre la Roumanie ? On en a un indice sur la côte accidentée de l'autre extrémité de la Turquie, à quinze kilomètres de la frontière syrienne. La grotte d'Üçağizli

(« Trois bouches »), à présent située à dix-huit mètres au-dessus de la mer, a été découverte et fouillée pour la première fois dans les années 1980. Le fond marin s'enfonce brusquement à environ cinq kilomètres de la côte, en sorte que, même compte tenu de l'abaissement spectaculaire du niveau des mers pendant la dernière glaciation, Üçağizli ne s'est jamais trouvée très loin du rivage. Les sédiments déposés dans la caverne couvrent plus de 10 000 ans, à partir d'il y a environ 44 000 ans, et ils contiennent plusieurs milliers d'outils. Les plus anciens ressemblent à une industrie des pays moyen-orientaux voisins dite émirienne, et aussi au bohunicien d'Europe, tandis que les plus récents, datant d'il y a environ 36 000 ans, représentent l'ahmarien dont il sera davantage question plus loin dans ce chapitre. Mais le site contient bien davantage que des outils, en particulier des signes d'occupation humaine tant éphémère (charbon de bois dans des petit puits à feux) que durable (énormes tas de cendres). On voit même à un niveau une impressionnante rangée incurvée de blocs de calcaire, peut-être un mur bas de fonction inconnue.

Une équipe internationale, comprenant entre autres les archéologues Steven Kuhn et Mary Stiner, fouille la caverne depuis 1997. Elle y a découvert, non seulement un grand nombre d'outils de silex, mais aussi de nombreuses pointes d'os, peut-être des perçoirs. Plus extraordinaire encore est la découverte de plusieurs centaines d'ornements en coquillage, probablement attachés comme le sont des perles ou des pendentifs et ayant appartenu à des colliers ou des bracelets. Une serre de vautour a même été utilisée. Tandis que les gros coquillages trouvés sur le site montrent des signes d'avoir été brisés avant d'être consommés, les petits coquillages ornementaux sont généralement entiers, à part d'être percés, et semblent avoir été ramassés sur des rives de lacs ou de rivières ou sur des plages expressément pour en faire des bijoux. Les essais ratés et rejetés indiquent que les coquillages étaient probablement travaillés sur le site avec des outils pointus, les trous disposés de façon très uniforme, certains montrant des traces d'usure là où ils étaient enfilés sur des fibres naturelles. Les coquilles du genre *Dentalium* semblent avoir été ramassées à l'état fossilisé dans un dépôt géologique éloigné d'environ quinze kilomètres. Elles ont été rompues à intervalles réguliers pour former des perles tubulaires. On remarque aussi, fait intéressant, que les couches les plus anciennes de la caverne révèlent une prépondérance de *Nassarius* brillants, précisément l'espèce utilisée comme bijoux par les hommes modernes bien plus archaïques d'Afrique et d'Israël (cf. chapitre v), indiquant ainsi l'existence d'une tradition symbolique vieille de 50 000 ans.

Comme nous-mêmes aujourd'hui, les gens d'Üçağizli faisaient sans doute de leur aspect extérieur (dont les ornements) le symbole conscient ou inconscient de leur identité collective, de leur statut marital et de leur rôle dans la société. De la même façon, l'emploi de tels symboles implique que la signification de ce qu'ils signalaient serait comprise à l'intérieur de la communauté et peut-être aussi à l'occasion de rencontres avec d'autres groupes humains (cf. chapitre v). La grotte faisait à l'évidence office d'atelier de perles, mais nous ignorons l'importance sociale que cela avait à l'époque. Peut-être n'était-ce qu'un abri ou un camp commode à proximité de la Méditerranée, un endroit où l'on pouvait travailler, à moins que les indices d'une activité en fait répandue n'y aient été par hasard mieux préservés que dans des lieux plus exposés. En tout cas, nous fondant sur les ornements chez les chasseurs-cueilleurs actuels et ce que contiennent des sites paléolithiques plus tardifs en Europe, nous devinons aisément que ces perles de coquillage n'étaient qu'une partie de la parure, qui devait aussi mettre en jeu peintures corporelles et vêtements.

Des occupants d'Üçağizli, présents pendant de nombreux millénaires, seule reste une poignée de dents. L'une est paraît-il grosse, mais, dans l'ensemble, elles paraissent représentatives d'*Homo sapiens,* si bien qu'il est sûr que la caverne a été occupée par des hommes modernes. Les déchets de nourriture montrent que beaucoup de grands animaux (chèvres sauvages, sangliers, cerfs, daims, chevreuils et aurochs), mais aussi beaucoup de petits (lièvres, écureuils, perdrix) ont été préparés et consommés sur place. Le régime s'enrichissait de crustacés et parfois même de poissons tels que des brèmes. Parmi les outils lithiques, beaucoup ont dû être fabriqués afin de tuer ou de préparer le gibier. On y trouve des pointes de lance et de nombreuses lames étroites façonnées en couteaux, en grattoirs et en pointes. Le comportement en matière d'outillage et d'approvisionnement ne montre que des changements graduels sur toute la séquence d'occupation, qui a donc duré plusieurs milliers d'années. On relève toutefois une exception, il y a environ 41 000 ans, quand les occupants sont passés de l'utilisation de percuteurs durs (par exemple, des galets) à celle de percuteurs tendres (probablement faits d'os ou de bois de cerf) pour fabriquer les outils, ce qui leur donnait un meilleur contrôle sur le façonnage délicat et les retouches. Dans l'ensemble, il semble que l'occupation soit peu à peu devenue moins épisodique et de plus longue durée, et la consommation de nourriture plus variée, comme si les chasseurs-cueilleurs d'Üçağizli s'étaient montrés de plus en plus capables de s'adapter à leur milieu.

On l'a vu, les traces physiques de ceux qui ont occupé Üçağizli pendant plus de 10 000 ans sont peu nombreuses et espacées, même si l'on est presque certain qu'il s'agissait d'hommes modernes. Pour trouver d'autres indices sur les humains de cette époque, il nous faut nous diriger vers le sud, d'abord vers le Liban, puis vers la vallée du Nil. Les industries émirienne et ahmarienne d'Üçağizli ressemblent, je l'ai dit, à celles que l'on trouve ailleurs au Moyen-Orient, et l'un des sites-clefs, Ksar 'Akil, se trouve au Liban à environ deux cent cinquante kilomètres plus au sud. Cet abri rocheux, situé à la périphérie de Beyrouth, contient une vingtaine de mètres de dépôts riches en fossiles et en artefacts. C'est un jésuite archéologue, le père J. Franklin Ewing, qui le premier l'a fouillé dans les années 1940, puis les recherches ont continué par intermittences quand la situation politique le permettait. Les niveaux émirien et ahmarien sont datés entre 42 000 et 35 000 ans avant le présent. Les animaux chassés sont comparables à ceux d'Üçağizli. Une autre similitude majeure est la présence de nombreuses perles de coquillage, mais avec un quelque chose en plus à Ksar 'Akil : au lieu des dents éparpillées du site turc, c'est le squelette partiel d'un enfant, surnommé Egbert, qu'Ewing a découvert. Malheureusement, à la faveur du chaos qui engloutit périodiquement le Liban, le fossile originel a disparu, temporairement, espérons-le. J'ai toutefois pu étudier une réplique du crâne faite par l'équipe d'Ewing. Il s'agit indubitablement d'un homme moderne jeune, très certainement un membre de l'espèce qui a produit les perles de coquillage de Turquie et du Liban il y a quelque 40 000 ans.

Un autre lien possible est à établir avec le seul fossile humain d'Afrique du Nord d'âge comparable aux restes de Peştera cu Oase, Üçağizli et Ksar 'Akil : le squelette vieux de 40 000 ans de Nazlet Khater en Égypte. C'est celui d'un jeune homme, délibérément inhumé dans l'une des plus anciennes mines connues, près de Louxor, sur le Nil, d'où l'on extrayait le chert utilisé pour fabriquer des outils. Son ossature, trapue et apparemment bien musclée, porte des marques de fatigue et d'usure nombreuses pour quelqu'un de si jeune, d'où certains ont conclu que c'était peut-être un esclave forcé de travailler dans la mine. Dans ce cas, on lui a quand même apparemment consenti une sépulture décente. Le crâne est clairement celui d'un homme moderne ; pourtant, par le front légèrement fuyant, la forme de la face et la largeur de la branche montante de la mâchoire, il ressemble aux fossiles de Peştera cu Oase. Les dents ne sont pas aussi grosses, et la surface intérieure de la mâchoire, mal préservée, ne semble pas montrer de foramen H-O. Mais les outils fabriqués avec les pierres qu'il a sûrement extraites rappellent dans l'ensemble ceux trouvés au Liban, en Turquie et sur les sites bohuniciens d'Europe centrale. Il se peut donc que nous ayons là un indice de la provenance des tout premiers hommes modernes venus en Europe et de leur itinéraire à travers le Moyen-Orient pendant un bref épisode chaud il y a environ 43 000 ans. Des humains ressemblant à ceux de Nazlet Khater et de Peştera cu Oase, portant des objets proto-bohuniciens, ont-ils suivi les plaines côtières de la Turquie (alors plus étendues à cause de la baisse du niveau des mers) jusqu'à la mer Noire, puis sont-ils montés par le couloir du Danube jusqu'en Europe centrale ? Si oui, il semble bien que leur expédition se soit terminée par un échec et que ce soient les Aurignaciens qui leur ont succédé qui ont relevé le défi européen et néandertalien.

Des données très controversées tendant à montrer que ces Aurignaciens auraient rencontré (et, qui sait, dévoré) l'un des derniers Néandertaliens ont été publiées en 2009. L'affirmation repose sur une étude détaillée de mâchoires et de dents trouvées il y a longtemps à des niveaux aurignaciens dans la grotte des Rois dans le sud-ouest de la France. Une mâchoire d'enfant est clairement moderne, mais les dents de l'autre révèlent des caractères possiblement néandertaliens, et les stries de croissance dentaires montrent un schéma de développement de type néandertalien (cf. chapitre III). En outre, tandis que la mâchoire plus moderne ne trahit aucun signe de manipulation, celle de type néandertalien porte des marques de découpe qui laissent penser qu'elle a été décharnée et la langue peut-être enlevée. Les auteurs restent prudents quant à savoir s'il s'agit là de cannibalisme, envisageant des solutions alternatives, par exemple que les marques de découpe seraient le signe d'un usage symbolique des restes de l'enfant comme d'un trophée, ou bien d'un traitement post-mortem avant la sépulture. Ils concluent sur trois explications possibles de cette découverte sans précédent : que la mâchoire de type néandertalien indique l'usage symbolique ou la dévoration d'un jeune Neandertal par des Cro-Magnons archaïques ; que les outils aurignaciens sont dus en fait à des groupes humains porteurs de caractères à la fois modernes et néandertaliens, à savoir une population mixte ou hybride ; ou bien que tous les restes trouvés aux Rois représentent des hommes modernes, dont certains exhibent toutefois des caractères plus primitifs qu'il n'est normal chez les Cro-Magnons.

Chacune de ces trois explications a son importance pour la compréhension des événements survenus en Europe il y a environ 35 000 ans. Et les deux premières, si elles s'avéraient, constitueraient une confirmation sensationnelle de l'un ou l'autre des deux scénarios dominants et déjà discutés s'agissant de l'extinction de Neandertal : qu'il a été remplacé par Cro-Magnon après une période de coexistence et de possible interaction, avec peut-être entre eux une compétition directe ; ou bien que les deux populations se sont croisées et métissées pendant leur coexistence supposée. Avant de nous laisser entraîner, il nous faut toutefois nous rappeler que la fascinante seconde mâchoire porteuse de marques de découpe est fort incomplète, et que les auteurs ont reconnu que l'identification qu'ils en font comme d'une mâchoire néandertalienne est hypothétique — selon d'autres chercheurs, les dents de cette même mâchoire sont modernes. De nouvelles études des fossiles des Rois sont prévues, qui pourraient inclure des analyses de l'ADN, lesquelles contribueraient certainement à clarifier les choses. Et, vu l'importance du site, on y a entrepris de nouvelles fouilles, qui ont déjà mis au jour d'autres fossiles humains. On peut donc espérer que ces nouvelles données contribueront à résoudre le mystère des enfants des Rois — qui ils étaient et ce qui leur est arrivé — en relation avec les événements d'il y a 35 000 ans en Europe et, plus généralement, quant à ce qu'ils peuvent nous apprendre de l'évolution humaine. De ce point de vue, il n'est pas non plus inutile de considérer les événements survenus à la même époque à l'autre bout du continent eurasiatique, en Chine.

En regard de sa taille et de sa richesse en fossiles d'*Homo erectus* dans des sites comme celui de Zhoukoudian (« l'Homme de Pékin »), la Chine offre étonnamment peu d'indices de la présence d'hommes modernes archaïques. Peut-être est-ce dû en partie à l'arrivée relativement tardive d'*Homo sapiens*, mais il n'en reste pas moins que la chronologie de l'évolution des hommes modernes n'y est probablement guère différente de ce qu'elle est en Europe où l'on trouve, par comparaison, des dizaines de squelettes de Cro-Magnons et quantité de sites richement fournis en vestiges des cultures du Paléolithique supérieur. Pour ne rien arranger, la plus riche collection de matériaux de cette sorte — extraits de la caverne supérieure de Zhoukoudian — s'est perdue en 1941 à la suite de l'occupation de Pékin par les Japonais.

Les choses se sont néanmoins améliorées en 2003, avec la découverte dans la grotte voisine de Tianyuan d'une partie de squelette humain, daté par le radiocarbone à environ 40 000 ans. La grotte contient des restes d'animaux tels que des cerfs et des porcs-épics, et les ossements animaux trouvés au niveau du squelette montrent des signes d'avoir été traités par des humains. Pourtant, aucun artefact n'a été signalé jusqu'à présent et on ne sait pas bien comment le squelette, bien préservé mais incomplet, est arrivé là : était-ce dès l'origine une sépulture, ou bien l'individu est-il mort dans la grotte ? Trente-quatre os sont représentés, dont la mandibule, les omoplates, divers os du bras et de la jambe et parties des mains et des pieds. Ils sont pour la plupart de taille moyenne, ce qui, à défaut d'un crâne entier ou des os du bassin, rend difficile la détermination du sexe. On sait quand même qu'il ou elle était au moins d'âge moyen, à en juger par le haut degré d'usure des dents et des os préservés, avec des signes d'arthrite.

L'étude de Hong Shang, Erik Trinkaus et leurs collègues montre que l'individu de Tianyuan présente de nombreux caractères typiquement modernes au niveau du menton, bien développé, de l'omoplate, des os du bras et du fémur. En revanche, ses dents de devant sont relativement volumineuses et l'un des os des doigts a son extrémité élargie, chose courante chez Neandertal. Les membres sont toutefois proportionnés comme ceux des hommes modernes originaires de climats chauds plutôt que froids, en quoi ils ressemblent davantage à ceux des Cro-Magnons archaïques qu'à ceux des Néandertaliens. D'où la probabilité que ces modernes archaïques, loin de leur chaud berceau africain, aient eu recours à des moyens culturels pour affronter les environnements froids où les circonstances les avaient échoués.

Il existe deux « lois » bien connues concernant la taille

et la forme des organismes, nommées d'après les biologistes qui les ont les premiers clairement énoncées, en relation avec le besoin fondamental de dissiper ou de conserver la chaleur corporelle. La *loi d'Allen* dit que les créatures à sang chaud dans les climats froids ont généralement des membres (ou autres appendices tels qu'oreilles ou queue) plus petits que leurs équivalents dans les climats chauds. Les causes peuvent être génétiques (héritées) ou acquises (ainsi, du fait du moindre afflux vers les extrémités, dans un milieu froid, d'éléments nutritifs favorisant la croissance), mais elles résultent toujours en une réduction de la dissipation de chaleur dans le froid, et, au contraire, en un accroissement dans le chaud (que l'on pense aux grandes oreilles des éléphants d'Afrique). Quant à la *loi de Bergmann,* elle pose qu'en général la masse corporelle des organismes augmente avec l'augmentation de la latitude ou de l'exposition au froid. Cela est lié au fait qu'un grand animal expose, proportionnellement à son poids, une surface inférieure à celle d'un petit animal. Toutes choses égales par ailleurs, un grand animal retient donc mieux sa chaleur corporelle, tandis qu'un animal de petite taille est mieux doté pour la dissiper. Chez les humains, cela se traduit dans la stature, avec une forme plus sphérique (courte et large) plus performante dans un milieu froid, tandis qu'une forme plus cylindrique (longue et étroite) serait favorisée dans les milieux chauds et secs où dissiper la chaleur corporelle est important et où une plus grande surface de sudation est un avantage.

À considérer les fossiles humains, ces règles fonctionnent bien en général. Les ossements d'*Homo erectus* et *heidelbergensis* africains indiquent qu'il s'agissait d'individus grands, minces et aux longs membres, tandis qu'*erectus* chinois et *heidelbergensis* européen sont relativement plus compacts et de forte carrure. Avec Neandertal, le tableau est encore plus clair : les squelettes de l'époque de la dernière glaciation sont particulièrement trapus, avec des extrémités des bras et des jambes plus courtes. Erik Trinkaus n'en faisait pas moins remarquer il y a une trentaine d'années que les Cro-Magnons vivant à peu près dans le même environnement ressemblaient davantage par la forme du corps aux populations africaines récentes qu'aux Néandertaliens. Et la même observation paraît s'appliquer au squelette moderne le plus ancien que nous ait livré la dernière glaciation en Chine du Nord. Quoique d'autres facteurs soient bien sûr à l'œuvre s'agissant de la taille et de la forme du corps, par exemple les besoins en force, en vitesse ou en mobilité, il paraît donc probable que le comportement, s'exerçant sous la forme de ce qu'on appelle le *tampon culturel*, a aussi joué son rôle.

On considère souvent Neandertal comme une espèce adaptée au froid, mais il est en réalité largement réparti dans le temps et l'espace : on le trouve, par exemple, aux côtés d'hippopotames et de chaudes forêts méditerranéennes, près de Rome il y a 120 000 ans, mais aussi, accompagné de mammouths laineux, dans le paysage désolé et, semble-t-il, dénudé du Norfolk quelque 60 000 ans plus tard. Les données archéologiques laissent penser qu'il évitait en fait les régions les plus froides d'Europe, en particulier celles où les températures hivernales sont les plus basses et les vents les plus glacés, et cela, peut-être, parce qu'en dépit de son adaptation physiologique, il ne disposait pas de vêtements bien ajustés ni d'habitations bien isolées. De tels « luxes » se révèlent en réalité essentiels pour survivre dans le froid, sans oublier que ce n'est pas seulement la survie des adultes qui importe ici. Les bébés humains sont notoirement sensibles aux basses températures, car leur petite taille les empêche de bien retenir la chaleur (à nouveau la loi de Bergmann) et leur thermorégulation n'a pas achevé son développement. Ignorant, semble-t-il, la couture et le tissage, les Néandertaliens se fabriquaient probablement des capes et des ponchos de fourrure et attachaient ensemble des peaux au moyen de courroies ou de ligaments. On sait, en revanche, par des aiguilles d'os, des marques de tissage sur l'argile, des restes de huttes et de tentes, des sculptures et des arrangements complexes de perles et d'attaches, vestiges de vêtements trouvés dans des sépultures, que Cro-Magnon était capable de pourvoir adultes et enfants d'une bien meilleure isolation. Il n'est pas jusqu'aux os de ses pieds qui ne nous fournissent l'indice d'une autre de ses innovations : la chaussure.

L'étude anatomique menée par Erik Trinkaus des os du pied des humains actuels qui portent ou non régulièrement des chaussures montre que cette différence de comportement se traduit dans la robustesse des os des orteils, car le port de chaussures dévie une partie de la pression autrement appliquée au milieu du pied pendant la marche. Par suite, certains os des orteils sont moins forts quand le pied est régulièrement chaussé.

La localisation des accessoires dans les tombes Cro-Magnons indique la présence de vêtements à l'origine. Or, à Sungir, en Russie, deux adultes et deux enfants ont été enterrés il y a environ 28 000 ans, accompagnés d'objets funéraires élaborés. Les sépultures étaient recouvertes de centaines de petites perles d'ivoire de mammouth qui avaient dû être cousues à des vêtements depuis longtemps décomposés et dont l'abondance au niveau des chevilles et des pieds suggère la présence de chaussures ou de bottes décorées. En outre, les os du pied de l'homme de Sungir, par ailleurs fort robuste, montrent les signes de gracilité qui trahissent le port de chaussures chez nos contemporains. Ces signes n'apparaissent pas sur les orteils de Neandertal, ni chez les hommes modernes bien antérieurs qui vivaient en Israël il y a environ 110 000 ans. Mais ils sont bien là sur les os du pied de Tianyuan, plus anciens de plus de 10 000 ans que ceux de Sungir. Le plus vieux squelette moderne connu de Chine avait donc apparemment bénéficié de chaussures, qui ont dû faciliter les déplacements en terrain accidenté et, si elles étaient imperméables, protéger du froid, de l'humidité et de la neige. Même si nous ne savons pas grand-chose du mode de vie ou de la culture de ce mystérieux *Homo sapiens* isolé de la grotte de Tianyuan (mais cf. chapitre III), le corps de cet homme ou de cette femme nous dit au moins que de meilleurs moyens de protection contre l'environnement glaciaire étaient déjà parvenus jusqu'en Chine il y a quelque 40 000 ans.

Revenons à présent vers les ultimes ancêtres des hommes modernes archaïques d'Europe et d'Asie dont nous venons de parler : les fossiles éthiopiens. J'ai expliqué au chapitre premier en quoi les fossiles d'Omo Kibish découverts en Éthiopie en 1967 par l'équipe de Richard Leakey avaient été importants pour ma conception du modèle de l'origine africaine récente. Pourtant, la datation des fossiles n'était pas très sûre à l'époque, et les spécimens eux-mêmes faisaient l'objet d'interprétations très différentes des miennes. Nous verrons au chapitre IX comment des découvertes de ces dix dernières années ont remis ces matériaux du sud de l'Éthiopie sous le feu des projecteurs. Ici, c'est sur une région aride du nord que je souhaite attirer l'attention.

À l'intérieur de la Corne de l'Afrique, la dépression triangulaire du pays afar s'enfonce à mesure que l'Afrique se sépare en deux le long de sa grande faille orientale, formant un bassin riche en sédiments accumulés depuis plus de cinq millions d'années d'histoire géologique et humaine. La région a apporté la découverte de plusieurs espèces australopithécines, dont les restes de « Lucy », vieux de trois millions d'années, ainsi que de fossiles plus récents d'*Homo erectus* et *heidelbergensis*. En 2003, le village d'Herto est devenu célèbre après l'annonce de la découverte d'un site riche datant d'environ 160 000 ans. Il y a d'abord eu l'extraction d'un crâne d'hippopotame, indice que cette région aride avait autrefois été fertile, pleine de lacs et de rivières. Mais au moins aussi important est le fait que ce crâne portait des marques de dépeçage dues à des humains archaïques. Des fouilles systématiques entreprises par le paléoanthropologue Tim White et ses collègues ont ensuite mis au jour d'autres fossiles animaux, des outils de pierre et les restes de sept humains. Parmi ces restes, l'un comporte un crâne adulte presque entier, un autre est la boîte crânienne d'un enfant d'environ six ans, un troisième consiste en une partie d'un autre crâne adulte. Tous sont de très grande taille. J'ai mentionné au chapitre premier Bill Howells, qui a passé la moitié de sa vie à rassembler méticuleusement des données sur les crânes des humains actuels afin de relever la variation au sein de notre espèce. Or, le crâne d'Herto le plus complet dépasse par ses dimensions principales chacun des cinq mille crânes que Bill Howells a mesurés autour du monde ! Peut-être une telle taille était-elle nécessaire il y a 160 000 ans, si la chasse à l'hippopotame était au programme. Encore de nos jours, ces animaux capricieux ont la réputation d'être la première cause de mortalité humaine parmi tous les mammifères d'Afrique.

L'arcade sourcilière du crâne le plus complet est forte et projetée en avant au-dessus d'une face large et plate, alors que la boîte crânienne est haute, arrondie et d'aspect moderne dans l'ensemble. L'enfant était trop jeune pour avoir une arcade sourcilière, mais son crâne a également l'air moderne. Les parties postérieures des deux fossiles adultes sont toutefois très fortement structurées et rappellent les parties analogues du crâne de Broken Hill en Zambie, que je rattache à l'espèce qui a probablement été l'ancêtre d'*H. sapiens* en Afrique : *H. heidelbergensis.* Deux des trois boîtes crâniennes d'Herto révèlent en outre des traces d'intervention humaine, dont des marques de découpe. Indices de cannibalisme ? Les scientifiques qui ont décrit le matériau estiment plus probable que les crânes aient été conservés comme des trophées ou des objets de vénération. Le crâne d'enfant a en effet été fortement poli, avec beaucoup de marques d'usure et d'éraflures, comme s'il avait été régulièrement manipulé, en sorte qu'il aurait pu faire partie d'un rituel post-mortem, voire utilisé comme coupe à boire — tout cela restant de l'ordre de la spéculation.

On ne savait trop comment classer les fossiles d'Herto. Les auteurs de l'article paru dans *Nature* en 2003 les attribuent à une nouvelle forme d'*H. sapiens* qu'ils appellent « *H. sapiens idaltu* » (*idaltu* voulant dire « aîné » en afar) à cause leur grande taille et de leur robustesse. J'ai soutenu alors — et je le soutiens toujours — que ces spécimens ne sont pas si remarquables quand on les compare à d'autres hommes modernes archaïques, tels ceux qui vivaient en Australie vers la fin de la dernière glaciation, si bien qu'il est probablement superflu de distinguer une sous-espèce *idaltu.* Crucial, en revanche, est le fait que les dépôts contenant les fossiles d'Herto sont pris en sandwich entre des couches volcaniques que la méthode potassium-argon (cf. chapitre II) date à 154 000 et 160 000 ans. Ces fossiles, de même que le squelette d'Omo Kibish 1 du sud de l'Éthiopie, représentent donc peut-être les plus anciennes traces certaines d'humains semblables à nous où que ce soit dans le monde.

Nous avons vu dans ce chapitre comment des découvertes récentes ont ouvert des perspectives entièrement nouvelles sur l'évolution d'*Homo sapiens.* Elles ont mis en lumière nos origines africaines il y a plus de 150 000 ans, nous ont aidés à suivre la dispersion des humains modernes archaïques hors d'Afrique vers l'Asie et l'Europe et ont enrichi nos connaissances sur notre cousin et possible concurrent, Neandertal. Les fossiles sont certes essentiels pour écrire cette histoire, mais les traces du comportement ne le sont pas moins, qui requièrent elles aussi une extrapolation prudente à partir des indices préservés. C'est ce que nous allons voir dans les deux chapitres suivants.

Chapitre V

VERS UN COMPORTEMENT MODERNE : LIRE DANS LES PENSÉES, MANIER LES SYMBOLES

Longtemps j'ai cru que les humains d'il y a un demi-million d'années étaient très différents de nous par leur comportement. Même s'ils fabriquaient des bifaces de toute beauté, ils étaient probablement plus proches des grands singes que de nous, pensais-je, menant des vies très simples et tirant ce qu'ils pouvaient de viande en charognant ce que de bien meilleurs prédateurs avaient tué. Mais, dans les années 1990, alors que je suivais les progrès des fouilles de Boxgrove dans le Sussex, j'en suis venu à comprendre que les choses n'étaient pas aussi clairement partagées et à éprouver un véritable respect pour les capacités et les réalisations de ces anciens Britanniques qui vivaient en lisière du monde habité il y a 500 000 ans. Je me rappelle très bien une conversation avec Mark Roberts, qui dirigeait les fouilles de Boxgrove, pendant laquelle nous spéculions sur la façon dont ces gens se procuraient leur viande. Nous savons qu'ils utilisaient des bifaces en forme d'amande, habilement fabriqués en silex, pour écorcher, désarticuler et dépecer des carcasses de chevaux, de cerfs et même d'animaux aussi formidables que des rhinocéros. Et nous le savons parce que des ossements animaux couverts de marque de coups et de découpes gisent répandus dans ce site préservé. Mais les humains de Boxgrove chassaient-ils activement le gibier, y compris des bêtes aussi grosses qu'un rhinocéros, ou bien charognaient-ils des animaux déjà morts ? Ce qui est sûr, c'est qu'ils consacraient énormément de temps au dépeçage, retirant apparemment jusqu'au plus petit morceau de nourriture disponible, cela dans un milieu ouvert et potentiellement dangereux. Voilà qui indique qu'ils étaient suffisamment organisés pour défendre les carcasses contre la concurrence, lions, hyènes et loups dont on sait qu'ils fréquentaient aussi Boxgrove.

En outre, chaque fois que les ossements portent à la fois des marques de découpe et de mastication par un carnivore, les premières sont toujours antérieures, ce qui veut dire que les humains ont eu l'accès initial. Un indice plus direct vient peut-être de ce qui est apparemment un trou fait par une pointe de lance dans l'omoplate d'un cheval. Bien qu'aucune lance n'ait pu être préservée dans les sédiments de Boxgrove, on en a découvert, faites d'if ou d'épicéa, à Clacton dans l'Essex et à Schöningen en Allemagne, datant d'entre 300 000 et 400 000 ans avant le présent. La « lance » de Clacton n'est qu'un bout brisé, mais celles d'Allemagne sont longues d'environ deux mètres et superbement faites. Leur utilisation pour la chasse paraît assurée par le fait qu'elles ont été découvertes parmi une vingtaine de squelettes de chevaux. Les archéologues continuent à débattre sur le point de savoir si ces lances étaient pour lancer ou pour frapper d'estoc, mais, dans l'un et l'autre cas, il est clair que ces gens étaient tout à fait capables de mettre à terre pour leur prochain repas des animaux sauvages de grande taille et dangereux.

Comment des êtres humains, certes plus musclés et en meilleure forme physique que la moyenne de nos contemporains, mais relativement chétifs cependant, pouvaient-ils prendre le dessus sur des prédateurs et des proies aussi dangereux ? Une partie de la réponse tient bien sûr dans les cailloux, les pierres aiguisées et les lances de bois qu'ont dû utiliser des créatures qui n'étaient douées ni de rapidité, ni d'une grande force, ni de dents ou de griffes pointues ; mais la coopération et la ruse ont sûrement été encore plus importantes. Mark Roberts m'a rapporté une conversation qu'il avait eue avec un expert de la faune sauvage africaine. Il lui avait demandé comment un homme armé seulement d'une lance de bois pouvait tuer un rhinocéros. Personne ne serait assez stupide pour s'y risquer, avait d'abord répondu l'expert. Pressé d'en dire plus, il avait quand même fini par expliquer que, si notre homme était vraiment obligé de le faire, alors lui et quelques amis attendraient de rencontrer un rhinocéros solitaire endormi à l'ombre d'un arbre. Lances en position, ils ramperaient jusqu'à l'animal, lui perceraient rapidement le ventre exposé dans son sommeil, puis grimperaient à toute allure dans l'arbre. Ils n'auraient plus alors qu'à espérer que le rhinocéros se vide de son sang et meure. Sinon, ils étaient bloqués dans l'arbre pour longtemps !

Mais ce sont au moins *quatre* rhinocéros qui ont été dépecés à Boxgrove, sur une période indéterminée, ce qui donne à penser qu'il ne s'agissait pas d'un événement exceptionnel. Plutôt que l'entreprise isolée d'un casse-cou chanceux, c'était plus probablement une partie des activités normales d'*Homo heidelbergensis.* Il ne fait donc pas de doute que la capacité à deviner l'adversaire, à « prédire » son comportement probable, mais aussi celui des partenaires à la chasse, a dû se révéler décisive. Cette aptitude à lire dans les pensées, d'abord développée chez nos ancêtres primates, est désormais l'une des caractéristiques importantes qui mettent à part les humains, les hommes modernes en particulier. Pour certains, c'est elle qui a accru notre capacité à contrôler nos pensées, nos émotions et nos actions, à faire des plans pour un avenir lointain et à développer une conscience de soi. Grâce à l'accroissement de la complexité sociale, nous avons acquis de plus grands pouvoirs d'imitation, d'apprentissage, d'imagination, de créativité, de coopération et d'altruisme, sans oublier une mémoire plus riche et le langage complexe.

Dans cette étude des origines des hommes modernes, je me suis jusqu'à présent surtout intéressé aux indices matériels, par exemple aux particularités du crâne, des mâchoires et du reste du corps, qui nous disent ce que c'est que d'être un homme moderne et comment nous avons évolué. Mais il va de soi qu'une grande partie de ce que nous pensons être humain se trouve dans notre comportement, dont bien des aspects apparaissent comme des versions amplifiées de ce que nous voyons chez nos parents vivants les plus proches, les grands singes : par exemple, la confection et l'usage d'outils, une longue période de dépendance infantile et la complexité sociale. D'autres aspects, en revanche, semblent nous être entièrement propres parmi les primates, ainsi les outils composites, l'art et le symbolisme, les rituels et les croyances religieuses, le langage complexe. L'écart entre nous et les grands singes risque donc de paraître davantage comme un gouffre. Il faut toutefois se rappeler que nous sommes les seuls survivants de ce qui fut une longue série d'expériences pour devenir humain qui se sont succédé au cours de l'évolution, en sorte que bien des caractères que nous croyons nous être propres étaient partagés, dans une plus ou moins grande mesure, par des espèces à présent disparues telles qu'*Homo erectus* et Neandertal.

Le fait est qu'il y a dans notre physiologie des détails bizarres qui, si nous les comprenions mieux, nous donneraient peut-être des indices sur la façon dont nous, les humains, en sommes venus à être si différents de nos parents primates ou, tout du moins, socialement beaucoup plus complexes qu'eux. Par exemple, chez la plupart des primates — et probablement chez nos plus anciens ancêtres africains —, la membrane externe du globe oculaire, la sclérotique, est d'un brun sombre. Il s'ensuit que la pupille et l'iris, au centre de l'œil, qui se déplacent pour focaliser le regard, sont difficiles à distinguer du tissu environnant, surtout quand ils sont eux-mêmes de couleur sombre. Les humains, au contraire, ont une sclérotique plus grande et non pigmentée, donc blanche, ce qui nous permet de repérer la direction du regard d'autrui qui, de son côté, peut repérer la direction de notre regard. Un tel caractère a dû évoluer dans le cadre du développement de la signalisation sociale qui nous permet de « lire dans les pensées » les uns des autres. (Cette idée a même un nom : l'hypothèse de l'œil coopératif !) De façon analogue, beaucoup de chiens domestiques ont une sclérotique plutôt blanche en comparaison de leurs ancêtres loups, évolution peut-être liée au resserrement des liens sociaux entre eux et les humains.

Un autre trait remarquable des humains est la grande taille du pénis, dont on a beaucoup glosé lors de la parution du *Singe nu* de Desmond Morris en 1967. En réalité, le pénis humain en érection n'est pas plus long que celui des chimpanzés et des bonobos, même s'il reste vrai que tous trois sont deux fois plus longs que celui des orangs-outans et des gorilles mâles, pourtant bien plus massifs. Mais il est considérablement plus épais et son extrémité est plus bulbeuse. Les tentatives pour expliquer comment et pourquoi ces différences sont apparues ont provoqué bien des spéculations, depuis l'accroissement du plaisir jusqu'au déplacement du sperme des mâles concurrents, en passant par l'exécution d'une parade sexuelle à l'intention des femelles ou bien des autres mâles. Quant à l'autre partie externe des organes reproductifs mâles, le scrotum contenant les testicules, celui-ci est moins différent chez les humains, intermédiaire pour la taille entre les chimpanzés (très gros), les orangs-outans (petit) et les gorilles (minuscule). On pense que cela est lié à la fois à la fréquence des accouplements (élevée chez les chimpanzés, faible chez les gorilles) et à la compétition entre mâles pour la fécondation des femelles (à nouveau forte chez les chimpanzés, faible chez les gorilles). Les humains se situent donc entre les extrêmes, ce qui donne à penser que nous nous accouplons (ou, pour être plus correct, que nos ancêtres s'accouplaient) assez souvent, mais à un degré de promiscuité modéré en comparaison des chimpanzés.

Si Darwin a été contraint de s'appuyer autant sur les analogies avec les autres animaux, c'est que les données fossiles et archéologiques qu'il aurait tant souhaitées n'ont émergé en quantité que bien des années après lui. Il n'en reconnaît pas moins l'étroitesse de notre parenté avec les grands singes et les similitudes entre eux et nous en matière de comportement et d'intelligence. Il écrit ainsi en 1871 :

> Puisque l'homme possède les mêmes sens que les animaux inférieurs, ses intuitions fondamentales doivent être les mêmes. [...] Mais l'homme a peut-être un peu moins d'instinct que n'en possèdent les animaux de la série qui lui est la plus proche. L'orang des îles de la Sonde et le chimpanzé en Afrique construisent des plates-formes où ils dorment ; et puisque ces deux espèces suivent la même habitude, on pourrait conclure que cela est dû à l'instinct, mais nous ne pouvons pas être sûrs que ce n'est pas le résultat de ce que ces deux animaux ont des besoins similaires, et possèdent des capacités similaires de raisonnement. Ces singes, ainsi que nous pouvons le supposer, évitent les fruits vénéneux des tropiques, et [...] nous ne pouvons pas être sûrs que les singes n'apprennent pas de leur propre expérience ou de celle de leurs parents quels fruits ils doivent sélectionner. (p. 151)

On a critiqué Darwin pour son anthropomorphisme excessif quand il reconnaît des comportements « humains » chez d'autres animaux. Il manquait de données fiables sur le comportement des grands singes — la plus grande partie de ce qu'il en connaissait provenait de l'observation d'animaux captifs ou de récits d'explorateurs — et il n'est donc pas surprenant qu'il se soit trompé à l'occasion. Mais, dans l'ensemble, il n'extrapole qu'avec prudence. Nous en savons à présent beaucoup plus sur notre étroite relation évolutive avec nos cousins primates, si bien que nous n'avons pas lieu d'être étonnés de découvrir à la fois des comportements communs et, derrière ceux-ci, des voies neurologiques communes. Ainsi, les singes, grands et petits, savent reconnaître les divers éléments et expressions qui constituent un visage à partir de dessins simplifiés au lieu d'images précises. Le neurologue Vilayanur Ramachandran insiste sur l'importance potentielle chez les singes et chez nous des *neurones miroirs*, ces cellules nerveuses activées aussi bien quand un animal accomplit une action que quand il observe un autre animal en train d'accomplir la même action. On estime que cette façon de rejouer l'action dans le cerveau est essentielle pour l'apprentissage, l'interaction sociale et l'empathie, et qu'elle confère aux primates les éléments fondamentaux de l'aptitude à « lire dans les pensées », si importante dans des sociétés aussi complexes que les nôtres, comme nous le verrons.

On se heurte pourtant à un problème majeur quand on tente de reconstruire les complexités du comportement humain dans le passé, car ce qu'il en reste d'indices matériels sous la forme d'outils lithiques et d'ossements dépecés ne représente que le produit final de chaînes de pensées et d'actions à présent inaccessibles, que nous tâchons de reconstituer à nos risques et périls. Certes, on peut chercher chez les grands singes actuels des modèles des comportements humains archaïques quand il s'agit d'activités telles que la fabrication d'outils simples et la chasse primitive. Mais quelle ressemblance avec un chimpanzé pouvaient bien présenter les *Homo heidelbergensis* de Boxgrove il y a 500 000 ans, qui vivaient loin de leur berceau tropical africain, fabriquaient des outils complexes tels que des bifaces et chassaient non seulement des petits mammifères, mais aussi du gros gibier possiblement dangereux, chevaux, cerfs et rhinocéros ? Et, ce qui est au moins aussi important, *H. heidelbergensis* avait déjà un gros cerveau, presque aussi gros que le nôtre aujourd'hui. Si, donc, nous voulons comprendre l'évolution de ces gros cerveaux humains, il nous faut envisager ce à quoi ils ont pu servir.

On a maintenant la preuve que les chimpanzés dans la nature ont des « cultures », des traditions partagées quant aux façons de se comporter — par exemple pour la collecte et la préparation de la nourriture au moyen d'outils — qui diffèrent d'un groupe ou d'une population régionale à l'autre. Ces normes culturelles sont apprises à mesure que le chimpanzé grandit au sein de son groupe, et les femelles semblent avoir le premier rôle, tant pour transmettre les traditions aux jeunes générations que pour en développer de nouvelles. Ces cultures n'en sont pas moins encore rudimentaires. Les chimpanzés restent, semble-t-il, bien loin ne serait-ce que du répertoire culturel des premiers humains en Afrique, il y a deux millions d'années. Nous sommes toujours uniques par le degré auquel nous modifions le monde où nous vivons par les choses que nous y créons. Bien plus, nous créons des mondes imaginaires entièrement virtuels, faits de pensées et d'idées, des mondes qui existent dans nos esprits, depuis les récits et les mythes jusqu'aux théories et aux concepts mathématiques. Les chimpanzés possèdent les notions basiques de cause et d'effet : par exemple, ils vont dénuder et lécher un brin d'herbe, qui sera alors assez mince et collant pour servir de sonde pour attraper les termites. Mais les humains ont la capacité d'imaginer des chaînes de causes et d'effets beaucoup plus longues et d'envisager plusieurs issues différentes pouvant résulter de cette action ou de cette autre. Et, grâce au langage, nous pouvons nous communiquer ces notions complexes, qu'elles aient trait au monde matériel, comme allumer un feu, ou à des mondes imaginés, comme ce qui peut nous arriver après la mort.

Mais peut-être devrions-nous nous tourner vers les chasseurs-cueilleurs actuels, au Brésil, en Australie ou en Namibie, pour tâcher de reconstituer la manière dont vivaient les gens de Boxgrove, ou bien les Néandertaliens, ou encore nos ancêtres africains ? Il convient de n'utiliser de telles données qu'avec prudence en étant toujours conscients de ce que nous supposons et extrapolons, car tant de choses ont évolué et changé pendant tous ces millénaires.

Comment, alors, une telle complexité du comportement, y compris la capacité à créer des mondes virtuels, a-t-elle pu évoluer ? Une possibilité est qu'une augmentation de la consommation de viande chez nos ancêtres, non contente de leur donner accès à des nourritures plus concentrées, levant ainsi les contraintes antérieures qui s'opposaient à l'évolution de gros cerveaux très demandeurs en énergie, ait aussi mis en branle de profonds changements comportementaux qui ont accru leur capacité à lire dans les pensées, non seulement des proies, mais aussi des autres membres du groupe social.

La vie quotidienne dans les troupes de primates dans la nature a parfois été comparée aux pires aspects des séries télévisées ou de la téléréalité : brimades et domination par les plus forts, crainte et maltraitance pour les plus faibles. Pourtant, les groupes de primates font aussi preuve de tendresse et d'affection, ils savent s'allier pour le bien commun et connaissent des liens sociaux qui peuvent durer toute une vie. D'où l'hypothèse du cerveau social (HCS) proposée par des psychologues et des anthropologues comme Nicholas Humphrey, Robin Dunbar, Richard Byrne et Andrew Whiten, selon laquelle l'augmentation de la taille de nos cerveaux n'est pas seulement due à des besoins humains tels qu'acquérir les aptitudes nécessaires à la cueillette et à la chasse, à la fabrication d'outils et à l'invention en général, mais aussi au fait de vivre dans des sociétés complexes. Tous les primates ont de gros cerveaux par rapport à leur masse corporelle en comparaison de la moyenne des mammifères, en particulier ceux qu'on appelle les primates supérieurs, les singes. Or, le cerveau est très demandeur en énergie ; chez les humains, il vient juste après le cœur dans ce domaine. Pourquoi donc un lémurien ou un galago, par exemple, auraient-ils alors besoin d'un cerveau relativement plus gros que celui d'un porc-épic ou d'un écureuil ? L'un des arguments avancés est que l'environnement forestier dans lequel vivent en général les primates requiert une intelligence plus vive pour affronter les problèmes posés par celui-ci ; un autre prend en compte l'allongement de la croissance et du développement des primates avant comme après la naissance. Aucune de ces explications ne paraît toutefois suffisante, et c'est pourquoi l'HCS attire un nombre croissant de partisans influents.

Le néocortex est la partie du cortex cérébral dont on sait qu'elle est responsable des fonctions cognitives supérieures telles que l'apprentissage, la mémoire et la pensée complexe. Diverses études comparatives ont montré que la taille relative du néocortex du cerveau des primates est bien supérieure à la normale des mammifères. Elle bat même tous les records chez les humains, avec 85 % du poids total du cerveau. Voilà qui paraît soutenir l'idée selon laquelle sa grande taille serait due au fait que l'environnement dans lequel les primates ont évolué exige une intelligence aiguisée pour y trouver sa nourriture et échapper aux prédateurs. Pourtant, la mise en relation de la taille du néocortex avec la complexité de l'environnement explique moins bien, semble-t-il, la réalité des primates que ne le fait la relation à des variables reflétant la complexité sociale, comme la taille du groupe, le nombre de femelles dans le groupe, la fréquence des alliances, l'importance des jeux, des manipulations et des apprentissages. Aussi, alors que les hypothèses environnementalistes ont tendance à supposer que les animaux résolvent leurs problèmes individuellement, par essai et erreur, sans recours au groupe social où ils vivent, l'hypothèse du cerveau social considère que ces mêmes problèmes sont résolus socialement, d'où la nécessité d'un néocortex plus développé afin d'accroître la compréhension et la cohésion sociales. Certes, dans la réalité, milieu social et milieu naturel ont tous deux leur rôle dans l'apparition des besoins évolutifs. Reste que, s'agissant des humains, on aurait du mal à soutenir que les exigences du milieu naturel aient pu être d'une importance ne serait-ce qu'égale aux exigences sociales dans le développement de la taille extraordinaire de nos cerveaux.

Il existe des faits qui montrent que les oiseaux et les mammifères qui entretiennent des relations de couples ont des néocortex relativement plus développés. Il est donc possible que, chez les primates supérieurs, en particulier chez les humains, les capacités sociales et intellectuelles mobilisées pour ces relations aient été multipliées afin de créer et de maintenir des relations entre des individus qui ne sont pas des partenaires du point de vue reproductif. Par là, des individus de même sexe ou de sexes opposés peuvent former des liens aussi intenses et durables que ceux normalement observés entre les membres d'un couple dans les autres espèces. Autrement dit, les humains ont d'autres partenaires que les partenaires sexuels. Pour fonctionner avec succès et à long terme, cela requiert que des capacités sociales supérieures comme la confiance, l'empathie et le synchronisme des actions soient étendues au-delà du « groupe familial » immédiat jusqu'au niveau de toute la communauté. Ces liens démontrent alors leur valeur par le soutien mutuel qu'ils garantissent dans les temps difficiles. Et, dès lors qu'ils forment un réseau à travers le groupe, tous peuvent bénéficier de la coordination des activités, du partage de la nourriture, de la protection contre les prédateurs et ainsi de suite.

Beaucoup de scientifiques pensent donc que nos gros cerveaux ont évolué du fait d'une sélection pour la vie en groupes nombreux, ce qui a conduit au développement chez les primates d'esprits foncièrement sociaux, doués de la capacité de « lire dans les pensées » (observer et interpréter les actions) d'autrui, d'apprendre et de transmettre des comportements « culturels » au sein du groupe et de coopérer au profit non seulement du partenaire immédiat, mais aussi d'autres membres du groupe. Lire dans les pensées, posséder une « théorie de l'esprit » à propos de soi-même et d'autrui, cela se fait à plusieurs niveaux et pour beaucoup de raisons différentes : par exemple pour interpréter ce qu'A pense de B, puis se comporter de façon à manipuler le comportement d'A envers B. (On donne parfois à cette « compétence » sociale le nom d'*intelligence machiavélienne*, terme introduit par Byrne et Whiten en référence aux analyses de Machiavel sur la nature humaine en collectivité.)

Les oiseaux et les mammifères sont dotés, semble-t-il,

d'une intentionnalité du premier ordre, à savoir qu'ils sont conscients de leur propre comportement et de ses effets sur les autres, et cela, on l'a vu, est peut-être lié en partie aux exigences des liens de couples forts ou de la vie en troupeaux ou en bandes. Mais, dès l'âge de quatre ans, les petits humains sont capables d'opérer à deux niveaux d'intentionnalité dans leurs perceptions sociales, en cela qu'ils perçoivent et interprètent non seulement leurs propres comportements, mais aussi ceux de leur entourage immédiat. Les enfants ont ainsi la capacité de reconnaître que les autres peuvent avoir des perceptions du monde identiques aux leurs ou différentes. À cette étape, cela signifie qu'ils peuvent se mettre à essayer de manipuler ceux qui les entourent, que ce soit leurs parents, leurs frères et sœurs, leurs pairs ou les enseignants de la maternelle. Tout indique que les chimpanzés ont une théorie de l'esprit proche du niveau des enfants de quatre ans, mais qu'ils ne vont jamais au-delà, alors que la plupart des humains poursuivent leur développement jusqu'à manier plusieurs niveaux supérieurs d'intentionnalité. Robin Dunbar se sert d'*Othello* pour illustrer ce point. Dans cette pièce, Shakespeare doit mettre en scène simultanément quatre états mentaux : Iago veut qu'Othello croie que Desdémone aime Cassio et en est aimée. Mais il va encore plus loin, car, pour réussir son entreprise, il lui faut aussi être capable de se représenter la réaction du public à ce qu'il compose, en sorte qu'il fonctionne avec une intentionnalité du cinquième ordre au moins, à la limite des possibilités humaines en matière de lecture des pensées. De tels niveaux supérieurs, soutiennent les partisans de l'HCS, sont propres aux hommes modernes, et ils ont évolué du fait de la nécessité pour nos ancêtres de suivre les complexités croissantes de leurs relations sociales. Ce qui soulève la question du pourquoi de ces complexités.

En fait, il se peut que l'HCS contribue à expliquer quelque chose qui distingue en effet la plupart des groupes humains de chasseurs-cueilleurs aussi bien de nos cousins primates que des sociétés industrielles modernes : l'égalitarisme. Les chasseurs-cueilleurs ne possèdent généralement que peu de biens matériels, car ceux-ci sont difficiles à entretenir et à transporter avec un mode de vie nomade, d'où une égalité sociale qui se reflète, entre autres choses, dans le partage de la nourriture, l'absence d'autorité institutionnelle et la prédominance de la monogamie. Ce dernier trait fait contraste avec la polygamie qui caractérise les primates comme les babouins et les gorilles, mais aussi de nombreuses sociétés agricoles et pastorales où quelques hommes peuvent accumuler des quantités disproportionnées de richesses, de prestige — et d'épouses. Le maintien de l'égalité sociale exige souvent un effort coordonné du groupe, afin de résister aux individus qui essayent d'imposer leur domination. Cette coordination des activités vaut aussi pour les troupes de femmes qui planifient la recherche des plantes alimentaires, des insectes et du petit gibier, et pour les troupes de chasseurs, eux aussi forcés de planifier en avance, de s'échanger des informations sur les pistes et les traces et d'endosser des rôles spécifiques pour la capture et la préparation des proies. S'agissant de cette activité vitale qu'est l'acquisition de nourriture, le degré de coordination qu'est capable de produire un cerveau social sophistiqué implique donc que le groupe agit davantage comme une machine nourricière que comme les bandes de fourrageurs individuels et « égoïstes » typiques des troupes de singes.

Il existe toutefois des limites pratiques à la taille d'un groupe susceptible d'interagir et de fonctionner avec succès au niveau individuel, limites inscrites dans le *nombre de Dunbar*, ainsi nommé à la suite des travaux de Robin Dunbar. Chez les primates, il peut s'agir du sous-groupe dont les membres interagissent régulièrement par le biais de pratiques comme l'épouillage mutuel et dont le nombre peut aller jusqu'à une soixantaine. Pour Dunbar, ce qui limite en dernier ressort la taille de ces groupes chez les divers primates, c'est la taille relative du néocortex, laquelle détermine le nombre de relations amicales ou de connaissances utiles qui peuvent être entretenues à chaque instant (quoique des recherches récentes laissent penser que les petites régions appelées « complexe amygdalien » situées à la base du cerveau jouent aussi un rôle important chez les humains). Quant aux hommes modernes, le nombre de Dunbar se situe apparemment entre 100 et 220 (avec une moyenne de 148), chiffre qui correspond parfaitement à la taille optimale des regroupements de chasseurs-cueilleurs, des villages tribaux, des colonies huttérites, des petites unités militaires et même du nombre moyen de participants actifs aux réseaux sociaux de la Toile. Comme nous le verrons plus loin dans ce chapitre et le suivant, la taille relativement importante des groupements humains a eu pour conséquences la nécessité de développer de nouveaux moyens de communication (symbolisme et langage) ainsi que l'évolution de structures sociales plus complexes et d'une culture pleinement humaine.

Nos gros cerveaux, évolutivement adaptés à une interaction souple avec des réseaux d'individus au sein de notre groupe social, nous rendent donc capables d'échanger de l'information avec un profit mutuel. Mais à quel point sommes-nous vraiment libres dans ces interactions, et jusqu'à quel point notre héritage génétique détermine-t-il ce que nous pouvons et ne pouvons pas faire ? J'aborderai au chapitre VII la question de l'ADN et des gènes et de leur importance dans la reconstruction de l'évolution humaine. Mais on peut dès à présent être certain que notre ADN fournit un patron fondamental pour nos comportements, patron fait de facteurs à la fois limitatifs et variables quant à nos possibilités — déterminant, par exemple, la taille et la forme de notre cerveau, l'étendue de notre dextérité, notre vitesse à la course, l'acuité de notre vision et de notre ouïe. En même temps, il est évident que les humains sont capables d'améliorer certains éléments de leurs performances par l'apprentissage et la pratique, et que beaucoup de ces éléments sont influencés par des différences au sein des milieux aussi bien physiques que sociaux, par exemple au niveau du régime alimentaire, de la santé, de l'éducation et des normes sociales. Par là, notre ADN, par sa façon de déterminer nos comportements et de leur assigner des limites, ressemble davantage à un réceptacle élastique qu'à un moule. Malgré cela, comme nous le verrons, certains chercheurs pensent non seulement que la structure du cerveau humain moderne diffère quantitativement de celle des cerveaux précédents par la taille et l'étendue du cortex, mais encore que des mutations génétiques propres aux hommes modernes ont modifié qualitativement et recablé nos cerveaux il y a environ 50 000 ans, modernisant d'un seul coup notre comportement. Dans ces conditions, les Néandertaliens, malgré leurs gros cerveaux, auraient été fondamentalement différents de nous, privés de comportements humains parce qu'ayant suivi un parcours évolutif séparé. Et la même privation aurait affecté les hommes modernes qui habitaient l'Afrique avant 50 000 ans, puisqu'ils sont antérieurs aux mutations qui nous ont rendus tout à fait modernes.

Combien de nos comportements modernes avons-nous en commun avec les espèces humaines qui nous ont précédés ? Il est très difficile de traiter une telle question et encore davantage d'y répondre avec les données dont nous disposons. Certains ont rassemblé une sorte de liste des comportements modernes qui, disent-ils, caractérisent l'homme actuel et qu'on peut donc utiliser pour rechercher dans les données archéologiques le moment et le lieu de leur première apparition. D'autres en contestent l'utilité, l'universalité et le degré de précision avec lequel il est possible de les inférer à partir des matériaux imparfaits conservés dans le sol. Quoi qu'il en soit, les éléments les plus souvent inclus dans la liste comprennent : des outils complexes dont le style peut changer rapidement dans le temps et l'espace ; des artefacts façonnés à partir de l'os, de l'ivoire, de bois de cerf, de coquilles et matériaux du même genre ; l'art, fait de symboles abstraits et figuratifs ; des structures telles que des tentes ou des huttes pour vivre ou travailler, organisées en fonction de diverses activités (façonnage d'outils, préparation de la nourriture, sommeil, foyers) ; le transport sur de longues distances de matières précieuses comme la pierre, les coquilles, les perles, l'ambre ; des cérémonies ou des rituels pouvant mettre en jeu des œuvres d'art, des structures ou un traitement complexe des morts ; une amplification du « tampon » culturel permettant de s'adapter à des milieux extrêmes comme le désert ou des steppes froides ; une plus grande complexité des processus d'acquisition et de traitement de la nourriture, tels que filets, pièges, engins de pêche et cuisine élaborée ; enfin, des densités de population plus élevées, proches de celles des chasseurs-cueilleurs actuels.

Il s'est fait ces quinze dernières années des découvertes remarquables qui mettent en relief la complexité des comportements des premiers hommes modernes en Europe et ailleurs. Mais nous aident-elles à comprendre ce qui a déclenché les changements qui ont conduit à nos modes de pensée et de comportement actuels ? Pour ce faire, il nous faut aborder l'importante question du symbolisme qui, pour beaucoup, est la clef pour appréhender ce qui nous a faits différents de toutes les créatures qui nous ont précédés. Nous nous servons de symboles de tant de façons aujourd'hui qu'ils sont devenus une partie de nos existences à laquelle nous ne prêtons plus attention, mais sans laquelle nous ne pourrions fonctionner. Certains sont iconiques, tels ces dessins qui, quoique petits, noirs et bidimensionnels, ressemblent aux gros objets solides qu'ils représentent, par exemple un homme, une femme ou un avion. D'autres sont des mots écrits qui ne ressemblent pas du tout aux objets ou aux actions dont ils tiennent lieu, par exemple le mot « ordinateur ». D'autres encore sont des suites de notes de musique qui ne se transforment en sons qu'interprétées par l'œil, le cerveau et les gestes du musicien. Les symboles peuvent en outre constituer des signaux sociaux de l'identité collective, de la richesse ou du statut — et je ne pense pas seulement ici aux liasses de billets de banque, qui ne sont, évidemment, que des bouts de papier couverts d'encre d'imprimerie. Tout aussi symboliques sont les modes en matière d'habillement, de coiffure, de maquillage, de tatouage et de bijoux, qui ont pour usage d'envoyer aux autres membres du groupe des signaux à propos de l'individu qui s'y conforme.

Les symboles sont donc faits pour transmettre des messages et ils requièrent habituellement que le récepteur soit en mesure de leur donner le sens qui leur a été attribué à l'origine, même s'il est vrai qu'on peut aussi s'en servir pour exclure ceux qui ne savent pas les recevoir ni les interpréter — que l'on pense, par exemple, à un code secret ou à une poignée de main rituelle dont la signification n'est connue que des membres d'un groupe privilégié. C'est l'archéologue Clive Gamble, suivant en cela le primatologue Lars Rodseth, qui souligne le fait que l'une des choses qui distinguent le plus les hommes modernes de nos cousins primates est notre « libération de la proximité ». Il est probable que tous les humains avant nous, comme les grands singes dont ils étaient issus, ne pouvaient conduire que des rencontres face à face. Avec l'apparition du symbolisme (et le développement connexe du langage), en revanche, nous avons été libérés de la contrainte de proximité et avons pu communiquer à travers le temps et l'espace. Des messages chargés de signification sociale ont pu ainsi être transmis au loin au nom d'une personne ou d'un groupe, pourvu seulement que le récepteur soit capable de le décoder exactement.

Voilà environ vingt-cinq ans a émergé l'idée d'une « Révolution humaine » vieille de 35 000 ans, de beaucoup antérieure, mais égale en importance à d'autres transformations telles que la domestication des plantes et des animaux, l'invention de la métallurgie et l'industrialisation. Cette révolution paraît associée à l'arrivée en Europe des Cro-Magnons anatomiquement modernes, qui auraient apporté avec eux ou rapidement développé sur place un ensemble de comportements humains modernes comme le langage complexe, l'art et des technologies spécialisées, lesquels leur auraient permis de remplacer les Néandertaliens aux comportements moins avancés.

En 1987, j'ai eu le privilège d'être l'un des deux coorganisateurs d'un important colloque à Cambridge, connu par la suite comme le « colloque de la Révolution humaine », à l'occasion duquel cette hypothèse a réellement pris son essor. Le côté eurocentriste de ces débats sur les origines du symbolisme et de la modernité a été beaucoup critiqué par la suite. Et c'est un fait que les données européennes sur les débuts du symbolisme continuent de dominer le dossier du Paléolithique, non seulement du fait de la quantité de sites accessibles, mais aussi à cause du grand nombre d'archéologues aguerris qui y travaillent. C'est pourquoi l'Europe nous surprend toujours par la richesse de son fonds, comme je vais l'illustrer en considérant quelques découvertes anciennes et récentes.

Un peu avant la Noël de 1994, trois spéléologues décidèrent d'explorer une petite ouverture dans des falaises de calcaire en Ardèche. Ayant dégagé les chutes de rochers, ils atteignirent un puits où ils descendirent au moyen d'une échelle, ce qui les mena à une immense salle toute garnie de stalactites. Parvenus ensuite à une autre grande salle, ils commencèrent à voir des ossements animaux fossiles sur le sol et, après quelque temps, décidèrent de s'en retourner. C'est alors que, tout à fait par hasard, le faisceau d'une de leurs lampes tomba sur un petit dessin en ocre rouge représentant un mammouth. Ils surent aussitôt qu'ils étaient sur le seuil d'une grande découverte : des centaines de dessins au charbon de bois et à l'ocre rouge et des gravures, qu'ils allaient pouvoir admirer en compagnie des préhistoriens qui se joignirent à eux dans les quelques semaines suivant la découverte de la grotte Chauvet, comme on la nomme désormais d'après l'un d'eux. Il y a environ 36 000 ans, plusieurs artistes ont dû y pénétrer profondément à la lumière de torches, puis ils se sont accroupis pour dessiner au charbon de bois deux rhinocéros enlacés dans un combat. Puis, un peu plus loin à gauche, ils ont esquissé les têtes de trois aurochs tandis qu'au centre, l'un d'entre eux, suivant des lignes du rocher, dessinait quatre superbes têtes de chevaux, dont chacune paraît exprimer une humeur ou un caractère différents, comme pour faire sentir le passage du temps ou la progression de quelque récit intérieur.

En l'an 2000, six ans après la découverte de la grotte Chauvet, c'est un spéléologue amateur qui découvre une autre suite de galeries, non loin de la célèbre grotte peinte de Lascaux, et là, ce qui domine, ce sont des gravures de bisons, de chevaux, de rhinocéros, de mammouths et de cerfs, avec quelques figures humaines. Ce site de Cussac, peut-être de 10 000 ans plus récent que la grotte Chauvet (la datation est en cours), a vu son importance encore augmentée par la découverte, sous certains des murs décorés, de sept sépultures humaines, enfouies dans des « nids » d'hibernation creusés par des ours dans le sol de la grotte.

Cet art de la grotte Chauvet et de Cussac apparaît comme le miroir de ces découvertes bien plus anciennes qui, en dépit d'une terrible opposition de la part des autorités archéologiques de l'époque, ont finalement démontré que les peintures rupestres étaient bien l'œuvre des « sauvages de l'âge de pierre », comme on les appelait alors. C'est ainsi qu'en 1879, Marcelino Sanz de Sautuola, noble espagnol et préhistorien amateur, et sa fille de neuf ans, Maria, grimpaient dans les collines d'Altamira, près de Santander, dans le nord de l'Espagne, pour y examiner la petite ouverture d'une grotte. Ils y entrèrent et Sanz de Sautuola entreprit de faire quelques fouilles. Maria, qui s'ennuyait, partit explorer les lieux, munie d'une lampe. Quelques instants plus tard, elle criait à son père : « Papa, regarde… des bœufs ! » Elle fut ainsi, probablement, le premier être humain depuis 13 000 ans à poser les yeux sur les superbes peintures de la grotte d'Altamira. Mais, pour Sanz de Sautuola, cette rencontre allait se terminer en cauchemar : moqué et rejeté de tous lorsqu'il essaya de faire admettre que ses recherches démontraient qu'il s'agissait bien d'art paléolithique et non d'une contrefaçon récente, il mourut en 1888, quatorze ans avant que ses arguments ne soient enfin reconnus.

Une fois l'art rupestre accepté comme étant l'œuvre des Cro-Magnons, le débat sur sa signification ne tarda pas. Cet art consiste principalement en représentations d'animaux du temps de la glaciation, bisons, chevaux, aurochs (comme en vit la petite Maria) et cerfs, mais on trouve aussi, plus rarement, des dessins moins élaborés de personnes humaines, ainsi que des tracés abstraits. Les premières explications vont de l'« art pour l'art » à la magie de la chasse en passant par le culte des animaux. Plus tard, sont apparues des théories plus avancées selon lesquelles les composantes de l'art rupestre sont structurées comme un code et symbolisent des notions comme la virilité, la féminité, le conflit, la mort.

À la même époque que les grottes ornées comme la grotte Chauvet et Cussac, mais plus au nord, dans l'actuelle Allemagne, quelqu'un a sculpté un objet extraordinaire dans l'une des matières les plus résistantes qui soient : une défense de mammouth. Cet objet, long d'environ six centimètres et de trois centimètres en épaisseur et en largeur, est une statuette représentant une femme aux larges épaules et aux proportions généreuses, mais complètement dépourvue de tête. Cette absence de tête n'est pas accidentelle : il n'y en a jamais eu. Au lieu de cela, juste à côté de la place du cou, l'artiste a sculpté un anneau d'ivoire qui devait permettre de suspendre la statuette à la façon d'une amulette. À cause de ses gros seins et de sa vulve nettement marquée, certains l'ont supposée pornographique. À mes yeux, le ventre proéminent et les seins peut-être gonflés de lait parlent davantage de fertilité que de simple sexe.

La grotte de Hohle Fels, où a été trouvée la statuette, est l'une d'un groupe de quatre situées dans une région près du Danube. Elle a maintenant livré plus de vingt figurines en ivoire représentant des chevaux, des mammouths, des lions, des bisons et des oiseaux, ainsi que deux statuettes, l'une minuscule, l'autre longue d'environ trente centimètres, représentant un corps humain masculin avec une tête de lion. Il y a en outre plusieurs centaines de perles d'ivoire, probablement enfilées pour former des pendentifs, des colliers ou des bracelets. Tout cela, qui demande une grande habileté de fabrication, date probablement de 35 000 à 40 000 ans.

Trois de ces sites allemands ont également livré les plus anciens instruments de musique connus : quatre flûtes faites d'os perforés d'ailes de cygne et de vautour, et quatre autres fabriquées à partir de segments d'ivoire de mammouth soigneusement ajustés. La plus complète devait avoir à l'origine une longueur de trente-quatre centimètres, et elle est faite du radius d'un vautour fauve de grande taille, dans lequel cinq trous pour les doigts ont été percés avec un outil de pierre. Du côté de la bouche, le facteur a pratiqué deux profondes entailles dans lesquelles le musicien soufflait. Quoique cette flûte ait été découverte à seulement soixante-dix centimètres de l'extraordinaire statuette d'ivoire décrite plus haut, il n'est pas possible, à partir des sédiments déposés dans la grotte, de savoir à quel point l'une et l'autre étaient associées dans la vie de ceux qui les ont créées et utilisées ; peut-être ont-elles été exactement contemporaines, ou bien séparées par de nombreux siècles. Encore plus impressionnants quant aux compétences techniques mises en œuvre sont les petits fragments des flûtes d'ivoire, pour lesquelles les courbures des défenses de mammouth ont dû être façonnées en segments rectilignes, ensuite percés de trous et précisément ajustés au moyen de joints étanches. Une réplique moderne de l'une des flûtes en os d'oiseau à seulement trois trous montre qu'elle pouvait produire quatre notes et trois harmoniques, en sorte que ces instruments avaient la portée de leurs équivalents actuels, avec toutefois une différence de hauteur.

Non contentes d'être les plus vieux instruments de musique connus, ces flûtes habilement fabriquées, de

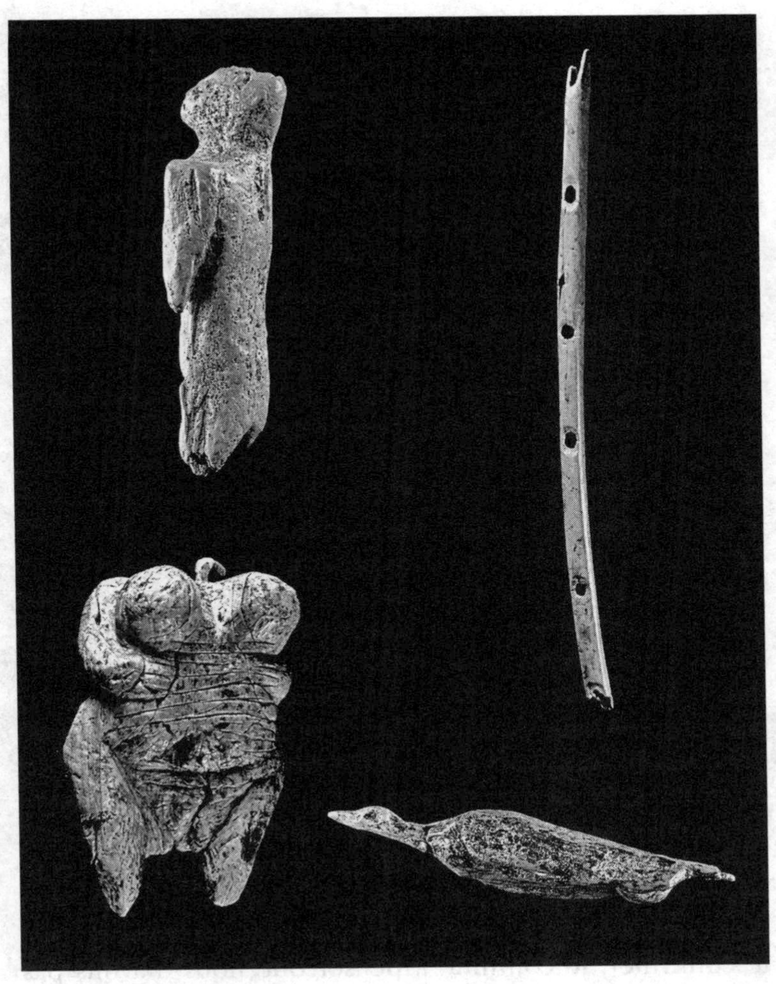

Objets de la grotte de Hohle Fels, Allemagne :
(en haut à gauche) « Homme lion » ; (en haut à droite) flûte ;
(en bas à gauche) la « Vénus sans tête » ;
(en bas à droite) oiseau d'eau.

même que la figurine féminine, datent des tout débuts de l'occupation des grottes par des Aurignaciens, ce qui signifie que les traditions qu'elles illustrent doivent remonter encore plus loin dans le temps, en Europe ou dans un berceau encore plus ancien. Il ne fait guère de doute non plus que, tout comme les peintures de la grotte Chauvet, elles sont l'œuvre d'hommes modernes, même si des Néandertaliens devaient encore survivre dans quelques régions d'Europe à cette époque.

On a beaucoup discuté du degré de modernité comportementale des Aurignaciens, certains mettant en doute l'ancienneté attribuée aux peintures de la grotte Chauvet et aux statuettes d'ivoire de Hohle Fels. On a même spéculé que ces dernières pourraient être le fait de Néandertaliens ou d'une population hybride, et on a parlé d'une flûte encore plus ancienne dans une grotte néandertalienne appelée Divje Babe en Slovénie. Là, on a en effet découvert un fémur d'ours des cavernes vieux de peut-être 50 000 ans avec deux trous bien marqués et les signes de deux autres trous possibles là où les extrémités ont été brisées. Trois études séparées ont toutefois démontré que l'os avait été rongé à chaque bout par des carnivores, et il y a des arguments pour considérer que les trous n'indiquent pas un travail humain, mais résultent plus probablement d'un percement par la canine d'un grand mammifère, ours des cavernes ou loup. Les débats continuent autour de cet objet. Pour moi, et jusqu'à ce que de nouvelles découvertes sur des sites néandertaliens viennent ou non le confirmer, je continue à penser que nous n'avons pas encore la preuve que Neandertal était musicien — même si des reconstructions de son appareil vocal donnent à penser qu'il a pu être un bon chanteur, quoique peut-être un peu haut perché !

La musique sous la forme de chants et de claquements

de mains semble être universelle chez les hommes d'aujourd'hui, avec des instruments d'accompagnement qui peuvent être aussi simples que des troncs d'arbre évidés, des crécelles ou des bâtons frappés l'un contre l'autre. Dans *La Filiation de l'homme*, Darwin s'avoue intrigué par cette universalité et écrit : « Comme ni la capacité d'apprécier les notes musicales, ni celle de les produire ne sont de la moindre utilité par rapport aux habitudes de vie quotidienne, on peut les classer parmi les plus mystérieuses dont il [l'homme] est doté » (p. 689). Certains considèrent la musique comme un simple sous-produit de notre capacité linguistique et de notre aptitude à reconnaître des structures jusque dans des bruits comme le hurlement du vent ou le clapotis de l'eau, *a fortiori* dans le chant. Pour d'autres, en revanche, et malgré le jugement négatif de Darwin quant à son utilité, la musique est étroitement associée à l'évolution du langage et des sociétés modernes complexes, au sein desquelles elle aurait joué un rôle décisif pour cimenter les relations, ainsi que dans les cérémonies et les rites collectifs. En tant qu'elle véhicule du sens, la musique comme forme de communication aurait donc constitué un élément important de la révolution symbolique. Son importance humaine semble d'ailleurs confirmée par l'imagerie médicale, qui montre l'activation d'aires cruciales pour le langage, la mémoire et les émotions, accompagnée d'émission d'endorphines.

Aux yeux de beaucoup de scientifiques du siècle dernier, les étonnantes manifestations de la complexité comportementale des Cro-Magnons européens semblaient tombées du ciel, sans précédent où que ce soit. Jusque dans les années 1980 et 1990, beaucoup, moi y compris, envisageaient sérieusement l'idée d'une origine soudaine de cette série de caractères modernes, aussi bien physio-

Fouilles dans des dépôts à l'extérieur de la grotte de Vogelherd, Allemagne, où plusieurs figurines aurignaciennes ont été trouvées.

logiques que comportementaux, sans pouvoir néanmoins décider s'ils étaient contemporains ou bien séparés par peut-être 100 000 ans. Puis, à mesure qu'il se démontrait que les hommes modernes étaient bien originaires d'Afrique, de nombreux archéologues y ont transporté la notion de Révolution humaine, en en reportant le déclenchement au début du *Later Stone Age* africain, il y a quelque 45 000 ans, en accord avec les nouvelles datations. C'est là une opinion à présent assez minoritaire, mais l'archéologue Richard Klein la soutient encore. Selon lui, il s'est produit il y a environ 50 000 ans en Afrique des mutations chez les hommes modernes archaïques, qui ont avivé les fonctions cérébrales et amené des changements dans la cognition ou le langage. Ceux-ci, à leur tour, auraient produit de nouvelles occasions amenant à d'autres changements ou innovations dans les comportements, ce qui aurait alors catalysé par rétroaction l'émergence de structures entièrement modernes qui se seraient finalement stabilisées sous la forme de ce que nous identifions à présent comme étant la modernité comportementale. C'est à cette transformation que serait dû le succès de l'expansion des hommes anatomiquement et comportementalement modernes hors d'Afrique, ainsi que le remplacement par eux des populations demeurées archaïques telles que Neandertal. Les évolutions morphologique et comportementale se sont ainsi trouvées découplées, puisque la modernité morphologique a évolué avant la modernité comportementale.

Un tel schéma paraît contre-intuitif à ceux qui préfèrent penser que des changements comportementaux se cachent derrière la transformation de la structure osseuse archaïque en celle des hommes modernes, dans la mesure où l'emploi d'outils toujours plus perfectionnés a supprimé chez nos ancêtres le besoin d'un corps aussi robuste. Dans ces conditions, les changements comportementaux auraient dû précéder les physiologiques, et non le contraire, puisque c'étaient eux qui dirigeaient le processus évolutif menant aux hommes modernes. L'opinion de Klein se fonde néanmoins sur le fait que, malgré leur « modernité » morphologique, les fossiles vieux de 100 000 ans de l'embouchure de la Klasies River en Afrique et de Skhul et Qafzeh en Israël sont associés à des artefacts du Paléolithique moyen, de bien des façons comparables aux productions des Néandertaliens. Et, toujours selon Klein, il leur manquait apparemment bien d'autres aspects du comportement « moderne » — mais ce point de vue, nous le verrons, est de plus en plus critiqué. Pour Klein, il y a environ 50 000 ans, la morphologie des hommes modernes a, pour l'essentiel, cessé d'évoluer, alors que les changements culturels s'accéléraient et devenaient même exponentiels.

La taille du cerveau avait à peu près atteint ses niveaux modernes il y a au moins 200 000 ans, et elle était même plus importante chez les hommes modernes les plus archaïques et les derniers Néandertaliens que chez l'homme moyen actuel. (Mais n'oublions pas que leur corps était aussi un peu plus lourd et plus musclé.) C'est pourquoi, soutient Klein, les modifications cérébrales qui se sont produites il y a 50 000 ans ont dû toucher l'organisation du cerveau et non pas sa taille, chose que les fossiles ne sauraient guère nous montrer. Cela dit, il se pourrait que les travaux en cours sur l'ADN des hommes modernes et des Néandertaliens finissent par nous permettre de comparer des éléments du fonctionnement cérébral des deux espèces. Il est en revanche peu probable qu'on trouve jamais de l'ADN de nos ancêtres africains suffisamment bien préservé pour mener la même étude avec eux.

C'est un point de vue « révolutionnaire » plus graduel que soutient à présent l'un de ceux qui étaient à l'avant-garde des débats que nous avons eus à Cambridge en 1987, à savoir l'autre coorganisateur Paul Mellars. Il argumente en faveur d'une période de changement accéléré en Afrique entre 60 000 et 80 000 ans, démontrée par les avancées suivantes visibles dans les grottes d'Afrique du Sud : de nouvelles techniques mieux contrôlées pour la production de lames en éclats de pierre longs et minces ; des outils spécialisés, des grattoirs et des burins, sans doute utilisés pour travailler les peaux et les os ; des petits morceaux de pierre qui devaient être montés sur des manches de bois ou d'os pour former des outils composites ; des outils lithiques de forme complexe tels que des pointes foliacées ; des outils en os assez complexes ; des coquillages marins perforés pour en faire des colliers ou des bracelets ; de l'ocre rouge (oxyde de fer naturel) gravé de dessins géométriques faisant penser à de l'art archaïque ; des séjours plus longs et des zones d'occupation différenciées dans les grottes ; de nouvelles pratiques de subsistance comme l'exploitation des poissons et des coquillages de mer ; enfin, peut-être, le brûlis délibéré de la broussaille afin de favoriser la croissance de plantes souterraines telles que les tubercules. Quant aux forces responsables de cette période d'innovation culturelle accrue, Mellars suggère une mutation neurologique vers la modernité cérébrale ainsi que des fluctuations climatiques rapides, auxquelles a peut-être participé l'éruption du Toba il y a environ 73 000 ans.

Cette notion d'une Révolution humaine à l'origine de la modernité comportementale il y a 50 000 ans, selon Klein, ou bien entre 60 000 et 80 000 ans, comme le soutient Mellars, s'est vue fortement contestée par des archéologues comme Sally McBrearty et Allison Brooks, qui y voient un biais eurocentrique, en dépit du transfert vers l'Afrique du modèle originel. Leur argument est qu'en se focalisant sur les changements survenus pendant les transitions du Paléolithique moyen au supérieur ou du *Middle Stone Age* au *Later Stone Age* (en Europe et en Afrique respectivement), on manque à apprécier la profondeur et l'étendue de ce *Middle Stone Age* africain qui a précédé l'époque de la supposée révolution d'au moins 100 000 ans. Selon elles, des caractères « modernes » tels que des technologies avancées, une occupation géographique plus étendue, une chasse spécialisée, la pêche aux poissons et aux coquillages, des échanges à distance et l'emploi symbolique des pigments, tout cela s'était déjà développé au sein d'industries largement répandues à travers l'Afrique entre 100 000 et 250 000 ans avant le présent. Elles en concluent que le premier assemblage de ces comportements humains modernes a eu lieu en Afrique, suivi bien plus tard par son exportation vers le reste du monde.

Ainsi, l'origine de notre espèce, du point de vue morphologique aussi bien que comportemental, serait liée à ces premiers développements de la technologie du *Middle Stone Age* et non à des changements survenus bien plus tard, vers la fin de ce même âge. McBrearty et Brooks font remarquer en outre qu'en situant les changements les plus importants au plus près de l'époque de l'exode des hommes modernes hors d'Afrique, on s'autorise d'en déduire que ces changements étaient nécessaires pour rendre la sortie d'Afrique et la survie ultérieure possibles, non sans impliquer que ceux qui sont restés en Afrique se retrouvaient du coup dans une sorte d'arrière-cour culturelle. Quant à la notion de « révolution » dans son ensemble, McBrearty en pense que « cette quête du "moment eurêka" révèle bien des choses quant aux besoins, aux désirs et aux aspirations des archéologues, mais elle obscurcit les événements du passé plutôt qu'elle ne les éclaire. Elle continue à placer l'Europe au milieu de la scène, que celle-ci soit vue comme l'arène où se sont déroulés les véritables événements des origines humaines, ou bien comme l'aune à laquelle toutes les réalisations humaines où que ce soit doivent être mesurées ».

En fait, ce dont nous avons besoin, c'est de découvrir les signes les plus anciens de comportement symbolique dans les vestiges archéologiques — car c'est là un facteur-clef pour décider ce débat — et de savoir si ce comportement s'est étendu au-delà de notre espèce. Ce qui nous amène à la question cruciale de savoir comment reconnaître le symbolisme alors que nous ne sommes pas en mesure de déchiffrer l'intentionnalité de ces gens d'un lointain passé. Je reçois régulièrement des lettres, des photos et des courriels de personnes convaincues que des pierres trouvées par elles ont été façonnées par des hommes d'autrefois à l'image d'animaux ou de figures humaines, quand il est évident qu'il s'agit presque certainement d'objets naturels, formés par la géologie plutôt que par des hommes pré-modernes. Nos cerveaux et notre vision ont évolué en relation avec la reconnaissance de structures, en sorte qu'un galet marqué de deux trous ronds et d'un trait peut nous évoquer un visage, alors même que les trous sont tout à fait naturels et que la pierre sort de dépôts vieux de plusieurs millions d'années. Pour certains, les bifaces d'il y a un million d'années sont des objets symboliques, car ils ont généralement un aspect symétrique et ils semblent trop travaillés pour leur fonction, si celle-ci consistait principalement à dépecer des carcasses animales. On leur suppose donc un but social autant que fonctionnel. On raconte à ce propos qu'un célèbre paléoanthropologue dit une fois à l'archéologue Desmond Clark que les bifaces étaient si perfectionnés qu'*Homo erectus* avait dû posséder le langage. À quoi Clark, faisant remarquer qu'ils n'avaient guère changé de forme pendant le million d'années du Paléolithique inférieur et sur trois continents, répondit que, s'il en était ainsi, alors ces hommes d'autrefois n'avaient pas cessé de se répéter la même chose.

Nous déplaçant dans le temps jusqu'à il y a environ 300 000 ans, nous commençons à voir apparaître les technologies plus complexes associées au Paléolithique moyen et produites aussi bien par les Néandertaliens que par la lignée africaine d'*Homo sapiens.* Des techniques de fabrication d'outils exigeant des étapes plus distinctes se répandent en Afrique et en Europe occidentale, et les premiers outils vraiment composites font leur apparition. Avant cela déjà, les lances de Schöningen font preuve d'une planification qui a dû se dérouler en plusieurs étapes sur plus d'un jour, tandis qu'il y a 260 000 ans, les hommes archaïques de Twin Rivers (Zambie) fabriquaient des segments et des pointes de pierre apparemment destinés à être montés sur des manches de bois. Ils ont en outre laissé des tas de pigments naturels multicolores, certains locaux, d'autres ramassés au loin. Il est certes possible que l'hématite (oxyde de fer rouge) ait eu des usages fonctionnels, comme de traiter les peaux animales, d'entrer dans des colles pour les outils composites, voire de repousser les insectes. Mais il se peut aussi, quoiqu'il n'y en ait pas de preuve, que les pigments aient servi à se peindre le corps dès cette époque, avant même la présence d'indices fossiles d'hommes modernes. Peut-être était-ce symbolique, à moins que cela n'ait encore eu pour fonction que d'augmenter l'impact visuel du corps à fin de parade (cf. chapitre VIII).

Une soixantaine de morceaux d'hématite ont été extraits par Curtis Marean et son équipe de la grotte PP13B à Pinnacle Point, sur la côte australe de l'Afrique du Sud, tous âgés d'environ 160 000 ans, donc à peu près contemporains des plus anciens fossiles d'hommes modernes archaïques découverts à l'autre bout du continent, à Herto et Omo Kibish en Éthiopie. Les pigments étaient associés à de possibles vestiges d'outils composites, ainsi qu'à des indices — les premiers nettement reconnus — d'exploitation des ressources marines, à savoir des coquilles. À nouveau, il est possible que l'hématite ait été employée à des fins pratiques plutôt que symboliques ; néanmoins, le choix constant des rouges les plus brillants donne à penser que son usage était bien symbolique.

On trouve des indices encore plus convaincants de comportement symbolique dans des sites plus tardifs, clairement occupés par des hommes modernes. Remontant à environ 115 000 ans, la grotte de Skhul en Israël contient la sépulture à éléments symboliques la plus ancienne que l'on connaisse : un homme moderne archaïque enserrant la mandibule d'un gros sanglier. Le site présente en outre parmi les plus anciens vestiges de perles de coquillage, ainsi que des pigments naturels, dont certains ont été chauffés pour en modifier la couleur ou les propriétés chimiques.

La grotte de Qafzeh, près de Nazareth, occupée pendant 100 000 ans, montre elle aussi des coquilles percées et de l'ocre rouge, possiblement associés avec plusieurs sépultures d'hommes modernes, parmi lesquelles celle d'un enfant dont le corps était recouvert par d'énormes bois de cerf. Les sépultures les plus anciennes, d'hommes modernes comme de Néandertaliens, ne contiennent en général qu'un seul individu. Il est toutefois possible qu'une femme et un enfant aient été enterrés ensemble à Qafzeh, et on parle d'un cimetière contenant une famille néandertalienne à La Ferrassie en Dordogne.

Cela dit, le site le plus impressionnant s'agissant des premiers indices de symbolisme reste la grotte de Blombos en Afrique du Sud, dont les vestiges remontent jusque bien au-delà de 70 000 ans. Blombos est une grotte assez petite creusée dans une falaise de grès sur la côte australe de l'Afrique du Sud. Elle a été découverte par un archéologue, Chris Henshilwood, sur les terres de sa famille et c'est lui qui l'a fouillée ces vingt dernières années. Bien que l'antiquité supposée des découvertes ait d'abord été mise en doute, la plupart des scientifiques en reconnaissent désormais l'importance. Outre une stratigraphie aux résultats très clairs, l'emploi de quatre méthodes de datation, dont la luminescence appliquée à des grains de sable et à des outils de pierre chauffés, ont fait de ce site l'un des mieux datés des sites du *Middle Stone Age* africain. Les outils lithiques de ce niveau comprennent des pointes de l'industrie de Still Bay, de superbes pointes de lance lancéolées débitées des deux côtés. Ils témoignent en outre de la plus ancienne application d'une technique d'outillage raffinée connue sous le nom de *débitage par pression,* quelque 55 000 ans avant sa manifestation la plus connue dans l'industrie solutréenne en Europe. Des plaques d'ocre rouge ont été extraites de différents niveaux, jusqu'aux plus profonds, soigneusement gravées de lignes ondulantes, en forme d'éventail ou dessinant un réseau, qui paraissent délibérées plutôt qu'accidentelles ou sans signification. Quoique les couleurs de l'ocre se soient quelque peu atténuées après cette longue période d'enfouissement dans les sédiments, des expériences montrent que les lignes gravées présentaient à l'origine une vive couleur rouge sang. Cela contribuait-il à leur importance symbolique aux yeux des occupants de la grotte de Blombos ? Nous l'ignorons. Mais l'archéologue cognitiviste David Lewis-Williams n'en a pas moins comparé ces dessins avec ceux que produisent de nos jours des personnes en transe ou sous l'influence de drogues hallucinogènes.

À côté des outils et de l'ocre, on trouve aussi des objets plus faciles à interpréter quant à leur signification symbolique ou non pratique : des perles faites de coquilles de Nassarius. Des centaines en ont été extraites de la grotte de

Vue extérieure de la grotte de Blombos, Afrique du Sud.

Vue de la mer à partir de la grotte de Blombos.

Blombos, la plupart montrant des signes de percement, et de nombreux trous montrant en outre des signes d'usure là où les perles ont dû être suspendues à une ficelle ou une lanière. Les coquilles sont naturellement d'un brillant lustré, mais il semble que leur couleur ait été modifiée en les frottant d'hématite pour certaines, ou bien en les chauffant afin de les assombrir pour d'autres, en sorte qu'il se peut qu'elles aient formé des motifs de couleurs variées une fois enfilées.

L'emploi de Nassarius était apparemment répandu chez les hommes modernes de cette époque, et cela sur une distance de plus de cinq mille kilomètres. J'ai parlé précédemment des perles de coquillage de Skhul et de Qafzeh en Israël, et il existe au moins cinq sites au Maroc et en Algérie qui contiennent des perles en coquille de Nassarius à des niveaux appartenant au Paléolithique moyen, datées pour certaines par luminescence ou par la méthode uranium-thorium entre 80 000 et 100 000 ans. C'est une espèce distincte de Nassarius que l'on trouve sur les rives de la Méditerranée, mais il est quand même significatif que le même genre ait été choisi pour en faire des perles et que les coquilles aient parfois été transportées ou échangées à des distances de plus de cent quatre-vint-dix kilomètres de la côte. Cette tradition des coquilles de Nassarius s'est poursuivie, semble-t-il, jusqu'au Paléolithique supérieur dans des sites au Liban, en Turquie et en Europe méridionale, mais avec des changements de style et de matériaux qui reflètent peut-être de nouveaux usages sociaux.

Comme le font remarquer les archéologues Francisco d'Errico et Marian Vanhaeran, aux débuts de la fabrication des perles en coquille de Nassarius, puis en coquille d'œuf d'autruche, on ne faisait qu'utiliser quelque chose d'attirant, mais facile à trouver, et ne demandant pas un gros investissement en temps et en compétences. Quelques coquilles ont certes été traitées à l'ocre rouge et d'autres chauffées pour les noircir, peut-être pour former des rangs de couleurs différentes, mais le plus grand nombre a juste été perforé d'un coup d'outil de pierre, quand elles n'étaient pas déjà trouées naturellement au moment de leur collecte sur la plage. Cela donne à penser que le rôle de ces perles consistait avant tout à renforcer les réseaux sociaux en tant qu'objets d'échange à l'intérieur des groupes, peut-être à l'occasion de dons cérémoniels, mais sans qu'il y ait de grandes différences de statuts sociaux.

Mais voilà qu'il y a 40 000 ans, au cours du *Later Stone Age* en Afrique et du Paléolithique supérieur en Europe occidentale, diverses sortes de perles faites de matériaux plus rares et souvent plus longues à fabriquer se mettent à proliférer. Ainsi, comme l'a montré l'archéologue Randall White, il fallait plusieurs heures pour chaque perle d'ivoire aurignacienne et, les compétences requises n'étant probablement pas répandues au sein du groupe, il devait y avoir des artisans spécialisés. Quant aux perles d'ambre, de lignite, de fossiles ou de nacre, c'étaient sûrement des objets rares, échangés ou transportés sur de longues distances à travers l'Europe. Même pour les dents animales percées utilisées comme pendentifs ou mobilier funéraire, on préférait des carnivores rares aux espèces herbivores habituellement consommées, la valeur attachée à la rareté allant parfois jusqu'à porter en pendentif des dents humaines — provenant d'autres membres du groupe ou prises comme trophée à des ennemis, on ne sait. Pendant cette période, de nombreux styles et types de perles sont en usage, même dans des régions voisines, ce qui indique qu'elles servent désormais à marquer des différences de statut dans le groupe en termes de rôle, de richesse ou de pouvoir, ainsi que l'identité et la solidarité dudit groupe face à d'autres — lesquels, pendant l'Aurignacien, pouvaient même comprendre des Néandertaliens. On a en effet des indices, discutés, que ceux-ci avaient aussi développé l'usage des pendentifs et des perles, d'eux-mêmes ou par suite de l'influence des hommes modernes (cf. chapitre VI).

Pour ces derniers, peut-être aussi pour les Néandertaliens, il paraît probable que les pigments, les perles, l'art pictural et la musique aient fait partie des signaux constitutifs des rituels. Toutes les sociétés humaines actuelles connaissent des rites d'une sorte ou d'une autre, qui consistent généralement en une suite stylisée d'événements régis par des règles strictes et focalisant l'attention du groupe, qu'il s'agisse d'une circoncision, d'un rite d'initiation, d'un mariage, d'une communion solennelle, d'une remise de prix ou d'un enterrement. Des rituels simples, instinctifs ou appris, sont également répandus dans le monde animal, où ils servent souvent à apaiser les tensions ou à encourager les liens sociaux, tels ces babouins mâles se caressant mutuellement, avec douceur et précaution, le scrotum, en signe d'amitié et de confiance, ou ces chimpanzés vaincus faisant des bruits de soumission et tendant la main au vainqueur — qui, s'il accepte le geste, enlace et embrasse le suppliant au lieu de lui mordre la main. Les humains ont donc hérité de leurs ancêtres primates le fondement des rituels, lesquels sont si répandus dans notre espèce qu'on peut supposer qu'ils ont continué à s'y développer pour des raisons sociales majeures. Ils marquent des événements importants dans la vie des individus et des groupes et, à mesure que ces derniers s'agrandissaient, ils ont dû contribuer à la communication symbolique et au forgeage des liens dans les assemblées les plus importantes comme dans des sous-groupes choisis. Et, afin d'en maximiser l'impact et d'imprimer l'événement dans la mémoire de tous les concernés, ils sont devenus toujours plus complexes, parfois même au risque des participants, exposés à des privations, des dangers, des peurs.

L'une des tentatives les plus récentes pour interpréter l'art rupestre de l'Europe de la glaciation consiste en une combinaison de données issues de la psychologie et de la neuropsychologie évolutionnistes avec des observations sur le chamanisme chez les chasseurs-cueilleurs contemporains. Le mot « chamane » vient d'une langue de Sibérie, le toungouse, et il désigne des individus (vulgairement appelés des sorciers) censés posséder des pouvoirs spéciaux qui leur donnent accès au monde des esprits grâce à des états de conscience modifiés. Ceux-ci sont engendrés par des plantes hallucinogènes (comme chez les Shoshones du Wyoming) ou au moyen de transes provoquées par la douleur, les privations ou (comme chez les San d'Afrique du Sud) des chants et des danses répétitifs. Une fois dans

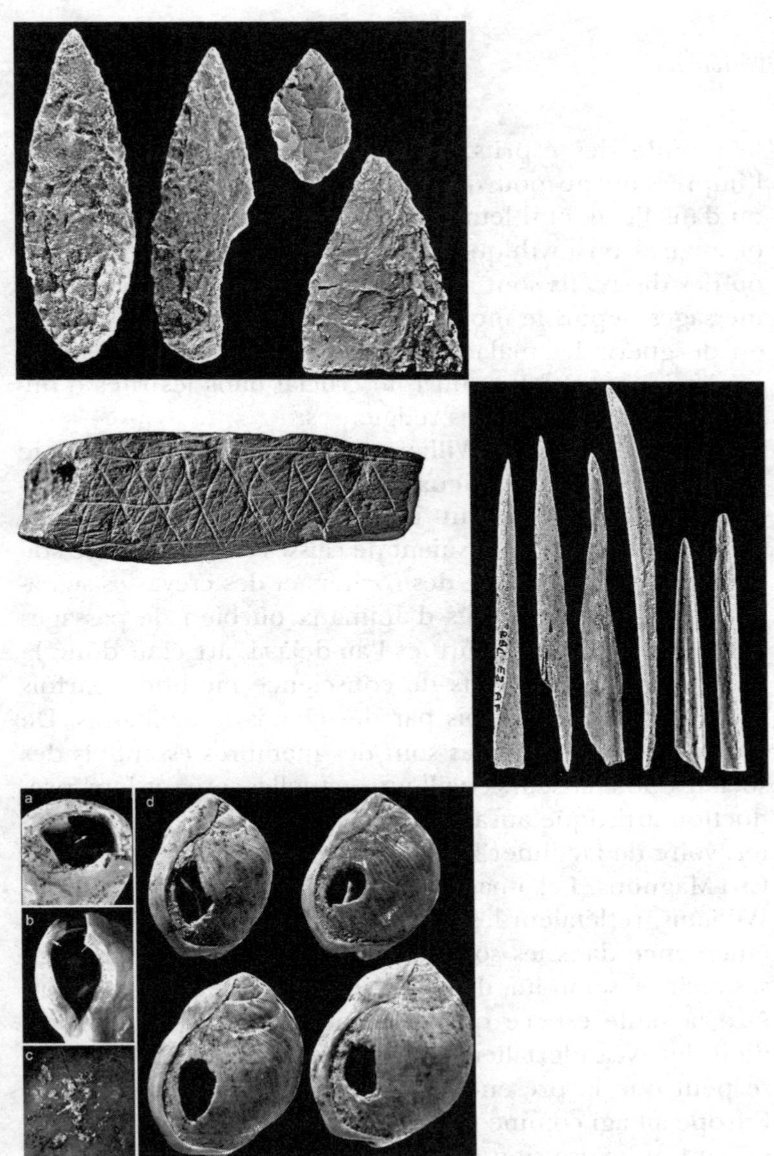

(haut à droite) Quelques beaux outils de l'industrie Still Bay trouvés dans la grotte de Blombos. (milieu à gauche) La plus connue des plaques d'ocre gravées trouvées dans la grotte de Blombos. (milieu droite) Outils en os du Middle Stone Age, *vieux de 75 000 ans, trouvés dans la grotte de Blombos. (bas droite) Coquilles de Nassarius utilisées comme parures, trouvées dans la grotte de Blombos.*

le monde des esprits, les chamanes ont fréquemment l'impression de pouvoir voler ou se déplacer sous terre ou dans l'eau, et il leur arrive de rencontrer des animaux ordinaires ou mythiques, des pays étranges, des ancêtres ou des dieux. Ils sont alors en mesure de transmettre des messages depuis le monde des esprits, de prédire l'avenir ou de guérir les malades. Grâce à ces pouvoirs, les chamanes jouent souvent un rôle crucial dans les rites d'initiation et les cérémonies religieuses.

Selon David Lewis-Williams, les grottes profondes de l'Europe étaient des lieux particuliers où les chamanes Cro-Magnons pouvaient interagir avec le monde des esprits, où les parois servaient de caisses de résonnance spirituelles, et où la forme des rochers et des crevasses signalait la présence d'esprits d'animaux ou bien de passages entre le monde ordinaire et l'au-delà. L'art était donc là pour exprimer ces états de conscience modifiés, parfois vécus en groupe, parfois par des chamanes solitaires. De même que les chamanes sont des membres essentiels des sociétés de chasseurs-cueilleurs actuelles, eux et leur production artistique auraient eu pour fonction de représenter, voire de façonner les systèmes sociaux et religieux des Cro-Magnons. Les images qu'ils créaient, continue Lewis-Williams, reflétaient les conflits et les hiérarchies alors en émergence dans les sociétés humaines. Et cet art plonge ses racines, selon lui, dans le fait qu'*Homo sapiens* est peut-être la seule espèce qui se rappelle ses rêves (ce dont, dit-il, les Néandertaliens étaient incapables). En outre, il se peut que la présence des derniers Néandertaliens en Europe ait agi comme un déclencheur pour l'art rupestre, en tant qu'expression de la différence et de l'identité des Cro-Magnons. Puis il s'est perpétué, longtemps après la disparition des Néandertaliens, comme un système religieux profondément enraciné et reflet des sociétés Cro-Magnons dont il était devenu un élément vital. Il est certain que, si cet art était bien lié à des croyances religieuses particulières, les 25 000 ans qu'ont duré la tradition des peintures pariétales et la sculpture de statuettes relèguent dans l'ombre tous les systèmes de croyance pour lesquels nous disposons de dates connues.

Il est donc probable que certaines des grottes ornées d'Europe ont servi à des cérémonies d'initiation. Peut-être les jeunes gens étaient-ils d'abord affamés ou drogués, puis conduits sur de longues distances à travers des salles obscures, pour se voir soudain mis face à la puissance des images à la lueur des torches ou des lampes. Un accompagnement irrésistible de chants, de vapeurs d'encens et de tambours devait encore exacerber l'expérience. Il semble d'ailleurs que certaines grottes ornées en France et en Espagne aient été choisies non seulement pour leur potentiel artistique, mais aussi pour leurs qualités acoustiques. L'existence encore plus ancienne, il y a 100 000 ans, de sépultures d'hommes modernes incluant des éléments symboliques implique que des rites funéraires s'étaient déjà développés à cette époque : comme nous l'avons vu, il est bien possible que les crânes d'Herto, âgés de 160 000 ans, aient été curetés, et qu'on ait aménagé le crâne d'enfant pour servir de coupe à boire lors de cérémonies.

Tout cela montre que les rituels ont continué d'évoluer parce qu'ils augmentaient le bien-être et les capacités de survie des individus et des groupes. Grâce à l'accumulation des souvenirs des individus et des bandes auxquelles ils appartenaient, des « mémoires collectives » ont pu aussi de développer, qui stockaient l'information partagée sur la tribu et son histoire. L'imagerie cérébrale montre que l'aire associée à la mémoire de travail (souvenir non pas de faits et de données, mais d'actions et de comportements) ainsi que celle associée à l'inhibition des actes sont toutes deux activées pendant les rituels, en sorte que l'importance croissante de ceux-ci pour les hommes modernes a probablement servi à renforcer et à étendre la mémoire de travail, la concentration mentale et l'inhibition des actes « antisociaux » ou plutôt « antirituels », c'est-à-dire des actes qui entraveraient ou nieraient le but social du rituel. Apportant une structure unificatrice par-delà les besoins des individus ou des sous-groupes, les rituels ont fourni le moyen de diriger le comportement collectif, de désamorcer les conflits et les tensions, et de rendre possibles des interactions encadrées et contrôlées avec des tribus voisines possiblement hostiles, dès lors que celles-ci comprenaient le langage et l'étiquette du rituel en cause et s'y conformaient, substituant ainsi la confiance à la suspicion et à l'hostilité. L'importance de telles interactions devait être particulièrement sensible à l'occasion des trocs, dans les temps difficiles (par exemple, en cas de sécheresse), ou lorsqu'il fallait trouver des partenaires sexuels à l'extérieur de la tribu.

À partir de 40 000 ans, on est certainement en droit d'inférer l'existence de rituels et de cérémonies marquant le décès des individus, y compris des sépultures collectives et des traitements spéciaux des morts. C'est ainsi que, vers cette date, deux personnes ont été inhumées séparément près du lac Mungo au sud-est de l'Australie : une femme incinérée à haute température et un autre adulte, de sexe incertain, enterré en position étendue et couvert d'hématite, peut-être originellement répandue sur la peau ou sur une couverture de peau ou d'écorce. Dix mille ans plus tard, à l'autre bout du monde, les Gravettiens se mettent à enterrer leurs morts avec de l'ocre rouge et un mobilier funéraire élaboré sur une aire qui va du Pays de Galles (Paviland) à l'ouest à la Russie (Sungir) à l'est. Plusieurs de ces sépultures sont collectives et certaines sont extraordinairement riches. À Sungir, comme j'en ai déjà fait mention, deux enfants ont été inhumés, tête contre tête, avec un accompagnement d'hématite, de longues lances en ivoire de mammouth traité à la chaleur, de sculptures en ivoire, de centaines de canines de renard arctique percées et de quelque dix mille perles d'ivoire qui ont dû être cousues sur des vêtements de fourrure maintenant détruits. Il a sûrement fallu des semaines pour fabriquer les lances et plusieurs mois au total pour les perles, ce qui montre que ces enfants présentaient une grande valeur pour le groupe, même dans la mort. Une découverte récente, non encore tout à fait publiée, pourrait même encore repousser dans le passé les indices de cette sorte de comportement : Sheila Coulson et son équipe affirment que, dans une grotte des Tsodilo Hills (Botswana), il y a 70 000 ans, un rocher de six mètres de long a été travaillé de façon à accentuer sa ressemblance avec une tête de serpent, tandis que le contenu de la grotte montrerait qu'elle a longtemps servi à des cérémonies pendant la période du *Middle Stone Age*.

Voilà qui nous amène à la question cruciale de la religion et des systèmes de croyance, auxquels les rituels sont fréquemment liés de près. Il paraît probable que le sens d'une culpabilité après une infraction sociale (comme voler son prochain ou frapper une personne sans défense qui n'a rien fait de mal) a évolué dès les premiers humains, puisque, aussi bien, on parvient à programmer ce qui ressemble à de la honte chez les animaux sociaux tels que les chiens et certains primates. Mais seuls les humains ont le sens du péché — à savoir d'une infraction non pas contre une personne, mais contre une loi sanctionnée par la divinité. Cette loi peut concerner le fait de faire du mal à autrui (adultère, meurtre) ou bien d'enfreindre un code de comportement imposé par la religion : par exemple, se coiffer pendant une tempête, chez les Semang de Malaisie, ou manger du porc.

Qu'est-ce qui a donc pu mettre en branle ce processus de séparation du monde naturel et de croyance au surnaturel ? Dans *La Filiation de l'homme,* Darwin raconte comment son chien aboyait chaque fois que le vent agitait un parasol, peut-être parce qu'il imaginait confusément qu'il devait y avoir un agent (invisible pour lui) qui causait le mouvement. Darwin ajoute que des imaginations comme celle-ci peuvent avoir été à la source des premières croyances en des esprits agissants. Il se peut donc que la combinaison de notre capacité à lire dans les pensées, dont nous avons parlé plus haut, avec notre perception des causes et des effets, si importante pour des activités comme la fabrication d'outils ou la chasse, soit à l'origine de nos croyances spirituelles, comme le soutiennent aussi bien Robin Dunbar que l'anatomiste Lewis Wolpert. Tout phénomène inexpliqué — l'éclair, les crises environnementales, la maladie — doit avoir ses causes et peut donc être l'œuvre de forces invisibles manifestant, comme le dit Darwin, « les mêmes passions, le même amour de la vengeance ou de la plus simple forme de justice, et les mêmes affections qu'ils [les hommes] ressentent eux-mêmes » (p. 180). En particulier, une fois la conscience de soi établie, la croyance en une vie outre-tombe n'a pas dû tarder à suivre, qui a permis d'affronter et d'expliquer le mystère de la mort : comment l'essence de ceux qui nous ont aimés et protégés durant notre vie pourrait-elle ne pas survivre pour veiller sur nous après leur mort ?

J'ai parlé du chamanisme en rapport avec l'interprétation que donne Lewis-Williams de l'art rupestre européen et avec son idée selon laquelle les hommes modernes sont peut-être la seule espèce qui mémorise ses rêves, y trouvant le fondement imaginatif de ces mondes spirituels auxquels les humains peuvent s'ouvrir un accès privilégié. Lui et d'autres soutiennent que le chamanisme est une forme ancienne de religion, peut-être la plus ancienne, remontant au moins au *Middle Stone Age* africain. Aussi bien chez les San que dans l'art paléolithique, on trouve des représentations de thérianthropes (des chimères homme-animal comme les centaures de la mythologie grecque) que des descriptions récentes relient à ces « voyages de l'âme » pendant lesquels l'âme du chamane quitte son corps pendant une transe et se fond avec celle d'un animal spirituellement puissant ou bien en est possédée. La transe peut être provoquée par des chants répétitifs, des danses ou des tambours, par une privation ou une surcharge sensorielle après avoir mangé, bu ou fumé des composés de plantes hallucinogènes.

D'un point de vue évolutionniste, les profits pour le chamane sont sans doute évidents : statut élevé et accès privilégié aux ressources du groupe ou aux partenaires sexuels. Mais quels avantages le groupe et ses membres en retirent-ils ? Cela pose la question épineuse de savoir pourquoi les croyances spirituelles ont évolué pour commencer, et pourquoi elles paraissent exercer une telle emprise sur l'humanité, malgré des tentatives occasionnelles et généralement ratées pour s'en défaire.

Certains considèrent les croyances religieuses comme une pathologie, une illusion collective, ou encore comme une sorte de virus qui se perpétue à travers l'information que les adultes impriment dans de jeunes esprits influençables. D'autres, au contraire, soutiennent qu'elles ont évolué parce qu'elles étaient utiles à leurs possesseurs, qu'elles les aidaient à survivre, eux et leurs proches parents. On sait que des sentiments comme la dépression, le pessimisme et l'angoisse sont contraires à la santé et à la longévité, en sorte que des croyances capables d'atténuer ces « symptômes » devaient sûrement se trouver favorisées. De fait, les humains semblent préprogrammés pour les croyances religieuses, ils les adoptent aisément, aussi irrationnelles qu'elles paraissent aux non-croyants ou aux adeptes d'autres fois, et cela semble vrai aussi bien des adultes convertis que des enfants élevés dans une religion. Il y a des indices, contestés il est vrai, selon lesquels les personnes dotées de solides convictions religieuses auraient tendance à être en meilleure santé, à vivre plus longtemps, à avoir davantage d'enfants survivants et même à être un peu plus riches que les non-croyants. À supposer que cela ait été vrai dans le passé, la sélection aurait donc favorisé les croyants aussi longtemps que les profits excédaient les coûts. (Les religions ou les sectes qui exigent de leurs adeptes masculins une complète abstinence ou la castration n'ont évidemment pas prospéré !)

Si nous cherchons un exemple des profits sociaux qui ont pu se vérifier dans le passé, il nous suffit de revenir aux chamanes des sociétés tribales qui, agissant en tant qu'émissaires des esprits, semblent avoir fait office avec succès de guérisseurs, de devins, de conciliateurs et d'interlocuteurs avec le monde des esprits et des ancêtres. Bien sûr, ils en retirent des profits personnels grâce aux pouvoirs qu'on leur attribue, mais ils peuvent aussi être ceux qui font appliquer la loi, qui découragent les comportements aberrants ou dont les prophéties conduisent le groupe dans de nouvelles directions. Et, si on compare les sociétés humaines récentes, quel qu'en soit le type, on croit voir une corrélation entre l'augmentation de la taille des groupes et la prévalence de dieux ayant le sens moral, ce qui, à nouveau, a pu contribuer à la cohésion sociale et à l'obéissance aux normes. Qui plus est, des expériences psychologiques récentes ont montré que les croyances religieuses génèrent des comportements altruistes (sources de réputation), découragent les « resquilleurs » et encouragent la confiance mutuelle.

Les sépultures et les objets symboliques indiquent que les rituels et les croyances religieuses datent probablement de plus de 100 000 ans. Mais ont-ils été vraiment au cœur de l'origine des hommes modernes ? Un anthropologue britannique, Chris Knight, en est persuadé. En une vaste synthèse de données issues de l'ethnologie, de la primatologie et de la sociobiologie, associées aux données archéologiques, lui et ses collaborateurs soutiennent que les femmes ont collectivement provoqué une révolution sociale en Afrique il y a plus de 100 000 ans. L'usage symbolique de l'ocre rouge aurait d'abord fait partie de leur réaction à une accumulation de tensions sociales et reproductives dues aux exigences toujours plus fortes des grossesses et des soins aux enfants, sans compter la nécessité d'être approvisionnées par les hommes. Qu'elles aient ou non leurs règles, les femmes se seraient enduit le corps de ce pigment rouge sang afin de répandre le tabou de la menstruation au travers d'alliances de parentèle féminine. Ainsi s'établit une « grève du sexe », qui ne pouvait être levée que quand les hommes revenaient de leurs chasses collectives avec de la nourriture à partager. Les rites féminins ont alors évolué autour de la grève du sexe, les masculins autour de la chasse, commencée par une nuit sans lune, achevée avec la pleine lune, reliant ainsi les cycles menstruels et lunaires, le sang des femmes et celui des animaux. Des rites de célébration et des festins suivaient le retour des chasseurs heureux.

Je trouve ces idées ingénieuses, et je suis persuadé que le comportement humain a en effet changé de manière révolutionnaire durant le *Middle Stone Age* africain, et que cela a été le déclencheur de notre expansion à l'intérieur, puis à l'extérieur de l'Afrique. Cela dit, je ne pense pas que les hypothèses de Chris Knight soient la bonne explication, ni même la bonne sorte d'explication — et cela parce que je ne crois plus à l'existence d'une seule réponse « juste » à la question de l'origine de nos comportements. Comme nous l'avons vu jusqu'à présent, le comportement humain moderne est fait de nombreux fils entrecroisés, depuis notre grand talent pour lire dans les pensées, le symbolisme et l'expression picturale et musicale jusqu'aux rituels et à la religion. Et, comme nous allons le voir à présent, nous disposons en outre de mécanismes de survie complexes, alimentés par nos capacités linguistiques.

Chapitre VI

VERS UN COMPORTEMENT MODERNE : TECHNOLOGIE ET MODES DE VIE

Huit ans avant que des ouvriers d'une carrière ne tombent sur un étrange squelette dans la vallée de Neander (Neander Tal), qui devait donner son nom à cette population disparue, un événement semblable, mais aux suites assez différentes, s'était produit à Gibraltar. Le crâne d'une Néandertalienne y avait été découvert en 1848, mais, au lieu d'être étudié et publié, il passa les quinze années suivantes sur l'étagère d'un musée sans avoir été identifié. C'est pourquoi on parle aujourd'hui de l'homme de Néandertal et d'*Homo neanderthalensis*, et non de l'homme (ou de la femme) de Gibraltar et d'*Homo calpicus*, nom dérivé d'une ancienne dénomination du Rocher, suggéré par le paléontologue Hugh Falconer dans une lettre à George Busk en 1863, mais jamais vraiment diffusé. À l'époque de cette lettre, le fossile de Gibraltar était arrivé à Londres, où il se trouve toujours, dans un coffre-fort près de mon bureau. Malheureusement, il avait été mis au jour par un tir de mine dans la carrière, si bien qu'aucun autre ossement, ni outils ou matériaux associés n'ont été récupérés, en dépit de leur présence probable. Aussi, en 1994, ai-je sauté sur l'occasion de fouiller d'autres grottes à Gibraltar, avec une équipe qui comprenait l'archéologue Nick Barton d'Oxford et Clive Finlayson du Gibraltar Museum. Il est vrai que nous ne sommes pas parvenus à extraire un deuxième fossile néandertalien de ce minuscule pic de calcaire, mais nous n'en avons pas moins trouvé quantité d'indices du mode de vie de ces très anciens Européens : outils, foyers, déchets de nourriture et parmi les meilleures données jamais découvertes sur le fait que Neandertal partageait avec nous un trait comportemental fondamental : l'exploitation des ressources marines, par exemple les coquillages et les phoques. Ce travail a été publié il y a quelques années et, depuis lors, les données se sont accumulées qui montrent la complexité comportementale aussi bien des Néandertaliens que des hommes modernes archaïques.

Il y a environ 300 000 ans, au Paléolithique moyen, des technologies plus complexes ont commencé d'apparaître chez les descendants d'*Homo heidelbergensis* en Afrique (*Homo sapiens*) et en Eurasie occidentale (Neandertal). Des techniques requérant davantage de stades dans la fabrication des outils s'y sont répandues, et les premiers outils vraiment composites ont été inventés, à savoir des outils qui devaient être emmanchés. Les manches ou les hampes de bois ont invariablement disparu, mais on trouve des traces d'adhésif sur les outils européens, moyen-orientaux et africains. Les colles utilisées pendant le *Middle Stone Age* africain sont souvent des mélanges de gomme végétale et d'ocre rouge, et les artisans savaient en modifier les propriétés par chauffage ou par des variations d'humidité et d'acidité, ce qui dénote un haut degré de connaissances, de planification et de réflexion. L'étude des outils ainsi fabriqués et de récentes expériences ont encore apporté de nouvelles preuves de ces capacités.

C'est ainsi que Kyle Brown et Curtis Marean, tous deux archéologues, ont constaté qu'ils étaient incapables de retrouver l'aspect et la qualité des nombreux outils qu'ils extrayaient des grottes de Pinnacle Point en Afrique du Sud parmi les ressources locales en silcrète, dont ces outils sont pourtant faits. Ils ont fini par s'apercevoir que le lustre luisant et sombre de ces outils et la finesse de leur débitage n'apparaissent qu'après un prétraitement consistant à les enterrer sous un feu brûlant à haute température pendant plusieurs heures, puis à les laisser refroidir lentement. Cette technique permet d'enlever des éclats plus longs et plus minces et assure un meilleur contrôle de la forme finale et des bords coupants. Son emploi s'est vu confirmé par des tests physiques, qui ont démontré que ces outils avaient bien été soumis à la chaleur pendant un temps assez long. Or, vu l'application systématique du procédé aux outils de Pinnacle Point, on ne peut imaginer qu'ils aient été laissés accidentellement près de foyers allumés pour d'autres raisons. Non content de produire des outils de meilleur aspect et de meilleur rendement, cet habile prétraitement, améliorant la qualité des matériaux brut locaux, a ouvert aux anciens habitants de la côte australe de l'Afrique davantage d'options quant au choix des pierres pour leurs outils. C'est là une condition préalable essentielle pour décider où s'établir, en même temps qu'un signe de leur capacité croissante à façonner le milieu local, facteur-clef du développement de notre aptitude moderne à nous adapter à pratiquement n'importe quel lieu sur terre.

Le feu a, bien entendu, été d'une aide vitale pour la survie de l'humanité depuis au moins 800 000 ans (selon des indices de foyer sur le site à bifaces de Gesher Benot Ya'aqov en Israël), voire bien davantage. Comme l'écrit Darwin dans *La Filiation de l'homme* : « Cette dernière découverte [l'art de faire du feu] [...] est probablement la plus grande jamais faite par l'homme en dehors du langage » (p. 132). Il fournit chaleur et protection contre les prédateurs, de la lumière pour prolonger le jour, ainsi qu'un nouveau foyer social auprès duquel on s'installe autour des flammes dansantes pour parler, dormir ou travailler (et, plus tard, pour chanter et danser). Par ailleurs, l'anthropologue Richard Wrangham estime que le feu a joué un rôle tout aussi important pour façonner notre évolution en permettant la cuisson. D'une façon générale, celle-ci réduit le temps et l'énergie nécessaires pour mâcher et digérer les aliments, même si, d'autre part, la chaleur en diminue le contenu en vitamines et élimine des éléments nutritifs du fait de la perte en graisse et en eau. Le procédé a non seulement contribué à apporter un régime plus diversifié et davantage de combustible pour un cerveau toujours plus gros et plus avide d'énergie, mais il a aussi atténué l'effet des toxines dangereuses et des agents pathogènes tels que les parasites, les bactéries et les virus souvent présents dans les aliments crus. Enfin, joignant la nourriture aux flammes, la cuisson a fait du feu encore davantage un foyer social, car on pouvait désormais cuisiner les uns pour les autres, pour ses partenaires, ses parents, ses amis, ses invités qu'on voulait honorer. Devenue centrale dans la vie des hommes, la cuisson n'a pu qu'influer sur leur évolution en amenant des changements dans la digestion, la taille et le fonctionnement des intestins, la taille des dents et de la mâchoire, les muscles masticateurs.

Mais quand donc les humains ont-ils commencé à contrôler l'usage du feu, et quand la cuisson est-elle devenue importante ? Comme nous l'avons vu plus haut, l'augmentation de la taille du cerveau et la réduction de la dentition étaient certainement entamées chez *Homo erectus*, bien avancées chez *heidelbergensis*, et parvenues à des niveaux comparables à ceux des hommes modernes chez Neandertal. On a des indices contestés de contrôle humain du feu remontant à 1,6 million d'années en Afrique, et d'autres, plus solides, de sa réalité il y a environ 800 000 ans en Israël et environ

400 000 ans en Grande-Bretagne (site de Beeches Pit dans le Suffolk). Cela dit, on n'en trouve aucun dans la majorité des sites de cette période, ce qui veut peut-être dire que l'usage du feu n'était pas encore répandu parmi tous les humains. Ces derniers 200 000 ans, en revanche, offrent de nombreux sites néandertaliens et d'hommes modernes archaïques avec quantité de foyers, sauf que, observation intéressante, les déchets de nourriture carnée associés ne portent pas toujours des signes évidents de cuisson. Ainsi, dans les sites néandertaliens que j'ai contribué à fouiller à Gibraltar, alors que les occupants semblent avoir su griller les moules sur des braises à demi éteintes pour les faire s'ouvrir, beaucoup des restes animaux entourant les foyers paraissent avoir été découpés et mangés crus.

À partir des fragments de déchets préservés dans les sites, voire autour de leurs dents, nous savons aussi que les Néandertaliens préparaient et faisaient cuire des ressources végétales comme des graines et des tubercules. De même, l'étude d'outils du *Middle Stone Age* africain, âgés de 100 000 ans et trouvés dans le Niassa Rift au Mozambique, a permis à Julio Mercader et son équipe de détecter des traces d'amidon provenant d'au moins une douzaine d'aliments végétaux souterrains et de surface, qui donnent à penser que la préparation complexe des plantes, des fruits et des tubercules, incluant la cuisson pour supprimer les toxines, s'est aussi développée en Afrique et a donné à notre espèce des moyens d'adaptation essentiels pour son périple autour du monde. Sur des sites en Italie, en Russie et en République tchèque, Anna Revedin et ses collaborateurs ont identifié des grains d'amidon provenant de plantes sauvages sur des pierres de meules gravettiennes vieilles de 30 000 ans, apparemment des sous-produits d'une production de farine bien avant la révolution agricole. Les plantes en question incluent des roseaux et des herbes qui, comme le montre la comparaison avec leurs congénères actuels, ont dû être exploités à des moments différents de l'année et préparés avec des outils tranchants spéciaux, qu'on a retrouvés sur les sites. Jiří Svoboda nous fait la description de grands fours de terre souterrains remplis de pierres brûlantes, utilisés il y a quelque 30 000 ans près du village actuel de Pavlov en République tchèque pour cuire d'énormes tranches de viande de mammouth. Ces fours, entourés de fosses qui semblent avoir servi à faire bouillir de l'eau au moyen de pierres chauffées, étaient disposés à l'intérieur de grandes tentes ou de yourtes, à en juger par les séries de trous dans le sol que les fouilles ont révélées. Comme je l'ai dit plus haut, des tels endroits ont dû servir de lieux de réunion pour des groupes qui cuisinaient et mangeaient ensemble.

De même que le modèle des ligues féminines de Chris Knight est centré sur la menstruation, les anthropologues James O'Connell et Kristen Hawkes soutiennent que la collecte et la préparation des plantes, en particulier des plantes souterraines comme les tubercules qui requièrent des connaissances spécialisées, ont joué un rôle crucial pour catalyser les changements sociaux chez les premiers humains. Malgré l'importance qu'elle a acquise, la viande reste une ressource alimentaire imprévisible, en sorte que, la chasse étant laissée aux hommes, ce sont les femmes — surtout si elles ne portaient pas d'enfant — qui ont développé et partagé les compétences nécessaires pour acquérir et apprêter les ressources végétales, comme une sorte de police d'assurance. L'idée de Darwin pour qui « [l'homme] a découvert l'art de faire du feu, grâce auquel on peut rendre digestes des racines dures et filandreuses, et non toxiques des racines ou des herbes vénéneuses » (p. 132) vaut donc surtout en fait pour les troupes féminines. Aux termes de ce qu'on appelle l'« hypothèse de la grand-mère », Hawkes et O'Connell proposent en outre que la sélection a dû favoriser les femmes expérimentées qui, ayant passé l'âge de la reproduction, parvenaient à survivre des dizaines d'années après la ménopause, chose très rare chez les autres primates. Ces femmes ont pu aider à pourvoir aux besoins de leurs filles et d'autres membres dépendants de la parentèle et, plus généralement, faire office d'assistantes comme bien des grand-mères de nos jours, contribuant ainsi à la survie de leurs gènes et à renforcer ces comportements de réconfort.

L'anthropologue Sarah Blaffer Hrdy a poussé ce raisonnement encore plus loin avec le concept d'*alloparenté,* à savoir des individus qui remplacent régulièrement la mère dans la prise en charge de l'alimentation et du soin des nourrissons et des enfants. La chose existe chez d'autres animaux, dont certains primates. Hrdy considère que l'existence de jeunes enfants à gros cerveau et entièrement dépendants dès l'époque d'*Homo erectus* implique que la nécessité avait déjà dû amener le développement de ces comportements de soutien par des affins plus âgés ou d'autres membres de la parentèle. Selon elle, c'est cette éducation coopérative qui a fait que les enfants on pu grandir lentement en restant dépendants d'autrui pendant de nombreuses années, ce qui a permis l'évolution d'hommes modernes au cerveau encore plus gros. Lorsqu'on compare les populations de chasseurs-cueilleurs actuelles à des populations de chimpanzés, par exemple, on constate une énorme différence en termes de fécondité : l'intervalle entre les naissances est en moyenne de sept ans chez les secondes, mais de seulement trois à quatre ans chez les premières. Chez les grands singes, les mères n'aiment pas d'habitude que d'autres portent ou seulement touchent leurs bébés, tandis que les mères humaines tolèrent très bien cette sorte de partage, elles y incitent même, ce qui, selon Hawkes, O'Connell et

Hrdy, explique que les humains soient capables de faire face à des naissances aussi rapprochées de nourrissons exigeants. Hrdy suppose en outre que l'immersion des bébés humains dans une telle équipe d'alloparents n'a pu qu'aiguiser, plus rapidement que toute autre chose, les capacités d'intuition et d'empathie si importantes pour notre espèce. Les pères faisaient-ils obligatoirement partie des alloparents ? Cela n'est pas certain, car, chez la plupart des mammifères, les mâles interagissent peu, voire pas du tout avec leur progéniture, et le degré auquel les hommes s'investissent dans les soins aux enfants varie encore énormément de nos jours. Évidemment, cela dépend aussi de l'importance de la spécialisation des rôles dans les sociétés paléolithiques : si les hommes étaient le plus souvent partis à la chasse, ils n'avaient tout simplement pas le temps de s'occuper beaucoup des enfants.

Considérons à présent la question de la division sexuelle du travail chez les premiers humains et les diverses réponses qui y ont été apportées. À un extrême, il y a les hypothèses provocatrices de l'archéologue Lewis Binford, qui soutient que les hommes modernes ont été les premiers à « inventer » la famille nucléaire, tandis que les structures sociales des Néandertaliens ressemblaient sans doute davantage à celles des mammifères carnivores, où les bandes de mâles battent la campagne à la recherche de chair et vivent la plupart du temps séparés des femelles, à l'exception de visites irrégulières pour échanger de la viande contre du sexe. Les femmes ne peuvent nourrir leurs enfants qu'avec ce qu'elles peuvent trouver près du campement. Les idées des archéologues Steven Kuhn et Mary Stiner se situent à l'autre extrême : selon eux, la chasse au gros gibier était une affaire de famille chez Neandertal, à laquelle participaient femmes et enfants. Ce sont les hommes modernes, au contraire, qui ont été les premiers à développer les schémas de division du travail et de distinction des rôles qu'on observe chez les chasseurs-cueilleurs actuels. Pour Kuhn et Stiner, le registre archéologique des Néandertaliens ne contient guère d'indices de spécialisation des rôles. Menant un rythme de vie rapide, ils brûlaient l'énergie qu'ils tiraient d'un régime hautement calorique fondé sur la chasse aux grands herbivores. Cette nourriture était riche et satisfaisante, mais pas toujours facile à acquérir, en sorte que les Néandertaliens se trouvaient au sommet de leur chaîne alimentaire et ne pouvaient survivre qu'en nombre relativement restreint, avec de faibles densités de population.

Plusieurs sortes d'arguments viennent à l'appui de ces idées. Premièrement, les Néandertaliens montrent peu de dimorphisme sexuel — hommes et femmes sont de tailles à peu près égales —, ce qui est inattendu si les deux sexes avaient rempli des rôles très différents, dont une spécialisation masculine pour la chasse au gros gibier. Deuxièmement, des analyses chimiques d'ossements (cf. chapitre III) indiquent que les Néandertaliens étaient en effet fortement carnivores, du moins dans les parties septentrionales de leur domaine. Troisièmement, Thomas Berger et Erik Trinkaus ont examiné les types d'accidents subis par des squelettes néandertaliens et y ont relevé de fréquentes lésions et fractures, en particulier à la tête et au cou. Voulant alors comparer ce tableau avec celui qu'on observe sur des hommes modernes, actuels ou anciens, ils n'ont rien pu trouver qui corresponde, jusqu'à ce qu'ils prennent en compte les athlètes et parmi ceux-ci (qui y aurait pensé !) les pratiquants du rodéo. On n'en déduira pas que les Néandertaliens chevauchaient régulièrement des animaux sauvages, mais plutôt qu'ils étaient souvent au voisinage de bêtes susceptibles de mordre, de donner des coups de corne, de ruer ou de leur rouler dessus — et on a retrouvé ce type de blessures à travers tout l'échantillon de Néandertaliens, hommes, femmes et enfants.

L'anthropologue Steve Churchill et l'archéologue John Shea sont d'accord avec le biologiste Valerius Geist pour penser que les Néandertaliens pratiquaient une chasse agressive, de près, avec des épieux à frapper d'estoc, méthode beaucoup plus dangereuse que de tuer à distance au moyen de projectiles, sagaies ou bien flèches lancées avec un arc ou une sarbacane. Si donc les femmes et les enfants néandertaliens participaient à la chasse, ne serait-ce que comme éclaireurs ou comme rabatteurs, ils risquaient forcément d'être blessés par des proies de grande taille. À l'inverse, la thèse de Kuhn et Stiner est que les hommes modernes archaïques d'Afrique parvenaient à vivre en plus grand nombre et avec une densité supérieure à celle des Néandertaliens, et cela dans un environnement qui présentait une plus grande biodiversité. Voilà qui devait encourager à varier les méthodes d'acquisition de nourriture plutôt que de s'en tenir à une seule, et aussi à développer des rôles plus distincts pour les diverses composantes des groupes, pour les hommes et les femmes en particulier.

Comme on l'a dit, la chair des grands mammifères est une nourriture riche, mais qui présente des risques inhérents aussi bien pour se la procurer que pour le fait de compter sur une ressource aussi imprévisible. Grâce à la division du travail et à la diversification maximale des sources de nourriture, les hommes modernes se sont trouvés plus à même de s'assurer de la provenance du prochain repas, et le danger pour leur noyau reproductif — les femmes et les enfants — a diminué. Comparés à nos cousins primates et à ce que nous savons des premiers humains, les chasseurs-cueilleurs subactuels ont bien diversifié leurs sources de protéines et de graisses animales, de même que celles d'où ils acquièrent, préparent et stockent leur nourriture. Tout cela provient en grande partie de l'activité des anciens, des femmes et des enfants, experts à attraper le petit gibier au moyen de collets, de filets et de pièges et à récolter les produits végétaux. C'est ainsi que, chez les chasseurs-cueilleurs subactuels d'Australie, d'Afrique et des Amériques, les filets ont prouvé leur efficacité pour la capture des proies, depuis les lézards et les petits oiseaux jusqu'à des gibiers de la taille d'un grand cerf. Une chasse ou une pêche au filet est quelque chose à quoi presque tous peuvent participer avec plaisir, à terre ou en eau peu profonde. S'il y a un surplus, il sera consommé au cours d'un festin cérémoniel, ou bien échangé auprès de groupes voisins, ou encore conservé par séchage, fumage ou stockage enterré.

Vers la fin des années 1960, les archéologues Lewis Binford et Kent Flannery ont émis l'hypothèse selon laquelle la « révolution du spectre large » s'est produite chez les chasseurs-cueilleurs au cours de ces derniers 20 000 ans au Moyen-Orient, sous la pression de changements climatiques et d'une augmentation de la densité de population. En un sens, les habitants de l'ouest de l'Asie à la fin du Paléolithique y ont été forcés, car c'était le moyen d'accroître le potentiel démographique de la terre dont ils vivaient, et on peut y voir le prélude à la domestication des animaux et des plantes qui n'a pas tardé à suivre. Stiner et Kuhn, après avoir comparé des données beaucoup plus réparties dans l'espace et le temps, estiment toutefois que cette montée de l'exploitation des ressources a commencé plus tôt dans l'évolution humaine. Les indices archéologiques de la diversification du régime alimentaire chez les hommes modernes archaïques se manifestent à partir d'au moins 40 000 ans, ce que confirment des données isotopiques exposées au chapitre III. Les outils à broyer (parfois de simples galets) deviennent plus communs, dont l'utilité, discutée plus haut, est de tirer le maximum de profit (et parfois aussi le minimum de toxines naturelles) de noix, de graines et de tubercules riches en énergie. On continue de chasser le gros gibier, surtout avec des lances, auxquelles viennent s'ajouter plus tard des propulseurs et des arcs, mais les signes d'exploitation de petit gibier comme les tortues, les lapins, les gallinacés sauvages (et leurs œufs) se font plus nombreux. Les aliments tirés de la mer, du rivage, des rivières et des lacs gagnent aussi en importance.

Tous ces éléments du régime étaient déjà présents dans certaines régions et, dans une certaine mesure, chez les hommes modernes archaïques et les Néandertaliens. (Notre étude des sites néandertaliens de Gibraltar montre que leurs occupants avaient bien conscience de la valeur nutritive des coquillages, des mammifères marins, des lapins, des noix et des graines.) Mais il semble que ce soit chez les hommes modernes que ces produits ont commencé à représenter une composante significative du régime alimentaire. Or, cet élargissement de l'éventail des ressources végétales et de leurs préparations s'est sans doute révélé important d'une autre façon encore. Chez de nombreux chasseurs-cueilleurs, les aliments riches en amidon ont pu servir à préparer des pâtes et des gruaux pour les bébés, avec pour effet d'accélérer le sevrage, de libérer du temps pour la mère et d'accorder un plus grand rôle aux alloparents. En outre, l'arrêt précoce de l'alimentation au sein renvoyait les mères potentiellement plus tôt vers le cycle reproductif, facteur important du rétrécissement des intervalles entre les naissances auquel sont parvenus les chasseurs-cueilleurs. Cela aussi a pu se révéler décisif pour le succès des hommes modernes.

L'archéologue Olga Soffer, qui a collaboré à l'étude de plusieurs sites du Paléolithique supérieur en République tchèque, conteste l'opinion dominante selon laquelle ceux-ci contiendraient essentiellement des indices de la principale composante du régime alimentaire d'il y a

30 000 ans, à savoir de la viande de mammouth chassée et apportée là par les hommes Cro-Magnons. L'étude des amas d'os de mammouth montre plutôt que beaucoup de ces os proviennent probablement d'animaux morts naturellement et charognés quelque temps après afin de récupérer les os et l'ivoire. Qui plus est, beaucoup de ceux qui ont été dépecés ou cuits étaient ou bien très jeunes ou bien très vieux, et donc les plus exposés à une mort naturelle ou aux prédateurs autres que les hommes, ou encore les plus faciles et les moins dangereux à attraper. Cela signifie que la viande de mammouth n'était peut-être pas le plat principal du menu, ni le plus régulier la plupart du temps. Mais alors, de quoi vivaient ces communautés importantes et complexes dans les plaines venteuses de la dernière glaciation ? De lièvres et de renards, dont les ossements sont nombreux, pour une part, mais aussi de plantes, de fruits, de graines et de racines riches en amidon, dont les études au microscope des foyers mettent en évidence les résidus.

Mais Soffer a en outre relevé une chose remarquable imprimée sur certains des fragments d'argile qui jonchaient le site : de fines lignes parallèles. L'archéologue Jim Adovasio les a alors soumises à une étude approfondie, qui a non seulement révélé de nouvelles lignes, mais aussi des entrecroisements en forme de mailles, traces révélatrices de fibres tissées. Des analyses plus poussées ont fait apparaître des marques de textiles, de vannerie, de filets, de liens et de nœuds. Et, pour ceux que laisserait sceptiques l'interprétation d'impressions sur l'argile, je signale que des fragments de fibre de chanvre ont été découverts dans le milieu exceptionnellement sec des niveaux paléolithiques supérieurs de la grotte de Dzudzuana en Géorgie. Leur analyse par Eliso Kvavadze et Ofer Bar-Yosef en a daté certaines à 35 000 ans. D'aucunes ont été torsadées pour faire des liens ou bien nouées, tandis que d'autres ont apparemment été teintes de couleurs allant du violet au noir. Les sédiments qui ont livré ces fibres contenaient aussi des traces de poil et de laine d'auroch et de chevreuil, ainsi que des restes de scarabées, de mites et de moisissures communément associées aux textiles encore de nos jours.

La production de fil et autres matériaux servant à coudre les tissus et les peaux, à assembler les outils composites et à fabriquer des récipients, des cordes et des filets semble donc avoir fait partie du répertoire de certains des premiers hommes modernes dans la région du Caucase. Ces matériaux devaient non seulement protéger de l'environnement, mais aussi fournir des récipients pour les aliments, et ils ne pouvaient qu'enrichir considérablement les méthodes d'acquisition de proies dont disposaient les Cro-Magnons. Comme nous l'avons vu, en outre, les filets tressés et les pièges permettaient à une plus grande fraction du groupe de participer à la chasse, dans la mesure où leur emploi rend la patience et la planification plus importantes que la pérégrination et la force physique. Enfin, ces changements technologiques devaient amener des transformations sociales par le développement de rôles spécialisés dans la production d'articles tels que filets, vêtements et paniers, sans parler de la toute nouvelle panoplie d'accessoires de mode dont ils marquaient le commencement.

Mais revenons aux Néandertaliens et à leurs méthodes de chasse. Malgré les arguments réfléchis de Kuhn et Stiner, j'estime que les risques auraient été trop grands pour que les femmes néandertaliennes et leurs jeunes enfants s'aventurent bien loin pour aider à la chasse. De plus, comme je l'explique plus loin dans ce chapitre, il existe d'autres explications du type de traumatismes que présentent leurs squelettes. Steve Churchill et son collègue anthropologue Andrew Froehle se sont étendus sur le contraste entre Néandertaliens et modernes en matière de subsistance en faisant entrer dans l'équation le climat et l'importance du tampon culturel, c'est-à-dire de la protection qu'offre la culture contre les extrêmes du milieu grâce au chauffage, à l'habillement, à l'isolation de l'habitat, etc. Ils considèrent que les Néandertaliens vivant en Europe pendant la glaciation aurait normalement eu besoin de deux cent cinquante kilocalories par jour de plus que des hommes modernes dans la même situation, du fait des plus grandes demandes énergétiques de leur mode de vie et pour alimenter leur masse corporelle plus importante, en particulier leur musculature. Des besoins en énergie inférieurs chez les adultes ont ainsi pu conférer aux hommes modernes un avantage en termes de reproduction et donc de compétition grâce à de moindres intervalles entre les naissances et un taux de survie supérieur en comparaison avec les Néandertaliens, dont les organismes étaient plus exigeants et qui devaient extraire davantage de leur environnement. En outre, les hommes modernes, s'il est vrai qu'ils étaient des généralistes vivant sur un éventail de ressources plus large que celui des Néandertaliens plus carnivores, auraient été mieux équipés pour faire face dans les temps difficiles.

On l'a vu, Berger et Trinkaus se servent des données sur les blessures subies par les Néandertaliens pour en conclure que beaucoup d'entre elles résultent de la pratique d'une chasse de près, avec la conséquence que les adultes hommes n'étaient pas seuls à en souffrir. Ils n'en reconnaissent pas moins qu'il y a d'autres explications possibles, dont une en particulier doit être prise en compte, me semble-t-il, au moins au titre de facteur supplémentaire : la violence interpersonnelle. Quand des hommes s'agressent, le tableau des traumatismes varie bien entendu selon la nature des armes employées (quand ce ne sont pas seulement les mains et les pieds) et selon la défense opposée par l'agressé. Mais ce sont les blessures à la tête et au torse qui dominent invariablement, et qui peuvent malheureusement être infligées à des femmes et des enfants aussi bien qu'à des hommes. S'il y a eu usage d'une arme, des indices en subsistent souvent, ou bien l'arme elle-même, ou bien des traces laissées par celle-ci. Or, on dispose de cette sorte de données pour deux blessures de Néandertaliens, qui suscitent par ailleurs d'intéressantes spéculations quant à la nature de l'agresseur.

J'ai exposé au chapitre IV l'impact qu'a exercé sur notre façon de voir les Néandertaliens la découverte au début des années 1980 de la sépulture de Saint-Césaire, tardive et associée à l'industrie châtelperronienne du Paléolithique supérieur. Récemment, Christoph Zollikofer (cf. chapitre III) et son équipe ont étudié une blessure située sur le sommet du crâne, apparemment causée par un objet en forme de lame. La plaie n'avait pas dû être profonde, bien qu'elle ait sûrement entraîné une perte de sang, et elle s'était très bien cicatrisée, signe que l'individu avait survécu au moins quelques mois après l'incident, signe aussi peut-être d'entraide chez Neandertal (voir plus loin dans ce chapitre). Vu sa localisation, la blessure n'est pas due à un accident tel qu'une chute de pierre, mais plutôt, à supposer que l'individu se tenait debout, à un coup violent à la tête, de face ou par derrière, porté par un instrument de pierre emmanché, par exemple une pointe de lance.

Un autre Néandertalien, découvert dans la grotte de Shanidar en Irak et connu comme l'homme de Shanidar 3, porte aussi la marque d'une blessure causée par une lance, cette fois à la cage thoracique. Trinkaus avait déjà noté la plaie partiellement cicatrisée dans son étude du squelette il y a une trentaine d'années. Plus récemment, Churchill et son équipe ont mené une étude plus approfondie de l'entaille nette et profonde présentée par la neuvième côte à gauche, allant jusqu'à des expériences consistant à tirer des flèches à pointe de pierre dans une carcasse de porc au moyen d'une arbalète. La blessure avait en effet commencé à guérir, mais, à la différence de la scène de crime de Saint-Césaire, elle s'était probablement révélée fatale par suite des dommages aux poumons ou bien d'une infection, la pointe ayant dû rester logée dans le corps (bien qu'elle n'ait apparemment pas été retrouvée ou, du moins, identifiée lors des premières fouilles). Parmi les scénarios possibles, il y a la blessure avec un couteau de pierre, l'accident de chasse, voire l'automutilation. Les expériences indiquent toutefois que la cause la plus probable est la frappe d'une pointe de lance de haut en bas sous un angle d'environ 45 degrés, l'arme ayant probablement été lancée plutôt que poussée dans le corps. Continuant leurs spéculations, Churchill et son équipe se sont arrêtés à l'hypothèse que seuls les hommes modernes possédaient des javelots à pointe lithique, si bien que, selon eux, c'est l'un de ces derniers plutôt qu'un autre Néandertalien qui est peut-être le responsable de cette agression interspécifique. Mais est-il possible qu'un homme moderne se soit trouvé dans les parages à l'époque où l'homme de Shanidar 3 a été blessé ? Il y a là une incertitude majeure, car l'incident ne peut qu'être approximativement daté à environ 50 000 ans, et la présence d'hommes modernes en Irak aussi loin dans le passé n'est en rien assurée. De même, il n'est pas impossible que l'individu de Saint-Césaire se soit affronté à l'un des premiers Cro-Magnons en France, si bien qu'on pourrait ajouter ces événements au possible cas de cannibalisme d'un petit Néandertalien aux Rois (voir chapitre IV) pour en faire un indice fragile du fait que les rencontres entre les deux espèces n'ont pas toujours été amicales.

Nous savons donc que les Néandertaliens souffraient de nombreuses blessures corporelles et aussi que, dans certains cas, le soutien des autres membres du groupe semble leur avoir permis de s'en remettre ou, du moins, de prolonger leur survie. Un exemple particulièrement précoce se trouve sur le site de Sima de los Huesos à Atapuerca en Espagne, vieux d'environ 400 000 ans, avec cet enfant au crâne et au cerveau déformés, peut-être à cause d'un dommage prénatal, presque certainement handicapé physiquement et mentalement. Pourtant, il n'a pas été rejeté à la naissance par le groupe et il a survécu aux stades de grande dépendance de la petite enfance, pour mourir vers l'âge de huit ans, pour des raisons liées ou non à son handicap. Comme nous l'avons vu, la population d'Atapuerca se situe aux tout débuts de l'évolution de Neandertal, lequel semble avoir continué à pratiquer cette sorte d'entraide, dont ont peut-être bénéficié les blessés de Saint-Césaire et de Shanidar.

Un autre individu présent à Shanidar démontre un niveau de prise en charge sociale peut-être encore supérieur et plus durable. L'homme de Shanidar 1 avait la quarantaine à sa mort, âge fort respectable pour un Néandertalien. Pourtant, il avait reçu un coup violent sur le côté gauche de la face et du crâne — peut-être à cause d'une chute de pierres — qui l'avait sans doute rendu partiellement aveugle et sourd. Peut-être par suite du même accident, son bras droit avait été gravement endommagé : le haut du bras, qui présente une fracture mal remise, est réduit à un mince moignon, tandis que l'avant-bras et la main sont complètement perdus. De plus, l'état des jambes montre qu'il était aussi handicapé pour la marche, peut-être parce que le choc sur le côté gauche de l'encéphale avait causé une paralysie du côté droit, comme il arrive fréquemment avec cette sorte de blessure. Malgré tous ces problèmes, il a apparemment survécu de nombreuses années, forcément aidé et approvisionné par les autres. Les grands singes souffrant de fractures des bras ou des jambes ou d'amputations survivent parfois dans la nature sans assistance sociale, mais, s'agissant d'un Néandertalien des montagnes du Zagros, il paraît probable que, sans l'appui continu du groupe, de telles atteintes auraient signifié une sentence de mort immédiate.

On a plusieurs autres exemples de survie avec handicap chez les Néandertaliens, mais aussi des exemples comparables en Afrique. Ainsi, le crâne de Salé au Maroc, vieux de 400 000 ans, et celui de Singa au Soudan, vieux de plus de 130 000 ans, montrent tous deux des signes de déformation durable et probablement source de déficiences, et pourtant ces deux individus ont vécu jusqu'à l'âge adulte. À mon avis, un tel niveau de soutien par la société est probablement ce qui a conduit à la pratique de l'inhumation délibérée. En effet, laisser un corps sur le sol d'une grotte où l'on allait peut-être revenir risquait d'amener à revoir son père, sa mère ou des frères et sœurs en partie dévorés par des hyènes ou des vautours. Par la suite, avec la répétition et l'enrichissement du rituel, la sépulture symbolique a pu émerger, le mobilier funéraire servant alors de tribut ou d'offrande pour aider au passage dans le monde des esprits.

Dans quelle mesure Neandertal partageait-il ce comportement ? On en discute ardemment, et certains archéologues comme Robert Gargett doutent même qu'il ait jamais enterré ses morts, auquel cas toutes les prétendues sépultures dans des grottes seraient accidentelles, dues à des effondrements, etc. Je pense néanmoins que nous disposons de suffisamment d'indices du fait qu'au moins les derniers Néandertaliens avaient atteint un certain niveau de comportement rituel, incluant l'inhumation de jeunes enfants avec un mobilier funéraire simple. Cela dit, il semble bien que l'un des exemples de sépulture les plus célèbres, qui a fait naître l'idée des Néandertaliens comme étant les premiers *flower people*, soit dû à l'action, assez surprenante, d'autres agents. Après l'extraction de Shanidar 4 de sa grotte irakienne en 1960, des analyses ont montré que les sédiments contenaient des grappes de pollen qui laissaient penser que des fleurs aux couleurs flamboyantes (certaines peut-être dotées de vertus médicinales) avaient été répandues autour du corps. Quelque temps après, pourtant, le zoo-archéologue Richard Redding, fouillant des terriers d'un rongeur proche de la gerbille répandu au Zagros, notait que ces animaux amassent des fleurs dans les tunnels qu'ils creusent. Puis, l'anthropologue Jeffrey Sommer faisait remarquer que les premiers auteurs des fouilles avaient mentionné la présence d'ossements de rongeurs et de terriers autour des squelettes. Il semble donc probable que la prétendue inhumation fleurie de l'homme de Shanidar 4 s'explique de façon plus prosaïque et moins romantique.

Malgré tout, le soin que les Néandertaliens comme les hommes modernes archaïques prenaient d'autres membres du groupe n'a pu manquer d'avoir des effets sociaux et démographiques, qui peuvent contribuer à expliquer pourquoi les seconds ont finalement été la seule espèce humaine couronnée de succès. Plus haut, il a été question de la particularité du profil des âges chez les humains comparés aux grands singes : notre dépendance infantile dure plus longtemps, notre puberté est plus tardive, les premières naissances ont lieu plus tard, mais l'intervalle entre les naissances est plus court, les femmes survivent très communément après la ménopause et, dans l'ensemble, nous vivons plus vieux. Cela signifie que les humains nécessitent et développent des liens sociaux beaucoup plus durables, par-delà la parentèle immédiate et pendant toute leur vie. Notre longévité a probablement des fondements génétiques spécifiques. Il semble, par exemple, que des mutations isolées d'un gène codant pour l'apolipoprotéine E qui transporte le cholestérol se soient produites il y a environ 250 000 ans. Or, la variante ApoE3 diminue le risque de nombreuses pathologies liées à la vieillesse, telles que les affections coronariennes ou la maladie d'Alzheimer. Il serait donc intéressant de savoir si cette variante est également présente dans le génome des Néandertaliens.

Comme on l'a vu au chapitre III, ces derniers présentent un schéma de croissance humain, différent de celui des grands singes, mais il n'en reste pas moins que leurs vies devaient être pénibles. Il y a une vingtaine d'années, Mary Ursula Brennan, infirmière devenue anthropologue, a comparé les schémas d'interruption de la formation d'émail dentaire chez les Néandertaliens et les hommes modernes archaïques, et elle a noté que cette indicateur de détresse infantile est beaucoup plus commun chez les premiers. D'autres indicateurs, toujours associés à la dentition, mais utilisés cette fois pour estimer la longévité des deux espèces, montrent les problèmes rencontrés par les Néandertaliens et nos ancêtres africains pendant leur vieillesse. Alors qu'Erik Trinkaus ne voit guère de différences entre hommes archaïques et modernes au niveau de la survie, les anthropologues Rachel Caspari et Sang-Hee Lee arrivent à d'autres conclusions. Leur étude fait usage d'une technique dite de *sériation par usure dentaire*, où le degré d'usure de chaque molaire sert à estimer l'âge relatif de l'individu. Par exemple, l'éruption de la troisième molaire (la dent de sagesse) est censée marquer l'entrée dans l'âge adulte, si bien que, quand l'usure accumulée indique que l'individu avait environ le double de cet âge, on considère qu'il avait atteint un âge éventuellement assez avancé pour être grand-père ou grand-mère. Caspari a en outre mené une analyse tomodensitométrique (voir chapitre III) sur quelques échantillons dentaires afin d'étalonner le vieillissement, car les cavités pulpaires des molaires rapetissent avec l'âge à cause de l'accumulation de la dentine.

Les comparaisons effectuées par Caspari et Lee vont des anciens hominines, par exemple les australopithèques, jusqu'à Neandertal et Cro-Magnon, et elles visent à évaluer le rapport entre jeunes adultes et adultes âgés. Il en ressort que seuls les Cro-Magnons d'Europe présentent une forte proportion d'individus d'âge moyen à avancé, soit environ quatre fois plus que leurs prédécesseurs néandertaliens, et encore davantage en comparaison des humains archaïques et des pré-humains. Étrangement, les hommes modernes archaïques de Skhul et Qafzeh ne diffèrent pas des Néandertaliens pour ce qui est du taux de survie, relativement bas, entre l'âge moyen et la vieillesse. On en déduit que, plutôt que des facteurs biologiques, ce sont probablement des facteurs culturels, sociaux ou environnementaux qui ont contribué à catalyser la modification des pyramides des âges, car, autrement, la différence aurait déjà été visible chez ces hommes modernes d'Israël il y a 100 000 ans. Or, davantage d'adultes âgés chez Cro-Magnon signifie davantage d'occasions de se reproduire, en profitant de chaque période de fertilité pour faire plus d'enfants, et aussi davantage de cohabitation entre les générations, d'où plus de transferts de connaissances et d'expérience au long des années. En outre, des études menées sur les humains actuels semblent indiquer que le câblage des lobes cérébraux frontaux, étroitement impliqués dans la planification du comportement, se poursuit jusqu'à l'âge de vingt-cinq ans au moins, en sorte qu'il se peut qu'il ne soit achevé que chez les adultes ayant survécu jusque-là. Cela dit, si l'on en revient à l'hypothèse de la grand-mère et aux alloparents, il semble bien que ces bénéfices ne pouvaient guère être ressentis chez les humains archaïques, Neandertal y compris. L'étude menée par Caspari sur quelque soixante-quinze Néandertaliens de la grotte de Krapina en Croatie montre en effet qu'aucun n'avait apparemment dépassé les trente-cinq ans à sa mort, si bien que les grands-parents devaient être rares, ce qui ne pouvait qu'aggraver une situation où tant de jeunes parents mouraient avant la trentaine. Les orphelins néandertaliens ne pouvaient donc guère compter que sur l'aide de frères et sœurs plus âgés et non sur celle des grands-parents.

Ce n'est peut-être que grâce à la diversification des ressources alimentaires et à l'accroissement du groupe des individus occupés à leur collecte que la pyramide des âges a pu finalement se modifier chez les hommes modernes. Et il est encore une autre chose très importante rendue possible par le chevauchement de trois ou quatre générations chez les Cro-Magnons, à savoir la parenté élargie. Un exemple de son importance nous est donné par les systèmes de parenté complexes de beaucoup de groupes d'Aborigènes australiens. Ces systèmes déterminent non seulement la place des individus dans la société, mais aussi leurs devoirs, la façon dont chacun doit être traité, qui peut épouser qui, les rôles dans les cérémonies, comment se comporter vis-à-vis des parents et des non-parents : intimité, parenté à plaisanterie ou relations d'évitement, ainsi entre une belle-mère et son beau-fils, ce ressort classique des comédies. Quand les temps sont durs et qu'il faut, par exemple, partager un point d'eau, les groupes ont souvent besoin de s'entraider — ou du moins de se tolérer. Il est alors crucial que les négociateurs établissent s'ils sont parents ou potentiellement ennemis, ce qu'ils font en remontant dans les généalogies jusqu'à se découvrir une parenté (dont les porteurs sont souvent morts depuis longtemps) ou, au contraire, une chronique de conflits irrésolus. Tout cela exige de vastes archives et une cartographie des relations, ce qui, en l'absence d'écriture ou d'enregistrement numérique, n'est possible que grâce à la cohabitation de plusieurs générations, qui constitue une sorte de mémoire collective.

Avec cet exemple australien, on voit à l'œuvre dans les relations entre groupes humains actuels deux forces opposées, la coopération et le conflit, qui ont indiscutablement influencé de façon importante l'évolution récente de l'humanité. Bien que j'aie davantage insisté jusqu'à présent sur le rôle de l'entraide au sein du groupe, il est certain que les humains ont également mis au point des mécanismes, d'une importance vitale, pour désamorcer les rencontres potentiellement agressives avec leurs voisins. Ces mécanismes incluaient sûrement l'alliance matrimoniale, grâce à laquelle de possibles ennemis deviennent des parents. Il se peut en outre qu'une partie du symbolisme observé au Paléolithique — colliers de perles servant aux échanges amicaux ou art rupestre destiné à marquer les limites territoriales — avait pour but de gérer les relations extérieures. Les archéologues Robin Fox et Bernard Chapais soutiennent ainsi que l'échange de partenaires sexuels, en particulier de femmes, en vue de mariages représente le pas évolutif critique pour le développement des systèmes de parenté observés chez les chasseurs-cueilleurs et dans les sociétés pastorales partout dans le monde. Deux éléments essentiels de ces relations se trouvent chez les primates : l'alliance et l'ascendance. La première consiste en un lien reproductif stable, par exemple entre un gorille mâle et les femelles avec qui il s'accouple. La seconde se manifeste à travers des groupes d'individus apparentés, ainsi des guenons ayant la même mère, qui s'associent et peuvent acquérir le statut de la mère, qu'elles transmettent à leur progéniture.

La parenté humaine, quant à elle, combine les deux éléments, puisque le mode d'ascendance (retracée à travers l'un des deux parents) est un mécanisme pour construire des alliances. Aussi, même si les enfants se dispersent parce que l'un des deux sexes (d'ordinaire les filles) se marie hors du groupe immédiat, ils n'en préservent pas moins leur commune ascendance. Le passage de l'accouplement relativement indiscriminé au couple a permis la reconnaissance de la paternité, des relations paternelles et de la « belle-famille », toutes choses propres aux humains et essentielles à la mise en place de systèmes de parenté véritablement humains. Nous avons peu d'indices quant aux systèmes de parenté des humains modernes archaïques et des Néandertaliens (voir le chapitre VII), mais la prolifération d'objets symboliques tels que les perles il y a 80 000 ans me fait penser que les échanges de partenaires sexuels (qui consistent le plus souvent en échanges de femmes) étaient probablement pratiqués entre groupes humains en Afrique.

Il reste que les traumatismes subis par les hommes de la préhistoire, en particulier les Néandertaliens, montrent qu'au Paléolithique, les rencontres avec l'autre n'étaient pas toujours amicales. Et, bien que ces traumatismes se voient moins chez les hommes modernes archaïques, il y a des chercheurs comme Raymond Kelly pour estimer que le potentiel de conflits comme de coalitions a représenté une force importante dans le développement de l'humanité moderne. J'ai discuté plus haut, à propos de la blessure à la cage thoracique du Néandertalien de Shanidar 3, la possibilité que seuls les hommes modernes disposaient d'armes de jet, si bien que l'émergence du « tuer à distance » aurait constitué une menace pour les humains autant que pour le gibier. Sachant que les chimpanzés mâles forment des coalitions agressives pour mener des raids mortels contre d'autres bandes, il est probable que ce comportement a fait partie de notre héritage évolutif et que des instruments tels que cailloux, massues, pierres aiguës ou bâtons pointus n'ont pas tardé à être pris en main pour la défense ou l'attaque (comme dans l'une des célèbres scènes d'ouverture du film de Stanley Kubrick *2001 : l'Odyssée de l'espace*). Darwin écrivait en 1871 : « Une tribu incluant de nombreux membres qui, pour posséder à un haut degré l'esprit de patriotisme, de fidélité, d'obéissance, de courage et de sympathie, seraient toujours prêts à s'aider l'un l'autre, et à se sacrifier pour le bien commun, serait victorieuse sur la plupart des autres tribus ; et cela serait de la Sélection Naturelle » (p. 220-221). Pendant ces quelque cent trente dernières années, cette opinion s'est trouvée au fondement de la notion de « sélection de groupe » élaborée par des chercheurs aussi éminents qu'Arthur Keith, Raymond Dart, Richard Alexander et James Moore.

À partir des années 1970, néanmoins, les travaux de biologistes comme William Hamilton, Robert Trivers et Richard Dawkins ont mis l'accent sur l'« égoïsme des gènes » et, par là, sapé les fondements de beaucoup des formulations antérieures de la sélection de groupe. La sélection n'agit que sur les gènes ou les individus, pas sur les populations, et même si une évolution menant à l'altruisme (l'oubli de soi) est possible, elle ne peut être favorisée qu'au sein de groupes étroitement liés au niveau génétique. Des études mathématiques démontrent que la sélection de groupe échoue dès que se produisent des migrations entre les groupes, même à petite échelle, ou quand des « tricheurs » exploitent la bonne volonté des autres pour propager leurs propres gènes. Cela n'a pas empêché que, plus récemment, des biologistes et des anthropologues comme Paul Bingham et Samuel Bowles reviennent sur la question et mobilisent l'armement et les gènes pour défendre la sélection de groupe. Leur idée est qu'en se réunissant pour utiliser efficacement leurs armes de jet, les individus ont réduit les risques courus par chacun, en sorte que ces coalitions de guerriers auraient été à l'avantage de la défensive comme de l'offensive au niveau du groupe. Selon Bingham, cette évolution aurait en outre joué un rôle important dans la société en dissuadant les resquilleurs qui tâchent de récolter les fruits de leur appartenance au groupe sans prendre leur juste part des coûts ou des risques associés. Aussi forts aient-ils été individuellement, ils n'auraient pas tardé à rentrer dans le rang face à une coalition de compatriotes armés, capables de faire respecter les règles internes et de forcer la solidarité.

Bowles avance de son côté l'idée que, si les groupes paléolithiques étaient relativement consanguins et génétiquement distincts entre eux, et si la guerre entre groupes constituait l'état de fait dominant, alors la sélection de groupe par le biais de la défense et de l'attaque collectives pouvait être produite par l'évolution et maintenue. Sans guerre, un gène doté d'un potentiel d'autosacrifice de seulement 3 % disparaît en quelques millénaires ; avec la guerre, en revanche, le modèle de Bowles montre que même des niveaux d'autosacrifice de 13 % sont susceptibles de se maintenir. Se fondant sur des données archéologiques (pour la plupart post-paléolithiques, il est vrai), il soutient que les conflits mortels étaient en effet répandus pendant la préhistoire, et que des comportements altruistes réduisant les chances de survie de l'individu, mais améliorant celles de victoire du groupe, pouvaient donc émerger et prospérer par sélection de groupe. Qui plus est, le modèle fonctionne, que le comportement en question ait une base génétique ou que ce soit un trait culturel, par exemple un système de croyance commun. Comme je l'ai fait remarquer, les données archéologiques de Bowles ne proviennent pas du Paléolithique, mais il y a au moins une observation qui s'accorde avec ses idées : l'archéologue français Nicolas Teyssandier note que la période de coexistence des derniers Néandertaliens et des premiers hommes modernes en Europe se caractérise par une profusion de divers styles de pointes de pierre. Voilà qui pourrait refléter une sorte de course aux armements pour perfectionner les pointes de lance, peut-être en vue d'une chasse plus efficace, mais aussi peut-être parce que les conflits entre groupes s'étaient multipliés.

Relations sociales, coopération et conflit, acquisition de nourriture, modification de la pyramide des âges, tout cela a sûrement eu son importance pour façonner l'humanité moderne, mais c'est un autre caractère distinctif d'*Homo sapiens,* le langage, qui a indiscutablement constitué le facteur-clef. Pour la primatologue Jane Goodall, l'absence d'un langage oral complexe est ce qui différencie de nous le plus les chimpanzés qu'elle a étudiés. Une fois que les humains ont été en possession de cette faculté, « ils ont pu parler d'événements qui s'étaient déroulés dans le passé et faire des plans compliqués et incertains pour le futur proche comme pour le lointain avenir [...] L'interaction entre esprits a élargi les idées et aiguisé les concepts ». En dépit du riche répertoire communicationnel dont ils disposent, les chimpanzés, privés d'un langage de type humain, « sont piégés à l'intérieur d'eux-mêmes ».

Comment donc un objet aussi décisif que le langage a-t-il pu évoluer chez les humains, et cette évolution a-t-elle été graduelle ou par sauts ? Darwin en 1871 était évidemment partisan d'une évolution graduelle, sous l'effet de la sélection naturelle et sexuelle :

> En ce qui concerne l'origine du langage articulé [...] je ne puis douter que le langage ne doive son origine à l'imitation et à la modification de sons naturels divers, de la voix d'autres animaux, et des propres cris instinctifs de l'homme. [...] Ne se peut-il pas qu'un animal simien particulièrement sagace ait imité le grognement d'un prédateur et averti de la sorte ses semblables de la nature du danger attendu ? Cela aurait été un premier pas vers la formation d'un langage.
>
> La voix s'exerçant toujours plus, les organes vocaux se seraient renforcés et perfectionnés en vertu du principe des effets héréditaires de l'usage ; et cela aurait réagi sur la capacité de parole. Mais la relation entre l'usage suivi du langage et le développement du cerveau a sans nul doute été bien plus importante. Les capacités mentales chez quelque premier ancêtre de l'homme, certains ont dû avoir un plus haut développement que chez tout singe actuel, avant même que la forme du langage la plus imparfaite ait pu entrer dans l'usage ; mais nous pouvons croire en toute confiance que l'usage et l'avancement poursuivis de cette capacité auraient réagi sur le cerveau lui-même, en lui permettant et en lui facilitant de longs enchaînements de pensée. Un enchaînement complexe de pensée ne peut pas plus être réalisé sans l'aide de mots, parlés ou non, qu'un long calcul sans l'emploi de chiffres ou de l'algèbre. (p. 172-173)

À l'opposé des conceptions gradualistes et évolutionnistes de Darwin, le linguiste Noam Chomsky soutient depuis longtemps que le langage humain moderne n'a pas évolué par sélection darwinienne. En un sens, c'est pour lui un tout ou rien, une faculté émanant d'une zone cérébrale spécifique au langage sans doute apparue par suite d'une mutation génétique fortuite. Toutes les langues humaines, aussi différentes qu'elles paraissent à la première écoute, sont, soutient-il, structurées autour d'une grammaire universelle déjà présente dans le cerveau des nouveau-nés, et que les enfants utilisent intuitivement pour interpréter, puis recréer les formes linguistiques que leur présente le groupe où ils sont nés. Steven Pinker, psychologue évolutionniste, partage certaines des idées de Chomsky, en particulier l'existence d'une zone spécifique des capacités linguistiques engrammée dans le cerveau. Selon lui, cette zone génère le *mentalais* (terme forgé par le cognitiviste Jerry Fodor), c'est-à-dire un code mental sous-jacent inné à partir duquel toutes les langues humaines peuvent être assemblées. Pinker se sépare toutefois de Chomsky lorsqu'il soutient qu'un changement graduel génétiquement enraciné (comparable à celui qui a finalement produit l'œil complexe) est susceptible d'avoir conduit l'évolution de l'« organe de langage » humain et de ses systèmes générateurs de langues, à travers une série de stades évolutifs où la sélection (naturelle ou sexuelle/culturelle) a favorisé l'accroissement de la richesse expressive.

J'ai évoqué plus haut les conceptions de l'archéologue Richard Klein, pour qui le comportement humain moderne trouve son origine dans une ponctuation il y a 50 000 ans en Afrique, conceptions qui, dans une certaine mesure, se laissent comparer à celles de Chomsky. Klein porte un regard critique sur les indices de comportement « moderne » antérieurs à 50 000 ans et les trouve peu convaincants. Selon lui, ce n'est qu'après cette date qu'une série cohérente de découvertes démontre la présence de facteurs tels qu'une diversité et une spécialisation croissantes des outils, un art incontestable, du symbolisme, du rituel, une expansion vers des milieux moins favorables, une diversification des ressources alimentaires et des densités de population relativement élevées. Tout cela, estime-t-il, a pu être déclenché par « une mutation fortuite promouvant le cerveau pleinement moderne […] la modification génétique postulée il y a 50 000 ans a nourri l'aptitude exclusivement moderne à s'adapter à un large éventail de circonstances naturelles et sociales sans pratiquement aucun changement physiologique ». Ce recâblage cérébral, continue-t-il à spéculer, a dû alors faciliter l'apparition rapide des pleines capacités linguistiques d'*Homo sapiens*, lesquelles n'avaient jusque-là guère différé de celles des humains plus archaïques. Il admet toutefois que c'est là quelque chose de très difficile à démontrer à partir du registre fossile et archéologique. Bien que je ne sois pas d'accord avec Klein quant à l'existence d'un « bouton » unique capable de mettre en route le comportement humain moderne, je partage sa vision de l'importance décisive du langage pour notre espèce.

Cela étant, il se pourrait qu'il ait existé du langage et des langues pré-modernes chez les humains archaïques et chez Neandertal. C'est ainsi que Robin Dunbar et l'anthropologue Leslie Aiello considèrent que le langage humain a pu commencer à se développer à partir du « bavardage » (*gossip*) venu accompagner (et finalement remplacer) le toilettage social. Le toilettage mutuel de la fourrure, entre deux individus, est en effet une activité à laquelle s'adonnent de nombreux primates et qui contribue au maintien des relations et de la cohésion sociale. Dunbar et Aiello supposent donc qu'à défaut de langage, l'accroissement de la taille des groupes d'*Homo erectus* en serait venu au point où chacun aurait dû consacrer jusqu'à la moitié de son temps à toiletter quelqu'un d'autre, ce qui n'aurait guère laissé de loisir pour d'autres activités vitales. En permettant aux groupes d'humains archaïques de bavarder, un langage primitif aurait facilité l'intimité et la cohésion sociale et libéré du temps autrement consacré au toilettage.

En revanche, le psychologue Michael Corballis en revient aux idées de Darwin à propos de l'importance des gestes comme précurseurs du langage. Il fait remarquer que les aires cérébrales impliquées dans la production du langage chez les humains sont en fait dédiées aux activités manuelles chez d'autres primates. De même, Michael Tomasello, un autre psychologue, estime que le langage a évolué en tant qu'outil social commode pour communiquer des demandes, de l'information et des éléments de coopération. Selon lui, la parole représente la composante ultime, peut-être la plus récente, de ce que nous appelons le langage humain, lequel pourrait toutefois fort bien avoir été précédé par les gestes, comme c'est souvent le cas chez les bébés humains. Le fait est que tout indique que nous communiquons bien les uns avec les autres — parfois inconsciemment — par le langage corporel et les postures, vestiges importants de notre héritage primate pré-linguistique. D'autres chercheurs encore soutiennent la possibilité d'un lien au niveau du codage cérébral entre la fabrication d'outils et le langage, pour autant que l'une et l'autre constituent des activités séquentielles, intentionnelles et requérant un contrôle précis des actions musculaires : les enfants apprennent à manipuler et à assembler des mots en même temps qu'ils manipulent et assemblent des objets. Et il est certainement envisageable que des portions du cerveau déjà présentes mais accomplissant d'autres fonctions aient été recrutées pour faire face aux demandes croissantes en stockage, traitement et contrôle musculaire produites par le langage.

De mon point de vue, le langage humain moderne a probablement évolué durant ces derniers 250 000 ans à partir d'une complexité sociale croissante et afin de soutenir nos capacités à lire dans les pensées et à communiquer, et je suis d'accord avec l'archéologue Steven Mithen pour estimer qu'en augmentant la fluidité de leur cognition, le langage a conduit les humains modernes vers de nouveaux mondes partagés inconnus de leurs ancêtres. Les Néandertaliens aussi en savaient sûrement beaucoup sur le monde dans lequel ils vivaient (par exemple, sur les matériaux dont ils faisaient leurs outils et sur les animaux qu'ils chassaient). Mais, à mon avis, leur domaine consistait principalement en l'ici et maintenant, et les mondes virtuels du passé, de l'avenir et des esprits n'étaient pas pour eux des séjours réguliers. Après notre séparation il y a 400 000 ans, Neandertal et nous avons suivi des chemins parallèles quant au développement de la complexité sociale et, avec elle, de la complexité linguistique. Pour de quelconques raisons, nous sommes allés plus loin, tandis que Neandertal atteignait le bout de sa longue route il y a environ 30 000 ans.

Des scientifiques tels que Philip Lieberman et Jeff Laitman se sont efforcés de reconstruire les capacités linguistiques des Néandertaliens et d'autres hominines anciens, en se fondant sur la forme de la base de leur crâne et sur la position de marques anatomiques révélatrices. Selon eux, les humains modernes sont dotés d'une langue, d'une gorge et d'un appareil vocal dont la forme particulière autorise l'éventail et la complexité des sons nécessaires à une parole pleinement humaine. La sélection darwinienne a donc dû agir sur des variations de la forme du crâne, jusqu'à restructurer celui-ci, tandis que la modification de la gorge en transformait les fonctions dominantes de respiration et de déglutition pour les rendre compatibles avec les complexités du langage moderne, dès lors que les compétences vocales nouvellement acquises conféraient un avantage. Le prix payé pour ce remodelage des priorités fonctionnelles de nos gorges est un accroissement notable du risque de nous étouffer en mangeant, en comparaison des chimpanzés et des hominines plus anciens. Quant aux Néandertaliens, leurs appareils vocaux et leurs capacités de vocalisation étaient apparemment plus proches de celles d'un enfant de deux ans que de celles d'un adulte moderne. Néanmoins, il ne fait aucun doute que, dès lors que leur cerveau encodait le langage complexe, même un appareil vocal comme le leur faisait l'affaire, moyennant un répertoire phonétique plus restreint.

Pour en revenir à la liste des attributs humains modernes discutés au chapitre précédent, ceux-ci, à mon avis, étaient pour la plupart déjà développés il y a 60 000 ans, même si les indices recueillis jusqu'à présent ne nous les montrent pas toujours tous en même temps, à savoir : outils complexes dont le style peut changer rapidement dans le temps et dans l'espace ; transport à grande distance de matériaux de valeur tels que pierre, coquilles, perles, ambre ; cérémonies et rituels décelés grâce à l'art pariétal, des structures ou des traitements complexes des morts (ceux-ci inférés à partir des symboles funéraires de Skhul et Qafzeh). Pour d'autres attributs, en revanche, les indices recueillis sont ou bien équivoques ou bien partiels. Je veux parler des artefacts faits d'os, d'ivoire, de bois de cerf, de coquilles et autres matériaux semblables ; d'une plus grande complexité dans la collecte de nourriture et son traitement, du fait de l'emploi de filets, de pièges et d'engins de pêche, ainsi que d'une cuisine plus élaborée ; de l'art, en y incluant les symboles abstraits et figuratifs ; enfin des structures telles que tentes ou huttes pour y vivre ou y travailler, organisées en vue d'activités distinctes (fabrication d'outils, préparation des aliments, sommeil, feu). Pour ce qui est de la question de l'augmentation de la densité de population jusqu'à un niveau proche de celui des chasseurs-cueilleurs actuels, j'en discuterai plus tard, au chapitre VII, du point de vue des données génétiques. Le « tampon » culturel plus important nécessaire pour s'adapter à des milieux extrêmes tels que déserts ou steppes froides, quant à lui, a sans doute évolué plus graduellement, à mesure que le nombre des hommes modernes augmentait et qu'ils se dispersaient aux quatre coins du monde.

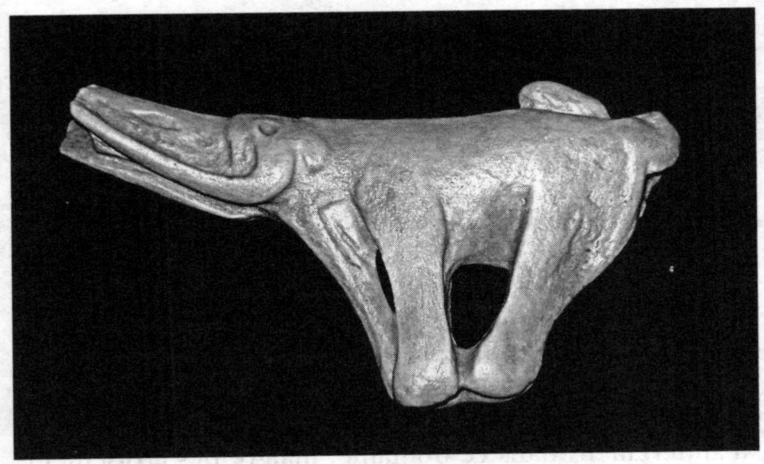

Reproduction d'une sculpture de mammouth exécutée dans un bois de cerf, abri sous rocher de Montastruc, France. L'original, âgé d'environ 14 000 ans, faisait partie d'un propulseur.

J'ai dit au chapitre IV comment des os du pied fossiles trouvés en Europe et en Chine montrent que les hommes modernes archaïques de ces deux régions avaient découvert les avantages de la chaussure. Par ailleurs, des séries d'objets tels que perles cousues, épingles et barrettes contenues dans des sépultures Cro-Magnons, tout comme la présence d'aiguilles à chas, impliquent l'existence de vêtements ajustés. Se vêtir était bien sûr d'une grande importance pour des humains dans des climats froids. Bien que tout indice direct en ait disparu, il paraît probable que les Néandertaliens disposaient d'une technologie du travail des peaux qui leur permettait de confectionner au moins des habits suffisants pour éloigner de leur corps le froid et l'humidité.

De nombreuses populations actuelles, dans les régions

tropicales et subtropicales, portent souvent peu de vêtements, voire aucun, en plus de ce que la pudeur ou la tradition exigent éventuellement, et le fait est que les humains ont la capacité de s'adapter à des climats plus froids. Visitant à bord du *Beagle* les régions terriblement froides de la Terre de Feu, à l'extrémité subpolaire de l'Amérique du Sud, Darwin s'étonna de voir que les autochtones ne portaient pour ainsi dire aucun vêtement et dormaient nus en terrain découvert. Les Aborigènes australiens, eux aussi, possèdent des capacités d'adaptation qui leur permettent de dormir la nuit dans la brousse. Les Européens, en revanche, semblent être physiologiquement mal adaptés au froid — comme s'ils n'avaient rien acquis des Néandertaliens dans ce domaine, malgré des croisements probables. Cela dit, il peut aussi faire froid en Afrique, sur les hauts plateaux et la nuit lorsque le ciel est découvert, en sorte que des vêtements basiques et une literie chaude auraient eu leurs avantages à certains moments.

L'un de ces moments pourrait se situer il y a 60 000 ans, lorsque la dernière glaciation a provoqué une chute des températures dans une partie de l'Afrique. À défaut de preuves directes pour cette période, nous disposons d'indices génétiques. Les humains sont infestés de poux de tête et de poux de corps. Les deux se nourrissent en suçant notre sang à travers la peau, mais les seconds vivent et pondent leurs œufs dans les vêtements et les couchages, et c'est sur ce fait que Mark Stoneking et Melissa Toups et leurs équipes respectives se sont appuyés pour leurs études. Tous ont tenu le raisonnement que la différenciation du pou de corps tirait probablement son origine de l'occasion offerte par l'usage régulier de vêtements et de literie. Grâce à l'ADN mitochondrial utilisé comme horloge moléculaire pour l'évolution des poux chez les humains et les grands singes, les chercheurs estiment que le pou de corps est apparu entre 80 000 et 170 000 ans avant le présent. Ce qui donne à penser que la literie et le vêtement étaient déjà en usage chez les hommes modernes en Afrique, et qu'ils auraient emporté avec eux cette précieuse innovation quand ils ont quitté leur terre ancestrale — et les poux en même temps. Il existe toutefois une autre possibilité. L'archéologue Timothy Taylor souligne à juste titre l'invention de la sangle à bébé comme étant un événement crucial, qui a libéré les femmes des contraintes du port des bébés et de l'allaitement immobile. Selon lui, cela a dû arriver assez tôt dans l'évolution humaine. Mais, si cette innovation a en fait eu lieu chez les hommes modernes en Afrique, elle a pu offrir un nouveau foyer et une nouvelle base de départ à ces maudits poux.

Un compagnon de voyage plus agréable a sans doute suivi la diaspora humaine depuis l'Afrique, à savoir le chien, le premier animal domestique connu. On sait que des grands chiens accompagnaient les Aurignaciens de la grotte Goyet en Belgique il y a environ 35 000 ans. Ces chiens étaient anatomiquement distincts des loups par leur museau plus court et plus élargi et par les proportions de leur dentition, et des données isotopiques indiquent que, comme les humains, ils se nourrissaient de viande de cheval et d'auroch. En outre, on a pu recueillir de l'ADN de chien préhistorique, qui démontre que les chiens de Belgique étaient déjà génétiquement diversifiés et que leurs séquences mitochondriales n'avaient pas d'équivalents dans les grandes bases de données concernant l'ADN des loups et des chiens contemporains. Ces découvertes sont importantes, car elles donnent à penser que la domestication du chien avait commencé bien avant 35 000 ans.

Mais où les premiers chiens ont-ils été domestiqués ? Il est très difficile de répondre à cette question à partir de l'ADN des chiens et des loups modernes, alors qu'on ne connaît pas de lien unique évident entre les deux espèces ou sous-espèces. En fait, il est très probable que la domestication a eu lieu plusieurs fois, dans différentes régions et avec des familles de loups différentes. Vu le domaine du loup au Pléistocène, la toute première domestication s'est peut-être produite dans l'ouest de l'Asie, peu après que les hommes modernes y sont arrivés il y a 55 000 ans, ou bien, comme l'indiquent certaines données génétiques, plus à l'est. Elle a pu se faire grâce à l'adoption de louveteaux, ou bien par une tolérance mutuelle accrue entre humains et loups rodant autour de leurs campements. L'élevage sélectif et l'adaptation réciproque ont alors rapidement amené le développement d'une relation particulière. (En Russie, il n'a fallu que cinquante ans d'élevage pour que des renards argentés se comportent comme des chiens.) À l'évidence, le chien préhistorique a été élevé avec succès et, pour les humains, l'avantage de disposer grâce à lui d'yeux, de nez et d'oreilles supplémentaires (et plus aiguisés), sans parler de sa vitesse et de ses griffes, est bien clair. Une coévolution s'en est suivie : le cerveau des chiens est en moyenne un quart plus petit que celui des loups, et pourtant les chiens possèdent bien des compétences que les loups n'ont pas. Ainsi, même les chiots savent suivre le doigt qu'un humain pointe dans une certaine direction, et leurs capacités d'attention et d'imitation égalent, voire surpassent celles des grands singes, ce qui indique des facultés cognitives et intuitives très sophistiquées dans le domaine social. À supposer donc que les Cro-Magnons aurignaciens aient été régulièrement accompagnés de chiens, cela n'a-t-il pas pu leur conférer un nouvel avantage sur les derniers des Néandertaliens ?

D'autres points importants touchant au comportement lors de la dispersion hors d'Afrique doivent encore être pris en compte. S'il est vrai que les hommes modernes ont bien rencontré les Néandertaliens, à quel point les différences comportementales entre eux ont-elles affecté leur façon de se considérer ? Se sont-ils perçus comme simplement d'autres gens, ou bien comme des ennemis, ou bien comme le prochain repas ? Nous ignorons les réponses, qui ont du reste sans doute varié selon les époques et les lieux, vu les fantaisies du comportement humain. En tout cas, les deux populations avaient divergé depuis bien plus longtemps que n'importe quels groupes d'hommes modernes mis en présence les uns des autres en Amérique ou en Australie à l'âge des Grandes Découvertes coloniales. À mon avis, elles présentaient probablement de profondes différences d'aspect, d'expression, de langage corporel, de comportement général, peut-être même d'odeur, toutes choses qui ont dû peser sur la façon dont les Néandertaliens et les hommes modernes archaïques se sont perçus. Pour prendre un exemple qui paraît vrai des populations européennes et extrême-orientales contemporaines, pourtant très proches, il semble qu'elles lisent les expressions faciales de façons un peu différentes, les Européens prenant en compte toute la face, tandis que les Asiatiques se concentrent davantage sur les yeux pour interpréter l'humeur. Par suite, les Asiatiques (ou plutôt, il faut le dire, un petit échantillon) ont tendance à lire les signaux de peur des Européens comme indiquant de la surprise, et prennent souvent le dégoût pour de la colère. Si de telles différences ont pu surgir entre hommes modernes au cours de ces derniers 50 000 ans, combien plus important a pu être le potentiel de méprises entre Néandertaliens et hommes modernes. De tels facteurs, ajoutés à de possibles différences en matière de langage, de communication symbolique et de structure sociale, ont dû se révéler au moins aussi décisifs que les facteurs physiologiques pour déterminer l'existence de croisements et le sort de la progéniture qui en est peut-être sortie.

Ce qu'était réellement le répertoire symbolique de Neandertal continue à faire l'objet de débats animés. Tandis que les hommes modernes archaïques en Afrique semblent avoir préféré la signalétique rouge sang de l'hématite, des indices (discutés plus loin) montrent que certains groupes de Néandertaliens d'Europe utilisaient des pigments sombres comme du dioxyde de manganèse et même de la pyrite. Il peut y avoir à cela, de même que pour l'hématite, des raisons fonctionnelles telles que le traitement des peaux ou la fabrication de colles par mélange avec des résines. Toutefois, compte tenu des nouvelles données génétiques qui indiquent que certains Néandertaliens avaient la peau claire (cf. chapitre VII), il se pourrait aussi bien que les pigments rouges soient mieux ressortis sur la peau noire des Africains, tandis que les Néandertaliens à peau blanche auraient préféré les pigments noirs. Bien entendu, ceux-ci pouvaient avoir aussi des motifs pratiques pour se pigmenter la peau, par exemple se camoufler pour tendre des embuscades au gibier. Il y a toutefois des raisons, controversées, de penser qu'il s'agissait bien de signaux symboliques — mais destinés à qui ?

La grotte du Renne à Arcy, en France, est l'un des sites qui, comme Saint-Césaire, démontrent l'association des Néandertaliens avec l'industrie châtelperronienne « avancée ». Elle présente non seulement les outils lithiques caractéristiques de cette industrie, mais encore des parties d'un crâne d'enfant néandertalien et des dents néandertaliennes isolées. Mais, plus surprenant, on y trouve aussi des dents animales perforées pour faire des pendentifs et des fragments d'os et d'ivoire de mammouth travaillés. Ces derniers objets caractérisent également, bien entendu, l'industrie aurignacienne, qui semble être le fait de Cro-Magnons archaïques. Que se passait-il donc dans cette grotte ? Il y a plusieurs possibilités, chacune soutenue par tel ou tel groupe d'archéologues. L'une est que les objets à valeur symbolique n'ont été ni fabriqués ni utilisés par les Néandertaliens, mais sont en réalité les produits d'hommes modernes, soit que ceux-ci aient brièvement visité le site et y aient laissé des objets comme les pendentifs, soit qu'ils y aient vécu plus tard, à la suite de quoi les dépôts se sont mêlés ou bien n'ont pas été fouillés avec assez de soin pour distinguer les occupations successives. Viennent à l'appui de cette hypothèse de récentes datations au radiocarbone qui donnent à penser que les dépôts châtelperroniens ont été particulièrement dérangés et mélangés. Thèse que contredit le fait que d'autres sites châtelperroniens en France et en Espagne contiennent des outils de pierre et d'os semblables à ceux d'Arcy et semblablement « avancés », dont un au moins des pendentifs.

Selon une autre hypothèse, les objets à valeur symbolique sont le fait d'hommes modernes, mais ils ont été échangés avec le groupe de Néandertaliens, ou bien ceux-ci les ont ramassés dans un site Cro-Magnon voisin. Troisième possibilité : les Néandertaliens ont été acculturés par des hommes modernes contemporains. Autrement dit, ils ont été influencés par eux et ont, par exemple, copié le style des ornements. Enfin, on peut supposer que les Néandertaliens ne faisaient en réalité que poursuivre leur propre tradition de développement de la complexité, qu'ils passaient par un processus parallèle de « modernisation » — à la Neandertal !

À l'appui de ce point de vue, il y a des indices, peut-être encore plus solides, de comportement social complexe de la part des Néandertaliens provenant de deux sites rupestres datant du Paléolithique moyen et situés dans le sud-est de l'Espagne : Cueva Antón et Cueva de los Aviones. Là, des fouilles conduites par l'archéologue João Zilhão et des études en musée ont mis en évidence des

Les Néandertaliens aussi utilisaient des pigments, ici du dioxyde de manganèse trouvé à Pech-de-l'Azé, en France.

coquilles apparemment utilisées à des fins symboliques. Des coques et des coquilles Saint-Jacques présentant naturellement des perforations au bon endroit pour être enfilées comme pendentifs avaient été ramassées et transportées dans les terres. Certaines de ces coquilles contenaient des pigments de couleur claire ou sombre ou bien en avaient été recouvertes, et une coquille d'huître épineuse contenait du pigment broyé qui avait apparemment été mélangé à de la pyrite pour en faire un cosmétique brillant. Certes, la coquille Saint-Jacques de Cueva Antón a probablement moins de 40 000 ans, et peut donc refléter une influence Cro-Magnon ; le matériel de Cueva de los Aviones, en revanche, date d'environ 50 000 ans, apparemment trop pour que cette explication soit valable pour lui. Quoi qu'il en soit, ces sites offrent de forts indices de ce qu'au moins certains Néandertaliens s'exprimaient symboliquement, autant, semble-t-il, que beaucoup d'Africains du *Middle Stone Age.* J'y reviendrai au chapitre suivant.

En 1993, Clive Gamble et moi soutenions que les Néandertaliens avaient absorbé des aspects de la culture Cro-Magnon, mais que, s'ils pouvaient « émuler [...] ils ne pouvaient pas comprendre tout à fait ». À présent, je dirais plutôt que, dès lors que les Néandertaliens fabriquaient ou bien simplement utilisaient des objets comme des pendentifs, ils participaient du symbolisme tout autant que les hommes modernes, qu'ils aient dirigé leurs signaux vers leurs propres groupes ou vers d'autres groupes, lesquels pouvaient même à l'occasion consister en Cro-Magnons archaïques. Et s'il en est ainsi, l'idée selon laquelle ces aspects du comportement humain moderne résultent uniquement de changements génétiques chez des populations du *Middle Stone Age* africain, cette idée doit être fausse, à moins que les Néandertaliens n'aient connu des mutations du même ordre au cours de leur propre évolution, ou qu'ils n'aient acquis les gènes modernisateurs par hybridation — ce dont il sera question plus en détail au chapitre suivant.

Chapitre VII

GÈNES ET ADN

Comme beaucoup, je suis curieux de mes origines. J'ai donc été heureux que deux généticiens, Bryan Sykes et Alan Cooper, me demandent un échantillon de mon ADN, ou plutôt du peu qui en est contenu dans les mitochondries de mes cellules. Mais leur but était pratique : pionniers qu'ils étaient de l'extraction d'ADN des fossiles humains, ils voulaient être en mesure d'exclure le mien de tout fossile manipulé, voire simplement effleuré par moi, et que j'aurais pu contaminer. La chance veut que mon ADN mitochondrial (ADNmt) présente des mutations rares qui le rendent aisément reconnaissable. Je n'en ai pas moins été un peu choqué de m'apercevoir que j'avais laissé une traînée de contamination à travers les musées d'Europe. Comme le dit en plaisantant Alan Cooper des paléoanthropologues, à propos de la contamination des fossiles qu'il tâche d'étudier : « Vous êtes tous des gens très sales ! »

Voilà qui nous conduit à nous arrêter sur l'énorme quantité de données génétiques actuellement produites et qui concernent l'évolution de notre espèce et sa diversité, et nous nous pencherons sur l'origine et l'importance des différences régionales (« raciales »). Les données génétiques peuvent servir à étudier la démographie des hommes préhistoriques en Afrique, la taille de notre population ancestrale et le nombre de ceux qui ont quitté l'Afrique pour fonder les populations du reste du monde. Elles peuvent aussi servir à estimer les dates d'événements de notre histoire évolutive, par exemple notre séparation d'avec les Néandertaliens ou la première sortie d'Afrique de nos ancêtres modernes. De plus, depuis une dizaine d'années, des avancées scientifiques nous ont donné des aperçus, d'abord très limités mais inestimables, sur la constitution génétique des Néandertaliens, et voilà qu'aujourd'hui elles nous apportent le génome néandertalien presque complet, à comparer avec le nôtre et celui des chimpanzés. Ce triple rapprochement devrait mettre en lumière ce qui distingue réellement chaque espèce et nous aider à retrouver, au moins jusqu'à un certain point, l'aspect physique des Néandertaliens, voire l'humanité de leur cerveau et de leurs façons de penser. Enfin, tout en discutant les données génétiques, je dirai ce que je pense des indices d'échanges reproductifs entre Néandertaliens et hommes modernes.

Darwin et ses contemporains, qui ne connaissaient rien des mécanismes qui sous-tendent l'héritage des caractères somatiques, imaginaient avant tout une fusion des traits des deux parents, ce que Darwin exprimait par l'idée que chaque cellule du corps émet des *gemmules* qui s'agglomèrent pour reconstituer des individus de structure analogue à la génération suivante. Comme on le sait, alors même que Darwin écrivait sur ces questions, à Brno, dans l'actuelle République tchèque, Gregor Mendel, moine et savant, menait ses expériences sur l'hérédité au moyen d'abeilles et de pois. C'est Mendel qui a compris qu'une grande partie de l'hérédité est de nature particulaire plutôt que composite, et que les caractères (qui se manifestent souvent sous plusieurs états alternatifs) s'héritent selon certaines lois. Ses travaux sont restés ignorés pendant encore trente-cinq ans avant d'être redécouverts vers 1900, date à laquelle les unités constituant l'hérédité étaient connues sous le nom de *gènes.*

Un demi-siècle après cette redécouverte, on découvre la structure de l'acide désoxyribonucléique (ADN) et son rôle dans la constitution des gènes, et la science moderne de la génétique commence à prendre son essor. On comprend que la capacité de l'ADN à se répliquer réside dans cette structure unique qu'est sa double hélice de paires de bases. La base nommée adénine (A) s'apparie toujours avec la thymine (T) à travers les brins d'ADN, et la cytosine (C) avec la guanine (G). Ainsi, quand la double hélice se sépare pour se répliquer, chaque moitié forme un patron à partir duquel la structure entière peut se reformer. L'importance des recherches sur l'ADN pour l'anthropologie n'a cessé de croître, s'agissant d'étudier l'évolution des primates et leurs structures sociales actuelles, les affinités entre les humains et les autres primates, les relations entre les populations d'aujourd'hui, la reconstitution de notre histoire évolutive.

Notre étroite parenté avec les grands singes d'Afrique est à présent chose établie — et qui aurait sans nul doute fait plaisir à Darwin et à son allié Thomas Henry Huxley. Mais, avant que les études génétiques ne fassent sentir leur impact, les archéologues avaient coutume de soutenir que, certes nous sommes biologiquement apparentés aux grands singes, mais nos caractères « humains » particuliers — marcher debout, avoir un gros cerveau, fabriquer des outils, parler — nous séparent d'eux fondamentalement. On avait donc raison de classer les humains dans une famille zoologique à part (les hominidés), distincte de celle des grands singes (les pongidés). Qui plus est, on pensait que nos caractères particuliers avaient eu besoin de beaucoup de temps pour évoluer, en sorte que bien des anthropologues aimaient croire que notre lignée s'était séparée de celle des grands singes il y a plus de quinze millions d'années.

Cette idée s'est vue balayée depuis une vingtaine d'années par une masse de données montrant que les chimpanzés (communs et bonobos) ne diffèrent de nous que par environ 2 % de leur matériel génétique. Le chiffre varie parce que les scientifiques ne s'accordent pas sur la façon de quantifier les données : faut-il prendre en compte les séquences entières d'ADN, y compris les régions qui ne semblent pas fonctionnelles et peuvent être dupliquées de nombreuses fois, ou bien ne comparer que les séquences dont on peut démontrer qu'elles sont précisément équivalentes, ou encore limiter le calcul aux régions d'ADN « fonctionnel » ou codant ? Quoi qu'il en soit, les différences sont comparables à celles qu'on observe entre des mammifères étroitement apparentés, tels que les éléphants d'Afrique et d'Asie, le cheval et le zèbre, le chacal et le loup. Une telle ressemblance implique une étroite relation évolutive, et les calibrations (les estimations chronologiques) basées sur le registre fossile et les écarts génétiques indiquent que notre lignée et celle des chimpanzés ne se sont probablement séparées qu'il y a environ six millions d'années. Cette hypothèse a commencé à prendre le dessus voilà une trentaine d'années, à la suite des travaux pionniers d'Allan Wilson et Vince Sarich, qui, ayant étudié les différences génétiques au niveau de l'albumine, ont démontré que l'orang-outan d'Asie nous est apparenté de moins près que les grands singes d'Afrique. C'est cette parenté qu'on reconnaît à présent quand on inclut les chimpanzés (et moins régulièrement les gorilles) dans la famille des hominidés, à nos côtés et aux côtés de nos proches parents disparus.

Un survol comparatif à grande échelle du génome des humains et des chimpanzés montre que nous partageons la grande majorité des quelque trois milliards de « lettres » de nos codes génétiques. Cela étant, les rares segments d'ADN distincts commencent à livrer des informations du plus haut intérêt du point de vue de l'évolution. Certaines ont clairement à voir avec les diverses maladies épidémiques auxquelles nos cousins simiens et nous avons été exposés dans le passé, s'agissant, par exemple, de la résistance à des rétrovirus comme le VIH. D'autres, en revanche, peuvent être mises en relation avec des changements physiologiques. Ainsi, un groupe de 118 bases connu comme *Human Accelerated Region 1* (HAR1) est virtuellement identique chez des animaux aussi différents que les poules et les chimpanzés, avec seulement deux différences de codage, tandis que les humains y ont ajouté dix-huit autres mutations. Des expériences ont démontré que cette séquence d'ADN est importante pour l'élaboration de la structure et des connexions du cortex cérébral, cette couche externe du cerveau, aux multiples replis, qui joue un rôle si essentiel pour l'intelligence humaine (cf. chapitre VIII). De nombreux autres gènes mis en jeu dans le développement cérébral global, par exemple ASPM, CDK5RAP2, CENPJ et MCPH1 (la microcéphaline), font preuve également de modifications accélérées en comparaison des chimpanzés. (Je reviendrai bientôt sur le dernier de la liste.)

Une chose intéressante à remarquer est que, parmi les différences dans les séquences d'ADN qui paraissent s'être accentuées entre nous et nos plus proches parents vivants, beaucoup n'ont rien à voir avec des changements directs dans, par exemple, la structure d'une protéine ou d'une enzyme. Au lieu de cela, c'est l'insertion de ce qu'on nomme des *éléments transposables* qui agit sur des portions du code génétique à la façon d'autant de commutateurs activant ou désactivant les gènes fonctionnels. Pour autant qu'on puisse comparer les produits directs de l'ADN aux ingrédients d'une recette, on peut considérer que ces commutateurs des gènes régulateurs, tout aussi importants, modifient les instructions quant à la façon précise de cuisiner le plat, d'où des résultats différents (par exemple, des chimpanzés ou des humains) à partir de recettes semblables (nos ADN). Ainsi, *Human Accelerated Region 2* (HAR2 ou HACNS1) pilote l'activité des gènes pour l'élaboration de la structure des os du poignet et de la main avant la naissance, et il est probable que ses modifications chez les humains contribuent au caractère distinct de nos mains et à leur plus grande dextérité en comparaison des chimpanzés et des gorilles.

Non contents de comparer notre ADN actuel avec celui de nos plus proches parents vivants, nous pouvons en inférer une quantité croissante d'informations sur le passé de notre évolution, dans la mesure où chacun d'entre nous est porteur d'un registre ancestral verrouillé dans ses gènes, bien plus détaillé que n'importe quel registre paroissial et remontant bien plus loin dans le temps. Comme l'ADN est sans cesse recopié, en particulier lors de son passage des parents aux enfants, des erreurs de copie se produisent, c'est-à-dire des mutations qui, si elles ne sont pas gravement nuisibles ou mortelles, sont elles-mêmes copiées. Elles s'accumulent donc avec le temps, permettant ainsi de suivre des lignes particulières d'évolution génétique et d'estimer le temps qu'a pris cette accumulation.

Pour ce qui nous concerne, trois types d'ADN peuvent être étudiés. Le premier est l'*ADN autosomique.* C'est lui qui constitue les chromosomes contenus dans les noyaux de nos cellules, à l'exclusion du chromosome Y associé au sexe masculin, sur lequel nous reviendrons plus loin dans ce chapitre. Il contient les plans de la plupart de nos structures somatiques et nous en héritons une combinaison où nos parents entrent pour à peu près 50 % chacun. L'ADN autosomique comporte aussi un grand nombre de longs segments d'ADN poubelle, qui ne codent pas pour des caractères comme la couleur des yeux ou le groupe sanguin. Ils n'en sont pas moins copiés en même temps que l'ADN codant, et ils mutent eux aussi avec le temps. Malgré leur étiquette de « poubelle », certains sont connus pour servir de commutateurs génétiques, si bien qu'ils sont susceptibles de livrer des informations intéressantes sur les relations évolutives. En fait, ces séquences d'ADN poubelle sont en général plus utiles aux études évolutionnistes et démographiques, car elles sont le plus souvent moins soumises aux effets déformants de la sélection, laquelle est la plus forte sur l'ADN fonctionnel, c'est-à-dire porteur de codage génétique. (Mais l'ADN poubelle peut, lui aussi, être affecté s'il est structurellement associé à de l'ADN fonctionnel soumis à sélection.)

Le deuxième type d'ADN est celui du *chromosome Y*, qui détermine le sexe masculin chez les humains. Les femmes normales ont vingt-trois paires de chromosomes, y compris une paire de chromosomes X, tandis que les hommes normaux n'ont que vingt-deux paires, plus un chromosome X hérité de la mère et un chromosome Y hérité du père. L'ADN de ce dernier peut alors servir à étudier les histoires évolutives des hommes, et d'eux seulement, sans la complication due à l'héritage des deux parents qu'implique l'étude de l'ADN autosomique, un peu comme avec la transmission continue du nom du mari dans de nombreuses sociétés.

Enfin, le troisième type n'est autre que le désormais célèbre ADN mitochondrial (ADNmt), situé hors du noyau cellulaire et transmis par voie féminine uniquement. Bien que ce soit lui qui a le plus attiré l'attention des médias et de la vulgarisation scientifique — à cause de l'évidence avec laquelle il marque la descendance — c'est en fait l'analyse de l'ADN autosomique, bien plus répandu, et de ses produits (à savoir la plupart des constituants vitaux de notre corps, tels qu'organes, protéines, enzymes et antigènes) qui bénéficie de l'histoire la plus longue dans les études de l'évolution. Ainsi, c'est un examen des protéines sanguines chez les grands singes et les humains qui a fourni les premiers indices de ce que la divergence entre les deux avait été plus tardive en Afrique qu'en Asie.

Comme son nom l'indique, l'ADN mitochondrial (ADNmt) se trouve dans les mitochondries. Ces organites sont les centrales énergétiques des cellules : ce sont elles qui transforment les produits nutritifs en énergie que les cellules peuvent utiliser pour faire leur travail. Leur ADN passe dans l'œuf de la mère quand il devient la première cellule de l'enfant, tandis que très peu, voire rien de l'ADNmt paternel n'est incorporé au produit de la fertilisation. Il s'ensuit que l'ADNmt retrace pour l'essentiel l'évolution à travers les femelles seulement (de mère en fille), puisque celui d'un fils n'est pas transmis à ses enfants. La molécule d'ADNmt a la forme d'une boucle, et elle consiste en environ 16 000 paires de bases. Seules quelques-unes d'entre elles sont fonctionnelles — c'est-à-dire contiennent un code génétique pour la production de protéines particulières comme les cytochromes — en sorte que le restant de l'ADNmt est beaucoup plus enclin aux mutations : il se modifie en général à un rythme bien plus rapide que l'ADN nucléaire, ce qui en fait un outil idéal pour étudier les événements récents et l'évolution à court terme. Comme je l'ai dit dans l'introduction, avant la reconstitution de l'ADN néandertalien, les données génétiques dont l'impact sur la recherche en évolution humaine s'est révélé le plus décisif viennent de la publication en 1987 de l'étude de Cann, Stoneking et Wilson sur la variation de l'ADNmt chez les hommes modernes. J'ai décrit les violentes attaques qu'a subies ce travail, en particulier de la part de multirégionalistes contrariés. Malgré cela, les analyses toujours plus précises effectuées depuis lors ont montré que les conclusions de 1987 étaient justes pour l'essentiel, même si elles avaient été quelque peu surinterprétées.

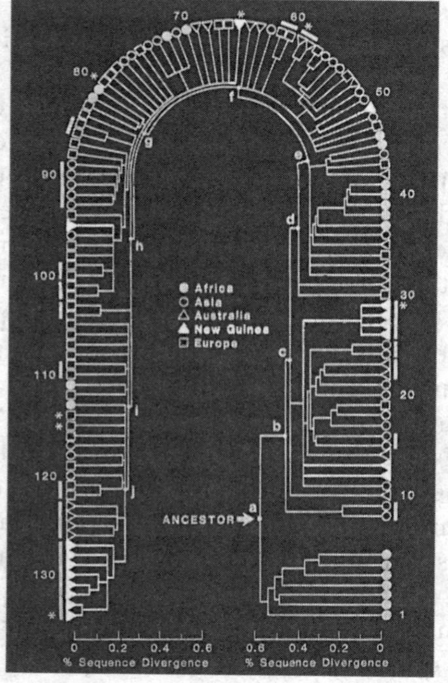

Le célèbre arbre de l'ADNmt publié en 1987.

Selon plusieurs calculs, notre dernière ancêtre commune (Ève) se situe à moins de 150 000 ans, et il apparaît clairement que la variation de l'ADNmt dans notre espèce est bien moindre qu'elle ne l'est chez les grands singes. D'où l'idée qu'un goulot d'étranglement, une diminution brutale de la population, aurait récemment élagué la variation auparavant présente dans la lignée humaine moderne. Toutefois, inspirés par l'autre surnom d'Ève, *lucky mother*, « la mère chanceuse », certains généticiens expliquent que cette configuration a pu advenir entièrement par hasard, dans le cas où une seule femme aurait eu la chance d'engendrer une lignée de femmes fertiles s'étendant depuis cette lointaine époque jusqu'à nos jours. Toutes les autres mères auraient joué de malchance (quant à la transmission de leur ADNmt), parce qu'elles n'ont pas eu d'enfants ayant survécu, ou bien seulement des garçons, ou encore des filles qui n'ont pas produit la nécessaire lignée continue de femmes fécondes. Vue dans cette perspective, Ève n'était pas une femme spéciale ni ne vivait nécessairement à une époque spéciale ; elle a acquis son statut unique rétrospectivement, grâce à la bonne fortune de son ADNmt. On ne doit pas oublier non plus que, si elle a donné naissance à toutes les variétés d'ADNmt humain connues à présent, bien d'autres individus ont apporté l'ADN de leurs chromosomes Y et leur ADN autosomique aux générations suivantes. L'ADNmt est certes important en tant que signal lisible de l'ascendance, mais il s'hérite effectivement en bloc, comme un gène unique. Or, toutes les variantes de nos gènes ont leur histoire propre, à partir du point où, à divers moments du passé, elles convergent (fusionnent) en nos gènes ancestraux. Certains de ces gènes se sont développés très récemment, dans des portions plus ou moins importantes de la population humaine moderne, d'autres remontent à notre ancêtre commun avec les Néandertaliens, et d'autres encore plus haut, jusqu'à notre ancêtre commun avec les grands singes et au-delà. En outre, évaluer l'évolution de l'ADNmt présente une autre complication potentielle : même si une grande partie des distributions observées de nos jours semblent être le résultat du hasard ou d'événements historiques tels que des migrations féminines, il apparaît que l'ADNmt, qui contient en effet quelques gènes fonctionnels, peut être lui aussi sujet aux effets de la sélection.

Les modifications dans l'ADNmt des humains actuels en comparaison de ce que montre le séquençage du génome d'Ève se montent en moyenne à cinquante recombinaisons, et les divers types d'ADNmt des hommes modernes se répartissent en *haplogroupes*, c'est-à-dire en groupes qui partagent les mêmes changements de leurs séquences d'ADN et qui descendent des mêmes ancêtres féminines ayant les premières exprimé ces mutations. L'haplogroupe le plus ancien, dit L, dérive directement d'Ève et se rencontre dans la majorité des populations africaines actuelles. L se divise à son tour en quatre sous-groupes, de L0 à L3, numérotés dans l'ordre de leur branchement divergent. Le plus ancien, L0, se rencontre dans le sud et l'est de l'Afrique, avec sa branche la plus ancienne chez les chasseurs-cueilleurs de langues khoisan au sud. L1 apparaît surtout en Afrique centrale et occidentale, y compris chez les pygmées de la forêt équatoriale, tandis que L2 est le plus répandu, représentant environ 25 % du total, principalement dans l'ouest et le sud-est de l'Afrique. Enfin, L3, le plus récent, est commun en Afrique subsaharienne, en particulier chez les nombreuses populations de langues bantu, et l'on situe son origine en Afrique orientale — ce qui paraît raisonnable en termes d'évolution, car cette région, et avec elle L3, constitue probablement le principal berceau des populations qui sont sorties d'Afrique et ont fondé les haplogroupes non africains M et N, qu'on trouve dans tout le reste du monde.

Cela dit, il va de soi que les mouvements de populations, surtout au cours du dernier millénaire, ont déplacé bien des lignées loin de leur lieu d'origine, d'où le développement d'une industrie pour aider les gens à retrouver leurs ancêtres grâce à l'ADNmt. L'entreprise s'est toutefois révélée discutable, car l'ascendance en termes d'ADNmt n'est qu'une petite partie de l'ascendance génétique totale. Il est vrai que, comme l'ADN du chromosome Y chez les hommes, l'ADNmt est très facile à échantillonner, à séquencer et à retracer. Mais, même quand on le retrace avec succès, le résultat ne vaut que ce que valent les données comparatives utilisées pour « relocaliser » les gens (ou du moins ces petits morceaux de leur ADN) sur leurs terres d'origine. Or, l'échantillonnage de l'ADN est encore très incomplet dans de nombreuses parties du monde, dont l'Afrique. Ce que nous savons, en revanche, c'est que l'ADNmt africain recèle les lignées les plus anciennes et la plus grande diversité chez les hommes modernes, ce qui va bien avec le fait que l'Afrique soit à la fois notre berceau et la région la plus peuplée à date ancienne, qui a donc su préserver cette diversité.

On s'est beaucoup servi de l'ADN mitochondrial pour jauger la taille des populations anciennes, bien que cette sorte d'estimation fondée sur des données génétiques soit pleine de difficultés, dont l'une est que le calcul donne la *population effective*, c'est-à-dire celle qui se reproduit. Avec l'ADNmt, il s'agit du groupe des « mères », alors que l'importance réelle de la population (incluant les hommes en âge de se reproduire et les individus trop jeunes ou trop vieux pour participer à la reproduction) était évidemment bien supérieure. Quoi qu'il en soit, les estimations de la population ancienne, au moyen de l'ADNmt, du chromosome Y, des chromosomes X ou d'autres ADN autosomiques, sont souvent étonnamment basses, considérant les milliards d'humains aujourd'hui sur terre : la taille de la population effective d'hommes modernes la plus ancienne pourrait n'avoir été que de 10 000 reproducteurs, tandis qu'on estime parfois la population effective féminine, évaluée à partir de l'ADNmt survivant, à moins de 5 000 !

Si ces chiffres expriment vraiment l'importance de la population originelle en Afrique, cela signifie que les humains y étaient présents en nombres comparables à ceux des gorilles et des chimpanzés, espèces qui n'occupent aujourd'hui que des parties relativement limitées du continent africain. Il n'est donc pas possible que nos ancêtres aient été présents dans tout le continent, encore moins hors de celui-ci, mais ils devaient être concentrés dans des poches, ce qui les exposait à l'extinction. Grâce à trois génomes humains complets, les généticiens Chad Huff et Lynn Jorde et leur équipe se sont livrés à des comparaisons encore plus loin dans le passé, qui semblent indiquer que les populations humaines d'il y a un million d'années (l'époque d'*Homo erectus*) étaient un peu plus importantes, plus proches de 20 000 reproducteurs, mais même un tel nombre n'aurait guère pu se répandre dans tout un continent aussi vaste que l'Afrique.

L'ADN mitochondrial sert aussi à retracer la croissance des populations. À en croire certaines études, tandis que les haplogroupes L0 et L1 ont crû régulièrement au début de leur histoire, L2 ne s'est étendu que très récemment, et L3 a augmenté rapidement il y a environ 70 000 ans. Du point de vue de l'ADNmt, comme nous l'avons vu, ce dernier groupe est l'ancêtre des lignées M et N présentes hors d'Afrique, en sorte qu'il se peut que cette expansion ait débordé sur le Proche-Orient et, de là, sur le reste du monde.

On utilise donc l'ADNmt pour calibrer des événements de l'évolution humaine, ainsi lorsqu'on fixe l'âge d'Ève à environ 200 000 ans ou qu'on estime l'expansion de l'haplogroupe L3 à 70 000 ans. Mais, comme dans le cas des estimations de la taille des populations, ces calculs s'appuient sur un certain nombre d'hypothèses et ne sauraient être qu'approximatifs. Ainsi, la plupart des calibrations se fondent sur l'hypothèse que nous nous sommes séparés de nos plus proches parents encore vivants, les chimpanzés, il y a environ six millions d'années. Le nombre de recombinaisons dans notre ADNmt en comparaison de ce même nombre chez ceux-ci est alors mis en rapport avec le nombre de recombinaisons déterminé pour d'autres événements, par exemple notre séparation d'avec les Néandertaliens ou notre sortie d'Afrique. Puis ce rapport est converti en une « date », sur une échelle de six millions d'années. Pourtant, lorsqu'on détermine les rythmes des recombinaisons sur des ADNmt humains ayant divergé très récemment, par exemple dans des populations devenues insulaires à date historique ou dans des familles souffrant d'affections mitochondriales rares, on s'aperçoit que ces rythmes sont beaucoup plus rapides que ceux qu'on trouve en comparant notre ADNmt à celui des chimpanzés. D'aucuns soutiennent qu'avec le temps, une « sélection purificatrice » supprime de nombreuses mutations délétères de l'ADNmt, ce qui expliquerait l'écart entre les rythmes des événements évolutifs à court et à long terme. Mais, lorsqu'on tâche de calibrer des événements relativement récents comme la date de l'existence d'Ève ou la sortie d'Afrique, quel rythme faut-il supposer : le plus lent (à long terme), comme on le fait le plus souvent, ou bien un plus rapide ?

J'ai récemment entrepris avec les généticiens Philip Endicott, Simon Ho et Mait Metspalu une collaboration où nous avons comparé deux calibrations existantes de l'évolution humaine récente avec de nouveaux calculs des rythmes de recombinaison, qui ne se fondent plus sur l'ancienne et assez incertaine estimation de six millions d'années pour la séparation entre les humains et les chimpanzés. Ces nouveaux rythmes raccourcissent les âges estimés pour des événements récents de l'évolution humaine, tout en restant cohérent avec les dernières données fossiles et archéologiques concernant notre sortie d'Afrique et notre arrivée en Asie, en Australie, en Europe et dans les Amériques. « L'Ève africaine » aurait vécu il y a environ 135 000 ans plutôt que 200 000, la sortie d'Afrique se serait produite il y a 55 000 ans, et l'arrivée en Amérique il y a 14 000 ans. Si elles sont exactes, ces nouvelles dates plus basses pour l'évolution de l'ADNmt humain obligent à en repenser la chronologie quant à plusieurs événements-clefs de notre histoire évolutive : elles impliquent, par exemple, une divergence plus récente d'avec les Néandertaliens et une séparation de plusieurs milliers d'années entre les premiers fossiles d'humains modernes et Ève ; et elles jettent le doute sur l'hypothèse d'une sortie d'Afrique précoce en direction de la Chine et de l'Australie. Je reviendrai bientôt sur ces questions. En attendant, il semble bien que les généticiens devraient cesser de trop se fier à la divergence entre humains et chimpanzés quand ils calibrent des événements beaucoup plus récents de l'évolution humaine.

En comparaison de l'ADNmt, le chromosome Y — notre source de données sur l'histoire masculine — a mis davantage de temps que son équivalent féminin mitochondrial à influer sur la reconstruction des origines des humains modernes. L'une des principales raisons en est que le chromosome Y est plutôt petit et génétiquement insipide à côté d'autres parties de notre génome, plus révélatrices. Il est en effet surtout fait d'ADN poubelle peu informatif, et seules de petites portions de son matériel génétique sont parfois échangées avec le chromosome X. Il n'en a pas moins été complètement séquencé et des analyses plus précises ont fait que même cet objet récalcitrant a fini par révéler des faits importants de l'histoire humaine récente.

La dernière comparaison en date des chromosomes Y des humains et des chimpanzés, due à Jennifer Hughes et David Page, montre une différence surprenante : l'Y humain présente beaucoup plus de régions codantes. Puisque son héritage ne passe que par les hommes, il existe un « Adam » théorique représentant le dernier ancêtre commun de tous les chromosomes Y modernes et, comme avec l'ADNmt, il n'y a pas d'indices d'une variante d'Y actuelle plus ancienne que nous aurions pu hériter d'hommes archaïques comme les Néandertaliens. Jusqu'il y a peu, on estimait qu'« Adam » avait vécu voilà environ 80 000 ans, bien plus tard qu'« Ève », et que les deux branches initiales, les plus basses, de l'arbre évolutif d'Y s'étendaient à toute l'Afrique, l'une commune des Hottentots aux populations soudanaises, l'autre chez les tribus pygmées d'Afrique centrale. Mais de nouvelles analyses conduites par le généticien Fulvio Cruciani et son équipe situent plutôt l'ancêtre commun à environ 142 000 ans, plus probablement (à en croire les distributions actuelles) dans le centre ou le nord-ouest de l'Afrique. Comme pour l'ADNmt, la diversité des populations hors d'Afrique est moindre et l'ancêtre masculin commun un peu plus jeune, à environ 40 000 ans. Le chromosome Y est également utile pour retracer des événements démographiques inhabituels de l'histoire récente mettant en jeu des hommes, ainsi la prédominance d'un seul type de chromosome Y dans la plus grande partie de l'Asie centrale, et cela depuis environ 1 000 ans — peut-être un legs de l'habitude que l'on prête à Gengis Khan d'engrosser de nombreuses femmes dans les populations conquises, à quoi s'ajoute la réussite reproductive bien documentée de ses descendants mâles connus.

L'emploi de l'ADN autosomique dans l'étude des relations entre les populations humaines a une longue histoire, du moins pour ce qui est de la distribution géographique de certains de ses produits : groupes sanguins, protéines et enzymes. Les années 1970 ont vu des tentatives de reconstruire l'histoire génétique des humains en combinant des données sur de nombreux marqueurs génétiques différents dans des populations du monde entier. Elles ont souvent donné des signaux contradictoires, reliant parfois les populations d'Europe et d'Asie, et parfois indiquant une relation plus étroite entre l'Europe et l'Afrique. Avec toutefois une exception : l'emploi de la technique de la distance génétique par les généticiens Masatoshi Nei et Arun Roychoudhury, qui leur a permis de calculer que les hommes modernes sont bien étroitement liés les uns aux autres, mais que les Européens et les Asiatiques ont divergé il y a environ 55 000 ans, tandis que leurs ancêtres avaient divergé des Africains il y a environ 115 000 ans.

Ces estimations nous paraissent à présent grossières, et personne n'irait plus prétendre qu'il s'agit là de véritables « coupures » évolutives. Les relations ainsi inférées ne s'en accordent pas moins avec celles qui ont été déterminées par l'ADNmt et d'autres analyses une dizaine d'années plus tard. L'arrivée de techniques qui utilisent des enzymes pour hacher l'ADN en segments analysables (*polymorphismes de longueur des fragments de restriction*) a permis, dès 1986, d'examiner le gène de la bétaglobine (qui constitue une partie de l'hémoglobine) et, par là, d'appuyer l'hypothèse d'une origine africaine, puis d'une dispersion hors d'Afrique. Depuis lors, des centaines d'études de l'ADN autosomique ont fait apparaître le même schéma : les populations africaines présentent la plus grande diversité, et les populations hors d'Afrique forment pour l'essentiel un sous-ensemble de cette variation. Ainsi, une enquête récente parmi les plus importantes, portant sur plus de 1 000 marqueurs génétiques dans 113 populations africaines, a montré que celles-ci peuvent être classées en quatorze groupes, tout à fait conformes aux affiliations culturelles et linguistiques connues. Des populations de chasseurs-cueilleurs comme les pygmées d'Afrique centrale, les Sandawe et les Hadza de Tanzanie et les Hottentots d'Afrique australe ont des ancêtres communs remontant à 40 000 ans. Également intéressant est le fait que les trois dernières parlent des langues à clics, ce qui pourrait donc être un trait commun ancien.

Tout en confirmant la faible diversité de la plupart des systèmes génétiques non africains, l'étude de l'ADN autosomique a mis en lumière un aspect étonnant de la dispersion des hommes modernes depuis leur terre ancestrale. De même que la variation non africaine de l'ADN peut être considérée comme un sous-ensemble de la variation africaine originellement extrait de celle-ci, ce schéma semble s'être incessamment répété à mesure que les hommes modernes se sont dispersés. L'avant-garde des hommes modernes venus d'Afrique était évidemment peu nombreuse, si bien que ces pionniers, s'élançant à leur tour depuis le sud-ouest de l'Asie, ne représentaient qu'une petite partie de leur population ancestrale, d'où une diversité moindre de l'ADN. Un vestige actuel de ce processus est le fait que la diversité génétique décroît régulièrement avec la distance depuis l'Afrique, atteignant son minimum dans des régions écartées comme le Grand Nord européen, les Amériques, la Polynésie et l'Australasie. On trouve même un schéma semblable dans l'histoire génétique d'*Helicobacter pylori*, une bactérie qui nous infecte presque tous et peut causer des ulcères gastroduodénaux.

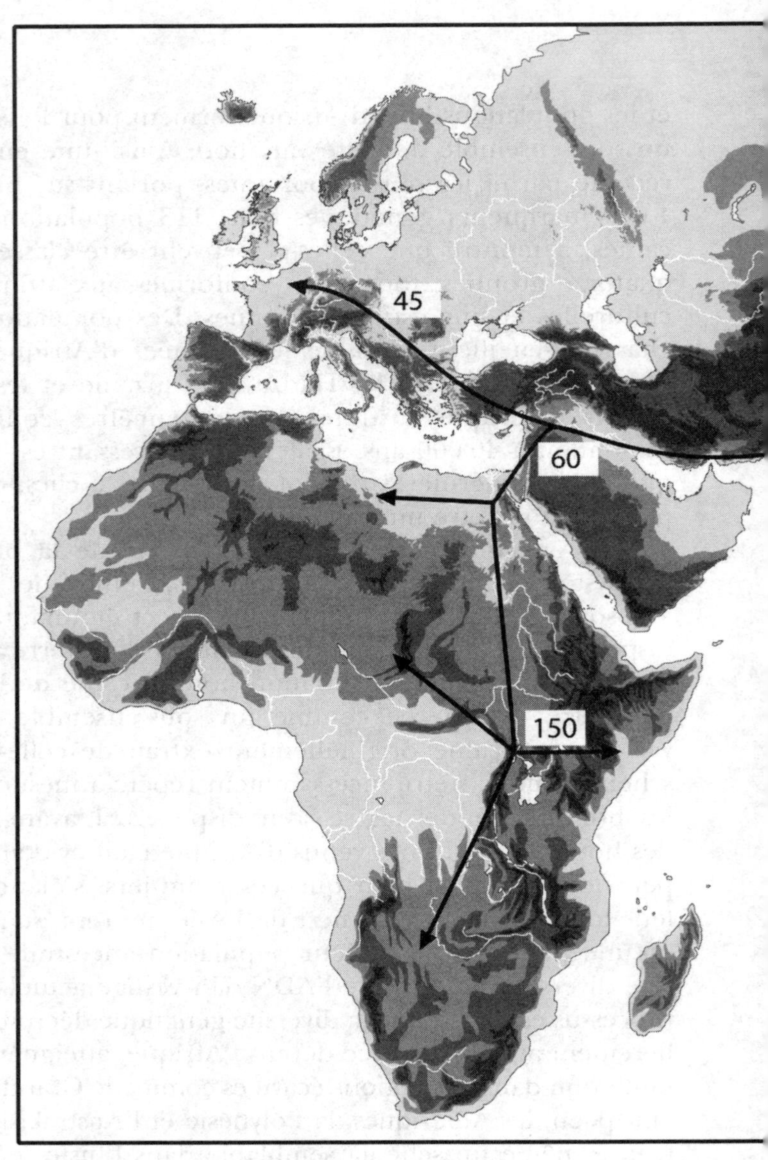

Carte de la dispersion des premiers groupes d'hommes modernes telle que retracée au moyen de l'ADN mitochondrial (les chiffres représentent des millions d'années). Les itinéraires sont hypothétiques et ne prétendent pas à l'exactitude.

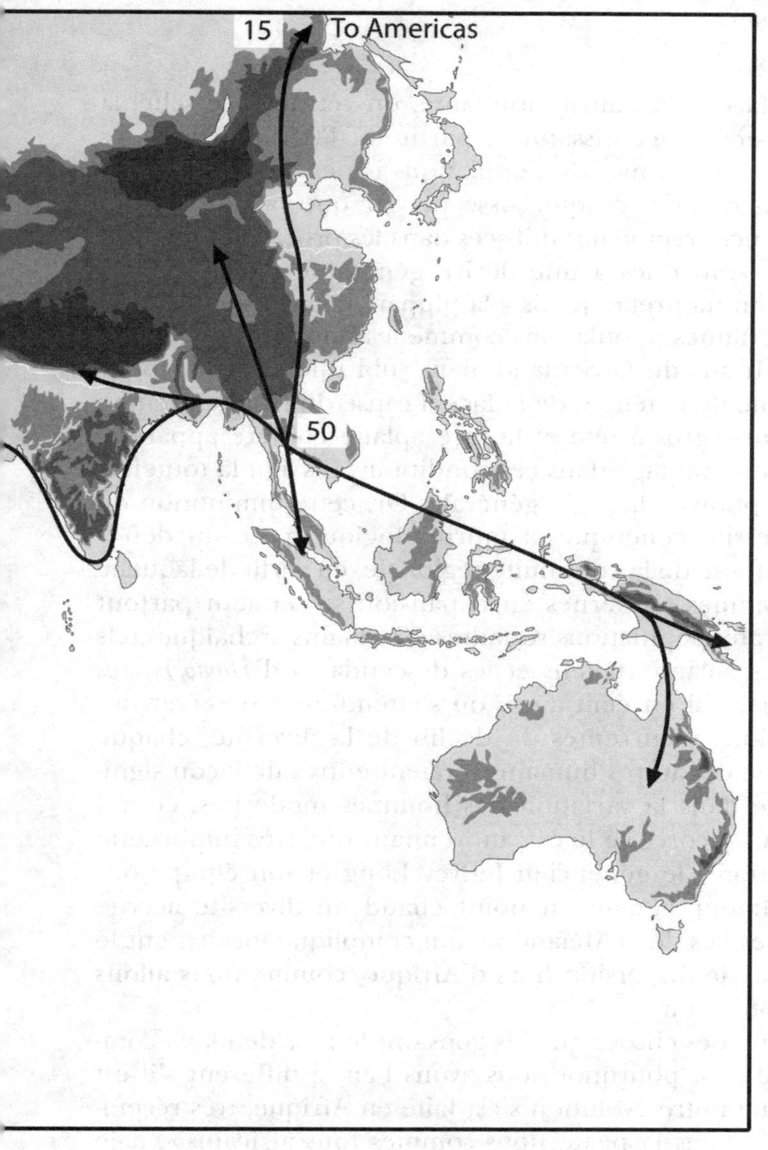
15
To Americas
50

De façon tout aussi étonnante, on retrouve ce schéma de diversité décroissante à partir de l'Afrique dans les mesures des crânes de populations issues de diverses parties du monde, ce qui laisse penser que la plupart des différences régionales utilisées dans les protocoles médico-légaux sont dues à une dérive génétique plutôt qu'à la sélection naturelle. Je dis « la plupart », car il semble bien que certaines populations comme les Bouriates de Sibérie et les Inuits du Groenland aient subi une sélection pour la forme de la tête et de la face à cause du froid extrême : avoir une grosse tête et la face aplatie confère apparemment un avantage dans ces conditions. Il s'agit là toutefois d'exceptions à la règle générale. Or, cette diminution de la diversité génétique et morphologique pose un défi à l'hypothèse de la continuité régionale, en vertu de laquelle les hommes modernes en expansion se seraient partout mêlés aux populations restantes d'humains archaïques tels que les Néandertaliens et les descendants d'*Homo erectus* en Asie. S'il en était ainsi, on s'attendrait à observer des inversions récurrentes du déclin de la diversité, chaque fois que ces autres humains seraient entrés de façon significative dans la variation des hommes modernes, ce qui n'a pas encore été le cas, moyennant une très importante exception : le généticien Jeffrey Long et son équipe ont récemment signalé un point chaud de diversité accrue dans les îles de la Mélanésie, qui complique localement le schéma de dispersion hors d'Afrique, comme nous allons bientôt le voir.

L'une des choses que les gens ont le plus de mal à comprendre est pourquoi nous avons l'air si différent s'il est vrai que notre évolution s'est faite en Afrique, très récemment. « Sous la peau, nous sommes tous africains », ai-je dit il y a plus de vingt ans, et pourtant ce qu'il y a dans et sur notre peau nous distingue beaucoup les uns des autres, à ce qu'il semble. Les humains sont de toutes tailles, de divers gabarits et de plusieurs couleurs et ils diffèrent par la conformation des yeux, des cheveux, du nez et des lèvres. Ces différences « raciales » ou, mieux dit, régionales ou géographiques sont immédiatement apparentes, si bien qu'on peut les supposer hautement significatives du point de vue génétique. Pourtant, si notre origine est africaine et récente, elles n'ont pu évoluer qu'après que nous sommes devenus membres de l'espèce humaine moderne et que nous avons commencé à nous répandre depuis notre lieu d'origine. En revanche, les traits conspécifiques que nous partageons tous — notre crâne haut et arrondi, nos petites arcades sourcilières, nos faces petites et rétractées, nos mentons, etc. — ont évolué en Afrique. Puis les traits régionaux se sont superposés à ce patron moderne commun. Mais pour quelles raisons ? Plusieurs théories prétendent l'expliquer, dont deux en particulier : l'adaptation au climat par sélection naturelle et la sélection sexuelle (et aussi culturelle chez les humains). Bien que Darwin (et Wallace) ait toujours insisté sur le rôle de la sélection naturelle comme agent principal des changements évolutifs, on est surpris de constater que, quand il publie *La Filiation de l'homme* en 1871, c'est la seconde partie du titre, *and Selection in Relation to Sex* (*et la sélection liée au sexe*) qui domine sa réflexion sur l'évolution des caractères « raciaux » chez les humains :

> Nous avons donc vu que les différences externes caractéristiques entre les races de l'homme ne peuvent pas s'expliquer d'une manière satisfaisante par l'action directe des conditions de vie, ni par les effets de l'usage continu de certains membres, ni par le principe de corrélation. Nous sommes donc conduits à nous demander si de légères différences individuelles, auxquelles l'homme est éminemment sujet, n'ont pas été préservées et augmentées durant une longue série de générations,

> par Sélection Naturelle. Mais c'est ici que nous nous heurtons à l'objection que seules des variations bénéfiques peuvent être préservées ainsi ; et pour autant que nous ayons les moyens d'en juger [...] aucune des différences entre les races de l'homme n'est pour ce dernier directement ou particulièrement utile.
>
> Nous avons donc jusqu'ici été mis en échec dans toutes nos tentatives pour expliquer les différences entre les races de l'homme ; mais il reste un agent important, à savoir la Sélection Sexuelle, qui apparaît comme ayant puissamment agi sur l'homme comme sur beaucoup d'autres animaux [...] mais on peut montrer qu'il serait inexplicable que l'homme n'ait pas été modifié par cet agent qui paraît avoir puissamment agi sur d'innombrables animaux. On peut, en outre, montrer que les différences entre les races de l'homme, telles que celles qui portent sur la couleur, la pilosité, la forme des traits, etc. sont d'une nature dont on aurait pu s'attendre à ce qu'elle tombât sous l'influence de la Sélection Sexuelle. (p. 290-291)

Je pense en effet que Darwin a raison de mettre en question la sélection naturelle comme étant le facteur responsable de l'épaisseur des lèvres ou de la forme distinctive des yeux de nombreuses populations orientales. Nous avons toutefois vu au chapitre IV que les « lois » d'Allen et de Bergmann concernant l'adaptation au climat semblent bien s'appliquer à la variation des gabarits corporels des humains de régions différentes. Il paraît donc probable que la forme du nez et la couleur de la peau aient été déterminées par la sélection naturelle, la première par des différences de température et d'hygrométrie locales, la seconde par l'intensité de la lumière, en particulier sa teneur en ultraviolets. Quant aux différences de pigmentation, la théorie est en effet qu'elles ont évolué de façon à maintenir l'équilibre entre la nécessité pour la peau de recevoir assez de lumière du soleil pour synthétiser la vitamine D qui nous est essentielle, d'une part, et, d'autre part, le besoin de protéger cette même peau d'un excès d'UV qui risquerait d'affecter le niveau d'acide folique (vital pendant la grossesse) et d'endommager l'épiderme, provoquant ainsi des cancers. L'étude est compliquée, car les humains se sont faits récemment beaucoup plus mobiles, ce qui brouille les corrélations entre la pigmentation et les intensités d'UV qui ont pu régner autrefois.

Quoi qu'il en soit, le bénéfice de protection d'une pigmentation sombre paraît bien démontré négativement par l'augmentation de la destruction de l'acide folique et la multiplication des cancers de la peau chez les personnes d'origine européenne ayant émigré vers des régions fortement exposées aux UV, comme l'Afrique du Sud et l'Australie. *A contrario*, qui démontre le processus opposé chez les personnes à la peau très pigmentée, les Africains et les natifs du sud de l'Asie qui émigrent vers des régions septentrionales telles que l'Écosse et le Canada courent un risque supérieur de déficience en vitamine D (et par suite de rachitisme), risque encore aggravé s'ils sortent moins et se couvrent davantage quand ils sortent.

Ces faits veulent dire que la couleur de peau originelle de nos ancêtres (africains) était en effet sombre, et que la sélection a favorisé une peau plus claire quand les hommes modernes se sont répandus dans des régions où l'intensité des UV était faible et où le régime alimentaire n'apportait pas suffisamment de vitamine D. En fait, les mutations favorables qui ont donné une peau claire aux Européens sont récentes : selon certaines estimations, l'un des changements génétiques les plus importants ne s'est produit qu'il y a environ 11 000 ans. En outre, plusieurs de ces mutations (pas toutes) diffèrent de celles qui ont eu lieu tout aussi récemment chez les Asiatiques du nord. Mais cela ne veut pas dire pour autant que la sélection naturelle soit l'unique facteur responsable de la couleur de la peau — voire de la forme du nez — car la sélection sexuelle/culturelle a sans doute aussi joué un rôle. Un exemple en est les yeux bleus, communs dans l'Europe du nord. La mutation à l'origine de cette couleur s'est probablement produite bien des fois par hasard au cours de l'évolution humaine, mais elle n'a généralement pas été retenue. Sa version européenne semble néanmoins être récente — moins de 20 000 ans — si bien qu'on peut imaginer qu'elle ait pris naissance au sein d'une population de Cro-Magnons quelque part en Europe. Des yeux clairs sont sans conteste désavantageux quand la lumière solaire est forte. Mais, en Europe, il n'est pas exclu que le caractère inhabituel de cette couleur l'ait amenée à se voir favorisée comme une variante attirante et à peine légèrement désavantageuse, après quoi elle a proliféré par sélection sexuelle/culturelle. Or, cette variante se ramène à un minuscule segment d'ADN, ce qui montre comment de petites modifications génétiques peuvent mener à des différences d'aspect saisissantes.

Les caractères « raciaux » ont donc pour la plupart évolué récemment, par de toutes petites modifications de notre ADN, mais leur impact est fort, car ils touchent à ce que l'on remarque d'abord quand on rencontre des gens : leur couleur, l'aspect de leur visage, leurs cheveux. Vu l'importance de ces signaux, je ne doute pas que ces caractères aient pu être sélectionnés pour des raisons sexuelles/culturelles, par exemple des différences dans les normes d'attirance ou bien le désir de renforcer l'identité du groupe. Également à l'œuvre à mesure que les hommes modernes se dispersaient très rapidement et en relativement petits nombres à partir de l'Afrique, il faut mentionner la *dérive* et l'*effet fondateur.* Celle-là résulte d'événements fortuits : dès lors que des populations cessent de s'échanger des gènes, elles peuvent « dériver » loin l'une de l'autre par pur hasard. Le second processus est lui aussi fortuit, mais il s'agit alors d'un petit groupe, possiblement atypique, qui se maintient jusqu'à fonder une population bien plus importante, qui reflète alors la constitution génétique idiosyncrasique dudit groupe plutôt que celle de la population originelle. Avec l'expansion rapide des hommes modernes, ces phénomènes peuvent même se combiner, pour produire ce qu'on appelle parfois du « surfing génétique » : des combinaisons génétiques particulières, d'abord rares, peuvent devenir très communes si elles ont la chance de surfer sur la vague démographique montante et ainsi de proliférer dans les populations filles. C'est là, semble-t-il, l'explication de certaines fréquences génétiques distinctives hors d'Afrique.

Ces complexités de la génétique font voir pourquoi les scientifiques ont majoritairement abandonné les anciennes catégories « raciales » telles que « négroïde », « caucasoïde », « australoïde », « mongoloïde », car elles n'ont pas de sens pour décrire des niveaux de variation biologique. Qui plus est, nous sommes tous plus ou moins d'origines « mixtes », puisque chacun de nos gènes a sa propre histoire, et qu'ils ne racontent pas tous la même. C'est ainsi que le golfeur Tiger Woods, acclamé comme un modèle (quelque peu terni depuis suite à des frasques affectives) pour les Noirs américains, a réagi en disant qu'il est en réalité cablinasien, c'est-à-dire caucasien-black-indien-asiatique, comme le veut son ascendance multiple. On l'a dit, les populations africaines recèlent probablement autant de variation génétique que tout le reste du monde, et les frontières entre les vieilles catégories sont souvent floues. Non qu'il soit impossible de distinguer des populations à un niveau général grâce à la prédominance de caractères hérités en commun, par exemple la forme du crâne et de la face, et c'est bien pour cela que les spécialistes de médecine légale parviennent souvent à localiser avec assez de certitude les crânes qu'ils étudient et mesurent. Mais, conformément à ce que laisse prévoir l'hypothèse d'une origine africaine récente, lorsqu'on applique ces mêmes mesures, fondées sur des schémas de variation régionale moderne, à des crânes d'hommes modernes archaïques vieux de plus de 20 000 ans, les résultats sont invariablement confus. Par exemple, ayant moi-même testé les crânes âgés de 30 000 ans de Předmostí en République tchèque, je les ai trouvés « africains », tandis que l'un des crânes de la grotte supérieure de Zhoukoudian, en Chine, a l'air « australien ». Cela n'implique en rien une quelconque relation étroite avec ces populations modernes, mais plutôt que la régionalisation qui existait alors est différente de celle qu'on observe aujourd'hui.

L'antique question des possibles différences entre populations régionales en matière de qualité cérébrale et de QI n'est pas près de disparaître bientôt. De ce point de vue, les choses n'ont guère changé depuis l'époque où un passage de l'un des mes précédents livres, *African Exodus,* faillit me valoir un procès. Je ne compte pas en dire beaucoup plus ici sur ce sujet controversé, si ce n'est pour reconnaître que, bien entendu, il est possible que des différences aient évolué dans le domaine cognitif au cours de ces derniers 50 000 ans (voir, par exemple, la discussion à propos du gène microcéphaline plus avant dans ce chapitre) comme il en a évolué dans le domaine des caractères physiques. Mais, dans ce cas, je m'attendrais à ce qu'un continent aussi vaste et génétiquement divers que l'Afrique présente ces différences à un haut degré, plutôt que les prétendues valeurs uniformément basses du QI que rapportent certaines études. De toute façon, comme l'ont montré d'autres études, les tests de QI ne mesurent que certains aspects de « l'intelligence » et leurs résultats sont fortement influencés par des différences environnementales en matière d'éducation, de nourriture et de santé.

Voilà donc ce que l'on peut dire aujourd'hui des variations génétiques entre nous et nos plus proches parents encore vivants, les chimpanzés, et de la variation au sein de notre espèce. Tournons-nous désormais vers les extraordinaires avancées qu'a connues depuis peu l'étude de l'ADN de nos proches parents disparus, les Néandertaliens. Il y a vingt ans, l'idée qu'on puisse récupérer des données génétiques utilisables à partir des fossiles néandertaliens pour les comparer avec les nôtres ressemblait à de la science-fiction, tant paraissait insurmontable le problème d'extraire de minuscules traces d'ADN d'ossements préhistoriques ayant subi pendant de si nombreux millénaires les effets de la dégradation, de l'eau, des changements de température et des acides du sol. Même à supposer que l'ADN ait été préservé (ce qui paraissait improbable), il aurait été trop difficile de le découvrir, trop difficile de le recueillir en quantité suffisante pour en permettre l'étude, trop problématique de le distinguer de tous les autres ADN contaminants qui auraient forcément été aussi présents.

Pourtant, la discipline de l'étude de l'ADN préhistorique a fini par décoller au début des années 1980, avec le séquençage d'une partie de l'ADNmt du quagga, un proche parent du zèbre récemment disparu, dont des peaux étaient conservées dans des collections muséographiques. L'année 1984 voit la découverte d'une technique appelée *réaction en chaîne par polymérisation* (PCR), qui permet aux chercheurs de produire des millions de copies de séquences d'ADN particulières en seulement quelques heures. Grâce à elle, grâce aussi à l'amélioration des techniques d'extraction et à des bases de données d'ADN comparatives, il devint possible de reconnaître et de distinguer l'ADN préhistorique, là où il avait survécu en quantités assez importantes et suffisamment bien préservées. Et c'est ainsi qu'en 1997, la récupération du premier ADNmt néandertalien à partir du spécimen le plus fameux — le squelette de la vallée de Neander de 1856 — a fait sensation. J'ai eu la chance qu'on me demande de parler de cette étude lors de la conférence de presse, à Londres, au cours de laquelle Svante Pääbo en a annoncé les résultats, et je me rappelle avoir été si enthousiaste que je l'ai saluée comme étant un exploit comparable à ce que serait l'arrivée de l'homme sur Mars. Pour la paléoanthropologie, en tout cas, c'était une avancée remarquable, même s'il est vrai que les choses sont allées si vite ces dix dernières années que plus de vingt fossiles néandertaliens ont à présent livré ce même matériel génétique.

Du fait que nos cellules contiennent des centaines, voire des milliers de copies du génome de l'ADNmt, en comparaison de l'unique paquet d'ADN autosomique contenu dans chaque noyau, et aussi parce que le génome de l'ADNmt était entièrement connu dès 1981, les premières recherches sur l'ADN préhistorique l'ont tout spécialement pris pour cible. Mais, en 2006, grâce à des fossiles néandertaliens particulièrement bien préservés et aux énormes progrès des techniques d'analyse et de la puissance de calcul qui permettent désormais de recueillir et de reconnaître de petits fragments d'ADN préhistorique, deux équipes internationales ont réussi à reconstituer les premières cartes génétiques à grande échelle du génome autosomique de Neandertal. Deux sites de fossiles se sont révélés particulièrement propices à ce travail et, dans les deux cas, il se peut que les restes humains résultent du cannibalisme. On suppose même que le décharnage des os a pu contribuer à la préservation de l'ADN en écartant certaines causes immédiates de sa dégradation. L'un de ces sites est la grotte de Vindija en Croatie, où de petits fragments d'os des jambes contiennent l'ADN de loin le mieux préservé qu'on ait découvert jusqu'à présent ; l'autre est El Sidrón en Espagne, dont il a été question au chapitre IV, où l'on a fait très attention de recueillir les fossiles avec le minimum de risque de contamination par de l'ADN récent.

La firme 454 Life Sciences a récemment mis au point de nouveaux instruments qui permettent de séquencer quelque 250 000 brins d'ADN en environ cinq heures avec une seule machine, si bien que plusieurs machines fonctionnant en parallèle entraînent un progrès phénoménal dans le recueil et la reconnaissance des trois milliards de paires de bases qui constituent le génome des Néandertaliens. La technique 454 utilise le séquençage global (*shotgun*), de telle sorte que l'ADN est haché en un très grand nombre de segments courts, ce qui convient parfaitement pour les petits fragments d'ADN nucléaire requis pour reconstituer un génome préhistorique, alors que l'ancienne technique PCR ne valait réellement que pour l'examen de fragments plus longs, comme dans les premiers travaux de Pääbo sur l'ADNmt néandertalien. Toutefois, la mise au point par Paul Brotherton et son équipe d'une technique dite de l'extension d'amorce (*single primer extension*, SPEX) promet beaucoup quant au recueil de petits fragments d'ADN néandertalien d'une manière plus ciblée qu'avec la technique 454.

L'ADN génomique de l'un des individus d'El Sidrón ainsi que celui d'un autre Néandertalien découvert à Monti Lessini en Italie nous donnent un premier aperçu de la constitution des Néandertaliens du sud de l'Europe. Ceux-ci présentaient des mutations de la structure d'un gène de pigmentation, MC1R, exprimé par des cheveux roux et une peau pale. Pourtant, les médias ont eu beau faire étalage de « rouquin(e)s » célèbres, prétendument « Neandertals », l'intéressant de l'histoire est que la variante néandertalienne est en fait distincte de celle des personnes actuelles d'origine européenne. Parmi les diverses raisons probables pour lesquelles la pigmentation claire a évolué chez les humains, il y a le fait de faciliter la synthèse de la vitamine D dans la peau dans les conditions de faible ensoleillement des régions nordiques. Il n'est donc pas surprenant qu'au moins certains Néandertaliens aient évolué vers une dépigmentation, si l'on considère qu'ils ont vécu en Europe des centaines de milliers d'années avant que les hommes modernes n'y arrivent. Ce qui est étonnant, en revanche, si l'on admet l'existence d'un nombre significatif d'échanges reproductifs entre hommes modernes et Néandertaliens en Europe, c'est que les gènes potentiellement favorables codant pour une peau claire ne soient pas passés d'eux à nous. En fait, d'autres recherches laissent entendre que certaines des variantes géniques qui donnent la peau claire de beaucoup d'Européens ont probablement moins de 15 000 ans d'âge.

L'un au moins des Néandertaliens d'El Sidrón présente des gènes mixtes sur le locus TAS2R38 qui, chez les hommes modernes, contrôle la capacité à percevoir (ou non) la saveur amère du phénylthiocarbamide (PTC). On trouve des substances chimiques proches du PTC dans des légumes feuillus comme les choux de Bruxelles et le chou-fleur, mais aussi dans des plantes toxiques, en sorte qu'il se peut que la division perception contre non-perception ait évolué plus anciennement chez les humains dans le cadre d'un équilibre entre besoins nutritionnels et nécessité de détecter le danger inhérent à certaines plantes amères et vénéneuses. D'autre part, au moins deux individus d'El Sidrón partagent avec certains d'entre nous un autre système génique, à savoir le groupe sanguin O codé sur le chromosome 9. Les groupes sanguins A, B et O se distinguent par la présence ou l'absence à la surface des hématies d'antigènes particuliers qui confèrent des résistances à différentes maladies. Dans le groupe O, une mutation bloque l'action de l'enzyme qui produit les antigènes A et B, ce qui peut sembler un désavantage. Mais le fait est que certains agents pathogènes s'attachent à ces antigènes, si bien que ne pas les avoir peut être en fait un avantage. Les chimpanzés aussi présentent le système ABO, quoique le groupe O soit moins commun chez eux. Il paraît donc probable que ce système représente un héritage commun aux chimpanzés, à nous et aux Néandertaliens, tandis que diverses maladies ne cessent d'élaguer les ensembles d'individus aux groupes sanguins les plus vulnérables. Lorsque davantage de Néandertaliens auront été séquencés, nous serons en mesure de comparer la fréquence des groupes chez eux avec celle des humains actuels.

Toujours à El Sidrón, Carles Lalueza-Fox et son équipe ont intelligemment exploité le contexte du site, où le groupe fossilisé était peut-être une famille, pour tenter de se faire une idée de la structure sociale. Les trois hommes présentent des séquences identiques d'ADNmt, alors que les trois femmes ont toutes des séquences différentes (mais en relation avec celles de trois des enfants). S'il s'agit donc bien d'un groupe familial, cela veut dire que les hommes étaient apparentés de près et n'avaient probablement pas quitté leur groupe natal, alors que les femmes venaient d'autres groupes. Ces échanges de partenaires, essentiels pour réduire la consanguinité et en général pacifiques, mais pas toujours, semblent désigner les femmes comme les principaux agents du flux génétique, voire de la transmission culturelle entre groupes néandertaliens. Un tel système social, connu sous le nom de *patrilocalité*, est le plus commun chez les chasseurs-cueilleurs actuels et semble donc faire partie des comportements partagés entre les Néandertaliens et les hommes modernes.

Deux des individus d'El Sidrón ont amené à une découverte plus controversée : la présence d'un gène appelé FOXP2, également présent chez les hommes modernes et baptisé à tort « le gène du langage » — comme si cette faculté des plus humaines pouvait mettre en jeu un gène unique. En fait, ce gène du développement s'est fait connaître par une sorte d'ingénierie inverse : son dysfonctionnement chez les humains entraîne des inhibitions de la compréhension et de la production du langage, tant au niveau des circuits cérébraux qu'à celui du contrôle physique des muscles impliqués dans la production de la parole. Après l'avoir séquencé et comparé avec celui d'autres primates, on a découvert que la version humaine présente deux mutations qui lui sont propres et ont dû être sélectionnées pour favoriser nos facultés linguistiques. Une recherche plus poussée a ensuite démontré que FOXP2 est actif dans plusieurs aires cérébrales impliquées dans la cognition et le langage et que sa version humaine régule (amplifie ou modère) les actions de plus d'une centaine d'autres gènes, ce que sa version « ancestrale », celle des chimpanzés, ne fait pas.

Cela dit, quoique notre version du gène n'ait pas seulement à voir avec le langage, il est certain qu'elle semble impliquée dans la mise en place des voies neuronales et des structures anatomiques associées à la parole. D'où beaucoup de spéculations autour du fait de savoir si les Néandertaliens possédaient ces mêmes mutations ou, sinon, s'il leur manquait aussi la capacité de langage. Les premières ébauches du génome néandertalien semblaient indiquer la présence de la forme humaine de FOXP2. Mais le soupçon existait, même au sein de l'équipe en charge de l'analyse, que cela puisse être dû à une contamination par de l'ADN humain récent. La découverte de la version « avancée » chez les individus soigneusement examinés d'El Sidrón semble toutefois en confirmer la présence chez ces Néandertaliens espagnols. Cela signifie-t-il qu'ils possédaient un langage complètement moderne ? À mon avis, non, et pas davantage le fait que l'os hyoïde de leur gorge ait une forme semblable au nôtre. Ce que cela indique, en revanche, c'est que nous n'avons aucun motif — fondé sur ces éléments de leur physiologie — de leur dénier le potentiel de capacités linguistiques modernes. Quant à savoir s'ils les possédaient réellement ou non, cela dépend aussi de leur propre parcours évolutif en termes de complexité comportementale et de structure des appareils cérébral et vocal, ainsi que de toutes les contraintes évolutives résultant des caractères distinctifs de leur anatomie.

Une question est encore plus controversée que la présence ou l'absence de la version « moderne » de FOXP2 chez les Néandertaliens : celle de savoir s'ils possédaient une version particulière du gène MCPH1 ou microcéphaline. Autre cas d'ingénierie inverse, l'action de ce gène chez les humains s'est vue révélée à l'occasion d'accidents dans le développement du fœtus, à savoir des microcéphalies (tête et cerveau anormalement petits) qui semblent en relation avec une mutation du gène. Le gène microcéphaline déficient aurait apparemment interféré avec les instructions pour la production de neurones dans la partie antérieure de l'encéphale, ce qui aurait entraîné des déficits du cortex cérébral. Il en existe deux variantes principales de nos jours, l'une globalement la plus commune (type D), l'autre prédominante en Afrique subsaharienne (« non-D »). Les histoires génétiques de ces deux types sont apparemment très différentes : tandis que non-D s'est, semble-t-il, développé en Afrique, d'où il s'est répandu avec la dispersion des hommes modernes, D n'a proliféré chez ces derniers que depuis 40 000 ans, ce qui suggère qu'il a été sélectionné comme étant avantageux dans certaines régions ou certaines situations. Pourtant, les mutations démontrent que les deux types de microcéphaline ont des racines communes remontant à plus d'un million d'années. D'où vient donc la « nouvelle » variante D ? On s'est d'abord tourné vers les Néandertaliens comme vers une source possible, avec l'idée qu'ils auraient pu transmettre leur variante « jeune » aux hommes modernes sortis d'Afrique. Hélas pour cette hypothèse, le séquençage du génome des Néandertaliens de Vindija indique jusqu'à présent que ceux-ci possédaient la version « africaine » ancestrale du gène microcéphaline. En outre, d'autres études jettent le doute sur l'ensemble du scénario, en cela qu'elles ne confirment pas l'hypothèse selon laquelle le gène microcéphaline serait fortement impliqué dans le développement cérébral et l'intelligence chez les humains « normaux ». Ce gène n'en soulève pas moins un problème : alors que l'ADNmt, le chromosome Y et la plus grande partie de l'ADN autosomique apparaissent comme autant de supports solides de la théorie de l'origine africaine récente de notre espèce, suivie d'une dispersion, certaines variantes de certains gènes donnent à penser que l'histoire évolutive d'*Homo sapiens* pourrait être plus complexe.

De même qu'on se sert de l'ADN humain récent pour estimer l'importance des populations d'*Homo sapiens* dans le passé, on a soumis les petites quantités d'ADN néandertalien recueillies jusqu'à présent à des analyses analogues, dont les résultats sont clairement négatifs en ce qui concerne la viabilité de leurs possesseurs. Les génomes entièrement reconstitués d'ADNmt de six Néandertaliens d'Allemagne, d'Espagne, de Croatie et de Russie ne diffèrent qu'à cinquante-cinq locus sur un total de plus de 16 000 paires de bases, ce qui représente une diversité de l'ADNmt bien moindre que chez les hommes modernes, de même qu'une infime fraction de la variabilité observée chez les grands singes actuels. Les estimations de la population néandertalienne effective d'Europe et du Moyen-Orient basées sur ces données la donnent à 3 500 reproductrices à peine, ce qui, il est vrai, comme on l'a vu, peut se traduire par une population réelle bien plus importante. Qui plus est, les individus étudiés semblent avoir abrité un assez grand nombre de mutations potentiellement délétères susceptibles d'affecter la structure des protéines, chose qui s'observe fréquemment dans les petits groupes. Si l'on considère qu'il s'agit là d'un échantillon de Néandertaliens tardifs, provenant de pratiquement tout leur vaste domaine, on comprend qu'ils aient pu être une espèce en danger même sans le choc et la déstabilisation provoqués par l'arrivée des hommes modernes sur leurs territoires.

Les génomes néandertaliens partiels publiés en 2006 comportaient des données contradictoires, d'où des soupçons rapidement exprimés que peut-être les résultats avaient été affectés par un reste de contamination par de l'ADN d'hommes modernes. Tel était en effet le cas, comme l'ont montré des investigations plus poussées, et cela jusqu'à 15 % dans certaines portions. À présent, en revanche, nous disposons d'une esquisse d'un génome néandertalien composite et presque complet, qui va nous permettre d'approfondir nos connaissances de leur physiologie, depuis la couleur des yeux et des cheveux jusqu'aux facultés intellectuelles et aux compétences linguistiques. Une équipe internationale composée de plus de cinquante chercheurs a reconstitué plus de trois millions de bits d'information codée par l'ADN, principalement extraits de trois petits fragments d'os trouvés dans la grotte de Vindija. Il s'agit de femmes néandertaliennes mortes il y a environ 40 000 ans, que leur ADN a immortalisées. Les résultats continuent de confirmer pour l'essentiel l'hypothèse de la sortie d'Afrique, *Out of Africa*, une différence globale entre Neandertal et nous et une séparation de nos deux lignées il y a environ 350 000 ans. Toutefois, quand on a comparé ce nouveau génome néandertalien à celui d'hommes modernes de différentes parties du globe, notre histoire évolutive en a pris une tournure assez surprenante, car il est apparu que les génomes des populations d'Europe, de Chine et de Nouvelle-Guinée sont un peu plus proches des séquences néandertaliennes que ne le sont les populations africaines. Autrement dit, si l'on est européen, asiatique ou néo-guinéen, on a probablement un bout de Neandertal dans sa constitution.

Une explication possible en est que les ancêtres de ces populations se sont croisés avec des Néandertaliens (ou du moins avec une population dont les gènes incluaient une composante néandertalienne) en Afrique du Nord, en Arabie ou au Moyen-Orient lorsqu'ils sont sortis d'Afrique voilà environ 60 000 ans. Comme cet exode n'a sans doute impliqué que quelques milliers d'individus, il a suffi de l'absorption de quelques Néandertaliens dans un groupe d'*Homo sapiens* pour que l'effet génétique — démultiplié par l'explosion démographique des hommes modernes — s'en fasse encore sentir des dizaines de milliers d'années plus tard. Le montant de la contribution génétique des Néandertaliens est estimé à environ 2 % au total, chiffre étonnamment élevé pour moi comme pour d'autres partisans d'*Out of Africa*, qui pensions que toute trace légère d'échanges reproductifs aurait disparu au long de toutes ces années. Qui plus est, l'examen effectué par la généticienne Vania Yotova et son équipe de 6 000 échantillons modernes pris dans le monde entier a révélé que les chromosomes X non africains présentent jusqu'à 9 % d'ADN de provenance néandertalienne sur un locus particulier. Ce qu'entraîne pour nous cet ADN commun, s'il entraîne quelque chose, reste à déterminer, et c'est probablement ce sur quoi se concentrera la prochaine étape de cette fascinante recherche. Non contentes de mettre en évidence ce transfert d'ADN chez certains d'entre nous, les comparaisons ont également révélé plus de deux cents mutations que nous ne partageons ni avec les Néandertaliens ni avec les chimpanzés. Certaines touchent des gènes impliqués dans les fonctions cérébrales, la structure du crâne et du squelette, la peau et les organes associés (poils et glandes sudoripares), les fonctions énergétiques et la production de sperme.

Toutes ces avancées arrivent au moment où l'on parle à nouveau de la possibilité de croisements entre Néandertaliens et premiers hommes modernes (Cro-Magnons) en Europe il y a 35 000 ans. Aussi bien les données fossiles que l'ADN indiquent que les uns et les autres constituent des lignées distinctes mais étroitement apparentées. D'autre part, comme je l'ai expliqué, le degré de différence morphologique au niveau du squelette est comparable à celui qui, chez les primates actuels et les mammifères fossiles, discrimine des espèces distinctes. Cela étant, des espèces de mammifères étroitement apparentées sont parfois capables d'hybridation, en sorte que celle-ci était sûrement possible entre Neandertal et Cro-Magnon.

L'anthropologue Clifford Jolly, qui fut mon premier professeur de paléoanthropologie à l'University College de Londres, a particulièrement étudié les babouins et leurs cousins dans l'Afrique d'aujourd'hui. Or, bien que ces singes paraissent former des espèces distinctes par leur aspect et leur comportement, quand on analyse leur ADN, on constate que les « espèces » en question s'échangent fréquemment des gènes, au moins en petite quantité, chaque fois qu'elles empiètent géographiquement les unes sur les autres. Aussi, comme le dit Jolly à propos des espèces humaines fossiles, dont les Néandertaliens : « Le message est qu'il faut se concentrer sur la biologie, éviter les pièges sémantiques et comprendre que toute taxonomie au niveau de l'espèce fondée sur des matériaux fossiles ne peut que refléter de façon approximative les complexités du monde réel. » Nous devrions nous rappeler ces sages paroles, me semble-t-il, avant d'affirmer quoi que ce soit de définitif quant à ce qui a pu se passer quand nos ancêtres ont rencontré les Néandertaliens, s'ils les ont rencontrés.

La question essentielle s'agissant du comportement des uns et des autres est bien évidemment : se considéraient-ils comme d'autres personnes ? Nous ne connaissons pas toute l'histoire, et la réponse a sans doute varié selon les lieux et les époques, vu les caprices du comportement humain. J'ai sur ce point une opinion différente de celle de mon ami Erik Trinkaus, qui voit un apport néandertalien chez la plupart des tout premiers hommes modernes d'Europe, comme, par exemple, dans ce squelette d'enfant trouvé dans la vallée de Lapedo au Portugal. Il a été enterré il y a environ 27 000 ans, accompagné de l'ocre rouge et du mobilier funéraire typiques de nombreuses sépultures gravettiennes (cf. chapitre IV), et décrit en détail, avec toutefois des détails contradictoires. Bien que presque tout dans son anatomie en fasse un jeune Cro-Magnon assez typique, la robustesse et les proportions de ses membres, ainsi que certains caractères de sa dentition, ont donné l'idée à certains qu'il constituerait une preuve des métissages entre Néandertaliens et hommes modernes. Étant donné son origine gravettienne, plusieurs milliers d'années apparemment après la disparition des Néandertaliens, on doit plutôt en conclure qu'il s'agirait d'un enfant Cro-Magnon ayant conservé quelques gènes néandertaliens et des caractéristiques remontant à une phase de croisements antérieurs. Pour ma part, dans ce cas comme dans d'autres, plutôt que des caractères de provenance clairement néandertalienne, j'en vois qui étaient déjà présents chez les ancêtres de ces hommes modernes dans leur lieu d'origine, ou bien qui représentent des variations individuelles qui recoupent par certains aspects celles des Néandertaliens. Ce n'est que lorsque nous disposerons d'un échantillon suffisant d'hommes modernes archaïques d'Afrique du Nord ou d'Asie datant d'environ 50 000 ans — c'est-à-dire de la même période que beaucoup de nos Néandertaliens — que nous serons capables d'en déterminer la morphologie et de décider si certains caractères peuvent provenir de croisements ou bien remontent à des ancêtres dans une autre région.

Il y a plusieurs années, j'ai fait la remarque que, s'il y a une chose dont on peut s'attendre à ce que les Néandertaliens l'aient léguée aux Cro-Magnons à l'occasion d'un croisement, c'est l'adaptation physique et physiologique au froid, alors qu'en réalité, les premiers Cro-Magnons présentaient un physique longiligne et que les Européens actuels font preuve d'une mauvaise tolérance au froid en comparaison de beaucoup d'autres groupes d'hommes modernes, chose surprenante s'ils comptent des Néandertaliens parmi leurs ancêtres. Cet argument contre la réalité des échanges reproductifs surgit à nouveau quand on considère la couleur de la peau, puisque, comme nous l'avons vu, les Européens modernes ont évolué leur propre pigmentation claire au lieu de l'emprunter aux Néandertaliens. D'où la question : si la comparaison des génomes montre qu'il y a bien eu croisement, pourquoi ces caractères visiblement utiles n'ont-ils pas été transmis ?

La réponse, à mon avis, ne viendra que si l'on réfléchit à nouveau au fait que le lieu sur lequel tout le monde s'est focalisé à propos de cette affaire de croisements est l'Europe, à l'époque des derniers Néandertaliens. Mais ceux-ci étaient alors une espèce en voie d'extinction, peu nombreuse et peu diversifiée. Si, au contraire, les échanges reproductifs ont eu lieu plus tôt, dans une région ou à une époque plus chaude, les Néandertaliens en cause n'étaient peut-être ni de peau claire ni adaptés au froid comme les spécimens européens. En fait, il se peut même que les croisements se soient produits quand des populations comme celles de Skhul-Qafzeh et Tabun se trouvaient au Moyen-Orient il y a 120 000 ans. À supposer qu'un millier de ces hommes modernes archaïques se soient métissés avec une cinquantaine de Néandertaliens, puis qu'ils aient survécu quelque part en Arabie ou en Afrique du Nord, n'auraient-ils pas pu se croiser ensuite avec les émigrants venus d'Afrique 60 000 ans plus tard et leur transmettre leur part cachée de gènes néandertaliens ?

Il y a toutefois une autre possibilité. Des recherches en cours donnent à penser que les quelque 2 % d'ADN néandertalien trouvés dans les échantillons français, chinois et néo-guinéens ne sont pas les *mêmes* 2 %. D'où un autre scénario que la modélisation des interactions entre hommes modernes et Néandertaliens a conduit les généticiens Mathias Currat et Laurent Excoffier à proposer : ces 2 % dans les différentes populations seraient en fait la mesure de l'insuccès de l'hybridation à l'occasion d'événements de croisement *séparés*. Ils marquent ainsi une limite naturelle du processus, due à des facteurs biologiques, sociaux ou démographiques.

Vu le rôle que nous avons peut-être joué dans leur disparition, devrions-nous renverser le processus et tenter de cloner un Néandertalien à partir de son génome récemment reconstitué ? Voilà une idée que j'aurais écartée comme étant de la pure science-fiction il y a seulement quelques années. Mais, avec les progrès renversants de la génomique ces dernières années, on ne peut plus exclure une telle tentative à l'avenir. Ce dont je suis sûr, en tout cas, c'est que ce serait une mauvaise chose que de ressusciter une espèce depuis longtemps éteinte, et surtout une espèce humaine, uniquement pour satisfaire notre curiosité. Les Néandertaliens ont été le produit d'une histoire évolutive unique qui s'est déroulée en Eurasie pendant des centaines de milliers d'années. À présent, ils sont partis, et avec eux le monde au sein duquel ils avaient évolué. Laissons-les reposer en paix.

Les progrès dans la reconstitution des génomes néandertaliens ont leur pendant plus loin en Asie, avec les travaux tout aussi remarquables menés par David Reich et son équipe sur ce qu'on connaît à présent sous les noms de « lignée X » ou de « Dénisoviens ». C'est une phalange fossilisée vieille de 40 000 ans trouvée dans la grotte de Denisova en Sibérie, et qu'on ne parvenait pas à attribuer à une espèce humaine particulière, qui a d'abord livré une séquence surprenante d'ADNmt, ni néandertalienne ni moderne. En fait, cet ADNmt s'est révélé plus différent que celui des Néandertaliens et des hommes modernes, avec une origine probable bien au-delà de 500 000 ans. La découverte s'est vue confortée quand on a constaté qu'une grosse molaire trouvée dans les mêmes niveaux présentait un ADNmt très semblable. Plus remarquable encore, la phalange a ensuite livré de l'ADN autosomique, qui a permis de reconstituer des parties du génome dénisovien total. D'où de nouvelles surprises quand on les a comparées avec les génomes des chimpanzés, des Néandertaliens et de divers hommes modernes : les Dénisoviens représentent probablement une branche de la lignée *heidelbergensis*, mais restée génétiquement plus proche des Néandertaliens que des hommes modernes, ce qui pourrait être le signe d'échanges génétiques épisodiques en Asie centrale, où les Néandertaliens et les Dénisoviens se sont rencontrés. D'autres fossiles énigmatiques vieux de 100 000 à 650 000 ans, tels ceux de Narmada en Inde ou de Yunxian, Dali, Jinniushan et Maba en Chine, ont également été considérés comme de possibles branches asiatiques d'*H. heidelbergensis*, ou bien comme apparentés à Neandertal, si bien qu'on a là aussi des candidats pour cette antique lignée orientale. Il y a en outre les restes fragmentaires de Xujiayao en Chine du nord et de la grotte de Zhiren en Chine du sud, âgés d'environ 100 000 ans, dont on dit qu'ils présentent des caractères aussi bien archaïques que modernes. Bien que trop incomplets pour en déterminer le statut évolutif, ils indiquent eux aussi que l'histoire de l'évolution des hommes modernes en Chine est plus complexe qu'on ne le pensait.

Mais une autre chose encore plus étonnante requiert une explication : les Dénisoviens sont aussi apparentés à un groupe humain actuel, les Mélanésiens, ce qui nous renvoie à l'intuition de Jeffrey Long, mentionnée plus haut, que ceux-ci présentent des gènes archaïques qui les distinguent du reste de l'humanité. L'explication la plus plausible est que les Dénisoviens étaient présents en Asie du Sud-Est comme en Sibérie, et que des populations pré-mélanésiennes venues d'Afrique et traversant cette région se sont croisées avec quelques-uns d'entre eux, ramassant au passage ces quelque 5 % de leurs gènes. Cela n'a peut-être représenté que vingt-cinq Dénisoviens mêlés à cinq cents pré-Mélanésiens, mais cela a suffi pour conférer aux habitants actuels de la Nouvelle-Guinée ou de Bougainville leurs 8 % de gènes « archaïques » comprenant une petite composante néandertalienne, probablement acquise d'abord au Moyen-Orient, et une composante dénisovienne plus importante, acquise plus tard, sur leur chemin vers la Mélanésie. Aussi va-t-on prêter maintenant une grande attention à ce que la présence de ces gènes dénisoviens, à l'instar des quelques gènes néandertaliens, entraîne, si elle entraîne quelque chose, pour les Mélanésiens actuels. Par exemple, ceux-ci auraient-ils ainsi acquis des défenses utiles contre certaines des maladies endémiques en Asie du Sud-Est ? C'est ce que laisse entendre une étude du système immunitaire due au généticien Abi-Rached et son équipe, qui estiment que certaines variantes du système des antigènes leucocytaires humains (HLA) dans les populations eurasiennes modernes proviennent peut-être d'échanges reproductifs avec les Dénisoviens et les Néandertaliens. Il va maintenant falloir se tourner vers l'Australie, où l'on n'a pas encore effectué de comparaison génomique avec les Dénisoviens et les Néandertaliens, mais qui, de par sa colonisation ancienne et son isolement ultérieur, constitue une région-test importante pour toute recherche à venir sur l'hybridation.

Avec de tels succès dans le recueil de l'ADN des Néandertaliens et des Dénisoviens, inimaginables il y a seulement quinze ans, on peut s'étonner de n'avoir pas vu paraître une profusion d'articles consacrés à la comparaison des ADN préhistoriques dans toutes sortes d'autres régions du monde. Mais le fait est que les milieux tropicaux et subtropicaux, très chauds et humides, sont hautement défavorables à la conservation de l'ADN, ce qui est très malheureux dans des cas comme celui d'*Homo floresiensis*, pour lequel une analyse génétique aurait pu rapidement arbitrer le débat acharné sur la question de savoir s'il s'agit d'une espèce archaïque ou d'une étrange variété d'hommes modernes. Même si l'on peut espérer découvrir d'autres sites que Denisova dans le nord de l'Asie, voire en haute altitude plus au sud, il est probable que de nombreuses populations préhistoriques ne nous livrerons jamais leur ADN, et que nous continuerons à dépendre d'approches indirectes, comme l'étude des parasites de l'homme, dont l'ADN permet d'étudier par des voies parallèles et indépendantes notre propre ADN ainsi que l'histoire de l'ADN fossile (dont il sera question plus avant dans ce chapitre). Les substances biochimiques autres que l'ADN, par exemple les protéines des os, présentent elles aussi de meilleures perspectives de survie en milieu hostile et peuvent donc offrir une autre fenêtre sur le passé de notre évolution. Mais que dire des premiers hommes modernes tels que les Cro-Magnons d'Europe qui vivaient dans des conditions semblables à celles des Néandertaliens et sont plus récents qu'eux ? Ne devraient-ils pas apparaître comme des favoris pour l'étude de l'ADN préhistorique ? Il est certain que beaucoup d'entre eux contiennent des séquences d'ADN préhistorique authentique au moins aussi bien conservées que celles des Néandertaliens, et dont plusieurs ont du reste été publiées. Toutefois, on ne peut pas s'empêcher de soupçonner dans certains cas la possibilité, voire la probabilité d'une contamination par de l'ADN récent, éventuellement indistinguable de l'original authentique.

Ainsi, en 2001, on a affirmé avoir recueilli de l'ADN à partir de fossiles australiens âgés entre 10 000 et 40 000 ans. Dix des douze spécimens examinés, provenant des lacs Willandra et de Kow Swamp, avaient apparemment livré des séquences d'ADNmt humain, et l'un d'entre eux, découvert dans la sépulture Mungo 3 vieille de 40 000 ans, était censé former un groupe détaché par rapport à tous les autres fossiles (néandertaliens) et aux séquences humaines récentes. Cette différenciation de la séquence de Mungo 3, affirmait-on, venait saper les arguments génétiques en faveur de l'origine africaine récente et confirmait, au contraire, la théorie multirégionale ou de continuité régionale des origines de l'homme moderne. (Le chercheur multirégionaliste Alan Thorne figurait parmi les auteurs de l'étude.)

À la suite de quoi, des esprits critiques tels qu'Alan Cooper, Matthew Collins et moi-même n'ont pas tardé à faire remarquer que la vitesse de recueil annoncée pour cet ADN préhistorique australien était tout fait exceptionnelle comparée aux résultats obtenus ailleurs, surtout si l'on considère que certains des spécimens étaient restés enterrés sous les sables du désert pendant des millénaires, dans des conditions de chaleur extrême. Qui plus est, l'ADN avait parfois été récupéré à partir de morceaux d'os stockés dans des caisses après que les squelettes avaient été, très malheureusement, ré-inhumés ou incinérés sur l'injonction des communautés aborigènes. Les protocoles expérimentaux standards pour l'analyse de l'ADN préhistorique n'avaient pas non plus été appliqués, ce qui ouvrait la porte à une possibilité de contamination. De fait, une réanalyse des données génétiques publiées, basée sur un plus grand nombre de séquences australiennes et africaines récentes à fin de comparaison, a démontré que la séquence Mungo 3 ne forme pas un groupe distinct par rapport à l'ADNmt humain récent, et qu'elle ne remet pas en cause de façon sérieuse l'hypothèse de l'origine africaine récente.

Une réanalyse des échantillons eux-mêmes au moyen des techniques les plus récentes est actuellement en cours, afin de déterminer le degré de contamination. Les leçons qu'on en tirera iront s'appliquer à de nouvelles études dont l'objet consiste à distinguer les segments d'ADN préhistoriques des récents grâce aux dommages dont les premiers portent les signes. On aura ainsi la chance de recueillir enfin des échantillons indiscutables d'ADN des Cro-Magnons et d'autres hommes modernes archaïques.

Un autre aperçu quelque peu surprenant, voire choquant, de l'évolution humaine nous est donné par l'étude de certains de nos compagnons de route : les poux de tête et de corps. Nous avons déjà parlé de ces parasites, qui vivent de notre sang, à propos de recherches visant à estimer le moment où on a commencé à utiliser régulièrement les vêtements et la literie qui les abritent. Nous sommes victimes de deux genres distincts de poux : *Pthirus*, le pou du pubis, et *Pediculus*, le pou de la tête et du corps, et notre cohabitation avec eux doit cacher une histoire complexe. Notre pou de tête est le plus étroitement apparenté à celui des chimpanzés, ce qui concorde avec une divergence évolutive entre leur espèce et la nôtre il y a environ six millions d'années. Étrangement, en revanche, c'est à ceux du gorille que nos poux du pubis sont le plus étroitement apparentés, mais avec une divergence apparente de seulement trois millions d'années. On en conclut que nos poux de tête ont divergé avec nous, en même temps que les lignées des humains et des chimpanzés se séparaient, mais que le bond plus récent de nos poux du pubis depuis la lignée des gorilles, qui nous est moins proche, doit s'expliquer autrement, à savoir que nos ancêtres africains ont dû avoir des contacts directs avec les ancêtres des gorilles, peut-être sexuels, peut-être amicaux, peut-être conflictuels ou prédateurs. D'autre part, l'isolement chez eux de la toison pubienne, qui a fourni l'occasion du transfert depuis les gorilles, montre que nous avions déjà perdu une bonne partie de notre pilosité corporelle il y a trois millions d'années.

L'ADNmt de nos poux de tête et de vêtements présente trois lignées bien distinctes, contrairement au nôtre. Le groupe le plus commun est aujourd'hui réparti dans le monde entier et montre les indices d'une expansion il y a environ 100 000 ans, en accord avec l'expansion des hommes modernes au sein puis en dehors de l'Afrique. La deuxième lignée, surtout commune en Europe, a divergé de la première il y a environ un million d'années, tandis que la troisième, rare, ne se rencontre que chez quelques individus en Afrique et en Asie et a divergé voilà encore plus longtemps, il y a à peu près deux millions d'années. Selon le généticien David Reed, une façon de rendre compte de ces résultats est de supposer que la population originelle d'hommes modernes était assez importante pour abriter ces trois lignées pendant environ deux millions d'années. Ses calculs montrent toutefois que c'est là quelque chose de très improbable.

Une autre possibilité est celle d'une interaction entre des populations humaines distinctes depuis bien plus longtemps que 200 000 ans, donc des contacts entre hommes modernes et hommes archaïques tels que les Néandertaliens ou, comme on l'a vu, les Dénisoviens. Quelle sorte d'interaction ? Nous ne pouvons pas le déterminer, mais cela peut aller du croisement au rapport sexuel sans conséquence, en passant par l'agression ou même le cannibalisme, à l'occasion de quoi la vermine aurait pu bondir des victimes aux coupables. Des études historiques montrent par exemple que les insulaires du détroit de Torres, entre la Nouvelle-Guinée et l'Australie, avaient coutume de garder les têtes de leurs parents défunts comme de leurs ennemis. Dans ce dernier cas, ils mangeaient parfois des parties du visage et les yeux du trophée. De tels comportements ont pu permettre aux parasites de se répandre entre des populations, voire des espèces humaines différentes. Ayant réussi à changer d'espèce avant que leur premier hôte ne disparaisse, ces lignées de poux ont littéralement accordé un nouveau bail à leur existence. Et il va de soi que le transfert d'agents pathogènes a pu se faire aussi en sens inverse, si bien qu'il n'est pas exclu que des infections apportées d'Afrique par les hommes modernes aient contribué à la disparition des hommes archaïques ailleurs.

Dans ce chapitre, il a été question des données que contiennent nos génomes ainsi que ceux des Néandertaliens et des Dénisoviens, génomes qui ont enregistré l'évolution de ces proches lignées humaines et leurs contacts au moins occasionnels. Tout confirme que notre origine est principalement africaine et récente, mais qu'à l'échelle du monde, notre espèce n'est pas purement ni entièrement issue d'Afrique. Là, nos premiers ancêtres étaient peu nombreux et constituaient probablement de petites poches de peuplement. Le développement de la modernité comportementale, quant à lui, s'est fait de façon inégale à travers l'Afrique, en une genèse que j'ai comparée à de brefs épisodes, comme d'une bougie qui vacille et puis s'éteint. Qu'est-ce donc qui a fini par changer pour maintenir cette flamme allumée, puis de plus en plus intense, pour que notre espèce entame son apparemment inexorable ascension vers la domination du monde ? Les idées et les théories sont nombreuses, que nous allons commencer à parcourir au chapitre suivant.

Chapitre VIII

LA FABRIQUE DE L'HOMME MODERNE

Lorsque j'ai commencé mes recherches doctorales en 1970, ai-je rappelé au chapitre premier, personne, pour ainsi dire, ne considérait l'origine des hommes modernes comme un sujet particulier, digne d'une étude scientifique. Telle qu'elle était généralement acceptée, la classification des humains rangeait également parmi les membres de notre espèce les hommes d'aujourd'hui, les Néandertaliens et les restes trouvés dans des sites tels que Broken Hill en Afrique et Solo à Java. Avec autant d'*Homo sapiens* d'aspects si différents, il n'y a rien de surprenant à ce que l'origine de caractères comme le menton, une petite arcade sourcilière ou un crâne en forme de dôme se soit perdue dans le marais des diversités. D'autant que la domination des théories multirégionale ou de la phase néandertalienne faisait que les origines de ces caractères paraissaient éparpillées dans tout l'Ancien Monde, si bien que l'évolution des hommes modernes était moins un événement qu'une tendance : nous n'étions que l'aboutissement de tendances longues et continues telles que l'accroissement de la taille du cerveau et la diminution de la taille des dents et de la face. S'agissant du comportement, là aussi on insistait sur les tendances évolutives graduelles. Ainsi, la « transition » en France du Moustérien du Paléolithique moyen au Gravettien du Paléolithique supérieur par l'intermédiaire de l'industrie châtelperronienne était considérée comme la confirmation d'une évolution locale parallèle des Néandertaliens vers les Cro-Magnons.

Quarante ans plus tard, tout paraît très différent. Pour la plupart des scientifiques, l'Afrique s'est affirmée comme le centre de nos origines physiques et culturelles. L'évolution d'*Homo sapiens* « moderne » apparaît désormais comme un événement physique et biologique important, appuyé sur des preuves aussi bien fossiles que génétiques. Bien plus, de nombreux chercheurs sont tentés de faire remonter jusqu'à l'Afrique les origines des comportements complexes manifestés par les figurines et les grottes peintes du Paléolithique supérieur européen. Cependant, autant je me réjouis de la façon dont la question des origines de l'homme moderne a pris son essor pour devenir l'un des domaines de recherche les plus dynamiques en paléoanthropologie, autant je demeure perplexe devant de nombreux aspects des origines africaines de notre espèce. Si je jette un œil critique sur ce que nous en savons et, plus important encore, sur ce que nous en ignorons, j'en retire le sentiment que nous sommes encore loin de les comprendre complètement. C'est ce que j'espère parvenir à exposer dans ces deux chapitres finaux.

Dans les années 1980, le problème pour des gens comme Günter Bräuer, Desmond Clark et moi était seulement d'amener nos confrères et le public à prendre au sérieux l'idée d'une origine africaine récente de l'humanité moderne, certainement pas de discuter les détails de cette origine. Au cours de ce qui fut une véritable bataille contre une opposition très influente et parfois au vitriol, en même temps qu'un débat de plus en plus polarisé et plein d'aigreur, je suis sûr qu'il nous est arrivé de simplifier outrageusement nos conceptions comme celles des multirégionalistes et de minimiser la complexité des faits. Parfois aussi, élaborant mes propres théories, j'ai bercé l'idée que notre espèce avait pu évoluer très rapidement à l'intérieur d'une petite région — une sorte de « jardin d'Éden » africain. La conception qui a généralement prévalu reste toutefois celle d'une séquence évolutive relativement graduelle en Afrique depuis les humains archaïques (*Homo heidelbergensis,* parfois appelé *Homo rhodesiensis*) jusqu'à notre espèce, *H. sapiens.* Les fossiles d'*heidelbergensis* en Afrique et en Europe datent d'environ 500 000 ans, tandis que des fossiles représentant notre espèce ont été trouvés, comme nous l'avons vu, en Éthiopie à Omo Kibish et Herto, âgés de 160 000 à 195 000 ans, à quoi s'ajoutent les restes plus fragmentaires de Guomde au Kenya, vieux de peut-être 250 000 ans. L'hypothèse est que l'accumulation progressive des caractères modernes en Afrique s'est faite parallèlement à une évolution comparable des caractères néandertaliens en Europe, à partir d'un semblable ancêtre *heidelbergensis.*

Cela dit, on ne sait toujours pas précisément ce qui a déclenché l'évolution des hommes modernes en Afrique, ni pourquoi elle a eu lieu. Des progrès sociaux ou technologiques ont-ils provoqué un changement évolutif, ou bien est-ce le fait d'un isolement géographique consécutif à de graves modifications climatiques ? On ne sait même pas trop bien où vivaient la ou les premières populations « modernes », avec une compétition entre l'Afrique orientale et l'Afrique australe pour le titre de « berceau de l'humanité moderne ». Le registre fossile met en avant l'Éthiopie et le Kenya comme le lieu le plus probable de nos origines — mais c'est aussi la région où ce registre est le meilleur pour la période pertinente. L'Afrique australe, en revanche, présente un registre plus pauvre, mais des données comportementales bien plus riches pour le *Middle Stone Age*, ce qui a conduit certains chercheurs à la revendiquer comme étant le véritable foyer des origines de l'homme moderne. Mais des recherches récentes ont déplacé ce foyer bien plus au nord, jusqu'au Maroc, où une réévaluation des anciennes découvertes ainsi que de nouvelles trouvailles laissent penser que même le nord-ouest de l'Afrique ne saurait être exclu du nombre des centres possibles de nos origines. On n'oubliera pas non plus qu'au moins la moitié des régions d'Afrique qui présentent des outils lithiques de cette période n'a encore livré aucun fossile humain pour nous faire savoir qui fabriquait ces outils. C'est pourquoi, gardant tous ces points à l'esprit, je voudrais considérer d'un œil neuf plusieurs aspects de notre évolution déjà discutés, de la biologie au comportement et au rôle du climat, dans l'espoir d'éclairer un peu plus nos mystérieuses origines africaines.

D'abord, nous regarderons le cerveau. En effet, selon l'une des théories dominantes quant à nos origines africaines, due à l'archéologue Richard Klein, le comportement moderne s'est développé soudainement il y a environ 50 000 ans à la suite de mutations génétiques qui ont augmenté notre fonctionnement cérébral et nous ont, pour l'essentiel, rendus « modernes » d'un seul coup. Du même ordre est l'hypothèse du neurologue Fred Previc, qui insiste sur l'importance de la dopamine, un neurotransmetteur, pour la pensée créative et qui suppose qu'elle a atteint un seuil critique il y a environ 80 000 ans, tirant ainsi l'évolution du comportement vers la modernité. Malheureusement, il est très difficile de vérifier ces idées à partir des indices dont nous disposons, car, si nous savons fabriquer un modèle réel ou virtuel de l'intérieur d'un crâne fossile, ce modèle ne nous donnera jamais que la forme externe et les proportions du cerveau que le crâne a autrefois contenu. Il ne peut rien nous dire du fonctionnement ni des réseaux d'un encéphale disparu qui contenait des milliards de neurones interconnectés. Ce que nous savons, en revanche, c'est qu'au cours de notre évolution, le volume global de nos cerveaux a augmenté par rapport à la masse corporelle (ce rapport est appelé *coefficient d'encéphalisation* ou CE). Les hommes archaïques présentaient des CE de seulement 3,4 à 3,8, et cela inclut *H. heidelbergensis*, dont le cerveau était de taille humaine, mais dont la masse corporelle dépassait de beaucoup la moyenne actuelle. Les humains plus évolués comme nos ancêtres africains d'avant 200 000 ans et les Néandertaliens ont des CE compris entre 4,3 et 4,8, et c'est avec les premiers hommes modernes, comme ceux de Skhul et Qafzeh et Cro-Magnon, que le CE atteint ses valeurs les plus élevées, entre 5,3 et 5,4.

Depuis lors, *H. sapiens* semble avoir stagné à ce niveau, voire connu un léger déclin de son CE. Mais avec le cerveau comme avec beaucoup d'autres choses, la taille n'est pas tout. Il est permis de supposer qu'il s'est aussi produit d'importantes réorganisations du fait d'activités comme la fabrication d'outils et la parole. Afin de maximiser la surface du cortex (la « matière grise » qui contient les neurones et leurs connexions), celui-ci se plie et se replie de façon complexe, en sorte qu'il a quatre fois la surface de celui d'un chimpanzé, augmentation équivalente à celle du volume global. Les empreintes laissées par ces circonvolutions ou gyrus et ces sillons sur la surface interne de boîtes crâniennes fossiles ont été soigneusement étudiées à de nombreuses reprises, mais elles sont souvent légères et d'interprétation malaisée. Les travaux menés au siècle dernier sur les marques de gyrus du faux crâne de Piltdown y avaient découvert des caractères censément simiens. Mais nous savons à présent qu'il s'agissait en fait du crâne d'un humain récent, si bien que cette étude n'était pour l'essentiel qu'imagination et désirs pris pour des réalités — de la pseudoscience comparable à la phrénologie. Il existe toutefois une autre approche pour l'analyse des cerveaux préhistoriques, qui prend pour objet, plutôt que les gyrus, les modifications des proportions relatives des diverses composantes, lesquelles se laissent très bien déterminer à partir de l'examen de la surface interne du crâne ou des données de l'imagerie cérébrale.

Le cortex ou télencéphale est de loin la partie la plus importante du cerveau chez les humains. Il se divise par le milieu en deux hémisphères cérébraux (gauche et droit), aux spécialisations distinctes, mais connectés par des faisceaux de fibres nerveuses. Les hémisphères cérébraux consistent en quatre lobes, dont la position correspond à celle des os du crâne du même nom : frontal, pariétal, temporal et occipital. Nous connaissons assez bien les rôles de ces lobes : le lobe frontal est associé à la pensée et à la prévision ; le pariétal, à la motricité et à la sensation ; le temporal, à la mémoire, l'audition et la parole ; l'occipital, à la vision. Logé sous et en arrière des hémisphères, se trouve le cervelet, plus petit et qui se consacre surtout à la régulation et au contrôle de l'organisme.

Des études récentes montrent toutefois que le cervelet intervient aussi dans de nombreuses fonctions dites supérieures, par exemple les processus d'apprentissage, et qu'il est extrêmement connecté au télencéphale. La taille globale du cerveau et le CE ont vraiment commencé à augmenter il y a environ deux millions d'années, peu après qu'apparaissent en Afrique les premiers indices d'un régime carnivore et de la fabrication d'outils. Toutes les aires du cerveau se sont agrandies, mais les hémisphères cérébraux ont proportionnellement augmenté davantage que le cervelet. Le rythme de la croissance cérébrale s'est ensuite accéléré chez *heidelbergensis*, pour atteindre son sommet avec Neandertal et les hommes modernes archaïques, apparemment en relation avec un accroissement de la complexité comportementale. Pourtant, de façon intéressante, cette tendance à long terme s'est inversée chez les humains récents, dont le cervelet est à présent proportionnellement plus gros. On ne sait toujours pas ce que signifie ce changement, s'il signifie quelque chose. En moyenne, le cerveau humain a rapetissé d'environ 10 % au cours de ces derniers 20 000 ans. Le cervelet a-t-il seulement conservé sa taille mieux que ne l'a fait le cerveau, ou bien, comme l'affirment certains, un cervelet relativement plus gros permet-il une meilleure efficacité des opérations mentales ? Nous ignorons tout simplement la réponse.

Il n'en est pas moins certain que la forme générale du cerveau et de la boîte crânienne qui l'enveloppe a changé depuis les humains archaïques jusqu'aux modernes, qu'elle est devenue plus courte et plus haute, plus étroite en bas et plus large en haut, avec une extension particulière dans la zone pariétale. Il est inévitable que la forme du cerveau corresponde de près à celle du crâne, puisque l'un et l'autre doivent se développer en harmonie, mais lequel des deux dirige le processus ? La question n'est pas simple, car la boîte crânienne et le cerveau n'existent pas non plus ni ne se développent de façon isolée. Ainsi, la base du crâne ancre les parties supérieures des appareils vocal, digestif et respiratoire et sert d'articulation entre la tête et la colonne vertébrale, tandis que l'avant du crâne contient la dentition, les mâchoires et les muscles qui les actionnent. Tous ces facteurs ont apparemment empêché la forme du cerveau de beaucoup se modifier dans ces zones.

Les parties supérieures du crâne et du cerveau, en revanche, ne connaissent pas ces contraintes, d'où des changements au niveau des os frontaux, pariétaux et occipitaux des hommes modernes, que je mettais en lumière dans ma thèse de 1974. Chacun de ces changements a contribué à donner à la boîte crânienne des *sapiens* modernes sa forme de dôme, particulièrement remarquable au niveau du front. Certains résultats des travaux que j'ai effectués avec Tim Weaver et Charles Roseman donnent à penser que beaucoup de ces modifications crâniennes n'ont pas de signification évolutive, qu'ils pourraient n'être que l'effet du hasard (de la dérive génétique) pendant que les hommes modernes suivaient leur propre chemin, isolés en Afrique. Je reviendrai sur cette question au chapitre IX. Il reste que la forme du crâne des hommes modernes est si idiosyncrasique comparée à toutes les autres espèces humaines connues qu'on doit se demander, me semble-t-il, si l'évolution du cerveau n'est pas derrière son aspect en dôme. D'autant que des études dues à Philipp Gunz et son équipe indiquent que ce changement de forme a commencé très tôt à séparer les crânes archaïques des modernes.

On s'attend à ce que des changements importants se soient produits dans les lobes frontaux, vu leur importance pour la pensée. C'est pourquoi j'ai été surpris par des études en imagerie cérébrale de crânes fossiles auxquelles j'ai participé, qui montrent que le profil et la taille relative de ces lobes ont beaucoup moins changé chez les hommes modernes qu'on ne l'aurait pensé, en comparaison des évidentes modifications externes dans le développement du front. D'autre part, à l'arrière du crâne, l'os occipital est relativement plus étroit et plus uniment incurvé chez les hommes modernes. Chez *erectus* et *heidelbergensis*, cet os est à angle plus aigu, ce qui doit être dû en partie aux puissants muscles cervicaux qui le traversent chez ces humains primitifs. Quant aux

Néandertaliens, le profil de l'os occipital subit l'influence de lobes assez protubérants, dont la signification est toujours en débat (on sait qu'ils contiennent le cortex visuel). Chez les hommes modernes, les pariétaux montent plus haut et sont allongés, et l'arc qu'ils forment est plus étroit à la base, plus large au sommet. Le paléoneurologue Emiliano Bruner, qui a exploré les formes de ces cerveaux préhistoriques au moyen de la morphométrie géométrique, confirme des études antérieures et plus traditionnelles selon lesquelles les empreintes des vaisseaux sanguins sur la face interne des pariétaux (qui reflètent l'alimentation sanguine des lobes pariétaux) sont altérées chez les hommes modernes et forment un réseau beaucoup plus complexe.

Y a-t-il donc quelque chose dans la fonction des lobes pariétaux qui expliquerait leur expansion dans le cerveau des hommes modernes ? Le fait est qu'ils sont impliqués dans l'intégration de l'information sensorielle, dans le traitement des données provenant de diverses parties du cerveau et dans la communication sociale, toutes choses qui transparaissent dans les changements comportementaux qui se manifestent avec l'arrivée des hommes modernes. Selon les archéologues cognitivistes Thomas Wynn et Frederick Coolidge, un changement décisif dans l'esprit humain moderne est sans doute le développement de la mémoire de travail épisodique. La mémoire humaine se laisse diviser en mémoire déclarative, qui concerne les informations, et mémoire procédurale, qui stocke des chaînes de mots ou d'actions (telles que fabriquer un outil ou retrouver un itinéraire). On sait qu'il s'agit de modules séparés, en ce sens qu'une lésion cérébrale peut interférer sur l'un, mais pas sur l'autre, dont l'imagerie cérébrale montre qu'ils sont contrôlés par des voies neurologiques distinctes. Il est très probable que ces deux types de mémoires tiennent une place éminente dans le cerveau humain moderne. Avec cela, il existe une sorte particulière et importante de mémoire déclarative qu'on appelle la mémoire épisodique, ou personnelle, ou autobiographique, qui nous fait nous remémorer des événements, avec les émotions qui s'y attachent, à la manière d'une histoire. Elle peut servir à repasser des événements révolus, mais aussi, de façon tout aussi importante, à répéter à l'avance des événements à venir. Elle constitue ainsi une espèce de machine à explorer le temps, créatrice d'une « réalité intérieure », qui peut ou bien se déplacer vers le passé, ou bien projeter des scénarios vers le futur, et qui semble être en relation étroite avec la conscience de soi. Or, comme nous l'avons vu précédemment, les données archéologiques indiquent que l'expansion spatiale des hommes modernes en termes d'acquisition de nourriture, d'extraction de matériaux bruts et de réseaux sociaux s'est accrue durant le *Middle Stone Age* et a continué de s'accroître durant le *Later Stone Age* en Afrique et les industries contemporaines hors d'Afrique, par exemple le Paléolithique supérieur. Il se peut que ces évolutions reflètent en effet l'émergence d'une mémoire épisodique de type moderne. Il se peut aussi que la capacité à évoquer des récits intérieurs, presque aussi vivants que la réalité, ait joué un rôle décisif dans le développement des croyances religieuses, dès lors qu'il était possible d'élaborer des scénarios imaginaires aussi bien que réels. À partir du moment où l'on pouvait prévoir sa propre mort, des croyances rassurantes prenaient de la valeur en aidant à survivre et pouvaient donc être sélectionnées.

Les expériences et l'observation indiquent que les lobes pariétaux sont bien impliqués dans la mémoire épisodique, mais il est clair qu'ils ne sont pas seuls à l'être, car l'activation de cette mémoire met en jeu tout un réseau de liaisons entre les lobes frontaux, pariétaux et temporaux. De plus, la mémoire épisodique elle-même ne consiste pas en une voie unique. Ainsi, certains patients atteints d'une lésion sélective du lobe pariétal peuvent se rappeler en détail un événement particulier à partir d'une indication générale comme « vos anniversaires » (rappel déductif), tandis que d'autres ont besoin d'une indication précise telle que la photo d'un gâteau d'anniversaire pour se remémorer convenablement l'événement (rappel inductif). D'autre part, les portions inférieures des lobes pariétaux sont également impliquées dans une autre propriété vitale du cerveau humain moderne : la parole intérieure, cette voix silencieuse qui, consciemment et inconsciemment, guide tant de nos pensées et de nos prises de décision, et qui, en un sens, constitue le logiciel le plus essentiel de nos cerveaux matériels. Il semble même que l'incapacité à créer et à faire usage de ce programme — par exemple, chez des personnes nées sourdes, muettes et aveugles et n'ayant reçu de l'entourage que peu de stimulation sensorielle — limite fortement les fonctions cérébrales supérieures. Mais même des personnes aussi gravement handicapées, pourvu qu'elles reçoivent dans leurs premières années les signaux appropriés, parviennent à développer et à utiliser leur propre code de parole intérieure, par exemple en se rappelant, au lieu de mots oraux, les symboles de langue des signes qu'on leur a enseignés.

Stanley Ambrose, le plus ferme partisan de l'impact de l'éruption du Toba sur l'évolution des hommes modernes, se prononce lui aussi en faveur de l'importance de la mémoire et du développement de certaines parties du cerveau pour expliquer notre succès. Selon lui, le plus important est l'intégration de la mémoire de travail à la mémoire prospective (qui traite des tâches dans le proche avenir) et à la mémoire constructive (qui nous permet de voyager mentalement dans le temps), localisées à l'avant et en bas de la partie postérieure des lobes frontaux. De telles liaisons auraient tout facilité, depuis la fabrication d'artefacts composites jusqu'aux niveaux les plus achevés de lecture des pensées et de coopération sociale. Et, toujours selon lui, les humains archaïques, par exemple les Néandertaliens, auraient bien développé la mémoire pour la planification à court terme et la fabrication d'artefacts composites, mais il leur aurait manqué l'intégration cérébrale complète et les systèmes hormonaux responsables de l'augmentation des niveaux de confiance et de réciprocité essentiels au fonctionnement des réseaux sociaux bien plus vastes des hommes modernes.

Tout cela fait voir à quel point nos cerveaux sont complexes et le chemin qui nous reste à parcourir avant d'en comprendre le fonctionnement chez les humains actuels, pour ne rien dire de ceux qui sont morts il y a 100 000 ans. Malheureusement pour l'hypothèse de Richard Klein d'un événement cognitif significatif voilà 50 000 ans, il semble bien que le surhaussement des lobes frontaux et l'expansion des lobes pariétaux s'étaient déjà produits 100 000 ans plus tôt, comme le montre la forme des crânes d'hommes modernes archaïques d'Omo Kibish et d'Herto. Dans l'ensemble, nous n'avons jusqu'à présent aucun signe de changements visibles dans le cerveau humain moderne au moment où ces changements auraient dû se produire selon Klein. Le volume cérébral et le CE ont apparemment augmenté de façon assez régulière chez les hommes modernes jusqu'il y a environ 20 000 ans, après quoi ils semblent avoir un peu diminué. De même, la tendance à l'accroissement du rapport télencéphale/cervelet ne s'est, semble-t-il, inversée qu'au cours de ces derniers 20 000 ans.

Tout ce qu'on peut dire, par conséquent, c'est qu'il n'y a pas d'indices physiques d'un tel changement dans le fonctionnement du cerveau humain il y a 50 000 ans. Peut-être des indices génétiques finiront-ils par émerger : il semblerait que le gène DRD4, dont la mutation délétère est liée au trouble du déficit de l'attention avec hyperactivité (ADHD), ait subi des modifications autour de cette date. DRD4 agit sur l'efficacité de la dopamine, si bien que certains supposent que cette mutation aurait pu avoir pour effet positif d'encourager la recherche de nouveauté et la prise de risque, qualités peut-être importantes pour migrer hors d'Afrique. D'autres archéologues et biologistes, parmi eux John Parkington, soutiennent que les huiles de poisson qu'ont acquises les hommes modernes archaïques quand ils se sont mis à exploiter sérieusement les ressources marines auraient stimulé leur puissance intellectuelle — sans compter que, comme on l'affirme aussi, les acides gras riches en oméga 3 auraient conféré des avantages supplémentaires en termes de santé et de longévité. Actuellement, hélas, nous ne pouvons qu'inférer ces changements à partir d'indices indirects comme le registre archéologique, lequel se laisse interpréter de beaucoup de façons différentes. C'est pourquoi il nous faut à présent en revenir à deux éléments-clefs de la modernité, peut-être déchiffrables, quant à eux, à partir des données archéologiques, je veux dire la présence du symbolisme et, par inférence, du langage complexe.

Nous avons discuté aux chapitres v et vi de quelques-unes des principales « signatures » de la modernité que les archéologues mettent d'ordinaire en avant, art figuratif et sépultures avec mobilier funéraire, par exemple. Et nous avons vu qu'on n'a encore trouvé nulle part d'indices convaincants d'art figuratif ou clairement représentationnel antérieur aux peintures européennes d'il y a 40 000 ans. De même, on ne trouve pas de sépultures symboliques plus anciennes que les exemplaires de Skhul et Qafzeh, dus à des hommes modernes archaïques il y a environ 100 000 ans, même si des sites africains antérieurs tel qu'Herto semblent indiquer un traitement rituel des restes humains. Pourtant, la fabrication et l'usage de pigments rouges remonte à beaucoup plus loin en Afrique, au-delà de 250 000 ans, dans des sites comme Kapthurin et Olorgesailie au Kenya. Après cela, le registre se fait sporadique, mais il se manifeste à Pinnacle Point en Afrique du Sud, à environ 160 000 ans, et, avec beaucoup plus de force, en Afrique du Nord et du Sud il y a 120 000 ans. On mentionnera en particulier la richesse des matériaux extraits de la grotte de Blombos, en Afrique du Sud, qui incluent une vingtaine de morceaux et de plaques d'ocre gravés, âgés d'environ 75 000 ans, et même 100 000 ans pour certains. On admet généralement que ces fragments sont d'intention symbolique plutôt qu'accidentelle ou utilitaire, quoique beaucoup parmi les spécimens les plus anciens ne fassent que le suggérer, sans rien de définitif.

On a, semble-t-il, des indices beaucoup plus solides avec les perles de Nassarius trouvées aux limites connues de l'occupation humaine archaïque il y a quelque 75 000 ans, dans des grottes au Maroc, en Israël et en Afrique du Sud. Mais, même là, le contexte d'usage se révèle décisif pour décider du degré de signification symbolique que portaient ces objets. C'est pourquoi l'archéologue Paul Pettitt propose une autre façon de considérer l'intention symbolique, qui consiste à cesser de vouloir déterminer une présence ou absence absolue (toujours sujette à caution) et, au lieu de cela, à déconstruire divers niveaux de signification symbolique, analogues aux stades de la « lecture des pensées » de Robin Dunbar, dont il a été question au chapitre v. L'intérêt d'une telle déconstruction réside dans le fait qu'elle permet d'envisager une séquence évolutive au lieu d'une simple commutation telle que le symbolisme est ou bien inexistant ou bien pleinement développé, sans intermédiaires. Pettitt fait remarquer que les symboles ne fonctionnent comme tels chez les humains actuels que si le « scripteur » et le « lecteur » sont d'accord sur leur signification. Or, lorsque nous interprétons les découvertes archéologiques, nous avons tendance à ne considérer que le scripteur, sans penser aux destinataires du message voulu. Par conséquent, nous avertit-il, à moins que le symbole ne se répète dans plusieurs sites différents à une période donnée, il ne faut juger qu'avec prudence de la généralité du comportement et de son efficacité à transmettre sa signification.

En d'autres termes, il se peut qu'un même symbole ait porté des messages différents pour différents individus ou divers groupes, mais qu'aujourd'hui, nous ne considérions qu'une seule des nombreuses significations possibles, qui peut du reste être erronée. Ainsi, s'agissant des pigments et des perles de coquillage perforées, il a pu y avoir divers niveaux d'usage et de signification symbolique, du plus simple au plus complexe. Peut-être l'usage le plus basique était-il purement décoratif et reflétait-il des préférences personnelles (« Je porte du rouge parce que j'aime le rouge ») ; ou bien le message consistait-il en un renforcement du signal (« Je porte du rouge parce que je sais que tu y verras un signe de ma force et que tu en seras impressionné(e) »). À un troisième niveau, il peut s'agir de statut ou d'identité collective (« Je porte du rouge parce que je sais que tu le reconnaîtras comme étant l'insigne de notre clan et que tu en déduiras que nous sommes culturellement identiques »). Quatrième message, encore plus complexe : « Je porte du rouge parce que, comme toi, je suis un chasseur heureux qui a tué un élan adulte ;

c'est mon droit de porter cette couleur et j'exige donc de tous le respect. » Enfin, le message le plus complexe, partie d'un mythe ou d'une croyance cosmologique élaborée, pourrait s'énoncer ainsi : « Je porte du rouge seulement à cette époque de l'année, pour marquer le moment où les ancêtres ont créé la terre. C'est là une partie essentielle de nos croyances et, ce faisant, je démontre que je suis porteur de ce savoir. » À s'en tenir à ces exemples hypothétiques, auquel de ces niveaux les coquilles de Nassarius et les fragments d'ocre gravé de la grotte de Blombos fonctionnaient-ils il y a 75 000 ans ? Et à un seul ou à plusieurs ?

On peut probablement éliminer le niveau le plus simple du fait de la profusion des coquilles et de la cohérence du choix et du travail, et de même pour l'ocre : les gravures paraissent en général avoir été faites avec soin et au cas par cas. Il reste que Blombos est un site exceptionnellement riche et que d'autres sites du *Middle Stone Age* peuvent fort bien ne contenir que des bâtonnets d'ocre non gravés et aucune perle. Devrait-on là aussi tenter d'évaluer le degré d'intention symbolique ? Il est sûrement possible que, parmi les exemplaires d'ocre rouge les plus anciens trouvés en Afrique, certains soient non symboliques, pour autant que l'ocre sert aussi de composante pour des colles naturelles, de conservateur ou encore pour tanner les peaux animales. Mais d'autres peuvent tout aussi bien refléter un degré inférieur d'intention symbolique : décoration personnelle ou simple parade. En fait, il se peut que les humains aient commencé à s'appliquer de l'ocre rouge sur la peau pour des motifs purement pratiques — par exemple, pour éloigner les insectes ou traiter les peaux — puis que la substance ait été préférée du fait de son aspect plaisant, avant d'être chargée de significations. Pour ma part, je pense que la prolifération de l'usage des perles de coquillage et de l'ocre rouge tout le long du continent africain entre 75 000 et 100 000 ans doit refléter un accroissement de l'intensité des échanges symboliques au sein des groupes d'hommes modernes archaïques et aussi, probablement, entre ces groupes. Il se peut toutefois que les niveaux de symbolisme les plus élevés aient été encore à l'état naissant.

De la même façon, Pettitt déconstruit les pratiques funéraires qu'il divise en niveaux allant de la morbidité (intérêt pour le mort que même les chimpanzés manifestent) à la cache mortuaire (déposition du corps en un lieu donné), pour finir par la vraie sépulture dans un local spécial, accompagnée d'une cérémonie ou d'objets symboliques. Puis il relie ces niveaux aux niveaux de lecture des pensées de Dunbar, en sorte que le degré d'intentionnalité le plus bas (peut-être présent chez les grands singes et les premiers hominines) serait quelque chose comme « Je crois que tu es mort », suivi (peut-être chez *Homo* archaïque) par « Je manifeste de l'empathie avec le fait que tu sois mort », puis (peut-être chez *heidelbergensis*, les hommes modernes les plus archaïques et les Néandertaliens) « Je sais que tu dois être déposé dans un lieu spécial », et enfin (chez les hommes modernes plus tardifs et peut-être certains Néandertaliens) « Du fait de ton rôle, tes funérailles doivent se faire ainsi, par cette méthode, en ce lieu, comme nos règles sociales le prescrivent ». Il est donc possible que les humains archaïques comme *heidelbergensis* aient déjà traité leurs morts d'une façon particulière, tandis qu'il est sûr que Neandertal cachait et inhumait les corps en usant de méthodes simples, sans exclure la possibilité de sépultures plus élaborées dans certains cas. Mais il se peut aussi que seuls les hommes modernes aient accompli les pratiques mortuaires les plus complexes.

Le fait qui intrigue est qu'on ne connaît en fait que

très peu de sépultures du *Middle Stone Age* africain, et que les meilleurs exemples anciens proviennent du Paléolithique moyen israélien, il y a environ 100 000 ans. En revanche, les inhumations néandertaliennes tardives sont nombreuses dans l'ouest de l'Eurasie, alors qu'on n'en retrouve la pratique chez les hommes modernes qu'il y a environ 40 000 ans, en Afrique du Nord, au Moyen-Orient, puis en Europe. Il est certes possible que les hommes modernes plus anciens aient usé d'autres méthodes funéraires que l'inhumation, comme cela se fait encore de nos jours : dépôt à l'air libre, sur des plates-formes, dans les arbres ou sur des bûchers. Tel semble avoir été cas pour certains des premiers hommes modernes d'Europe, les Aurignaciens, dont les restes se manifestent surtout sous la forme de dents isolées et parfois perforées, plutôt que dans des sépultures, ce qui laisse penser qu'ils préféraient porter leurs ennemis ou leurs ancêtres sur eux, plutôt que de les enterrer.

Le symbolisme semble donc bien faire partie de notre héritage africain, même si ce n'est pas chose facile que de le reconnaître dans le registre archéologique. Et que dire du langage, censé s'être développé en même temps que lui ? Comme nous l'avons vu au chapitre v, les théories sur l'origine du langage humain sont nombreuses et une source de grandes controverses depuis Darwin. La vénérable Société de linguistique de Paris a même amendé ses statuts en 1866 pour y interdire toute discussion du sujet. Nous savons que les petits humains disposent d'une puissante capacité inhérente à acquérir et utiliser le langage et qu'ils apprennent aisément n'importe quelles langues auxquelles ils sont exposés. Comme Darwin lui-même l'a reconnu pendant ses voyages, il n'existe aucune relation entre les types de société et la complexité des langues. C'est ainsi que des linguistes considèrent l'anglais comme l'une des langues les plus faciles à apprendre pour un non-natif en comparaison d'une foule d'autres telles que le hopi, le tcherkesse (Nord-Caucase), le kivunjo (Tanzanie) ou l'arabe. Darwin penchait pour une origine du langage liée à l'imitation et voyait des parallèles entre la parole humaine et le chant des oiseaux. On a ainsi avancé diverses hypothèses quant à ce qui a d'abord été imité : cris d'animaux, bruits naturels comme le vent ou le tonnerre ou exclamations spontanées de douleur ou de surprise, qui a ensuite progressivement acquis de nouvelles significations. Selon un autre ensemble d'hypothèses, le langage a émergé à partir de besoins sociaux particuliers, que ce soit pour éviter des dangers, faciliter la chasse collective ou, comme le proposent Leslie Aiello et Robin Dunbar, suppléer la fonction sociale du toilettage quand la taille des groupes humains a augmenté. Et nous avons vu qu'il existe aussi des modèles qui postulent une origine beaucoup plus soudaine et fortuite du langage complexe, par suite de mutations génétiques qui auraient par hasard renforcé les voies neurales impliquées.

De mon point de vue, des langages simples ont déjà dû exister dans les premières espèces humaines, vu la complexité comportementale que montrent à l'évidence des sites comme Boxgrove et Schöningen en Europe ou Kapthurin au Kenya, en sorte que les Néandertaliens ont pu bâtir à partir de la ou des langues héritées de leurs ancêtres. Mais ce n'est qu'avec la complexité croissante des sociétés d'hommes modernes archaïques en Afrique que des langues sophistiquées du type de celles que nous parlons aujourd'hui ont pu se développer, à partir du besoin de communiquer des messages toujours plus complexes et subtils. Et quand je dis « besoin », je n'entends pas dire, évidemment, que le besoin a amené le résultat désiré. Ce qui s'est passé, c'est que des variations favorables du comportement et des moyens de communication humains ont été renforcées par la sélection, y compris peut-être par la sélection culturelle ou sexuelle humainement dirigée, ce qui a favorisé les meilleurs communicants. Nos langues ne sont pas faites seulement pour l'ici et maintenant, comme l'étaient probablement leurs prédécesseuses, puisque, grâce à elles, nous pouvons parler du passé et du futur, de concepts abstraits, de sentiments, de relations et des mondes virtuels que nous savons créer dans notre esprit. Nous, les humains, sommes les collectionneurs et les conservateurs par excellence, qui engrangeons et utilisons le plus riche des vocabulaires pour nommer et décrire les mondes que nous habitons, matériels comme virtuels.

Enfin, pour en terminer ici avec le langage et comme nous l'avons vu à propos du fonctionnement de notre cerveau, notre puissance intellectuelle même n'a pu qu'être augmentée par cette plus grande richesse d'expression. Cela étant, s'il est vrai que le langage complexe a son origine en Afrique, est-il possible que cette origine soit unique, une protolangue dont toutes les langues actuelles dérivent ? Je me sens évidemment attiré par cette idée d'une monogenèse et par la possibilité théorique de remonter depuis les langues actuelles pour reconstruire au moins une partie du prototype. Divers linguistes ont produit des listes de quelques-uns de ces premiers mots hypothétiques, avec même leurs emplois possibles. C'est là, toutefois, un domaine hautement controversé où de profonds désaccords séparent les spécialistes en glottogonie. Il n'est donc pas question, pour le moment, d'en tirer des conclusions assurées. Le psychologue Quentin Atkinson n'en a pas moins analysé le nombre de phonèmes présents dans des langues du monde entier, et il en a conclu que le schéma général reproduit de près celui que nous donne la génétique : c'est l'Afrique qui présente les phonèmes les plus nombreux et les plus divers, et ce nombre décroît à mesure qu'on s'en éloigne. Pour Atkinson, ces données s'accordent avec l'hypothèse, pour nos langues aussi, d'une origine africaine.

Venons-en maintenant à l'innovation. Nous avons vu au chapitre premier que beaucoup, au siècle précédent, se sont laissé séduire par la floraison apparemment soudaine de sociétés complexes au Paléolithique supérieur européen, au point de considérer que cette ère marque la véritable apparition des hommes pleinement modernes, tandis que le Moyen-Orient ou l'Afrique n'avaient fait que préparer la révolution qui devait finalement éclore dans les grottes de France. Mais, comme nous l'avons vu également, ce point de vue eurocentrique selon lequel les Cro-Magnons seraient les premiers « modernes » est maintenant à peu près abandonné, même si l'on ne peut nier que quelque chose de particulier s'est bien produit en Europe au Paléolithique supérieur. Qu'est-ce qui explique donc que l'Afrique se soit trouvée aux avant-postes de l'innovation il y a plus de 40 000 ans, si tel est bien le cas ? Comme le fait remarquer l'anthropologue Rob Foley, la simple taille du continent (où tiendraient à l'aise la Chine, l'Inde et l'Europe) et sa position à cheval sur les tropiques lui conféraient des avantages certains sur toutes les autres régions alors habités par l'homme. Il est en effet probable que les oscillations climatiques rapides et répétées qui affectaient celles-ci n'ont cessé d'y enrayer toute adaptation sur le long terme.

C'est ainsi que les Néandertaliens d'Europe et les descendants d'*Homo erectus* en Chine ont dû constamment faire face à de soudaines contractions de leurs domaines et à l'extinction de grandes parties de leur population chaque fois que la température chutait rapidement, ce qu'elle faisait souvent. De même, dans les régions insulaires de l'Asie du Sud-Est, où vivaient des descendants d'*erectus*, les Hobbits et peut-être d'autres populations reliques du même ordre, les montées et les baisses du niveau des mers provoquées par les changements climatiques, de cent mètres ou plus à la fois, ont dû rompre à plusieurs reprises les liaisons entre régions et populations. Les modifications concomitantes des moussons et du régime des pluies ne pouvaient elles aussi qu'affecter gravement les milieux locaux.

En Afrique, en revanche, les changements de température et du niveau des mers se sont probablement révélés moins dommageables pour les humains. Quoiqu'il se soit certainement produit des modifications très importantes au niveau des précipitations et des environnements, comme nous le verrons plus loin, le continent a probablement toujours compté plus de survivants que toute autre région du monde durant la préhistoire. Étant donné, donc, ses populations humaines plus importantes et son occupation plus continue, l'Afrique a sans doute toujours présenté davantage de variation génétique et morphologique que toute autre partie du monde habité, d'où de meilleures possibilités de développement et de préservation des innovations biologiques et comportementales. Aussi, ce n'est peut-être pas tant que l'Afrique ait eu quelque chose de spécial du point de vue évolutif, mais plutôt que c'est là que les premiers humains avaient les meilleures chances de survie. Voilà un indice important quant à savoir ce qui est responsable au final de notre succès évolutif.

Comme nous l'avons vu au chapitre v, c'est en Afrique qu'apparaissent le plus tôt les caractères associés aux chasseur-cueilleurs subactuels : capacité à planifier, comportement symbolique, pensée abstraite, exploitation des ressources marines, innovations technologiques accélérées. Pourtant, comme nous l'avons vu également, alors que ces changements se manifestent en Afrique il y a plus de 75 000 ans, c'est comme si la lueur de la modernité était intermittente, s'éteignant puis se rallumant à maintes reprises. La majeure partie de l'ensemble des caractères modernes ne prend réellement racine, profondément et durablement, que bien plus tard, non loin de la dernière sortie d'Afrique il y a environ 55 000 ans. Pourquoi cela ? Il se peut, bien entendu, que ces caractères modernes aient été présents chez certaines populations et non chez d'autres, si bien que, ces groupes se déplaçant, leur « modernité » donne l'impression d'apparaître et de disparaître en accord avec sa visibilité archéologique. Je pense toutefois qu'il y a une autre explication plus plausible, qui a à voir avec la démographie, à savoir l'étude de la taille, de la structure et de la distribution des populations dans le temps et l'espace, ainsi que des facteurs qui les affectent : naissances, décès, vieillissement, migrations et milieu. Cette importance de la démographie, on peut s'en faire une idée grâce à l'histoire d'une île bien éloignée de l'Afrique : la Tasmanie.

Comme le niveau des mers montait et baissait en même temps que les calottes polaires reculaient ou augmentaient, la Tasmanie a été à plusieurs reprises reliée au continent australien, entre autres de 43 000 à 14 000 ans avant le présent, ce qui a permis aux premiers Australiens d'y arriver il y a environ 40 000 ans. Les fouilles conduites dans plusieurs grottes montrent que les premiers Tasmaniens se sont bien adaptés au climat austral froid : on trouve toutes sortes d'armes et d'outils pour chasser et pêcher, ainsi que des perçoirs en os qui leur servaient sans doute à fabriquer les vêtements et les abris de peau qui les ont aidés à survivre aux rigueurs de la dernière glaciation. Mais voilà qu'il y a environ 14 000 ans, la Tasmanie est coupée du continent par la montée des mers. À mesure que la Terre se réchauffe au cours du présent interglaciaire, le paysage de l'île toujours plus réduite se modifie et devient plus densément boisé. Les premiers colonisateurs de l'Australie, qui incluaient les ancêtres des Tasmaniens, avaient sûrement fabriqué des embarcations, peut-être faites de bambou, pour venir d'Asie du Sud-Est. Mais demandez à un aborigène du centre de l'Australie, vivant encore à la manière traditionnelle, de vous fabriquer un bateau de haute mer, en bambou ou en n'importe quoi d'autre, il se posera sûrement des questions sur votre santé mentale, car cela ne fait plus partie de sa vie ni de ses adaptations, vu l'absence de forêts et d'étendues d'eau importantes. Or, cela semble avoir déjà été vrai en Australie du Sud et en Tasmanie quand ces deux régions se sont séparées à la fin de la dernière glaciation et que leurs populations humaines ont perdu tout contact. Tandis que les groupes demeurés sur le continent avaient toujours à leur disposition de vastes étendues de terres aux milieux divers et restaient en contact les uns avec les autres, les Tasmaniens ressentaient à présent la perte des connaissances nécessaires pour fabriquer des embarcations de haute mer. Ils se retrouvaient isolés sur une île qui se rétrécissait, avec nulle part où aller. Cela semble avoir affecté la suite de leur évolution.

Au cours des 14 000 années qui ont suivi, à en juger par le registre archéologique préservé dans des sites et par les écrits des premiers Européens à avoir rendu compte de leurs contacts avec des groupes aborigènes, les Tasmaniens ont, semble-t-il, mené une existence toujours plus simplifiée, ayant délaissé des compétences et des techniques aussi évidemment utiles que les outils en os et emmanchés, les filets et les lances pour attraper le poisson et le petit gibier, les propulseurs et les boomerangs, ainsi que toute forme de parure au-delà des vêtements de peau les plus élémentaires. On a même dit que certains groupes avaient perdu la compétence d'allumer du feu à volonté, mais cela a été fermement contesté. Les études concluent que tous ces changements ont été le résultat de la diminution de la population et de la perte de territoires et de gisements de ressources, sans compter la perte du contact avec le continent.

Pour des anthropologues comme Joe Henrich, tout cela a interféré avec l'aptitude des populations à préserver et à transmettre les connaissances, en leur sein et à travers les générations. Par exemple, dans une petite population, la décision, avantageuse à court terme, d'exploiter les phoques sur le rivage pendant quelques années plutôt que d'aller pêcher peut entraîner de graves conséquences à long terme si, entre-temps, les connaissances nécessaires pour pêcher se sont altérées, voire perdues. La façon dont les Tasmaniens ont simplifié leurs adaptations représentait ainsi la stratégie du moindre risque permettant d'assurer la survie en des temps difficiles, mais qui a du coup entraîné la perte de compétences complexes qui auraient été utiles à plus long terme. Si la glaciation était revenue et que le niveau des mers se soit à nouveau abaissé, il aurait été possible de restaurer des conditions analogues à celles des ancêtres, mais même en ce cas, à moins qu'ils ne les aient récupérées auprès d'habitants du continent, il leur aurait fallu redévelopper ces compétences à partir de zéro, ce qui aurait pris de nombreuses générations.

Ce qui s'est passé en Tasmanie peut nous aider à expliquer les événements d'Afrique 50 000 ans auparavant. Comme nous le savons, les indices de la modernité y sont souvent disparates et discontinus, semblables à une lumière qui vacille. Que faire, dans ces conditions, de séquences archéologiques où des assemblages typiques du *Middle Stone Age* précèdent des artefacts apparemment

« avancés » du type Howiesons Poort, puis, dans des dépôts plus récents, le *Middle Stone Age* revient ? Ou que penser de la brève floraison de Blombos, de son ocre rouge à valeur symbolique et de ses perles de coquillage multicolores ? Peut-être sommes-nous trompés par l'histoire humaine récente, où le stockage de l'information par la parole, l'écrit ou sous forme visuelle ou électronique fait que les innovations utiles se perdent rarement et que la croissance de la connaissance « culturelle » est incrémentale, voire exponentielle. Dans le passé, au contraire, les petites populations étaient exposées aux accidents démographiques, ou même à l'extinction, ou bien forcées de se déplacer ou de s'adapter assez rapidement si elles voulaient survivre, toutes choses qui risquaient d'entraîner régulièrement la perte d'innovations qui se seraient peut-être révélées utiles à long terme. Les « goulots d'étranglement » à répétition n'ont pas fait que supprimer des gènes, ils ont aussi effacé les découvertes et les inventions portées par les populations affectées. Mais des changements environnementaux ou des mouvements de population rapides ont pu avoir le même effet. Pensons, par exemple, à ceux qui ont fabriqué ces superbes lances de bois il y a plus de 300 000 ans à Schöningen en Allemagne. Leur savoir s'est-il transmis de façon continue à travers des centaines de millénaires jusqu'aux derniers Néandertaliens, ou bien une chute soudaine des températures en Europe du Nord a-t-elle fait périr les épicéas nécessaires pour le conserver, si elle n'a pas entièrement balayé ces populations et leurs compétences ?

Dans la nature, affirme-t-on souvent, les défis environnementaux forcent les changements évolutifs. « La nécessité est la mère de l'invention », comme dit le proverbe. Le prix de l'échec à innover et à survivre est l'extinction, et l'histoire de la vie sur Terre en est jonchée — l'extinction comme expérience évolutive ratée. Mais l'autre face de la pièce, c'est que les populations importantes et stables ont souvent une plus grande capacité à survivre et à développer et préserver des innovations. Là se trouve, à mon avis, la clef de ce qui s'est passé en Afrique il y a quelque 60 000 ans. Les études montrent que les conditions optimales pour des changements culturels rapides sont celles qui réunissent des groupes importants d'« apprenants » sociaux interactifs. Or, tel est le cas non seulement chez les humains, mais aussi chez nos plus proches parents encore vivants, les grands singes. À en croire les études sur les orangs-outans et les chimpanzés, les innovations en matière d'acquisition et de préparation de la nourriture, y compris l'emploi d'outils basiques, ont lieu le plus souvent, non pas quand le milieu est hostile ou quand les groupes ont du temps libre, mais bien quand des groupes importants se trouvent à proximité les uns des autres, permettant ainsi aux idées de se diffuser et aux plus utiles de prospérer. Si l'on applique cette conclusion aux Néandertaliens et aux hommes modernes, il en ressort que les populations qui ont le plus progressé du point de vue culturel n'étaient pas nécessairement les plus intelligentes ni les plus habiles (quoique ces facteurs aient beaucoup compté de toute façon), mais celles qui ont été capables de constituer des réseaux et de transmettre les apprentissages au sein de groupes importants, dont elles ont su constamment préserver la taille à travers le temps et l'espace. Et le fait que les hommes modernes aient pris l'avantage en ce domaine sur les Néandertaliens et d'autres espèces humaines contemporaines contribue fortement à expliquer pourquoi notre espèce a commencé son expansion victorieuse en Afrique puis hors d'Afrique, grâce au progrès toujours plus rapide de son évolution, non pas physique, mais culturelle.

Nos plus proches parents encore vivants, les chimpanzés, occupés à fabriquer et utiliser des outils basiques, ici pour casser des noix de palmier à huile.

Nous avons exposé aux chapitres V et VI les indices en faveur de l'existence de groupes sociaux plus importants chez les hommes modernes, ainsi que l'idée d'une « libération de la proximité », à savoir la capacité des membres de notre espèce à interagir non pas seulement en face à face à un moment donné, comme le font les autres animaux et comme le faisaient les espèces humaines plus archaïques, mais aussi à distance temporelle aussi bien que spatiale, par le biais d'une communication symbolique indirecte. Pour certains, ce sont ces changements qui ont précipité la « révolution humaine » en Europe, avec ses extraordinaires cavernes peintes et ses réseaux sociaux à l'échelle du continent permettant les mouvements de matériaux et d'innovations. Pour moi, au contraire, ils ont leur origine en Afrique et ce sont eux qui, non contents de nous aider à y survivre, ont été la clef de notre capacité à nous disperser et à rejoindre toutes les parties habitables du globe, en y déplaçant ou remplaçant ce faisant les autres espèces humaines survivantes.

Partant de certaines idées de Henrich, les généticiens Adam Powell et Mark Thomas et l'archéologue Stephen Shennan ont mis au point des simulations informatiques de groupes humains de diverses densités de population, telles que les sous-groupes peuvent développer et échanger des idées ou en sont empêchés. Le modèle a ainsi montré que la densité de ces sous-groupes peut atteindre une valeur critique à partir de laquelle idées et compétences se mettent soudain à s'accumuler. La densité est donc un facteur important du développement d'idées nouvelles. Mais les migrations entre groupes sont également vitales, car elles assurent que ces idées ont une meilleure chance de persister et de prospérer, au lieu de décliner et de périr. En somme, pour la survie et la propagation des connaissances, c'est moins ce qu'on connaît qui compte que qui on connaît.

Powell et ses collègues s'appuient en outre sur des données génétiques pour avancer l'hypothèse que la taille de la population en Afrique aurait pu atteindre un seuil critique il y a environ 100 000 ans, quand la densité de population et l'intensification des contacts entre groupes ont pu faire en sorte que la vitesse d'accumulation des innovations dépasse celle de leur perte, événement probablement rare chez les humains avant cette date. Le changement culturel s'est ainsi beaucoup accéléré au *Middle Stone Age*, d'où un accroissement de la masse des apprentissages au bénéfice de la survie des individus et de leurs groupes. Accroissement qui, à son tour, aurait déclenché une boucle de rétroaction, d'où une plus grande densité de population et davantage de contacts, et ainsi de suite. Ce que cette étude a d'intéressant, c'est qu'elle montre qu'à elles seules, la continuité génétique, la taille du cerveau et l'intelligence n'assurent pas le succès des groupes humains ; la survie de la connaissance elle-même est tout aussi vitale — ce qui explique peut-être en partie pourquoi les Néandertaliens, avec leurs gros cerveaux et leur intelligence évidente, n'ont jamais réussi à faire le bond en avant que notre espèce a fini par accomplir.

Leurs avancées culturelles n'en sont pas moins indéniables : ils inhumaient leurs morts, façonnaient des outils en forme de lame, emmanchaient leurs armes et utilisaient des pigments (généralement plus foncés que

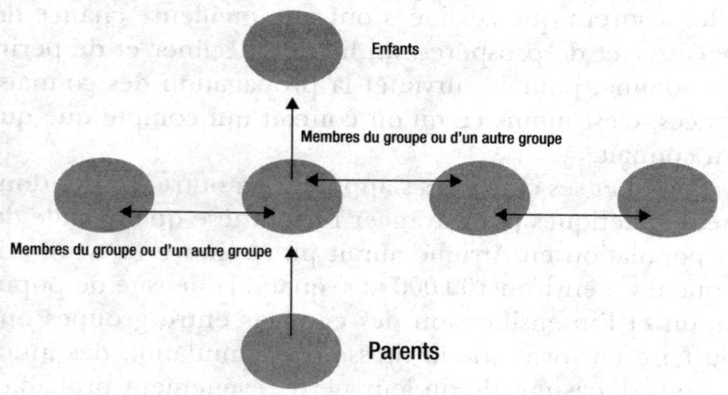

Diagramme montrant les limites de la transmission culturelle chez les humains archaïques, du fait de durées de vie plus courtes et de réseaux sociaux plus restreints.

ceux utilisés en Afrique). En outre, comme nous l'avons vu, une récente étude par João Zilhão et son équipe des matériaux trouvés dans deux sites du sud de l'Espagne, Cueva de los Aviones et Cueva Antón, révèle ce qu'ils faisaient sans doute de ces pigments : d'une part, ils mélangeaient apparemment les couleurs pour se maquiller le corps et le visage ; d'autre part, les pigments jaunes, orange, rouges et de couleur plus foncée, mélangés ou non, étaient peints sur l'intérieur ou l'extérieur de coquilles importées de la côte, dont certaines portent des perforations (le plus souvent naturelles, mais soigneusement choisies) qui les rendent convenables pour en faire des pendentifs. Pourtant, 20 000 ans plus tard, en dépit de ces innovations comportementales, la population néandertalienne avait disparu.

Il se peut qu'avec la constante érosion démographique due au climat glacial, à quoi s'est ajoutée l'arrivée des hommes modernes, les Néandertaliens aient rarement été en mesure, s'ils l'ont jamais été, de maintenir des densités de population suffisantes pour continuer à bâtir sur ce qu'ils avaient déjà réalisé. De plus, comme nous l'avons vu faire en Tasmanie et en Afrique, le processus d'innovation cumulative peut s'inverser même après que les traits comportementaux modernes ont commencé d'apparaître. Il y a du reste une autre façon d'envisager cette question de savoir pourquoi des populations plus importantes et plus denses encouragent l'innovation et le changement, je veux parler de la compétition. Au sein des groupes humains, il doit y avoir constamment un équilibre entre la coopération et la compétition pour les ressources et les partenaires sexuels. Comme nous le verrons plus avant dans ce chapitre, le développement de la religion a peut-être apporté un moyen important de le maintenir.

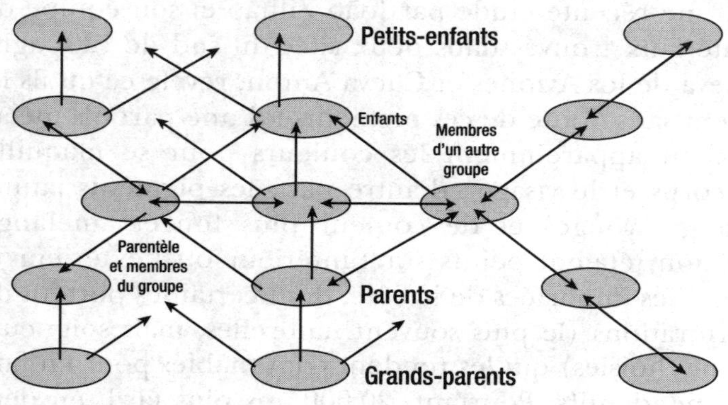

Diagramme montrant l'expansion de la transmission culturelle chez les hommes modernes, du fait de durées de vie plus longues et de réseaux sociaux beaucoup plus étendus.

Mais d'autre part, comme le suggérait Darwin, il se peut que la sélection sexuelle représente une force puissante dans les sociétés humaines comme dans les sociétés animales. Cette idée est soutenue avec force par plusieurs spécialistes de l'évolution, dont Helena Cronin et Geoffrey Miller. Selon ces derniers, de nombreux traits humains modernes tels que l'intelligence, la créativité et la faconde ont évolué non seulement en tant que moyens de survie dans un milieu hostile, mais aussi en tant que moyens de séduction, si bien qu'après des générations de préférence par les partenaires, les gènes responsables de ces comportements se sont vus favorisés. Des populations plus denses et plus nombreuses auraient par ailleurs multiplié les possibilités de compétitions pour les ressources entre groupes voisins. Peut-être s'en arrangeaient-ils parfois par des voies pacifiques, en coopérant, en échangeant matériaux et partenaires sexuels ou en partageant les mêmes croyances religieuses. Mais, dans le cas contraire, les conflits pour la terre, les ressources ou les partenaires pouvaient les pousser à des accès d'innovations comportementales et technologiques concurrentes, non seulement en matière de ressources, mais aussi d'armement, ou encore, comme nous l'avons vu au chapitre VI, inciter des changements culturels et génétiques favorisant les comportements de coopération, voire de sacrifice, à l'intérieur de chacun des groupes opposés.

Dire que l'accroissement de la population est probablement le facteur décisif qui a permis de préserver et de perfectionner les nouveautés comportementales pendant le *Middle Stone Age* africain soulève néanmoins la question de la cause de cette plus forte densité et de ces contacts plus intenses entre groupes voisins. Les candidats ne manquent pas, parmi lesquels le climat qui, comme nous l'avons vu, est susceptible d'affecter de façon spectaculaire la taille des populations. J'y reviendrai plus en détail dans la suite de ce chapitre. Nous avons également vu au chapitre VI que les populations modernes sont parvenues à la fois à une meilleure survie infantile et à une plus grande longévité en comparaison des populations plus anciennes. Or, il se peut que ce processus ait été engagé en Afrique dès avant 60 000 ans grâce à de meilleures techniques, de meilleurs approvisionnements et une plus forte entraide. Davantage de grands-parents, c'était davantage de transferts de connaissances entre générations et plus d'aide pour les mères ayant charge d'enfants, contribuant ainsi à ce que ceux-ci survivent. C'était aussi davantage de parentèle, d'où des réseaux de parenté plus étendus dans le temps et l'espace, utiles pour les échanges de partenaires et de biens, pour les alliances et aussi comme police d'assurance en prévision du moment où votre bout de territoire subirait l'incendie, la famine ou la sécheresse — bref, comme moyen de diluer le risque. Il se peut même que quelque chose qui ressemblait à l'institution du mariage et aux structures familiales étendues qu'elle entraîne soit apparu à cette époque, avec pour effet de cimenter les liens sociaux entre groupes voisins et d'agir comme un catalyseur pour l'essor des cérémonies, des rituels et des échanges symboliques.

La religion aussi a pu exercer un impact social énorme. Certainement présente au Paléolithique supérieur européen, avec ses représentations de ce qui semble avoir été des chamans et ses thérianthropes sculptés, elle l'était aussi, comme je suis certain que la preuve en apparaîtra, à la fin du *Middle Stone Age* africain. De fait, certains chercheurs estiment que la richesse de la grotte de Blombos indique peut-être qu'il s'agissait là d'un site sacré ; et l'on a parlé de l'existence d'un culte du serpent dans une grotte des Tsodilo Hills au Botswana, autre site du *Middle Stone Age*, à cause d'un énorme rocher en forme de python.

Le fait est qu'une chose aussi importante que l'origine et le développement des croyances religieuses mérite qu'on en discute, d'autant qu'il s'agit d'un domaine qui suscite encore davantage de controverses que l'origine du langage. La plupart des scientifiques considère que la religion est utile à la société et profondément ancrée chez les humains, que c'est même peut-être une tendance innée comparable à la capacité d'acquérir le langage. Mais, pour une minorité, qui se fait l'écho de « l'opium du peuple » de Marx, la religion est une pathologie, une béquille dont on se saisit quand le stress est trop fort. Comme nous l'avons vu, dès lors que le cerveau humain eut acquis le potentiel suffisant pour de hauts niveaux de lecture des pensées et de mémoire épisodique, il était mûr pour que ces facultés se fassent coopter dans une intention religieuse — et de fait, l'imagerie cérébrale indique que la pensée religieuse emprunte des voies neurales semblables. D'où deux questions déjà posées en parlant de la mémoire épisodique : est-ce la religion qui a d'abord fourni un mécanisme pour écarter les risques de névrose à propos de l'avenir et de la mort, du moment que nous avons acquis le pouvoir de les imaginer ? Ou bien, comme le croyait Darwin, est-ce une conséquence naturelle de notre compréhension de la relation de cause à effet ? Un tremblement de terre, la foudre, une éclipse de soleil, une mort sans cause apparente : l'idée d'agents surnaturels, esprits ou dieux, ne s'en serait-elle pas automatiquement suivie ?

Il est certain que la religion est capable d'unir des individus fort différents et même géographiquement dispersés, pour renforcer tels comportements et leur donner un but commun, mais cette implication émotionnelle et cette imposition spirituelle sont-elles sa première fonction et son principal bienfait social ? Considérant que la fin du *Middle Stone Age* a pu connaître un accroissement des populations et des contacts entre groupes, il me paraît que l'effet unificateur de croyances partagées dans le cadre d'une complexité sociale toujours plus grande se serait en effet révélé inappréciable, car il aurait apporté le lien qui attache ensemble les individus et incité ceux-ci à la retenue et à placer les intérêts du groupe au-dessus des leurs. On peut dès lors imaginer qu'une religion soit « gagnante » et que les groupes qui l'ont adoptée prolifèrent aux dépens d'adeptes de religions plus faibles ou d'incroyants — compétition qui dure jusqu'à nos jours. De fait, comme nous l'avons vu au chapitre VI, des simulations informatiques montrent que, dans bien des cas de conflits entre groupes de chasseurs-cueilleurs, des croyances qui promeuvent le sacrifice de soi, allant parfois jusqu'à la mort au nom du groupe, sont aptes à fleurir culturellement et génétiquement.

La croyance religieuse présente encore un autre avantage

potentiel, à savoir les structures mnémoniques qu'apportent les mythes, lesquelles facilitent le stockage et la transmission d'informations importantes à propos du groupe, de son histoire et de son milieu. La démonstration la plus convaincante en est donnée par les mythes de création du Temps du rêve communs à beaucoup d'Aborigènes australiens. Le rêve raconte les périples des êtres ancestraux, animaux ou humains, qui ont façonné le paysage et ses caractères particuliers. Ces créateurs ont en outre transmis les règles sociales et les rituels destinés à préserver la Terre et la vie qu'elle soutient. Leurs périples sont marqués par des réseaux de chemins du rêve joignant entre eux les sites sacrés qui leur sont associés. Particulièrement répandu est le mythe du Serpent Arc-en-ciel, gigantesque, vivant dans les profondeurs des trous d'eau et engendré par un serpent encore plus grand dont la marque est la Voie lactée. Il se manifeste sous la forme de l'arc-en-ciel, ou bien il se déplace dans les rivières, façonnant les paysages et chantant les lieux qu'il a créés. Il dévore, noie ou infecte ceux qui lui déplaisent, mais donne aux justes les pouvoirs de guérir ou de faire pleuvoir.

Au sein du milieu australien souvent hostile, la transmission des mythes du Temps du rêve de génération en génération a dû sauver bien des vies, car ces récits sont l'équivalent d'un GPS guidant vers les points d'eau, la nourriture, les abris et les ressources naturelles telles que pierres et pigments. Toute la complexité des systèmes légaux, territoriaux et de parenté se trouve également enclose dans les variantes locales du Temps du rêve, en sorte que les Aborigènes ont dans la tête un guide de vie virtuel, dont des parties sont représentées en peinture ou en sculpture, chantées ou mises en scène à l'occasion des cérémonies qui marquent les étapes importantes de la vie et de la mort.

Le Temps du rêve constitue un mythe de création particulièrement global, et il a certainement fallu de nombreux millénaires avant qu'il n'atteigne son présent niveau de sophistication. Mais des versions moins élaborées de ces récits et systèmes mnémoniques existaient sans doute déjà au Paléolithique supérieur européen. Il se peut fort bien que les gravures intriquées sur défenses de mammouth trouvées dans quelques-uns des sites gravettiens danubiens dont nous avons parlé aux chapitres V et VI soient des cartes montrant des rivières et les terres environnantes ; de même, le bloc gravé vieux de 14 000 ans de la grotte Abauntz en Espagne peut s'interpréter comme montrant des montagnes, des rivières, des lacs et des troupeaux de bouquetins. Vrai ou non, il paraît probable que des symboles, des cérémonies et des rituels ont agi à la façon des récits du Temps du rêve pour transmettre l'histoire orale des sociétés paléolithiques et pour renforcer leurs règles de vie et leur relation au milieu, et cela aussi loin dans le passé que le *Middle Stone Age* africain. Il est triste, pour bien des raisons, que les peuples de langues khoisan survivants n'occupent plus qu'une fraction de l'habitat et des milieux de leurs ancêtres, à en juger par les données de la génétique, de l'archéologie, de l'art rupestre et de la linguistique. Comme nous l'a montré la Tasmanie, leur déclin territorial et démographique n'a pu qu'affecter leur diversité culturelle, nous privant ainsi du riche contexte cosmologique sans doute sous-jacent à leur tradition d'art rupestre, qui remonte loin dans le *Later Stone Age.* De la même façon, nous avons perdu la signification des mystérieuses peintures de Bradshaw dans la région du Kimberley au nord-ouest de l'Australie, car elles représentent une tradition artistique maintenant disparue du continent.

Pour en revenir au *Middle Stone Age,* examinons à présent le registre climatique de cette période, afin de voir s'il nous aide à comprendre la croissance des populations d'hommes modernes et leurs innovations comportementales. Lorsque j'étais étudiant, l'opinion générale était qu'avec l'arrivée des glaciations en Europe, l'Afrique avait connu une *période pluviale* caractérisée par une montée du niveau des lacs. De même, pendant que l'Europe jouissait d'un interglaciaire chaud, l'Afrique souffrait d'une période interpluviale sèche pendant laquelle les déserts se sont étendus. Moi-même, co-auteur d'*African Exodus* trente ans plus tard, dans les années 1990, j'ai avancé l'hypothèse qu'un effondrement démographique pendant la période froide globale et sévère qui a duré entre 130 000 et 200 000 ans environ a pu être le catalyseur de l'évolution d'*Homo sapiens* en Afrique. Mais nous savons à présent que les climats globaux ne se lisent pas si facilement, et que le changement climatique en Afrique a souvent dansé sur un rythme différent de celui des grandes glaciations marquées par une extension des calottes polaires et une baisse du niveau des mers.

En fait, différents facteurs affectent les différentes parties de l'Afrique. L'étude des systèmes fluviaux et lacustres ainsi que celle des poussières désertiques et des pollens dans des carottes sédimentaires prises au large montrent que les variations dans l'Atlantique Nord (par exemple, les refroidissements dus aux événements d'Heinrich) ont clairement influé sur l'Afrique du Nord et de l'Ouest. L'est, en revanche, a été affecté par les variations des moussons dans l'océan Indien, tandis que l'Afrique australe l'était par les conditions régnant dans l'Atlantique Sud, près de l'Antarctique. Des fenêtres se sont ouvertes pour les humains lorsque les conditions pluviométriques étaient bonnes, ainsi dans des parties de l'Éthiopie il y a 195 000 et 160 000 ans, à Omo Kibish et Herto respectivement. Mais la seconde période a probablement été beaucoup plus difficile au sud, où des sites comme Pinnacle Point ont offert des refuges près de la relative stabilité des ressources côtières. Comme nous l'avons vu, pendant l'interglaciaire chaud d'il y a 120 000 ans, le Sahara a « verdoyé » et s'est couvert de lacs, de rivières, de forêts galeries et de savanes, ce qui a favorisé l'expansion des chasseurs-cueilleurs atériens accompagnés de leurs objets distinctifs : pointes de lance à soie, perles de coquillage, ocre rouge. En revanche, les données climatiques plus au sud indiquent que l'Afrique centrale et australe était alors plus aride dans l'ensemble, et que beaucoup de rivières et de lacs y passaient par des fluctuations, voire s'asséchaient complètement. Puis, il y a 75 000 ans, la situation s'est inversée : le Sahara est devenu un désert la plupart du temps, tandis que la plus grande partie de l'Afrique plus au sud entrait dans une phase plus fraîche, mais plus humide, pendant laquelle de nombreux lacs et systèmes fluviaux ont monté de niveau de façon importante.

La population humaine d'Afrique a donc dû connaître des flux et des reflux, parfois nombreuse selon les critères de la préhistoire et possiblement en contact mutuel dans toute l'étendue de ce qui est maintenant le Sahara, parfois bloquée dans des refuges isolés comme Herto et Pinnacle Point. Cette complexité des climats africains explique peut-être aussi pourquoi il ne semble pas exister de point origine unique des tout premiers signaux de la modernité comportementale. Il se peut que ce soit l'Afrique du Nord (et le Moyen-Orient ?) qui a montré la voie il y a 120 000 ans, mais qu'avec la détérioration des conditions et la disparition rapide des milieux favorables, les populations aient décru ou se soient éteintes. Et peut-être la torche de la modernité a-t-elle alors été maintenue allumée plus au sud dans des sites comme Blombos et l'embouchure de la Klasies River, lorsque les conditions dans cette région ont été pour un temps favorables (moyennant les interruptions causées par des événements comme l'éruption du Toba). Des vagues d'expansion et de contraction démographiques sont peut-être aussi ce qui explique la brève mais importante floraison de la culture de Still Bay, au symbolisme riche, puis, plus de 5 000 ans plus tard, l'ascension et la chute de Howiesons Poort, innovant avec ses petites lames emmanchées et ses coquilles d'œuf d'autruche gravées (récemment décrites dans l'abri sous roche de Diepkloof). Et c'est mon hypothèse (encore empiriquement fragile) que l'Afrique orientale est ensuite devenue l'un des centres de l'évolution du comportement il y a 60 000 ans environ, puisque c'est de là que les hommes modernes (et leur bagage croissant de comportements modernes) ont effectué leur sortie d'Afrique. L'étude que j'ai menée avec trois généticiens sur le recalibrage de l'évolution de l'ADNmt, dont il a été question au chapitre précédent, indique du reste que c'est aussi à cette époque que se placent l'origine et la première expansion de l'haplogroupe L3 qui a donné naissance aux haplogroupes M et N qui caractérisent l'ensemble de l'humanité hors d'Afrique.

Que dire donc des facteurs qui ont provoqué le principal exode des hommes modernes hors d'Afrique il y a environ 55 000 ans (en admettant que leur mouvement antérieur vers des régions du Proche-Orient, Israël par exemple, n'a été qu'une extension temporaire de leur habitat africain) ? Lorsqu'on examine les déplacements humains des temps anciens, on prend d'ordinaire en compte deux facteurs, exprimés simplement par les mots « poussée » et « attraction ». La première est due à des causes négatives : les groupes sont contraints de se déplacer par suite d'un manque de ressources, d'une sécheresse ou d'une surpopulation ; la seconde, au contraire, à des causes positives telles que l'expansion d'un milieu favorable ou la promesse de ressources plus abondantes. Il ne fait d'autre part pas de doute que certaines dispersions ont été tout à fait accidentelles et dépourvues de motifs, soit, par exemple, qu'un groupe à la poursuite de gibier ait été entraîné par hasard dans une toute nouvelle région, soit que les passagers d'une embarcation aient été emportés vers une destination imprévue par des courants ou des vents contraires.

Les données génétiques et la proximité effective désignent le nord-est de l'Afrique comme la source immédiate de la dispersion hors d'Afrique. Selon des indices provenant du lac Naivasha au Kenya, l'Afrique orientale était assez bien arrosée il y a 60 000 ans. En outre, des carottages effectués en Antarctique et dans l'océan Indien indiquent que le climat y était relativement chaud à cette époque. Tout cela a donc pu constituer un environnement favorable à une croissance démographique et une nouvelle accélération de l'innovation. Reste que, si de nombreux sites du *Middle Stone Age* en Éthiopie, au Kenya et en Tanzanie démontrent une occupation humaine vers cette époque, leur étude et leur datation sont encore en cours pour la plupart, en sorte qu'il est difficile de les rattacher précisément au moment de la dispersion des hommes modernes hors d'Afrique. Un exemple en est le site très riche de l'abri sous roche de Magubike en Tanzanie, actuellement fouillé par Pamela Willoughby et son équipe, et où je suis occupé à l'étude de dents humaines fossiles. Il existe toutefois des résultats publiés pour un site important : un abri sous roche près du lac Naivasha, Enkapune ya Muto (la grotte du Crépuscule), situé près de gisements d'obsidienne (verre volcanique très apprécié pour la fabrication d'outils lithiques) à une altitude de 2 400 m et pourvu d'un abondant registre d'occupation au *Middle Stone Age*, puis au *Later Stone Age*. Les niveaux les plus anciens de cette dernière industrie font état de nombreux traits innovants comme des outils spécialisés, l'emploi de l'ocre rouge et des perles en coquille d'œuf d'autruche, tous âgés de plus de 46 000 ans.

Les itinéraires de sortie d'Afrique ont été exposés au chapitre IV, ainsi que les possibles connexions entre l'Afrique du Nord, le Moyen-Orient et l'Europe entre 40 000 et 50 000 ans. Le chemin le plus évident consiste à remonter la vallée du Nil et traverser le Sinaï pour parvenir au Levant (le long de la côte orientale de la Méditerranée). L'hypothèse d'un autre itinéraire possible à l'autre extrémité de la Méditerranée, par mer à travers le détroit de Gibraltar, est tentante, compte tenu de ce que celui-ci était plus étroit pendant la dernière glaciation et qu'il a même pu être ponctué d'îles à certaines époques. On n'est toutefois pas encore parvenu à se saisir d'indices archéologiques ou fossiles convaincants, rien n'indiquant la présence de vrais Néandertaliens en Afrique du Nord ni d'hommes modernes aussi tôt au sud de la péninsule Ibérique. Bien au contraire, la région paraît avoir offert aux Néandertaliens l'un de leurs derniers bastions. On ne peut exclure que des populations aient fait la traversée de temps en temps, mais sans parvenir à prendre pied. En outre, le fait que les îles de la Méditerranée comme Malte, les Baléares, la Sardaigne et Chypre n'aient, semble-t-il, reçu d'humains que bien plus tard plaide également contre la possibilité d'une telle mobilité de la part des premiers hommes modernes et des Néandertaliens. (Il paraît toutefois que des bifaces de type africain ont été récemment découverts en Crète.)

Mais qu'en est-il de chemins plus à l'est ? Nous avons vu l'existence d'indices d'exploitation des ressources littorales en Afrique australe pendant le *Middle Stone Age*, de 60 000 à 160 000 ans, dans des sites tels que Pinnacle Point, Blombos et les grottes à l'embouchure de la Klasies

River. Ces mêmes indices se retrouvent dans des sites éparpillés les long des rivages d'Afrique du Nord et de l'Est, dont un exemple particulièrement intéressant à Abdur, sur la côte érythréenne de la mer Rouge, contemporain de l'élévation du niveau des mers au dernier interglaciaire il y a environ 125 000 ans. Dans les années 1960, le géographe américain Carl Sauer écrivait que « la dispersion des premiers hommes s'est faite au mieux en suivant les côtes. Les rivages devant eux offraient des nourritures et des habitats familiers [...]. Les côtes n'opposaient guère de barrières à la dispersion [...] à travers les latitudes tropicales et subtropicales [...]. L'océan Indien, qui fut probablement la première mer de l'habitat humain le plus ancien, présente sur la plus grande partie de son pourtour [...] une suite attrayante de rivages, depuis l'Afrique jusqu'aux îles du détroit de la Sonde [en Asie du Sud-Est]. »

Quelque trente ans plus tard, le zoologue Jonathan Kingdon émet l'hypothèse que les hommes du *Middle Stone Age* auraient quitté l'Afrique par le Moyen-Orient, puis atteint l'Asie du Sud-Est il y a 90 000 ans, où, s'étant adaptés à vivre au bord de la mer, ils auraient développé la compétence nécessaire à la construction de bateaux ou de radeaux, ce qui leur aurait permis à la fois de retourner en Afrique vers l'ouest et de rejoindre l'Australasie vers le sud. D'autre part, selon le modèle des dispersions multiples proposé par deux anthropologues, Marta Lahr et Robert Foley, ces mêmes hommes auraient pu emprunter un itinéraire plus direct d'Afrique en Arabie puis au-delà il y a plus de 50 000 ans, par exemple en suivant les côtes jusqu'au détroit de Bab-el-Mandeb, à l'extrémité sud de la mer Rouge, qu'ils auraient traversé en bateau. Des généticiens comme Spencer Wells et Stephen Oppenheimer se sont également prononcés en faveur de cet itinéraire. Selon eux, il se pourrait que quelques centaines d'individus seulement aient réussi la fatale traversée vers l'Arabie, ce qui ferait d'eux les fondateurs de toutes les populations du reste du monde.

Pour ma part, je n'ai jamais vu la nécessité d'une telle complication, puisque, dès lors qu'ils se trouvaient sur la rive occidentale de la mer Rouge, les hommes n'avaient qu'à progresser vers le nord, contourner le Sinaï, puis descendre vers le sud le long de la rive orientale. Continuant ainsi à suivre la bande côtière, à laquelle ils s'étaient adaptés, il ne leur aurait fallu que quelques millénaires pour parvenir jusqu'en Indonésie en profitant de la baisse du niveau des mers, s'épargnant ainsi les dégradations du milieu auxquelles étaient exposées les populations de l'intérieur des terres pendant les rapides fluctuations climatiques de la fin du Pléistocène. La dispersion elle-même a sans doute été motivée par un accroissement démographique ou une raréfaction des ressources. Quant au développement de la navigation, il est dû probablement à la nécessité de franchir des barrières naturelles telles que des mangroves denses ou des estuaires, ou encore au besoin d'élargir les possibilités en matière de recherche de nourriture près du rivage. Ces populations côtières ont pu ensuite pénétrer vers l'intérieur en remontant les vallées fluviales. À la fin de leur périple à travers l'Asie du Sud-Est, elles étaient prêtes à franchir (sans doute de façon fortuite) les premières étapes en direction de la Nouvelle-Guinée et de l'Australie, alors réunies en un seul continent.

Bien que la péninsule Arabique ait probablement constitué une région de passage importante pour les pionniers de la sortie d'Afrique, elle était jusque récemment *terra incognita* en matière de données matérielles, donnant ainsi lieu à une grande activité théorique. Ce n'est que depuis peu que plusieurs équipes internationales se sont rendues sur le terrain pour tenter de combler ce vide. Pour les archéologues, par exemple Jeffrey Rose et Michael Petraglia, loin d'être seulement un passage, l'Arabie a constitué un habitat en soi. Lorsque l'environnement moyen-oriental se faisait hyperaride, ses rivières et ses lacs éphémères ainsi que ses plateaux continentaux exposés par la baisse du niveau des mers offraient un refuge. Malgré l'absence embarrassante de données fossiles à valeur diagnostique, les recherches menées par Simon Armitage et son équipe à Djebel Faya (Émirats arabes unis) montrent que dès 120 000 ans avant le présent les hommes modernes archaïques ont pu se disperser hors d'Afrique et à travers l'Arabie jusqu'au détroit d'Ormuz. Elles confortent ainsi l'idée controversée selon laquelle ces mêmes populations modernes auraient pu migrer encore plus loin à travers le sud de l'Asie, et cela en dépit de données génétiques contraires indiquant que ces déplacements n'ont eu lieu qu'à partir d'il y a 60 000 ans. Quoi qu'il en soit, le fait que les artefacts trouvés à Djebel Faya aient l'air « africain » et ne ressemblent pas à ceux associés aux hommes de Skhul et de Qafzeh au Levant ajoute encore de la complexité à notre exode hors d'Afrique. Se peut-il qu'il y ait eu deux dispersions précoces séparées, l'une à partir de l'Afrique de l'Est vers l'Arabie, l'autre depuis l'Afrique du Nord vers le Levant ? Et quel a été le sort de ces populations d'il y a 100 000 ans ? Se sont-elles éteintes ? Ont-elles survécu dans de petites poches ? Se sont-elles croisées avec des voisins plus archaïques ? Ou bien ont-elles réellement continué vers l'est ?

Après avoir connu des conditions froides et sèches, le climat du sud de l'Asie s'est amélioré grâce au retour temporaire d'une forte mousson d'été il y a environ 57 000 ans, ce qui a sans doute contribué à la survie des hommes modernes et à leur migration à travers l'Inde vers l'Asie du Sud-Est et l'Australasie. Pourtant, les signes de caractères « modernes » comme le symbolisme et une technologie élaborée ne sont guère visibles avant 45 000 ans — problème dont nous reparlerons plus loin dans ce chapitre à propos de l'Australie. Et l'on ne trouve pas un seul fossile humain dans tout le sous-continent indien pour nous faire savoir qui fabriquait les outils du Paléolithique moyen qu'on y trouve. Rien, autrement dit, entre la boîte crânienne d'aspect archaïque découverte parmi les graviers de la rivière Narmada, probablement âgée de plus de 300 000 ans, et les spécimens modernes fragmentaires du Sri Lanka, datant d'il y a moins de 40 000 ans.

Les travaux conduits par l'archéologue Michael Petraglia démontrent la présence d'outils du Paléolithique moyen en Inde immédiatement avant et quelque temps après les vastes dépôts de cendres rejetées par le volcan Toba il y a 73 000 ans environ, ce qui laisse penser que, qui qu'aient été ces hommes, ils ont été capables de rebondir et de se repeupler après les destructions causées par l'éruption. Petraglia pense que c'était probablement des hommes modernes, peut-être des descendants de groupes semblables à ceux de Skhul et de Qafzeh plus à l'ouest. Toutefois, ni leur ADNmt ni l'ADN de leur chromosome Y n'ont survécu jusqu'à nos jours. La raison en est que les haplogroupes M et N de l'ADNmt présents dans toute la région ont probablement moins de 60 000 ans, et que tout l'ADN Y existant en Asie est encore plus récent. Aussi, si ces anciens Indiens étaient des hommes modernes (ce qui n'est pas encore démontré), ou bien ils se sont éteints, ou bien ils ont été remplacés par de nouvelles vagues d'hommes modernes.

De récentes analyses génétiques font voir à quel point cette propagation de l'humanité moderne à travers l'Asie est remarquable. L'étude de 55 000 *polymorphismes nucléo-*

tidiques uniques (SNP) — c'est-à-dire de « fautes d'orthographe » individuelles dans le code génétique — chez environ 2 000 personnes représentant plus de soixante-dix populations de toute l'Asie démontre en effet que, malgré d'évidentes différences d'aspect, de couleur de peau et de stature, les habitants de l'Asie orientale et du Sud-Est, y compris les Négritos des Philippines et de Malaisie, constituent pour l'essentiel une seule famille humaine (moyennant un peu d'ADN dénisovien en plus ou en moins) provenant d'une unique migration vers le sud. La variation génétique au sein des populations locales décroît du sud au nord en Extrême-Orient, ce qui signifie que des sous-groupes sont remontés vers le nord pour fonder les populations moins diversifiées de la Chine du Nord, de Corée et du Japon. En revanche, le caractère distinct des habitants de l'Asie centrale indique qu'ils proviennent sans doute d'un peuplement séparé à travers les steppes eurasiatiques. Certains groupes comme les aborigènes de l'île d'Hokkaido au Japon, les Aïnous, n'ont apparemment pas été inclus dans les analyses. Qu'ils tirent leur origine d'une dispersion encore plus ancienne des hommes modernes et soient reliés aux premiers Américains reste donc une possibilité.

Une autre étude, très surprenante, s'est intéressée à un autre SNP asiatique appelé EDAR T1540C. Elle montre à quel point les analyses génétiques sont en train de révolutionner nos conceptions de la variation humaine et combien bizarres peuvent se révéler certains caractères « raciaux ». De nombreux Asiatiques présentent un creusement caractéristique de la surface postérieure des incisives supérieures, dites pour cette raison « en pelle », et cette forme de petite pelle se retrouve chez *Homo erectus* et Neandertal. Une autre caractéristique des Asiatiques est leur chevelure noire, raide et épaisse. Le gène EDAR

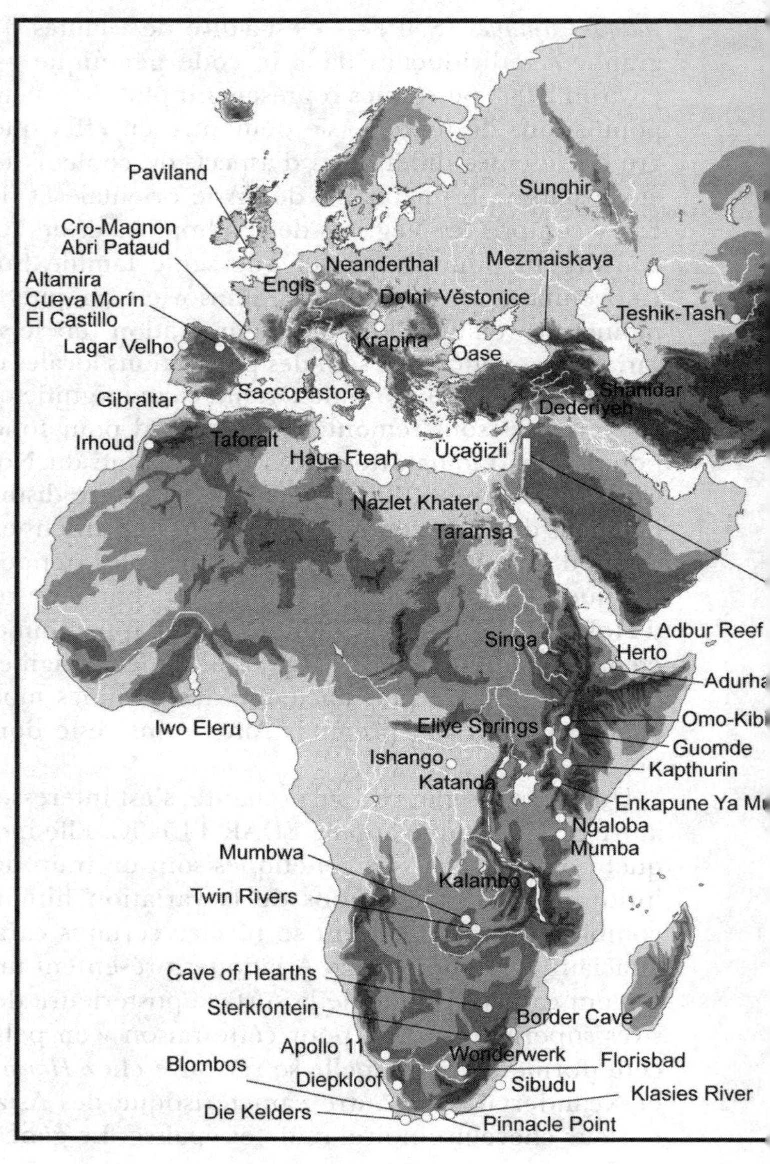

Carte des sites humains modernes et pré-modernes.

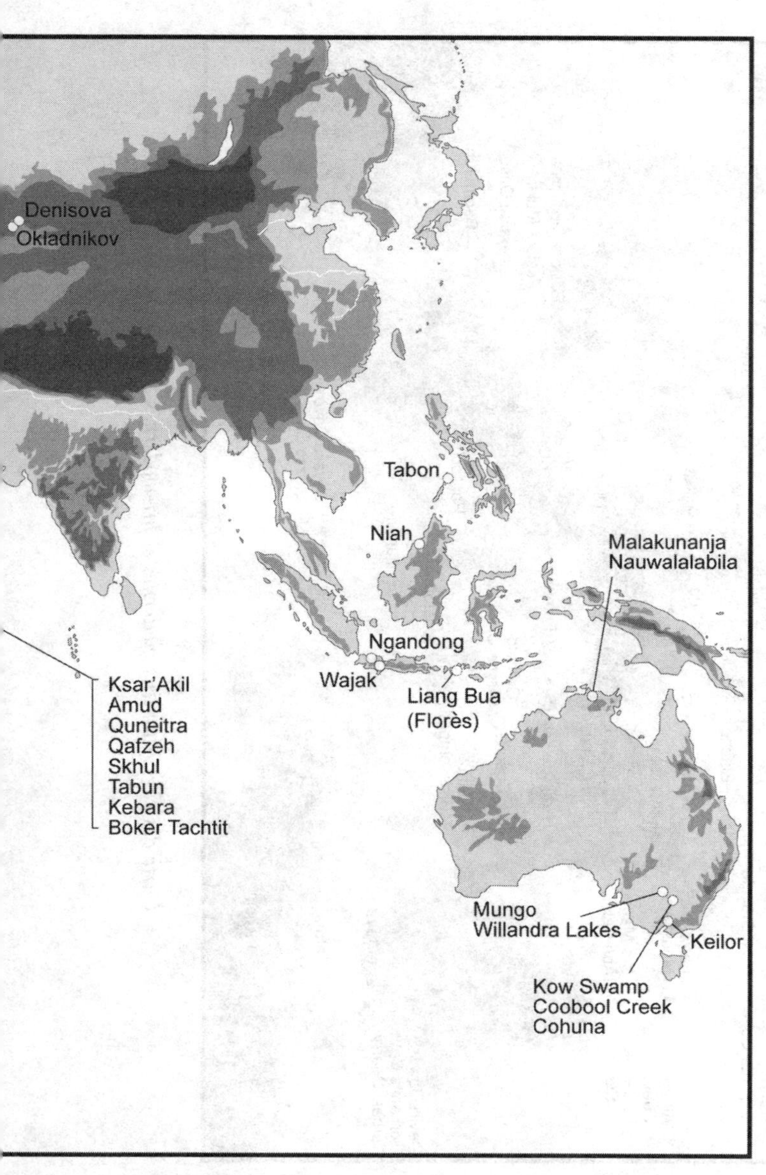
Denisova
Okladnikov
Tabon
Niah
Malakunanja
Nauwalalabila
Ngandong
Wajak
Liang Bua
(Florès)
Ksar'Akil
Amud
Quneitra
Qafzeh
Skhul
Tabun
Kebara
Boker Tachtit
Mungo
Willandra Lakes
Keilor
Kow Swamp
Coobool Creek
Cohuna

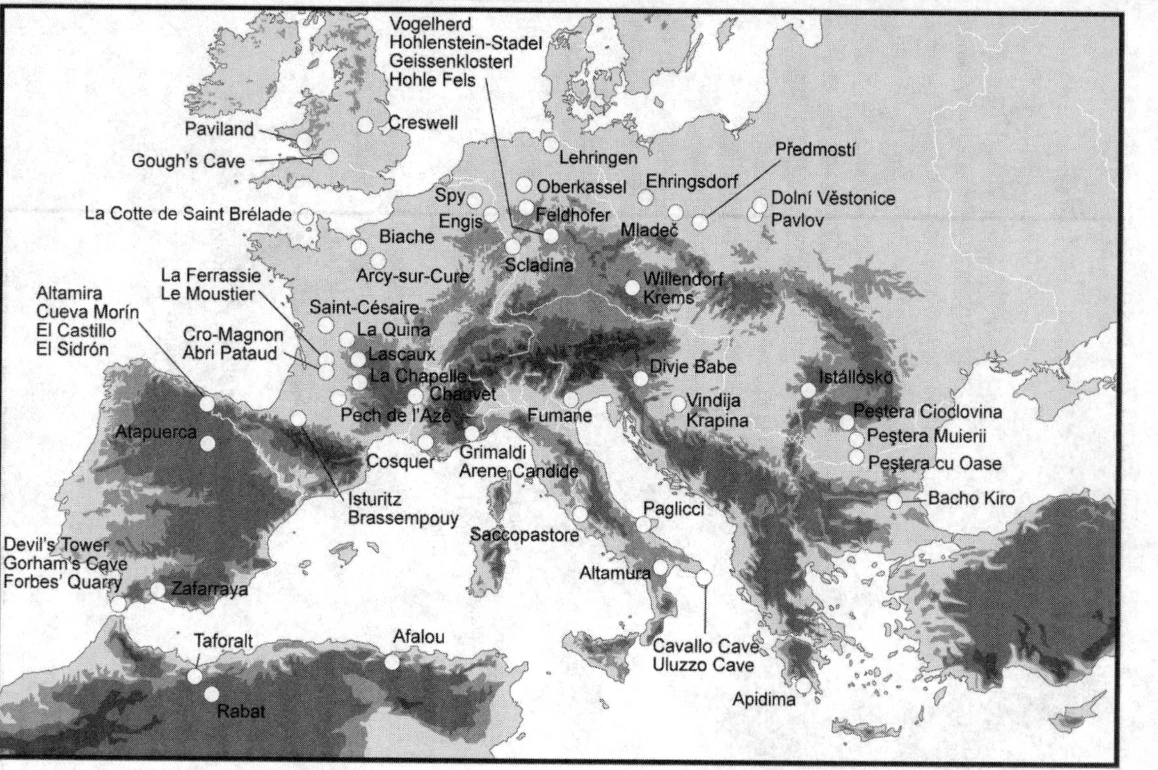

Carte des sites humains modernes et pré-modernes en Europe.

code des protéines impliquées dans le développement des cheveux, des dents et d'autres dérivés de la peau. Des mutations délétères de ce gène provoquent une maladie appelée dysplasie ectodermique entraînant une absence complète de cheveux, d'ongles, de glandes sudoripares et de dents normales. La variante T1540C, quant à elle, paraît associée à la production des incisives en pelle et des cheveux noirs épais. Elle est très commune chez les Extrême-Orientaux, mais pratiquement absente chez les Européens et les Africains. On ignore encore la cause de cette fréquence en Asie, hasard ou sélection d'un caractère — par exemple, résistance à une maladie de peau, un certain type de force de la dentition, épaisseur du cheveu servant à protéger du froid, à encourager les attentions de l'autre sexe ou à décourager celles des poux. Mais, quoi qu'il en soit, on voit comment des caractères qu'on a considérés comme très importants dans les études « raciales », voire évolutionnistes, peuvent provenir de facteurs tout à fait inattendus, ou même d'aucun facteur, n'étant que le sous-produit de quelque chose d'entièrement différent !

Un carottage effectué au large en mer de Chine méridionale indique un climat chaud et une recrudescence des moussons d'été entre 50 000 et 40 000 ans, si bien que les hommes modernes archaïques déjà arrivés dans la région ont pu se répandre vers le nord sans avoir à souffrir d'un froid glacial. C'est là, sans doute, l'origine de l'homme moderne isolé de Tianyuan dont il a été question aux chapitres III et IV. Mais nos pionniers orientaux ont aussi été en mesure de faire mouvement vers le sud et d'atteindre la grotte de Niah dans la province malaise de Sarawak, sur l'île de Bornéo, voilà au moins 45 000 ans. Cette énorme caverne, célèbre pour ses nids d'hirondelle servant à la préparation de la soupe du même nom et partiellement fouillée par Tom et Barbara Harrison il y a plus de cinquante ans, a produit une quantité de matériaux archéologiques d'âges divers, dont le plus fameux est le « crâne en dôme » d'un homme moderne. Ses 40 000 ans d'âge, estimés au moyen de la datation au radiocarbone de charbons associés, ont fait l'objet de controverses et de nombreux spécialistes se sont d'abord refusé à en accepter la validité. Ce n'est que récemment que de nouvelles fouilles ont démontré que les Harrison avaient raison pour l'essentiel. Qui plus est, cette nouvelle étude, dirigée par l'archéologue Graeme Barker, montre que les hommes modernes archaïques de Niah s'étaient rapidement adaptés aux impératifs de la survie en forêt tropicale, car ils chassaient de nombreuses espèces arboricoles et savaient préparer les plantes locales, certaines pour les féculents, d'autres pour en tirer des teintures et des pigments. En revanche, leur technologie lithique (de même, semble-t-il, que leur emploi d'autres matériaux bruts locaux) était assez simple — mais, à l'évidence, efficace. Ce qui nous rappelle un fait important, à savoir qu'être un homme moderne est autant une affaire d'opportunisme et de pragmatisme que de harpons, de pendentifs ou d'art pariétal.

C'est là un point crucial que nous devons garder à l'esprit quand nous suivons la diaspora des hommes modernes jusqu'en Australie. Là, en effet, nous chercherons le plus souvent en vain dans les registres archéologiques les plus anciens les marqueurs de la modernité comportementale discutés jusqu'à présent. Les indices d'une technologie complexe de la pierre ou de l'os, de sites structurés et de comportement symbolique manquent de façon générale — même si, pour être juste envers les tout premiers Australiens, il convient de remarquer, comme nous l'avons déjà fait, que les deux fossiles de Mungo vieux de 42 000 ans représentent peut-être la sépulture à ocre rouge et la crémation les plus anciennes découvertes à ce jour. Pour arriver là, ces premiers Australiens avaient sauté d'île en île, progressant très rapidement sur des bateaux ou des radeaux à travers de nombreuses étendues de haute mer, ce qui fait d'eux les premiers navigateurs connus — à supposer, bien sûr, que les ancêtres des Hobbits de Florès soient arrivés dans cette île isolée par accident plutôt qu'au terme d'une navigation délibérée.

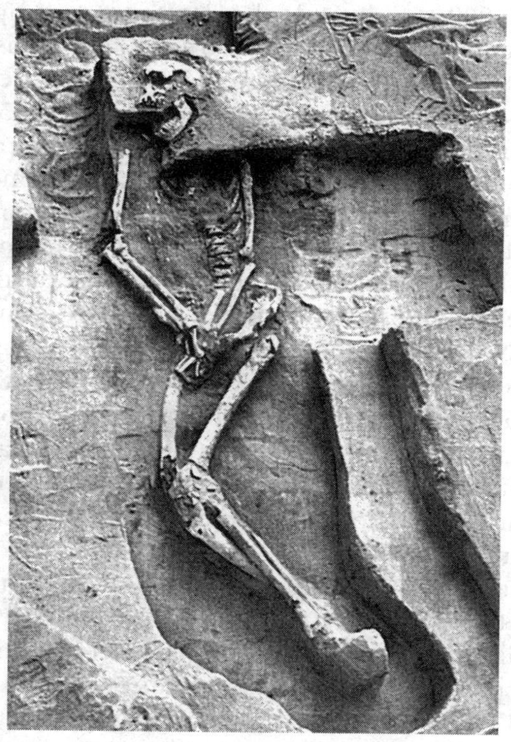

La plus ancienne sépulture à ocre rouge connue : Mungo 3, Australie.

Pourtant, le registre archéologique indique que les tout premiers Australiens vivaient en petites bandes très mobiles et n'exploitaient qu'une gamme étroite de ressources animales et végétales qui pouvaient toutes être acquises par des techniques simples. Les outils lithiques ressemblent beaucoup plus à ceux du Paléolithique moyen qu'à ceux que nous montrent le *Later Stone Age* africain ou le Paléolithique supérieur d'Eurasie occidentale, d'où l'idée longtemps admise que l'Australie aurait été colonisée il y a plus de 60 000 ans, avant le développement complet de la série des comportements « modernes ». Toutefois, les dernières datations et études génétiques ne montrent guère d'indices d'une colonisation bien antérieure à 45 000 ans. Maintenant, vu l'exemple tasmanien et la simplification manifeste du mode de vie consécutive à l'isolement et au déclin démographique, on imagine aisément comment le même effet aurait pu se produire avec la même gravité il y a 50 000 ans, quand de petits nombres de pionniers, ayant survécu aux périls de traversée, abordèrent les premiers la Nouvelle-Guinée et l'Australie et se dispersèrent par petits groupes dans tout ce vaste continent plein de dangers. Pourtant, il y a 12 000 ans et ensuite, alors que les Tasmaniens subissaient un déclin de leur population avec le réchauffement climatique, leurs compatriotes continentaux voyaient pour leur part leur densité augmenter dans de nombreuses régions.

Comme le font remarquer les archéologues James O'Connell et Jim Allen, pendant la première partie de l'actuel interglaciaire, les aborigènes continentaux ont fait leur propre « révolution humaine » : nouvelles gestions de l'habitat, complexité technologique accrue, art et ornementation, y compris corporelle, élaborés. En même temps, on voit se multiplier les sites archéologiques dans des régions comme Murray River, ce qui nous ramène à la question cruciale s'agissant de la densité démographique : son accroissement a-t-il apporté le même bénéfice que celui que nous avons postulé pour la fin du *Middle Stone Age* africain, à savoir une augmentation considérable des contacts, des échanges et des signaux symboliques entre groupes ? Et le manque apparent de signes de la modernité en Australie avant 12 000 ans est-il à mettre en parallèle avec la situation de la Tasmanie après cette date, lorsque les Tasmaniens, toujours moins nombreux et toujours plus isolés, se sont débarrassés de tout ce qui n'était pas essentiel à la survie, sans cesser pour autant d'être d'indiscutables hommes « modernes ».

Voilà qui nous ramène à l'importance du climat, car, comme le font remarquer O'Connell et Allen, la fertilité de l'Australie était probablement très réduite pendant les phases plus froides et plus arides de ces derniers 50 000 ans, tandis que le pic de chaleur, relativement stable, de la première partie du présent interglaciaire a permis aux populations continentales de prospérer. Il est du reste possible que les densités démographiques (et donc le potentiel d'expression et d'accumulation des signes de « modernité ») aient fluctué en Australie entre 12 000 et 45 000 ans. Ainsi, il se peut que la pluviométrie favorable de la région des lacs Willandra d'il y a 40 000 ans ait permis une croissance démographique temporaire qui y aurait catalysé l'expression de la « modernité » : exploitation des ressources aquatiques, emploi de l'ocre rouge, traitement complexe des morts.

Tout cela nous donne l'occasion de finir sur une intéressante expérience de pensée, grâce à notre merveilleuse mémoire épisodique, avant de nous pencher sur le passé et l'avenir de notre espèce au prochain et dernier chapitre. Étant l'unique exemplaire survivant susceptible d'étude détaillée, nous jugeons de l'humain au moyen des critères de notre espèce. Nous avons de gros cerveaux, nous sommes complètement bipèdes, nos dents sont petites et nous sommes plutôt bons en matière de technologie (moyennant certaines inaptitudes à utiliser correctement télécommandes et téléphones mobiles), et ce sont là des caractères que nous partageons plus ou moins avec nos parents disparus du genre *Homo*, tels *Homo erectus* et *Homo heidelbergensis.* Mais, du fait que les Néandertaliens, par exemple, n'aient pas réussi et que nous soyons le seul exemplaire survivant d'homme « moderne », nous considérons rétrospectivement notre évolution et évaluons la « modernité » en fonction du développement de « nos » caractères : crâne haut et arrondi avec une petite arcade sourcilière, lobes pariétaux importants, hanches étroites et une certaine obsession pour la religion, le sexe et la mode (pas moi, bien sûr).

Pourtant, comme j'y reviendrai au dernier chapitre, il se pourrait fort bien que certains de nos « caractères particuliers » et de nos différences d'avec Neandertal soient purement fortuits, dus à la dérive génétique. Que se serait-il alors passé si le climat terrestre avait été légèrement différent ces derniers 200 000 ans, ou si un volcan de la taille du Toba avait fait éruption en Afrique plutôt qu'à Sumatra ? Et si les hommes modernes archaïques y avaient disparu et que les Néandertaliens aient réussi à prospérer dans telles régions de l'Eurasie méridionale, leur densité démographique s'accroissant jusqu'à ce qu'eux aussi accomplissent complètement, et non en partie, leur propre « révolution humaine » ? Auraient-ils fini par réfléchir à leur succès, aux avantages du milieu eurasiatique et aux problèmes de survie qu'avaient rencontrés en Afrique leurs parents malchanceux avec leurs drôles de fronts ? Auraient-ils porté au crédit de leur réussite évolutive leur gros cerveau et ses lobes occipitaux, leur nez proéminent, leurs hanches larges, leurs cheveux roux (parfois) et l'emploi prolongé de pigments noirs, et se seraient-ils servis de ces caractères pour définir une version néandertalienne de la « modernité » ? Allons même plus loin : que ce serait-il passé si les créatures à forme humaine s'étaient complètement éteintes partout sauf à Florès, si bien que l'avenir de l'humanité aurait été entre les mains des petits Hobbits ? Aurait-elle survécu et se serait-elle dispersée à partir de là pour poursuivre son histoire évolutive ? Ses descendants auraient-ils élaboré une théorie *Out of Florès* ?

Nous avons beaucoup voyagé au cours de ce chapitre, parcourant des millions d'années et des millions de kilomètres carrés de la surface terrestre. Il est temps à présent de revoir notre exposé d'un œil froid et critique, et de considérer ce faisant l'évolution passée et future de notre espèce. Écrire ce livre a été pour moi à la fois un plaisir et un défi, tant il m'a fallu réfléchir à nouveau à mes propres idées et à celles de mes collègues. Chemin faisant, j'espère avoir un peu changé les notions que peuvent avoir les lecteurs de ce que c'est que d'être humain, comme j'ai changé les miennes.

Chapitre IX

L'ÉVOLUTION PASSÉE ET À VENIR DE NOTRE ESPÈCE (EN GUISE DE CONCLUSION PROVISOIRE)

À mesure que l'étude des origines de l'homme moderne s'épanouissait au cours de ces quarante dernières années, j'ai eu la chance de contribuer à l'accumulation d'indices — fossiles, chronologiques, archéologiques et génétiques — qui démontrent l'origine africaine récente de notre espèce. Il n'en reste pas moins à l'évidence beaucoup de boulons à serrer s'agissant des débuts de notre histoire et, plus important encore, beaucoup de questions fondamentales en attente de réponse. Si nous en savons désormais plus sur la chronologie et les lieux de nos origines, nous ignorons encore beaucoup des raisons.

Cet événement essentiel qu'est le passage du crâne à une forme moderne est assurément advenu en Afrique il y a quelque 150 000 ans, mais les facteurs qui le soustendent nous restent encore pour la plupart inconnus. Certains sont peut-être liés à des changements de la forme du cerveau, d'autres à des facteurs fonctionnels tout à fait différents ayant à voir avec nos mâchoires, notre dentition, l'équilibre de la tête ou les appareils vocal et respiratoire. Il existe toutefois une autre explication, plus terre à terre, pour beaucoup de nos caractères crâniens « particuliers » : ces derniers n'ont en fait rien de particulier, mais ils sont dus à la dérive génétique, autrement dit au hasard.

J'ai collaboré sur cette question avec deux anthropologues évolutionnistes, Tim Weaver et Charles Roseman, et je ne peux faire mieux que de citer, en l'adaptant, un résumé de notre article commun :

> Nous nous sommes appuyés sur divers tests statistiques dans le cadre d'une théorie quantitative de la génétique des populations pour montrer que la dérive génétique constitue une explication possible des différences crâniennes entre Néandertaliens et hommes modernes. Les tests se fondent sur trente-sept mesures crâniennes standard dégagées à partir de 2 500 hommes modernes environ, appartenant à trente populations, et sur vingt fossiles néandertaliens. En outre, nous avons comparé nos résultats à ceux d'une base de données génétiques consistant en 377 microsatellites typés à partir de 1 056 hommes modernes issus de 52 populations. Nous en concluons que, loin d'exiger des explications adaptatives particulières, les crânes des Néandertaliens et des hommes modernes peuvent très bien ne constituer que deux réalisations d'un vaste espace de possibilités évolutives aléatoires.

En fait, les différences entre les crânes des hommes modernes sont assez marquées malgré notre proche parenté génétique, et c'est bien pourquoi l'anatomie permet si facilement de reconnaître les origines régionales. Or, comme nous l'avons vu, ces différences pourraient résulter en bonne partie d'une accumulation due à la dérive à partir du moment où les hommes modernes se sont dispersés par petits groupes. Elles sont même plus marquées quand nous nous comparons aux Néandertaliens, si bien que, comme le fait remarquer Erik Trinkaus, nous avons davantage divergé qu'ils ne l'ont fait de cet ancêtre commun qu'est peut-être *heidelbergensis.* En tout cas, il est bien possible que de nombreux contrastes entre eux et nous résultent du même processus en plus grand, que ce sont, en d'autres termes, les conséquences de notre séparation géographique il y a 400 000 ans, après quoi nous avons dérivé — plutôt que nous n'avons été poussés — loin l'un de l'autre. Il se peut même, comme le suggère Weaver, que les primates et les premiers humains aient été bien davantage contraints par la sélection naturelle de conserver une certaine forme du crâne, tandis que nous (et peut-être, dans une certaine mesure, Neandertal) avons pu nous affranchir de ces contraintes grâce à nos adaptations culturelles, ce qui a permis que la forme de nos crânes dérive de façon plus aléatoire.

Il semble bien qu'il y ait quelque chose de différent dans les « cultures » des hommes modernes en comparaison de celles qui les ont précédées. Nos cultures semblent varier bien davantage et sur des périodes bien plus courtes que celles du Paléolithique moyen, et encore plus quand on compare au peu de variété du Paléolithique inférieur, ces deux millions d'années d'ennui, comme on l'a qualifié. Les raisons de notre diversité culturelle sont probablement très diverses. L'une est tout simplement l'étendue de nos habitats et la variété des milieux auxquels nos modes de vie se sont adaptés. Pourtant, les Européens du Paléolithique supérieur, qui habitaient la même région pendant la même période froide, il est vrai fluctuante, font preuve eux aussi d'une grande variété, changeant de « culture » tous les quelques millénaires.

Or, selon les anthropologues Robert Boyd et Peter Richerson, un trait crucial d'*Homo sapiens*, qui se montre dès la toute petite enfance, est sa capacité à imiter les autres et à apprendre d'eux. Les sociétés humaines offrent l'arène où répéter, éprouver et modifier nos apprentissages par le dialogue avec nos pairs en sorte que, comme nous l'avons vu, l'intensification et l'extension de ces réseaux de connexions étaient une vraie amélioration. Boyd et Richerson ajoutent que, du fait des rapides modifications du milieu que les humains ont dû affronter à cause des changements climatiques — et aussi, ajouterai-je, du fait de leur rapide dispersion par petits groupes vers des milieux inconnus —, il n'y avait aucun avantage à ce que les individus s'essaient séparément à rénover leurs modes de survie et certainement aucun intérêt à attendre que l'évolution amène d'elle-même les adaptations. Il n'y avait simplement pas le temps pour cela.

Cela ne saurait nous surprendre outre mesure, mais la meilleure stratégie que puisse adopter un individu moyen dans un environnement changeant est probablement de regarder autour de soi et de s'en remettre à l'imitation plutôt qu'à l'apprentissage personnel. Il se peut toujours, en effet, que d'aucuns découvrent comment faire face aux changements, montrant ainsi à la majorité le raccourci vers le succès. Qui plus est, plus il y a de copieurs, plus il y a de chances pour que l'un d'entre eux copie de travers et améliore par accident l'original. Quand l'innovation individuelle est rare, le progrès est lent — d'où peut-être les deux millions d'années d'ennui du Paléolithique inférieur. Mais, avec davantage d'innovateurs, les adaptations culturelles peuvent survenir très rapidement en comparaison de ce que produiraient des innovateurs isolés ou bien l'évolution biologique. Ainsi, grâce à l'imitation et à la rétroaction au sein des groupes de pairs, les populations réussissent à s'adapter bien mieux que ne le permettrait un génie isolé dont les idées ne sortiraient peut-être jamais de sa grotte ou se perdraient à cause de son décès subit. Boyd et Richerson soutiennent donc que l'évolution a mis en avant ces tendances à l'apprentissage social, qu'elle a favorisé les esprits qui, plutôt que de toujours chercher à inventer du nouveau (stratégie dans l'ensemble risquée et dispendieuse), inclinent à se conformer au comportement de la majorité.

En fait, l'évolution a dû particulièrement favoriser la tendance à imiter ou bien les individus jouissant d'un statut élevé dans le groupe ou bien les égaux ayant réussi. On comprend alors comment sont apparues l'exhibition symbolique des identités collectives et se sont développées des tocades et des modes, utiles ou non. Le terme de « style » est utilisé aussi bien par les archéologues pour étiqueter les artefacts des cultures du passé que par les industriels de la mode de nos jours, et il se pourrait bien que la notion explique une grande partie de l'étonnante variation qu'on voit aller et venir tout au long du Paléolithique supérieur. Boyd et Richerson élargissent leur champ d'observation aux chasseurs-cueilleurs subactuels et à la façon dont ils ont réussi à occuper un tel éventail d'habitats. Le plus étonnant à propos de leurs populations telles qu'elles sont établies, par exemple, dans les forêts tropicales du Brésil ou de la Nouvelle-Guinée est, ici encore, leur diversité et le fait qu'elles sont souvent scindées en groupes aux langues mutuellement inintelligibles, aux traditions distinctes et aux identités symboliquement différenciées. La culture fondée sur l'imitation est ce qui leur donne la capacité de se comporter un peu différemment les unes des autres et, par suite, le potentiel pour explorer et exploiter des portions séparées de leur habitat commun, de se comporter en un sens comme des espèces distinctes comparé à la façon dont elles répartissent l'usage de leur environnement.

On voit là l'autre face de l'évolution culturelle, en sorte qu'il a toujours dû exister une tension chez les hommes modernes entre, d'une part, le besoin de préserver et de développer l'innovation, ce qui, on l'a vu, requiert des densités démographiques élevées et nombre de connexions entre les personnes, et, d'autre part, la tendance des populations à aller chacune de son côté et à toujours plus se diviser culturellement. Ces deux trajectoires séparées — entre la fusion et la fission, en d'autres termes — ont en outre des conséquences génétiques différentes, vu la nécessité de maintenir une réserve saine de gènes par des échanges de partenaires entre voisins (à moins que ces échanges ne soient des razzias et des enlèvements, comme souvent, en dépit de l'image « paisible » que nous nous faisons généralement des chasseurs-cueilleurs).

Mon collègue en études néandertaliennes, Jean-Jacques Hublin, a collaboré avec l'anthropologue évolutionniste Luke Premo pour modéliser l'effet de la culture sur les flux génétiques chez les humains, les modernes, mais aussi, qui sait, les Néandertaliens. Or, à propos de ces derniers et d'*Homo sapiens*, on demeure surpris, comme nous l'avons vu au chapitre VII, par la faiblesse de leur diversité génétique en comparaison de nos cousins primates, sans doute due à des épisodes de faible démographie (des goulots d'étranglement) au cours de nos histoires évolutives respectives. Mais le modèle de Hublin et de Premo montre qu'une migration prolongée et culturellement orientée — c'est-à-dire entre des fractions de populations qui partagent certaines valeurs culturelles — aurait été susceptible de comprimer la taille des populations humaines du Pléistocène de la même façon que le font les goulots d'étranglement. Nous avons vu que certaines populations d'Afrique, tels les Hottentots et les Pygmées d'Afrique centrale, ont, pour quelques marqueurs génétiques, des racines qui plongent, séparément semble-t-il, jusqu'au *Middle Stone Age*. Cela donne à penser qu'il y a 100 000 ans, l'Afrique était peuplée d'une série de sous-groupes séparés qui échangeaient leurs gènes de façon principalement interne plutôt qu'à travers une population unique et continue — peut-être à cause de l'isolement géographique, mais aussi du fait de leurs distinctions culturelles qui les amenaient à une relative « consanguinité » génétique. C'est là un point sur lequel je reviendrai dans la suite de ce chapitre conclusif, après avoir reconsidéré les possibilités d'hybridation entre les premiers *Homo sapiens* et d'autres espèces humaines, Néandertaliens et *Homo erectus* en particulier.

Comme je l'ai expliqué au chapitre premier, le fait que je tienne *Homo sapiens* et Neandertal pour des espèces distinctes ne m'a jamais conduit à affirmer que tout croisement entre eux était impossible. Erik Trinkaus est convaincu qu'à partir du moment où les hommes modernes se sont répandus hors d'Afrique, le croisement était en fait la norme plutôt que l'exception. Selon sa sobre expression, « le sexe, ça arrive ». Et il en voit les indices dans des caractères anatomiques singuliers qu'on trouve sur des fossiles d'hommes modernes archaïques du Portugal à la Chine et qui, selon lui, proviennent très probablement de ces métissages. Sans l'exclure en général, j'interprète autrement les

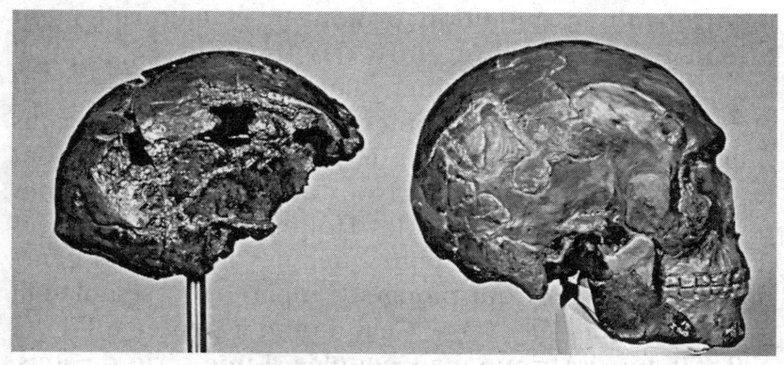

La variation africaine il y a 195 000 ans : Omo Kibish 2 (à gauche) et 1.

indices, estimant que beaucoup de ces caractères relèvent de la variation normale au sein des premiers *Homo sapiens*, plutôt qu'ils n'émanent nécessairement de croisements avec nos cousins archaïques.

L'hybridation ou évolution réticulée — la structure en réseau produite par le flux génétique entre lignées séparées — se manifeste chez les mammifères à plusieurs niveaux de la hiérarchie taxonomique. Elle a lieu le plus souvent entre espèces proches (par exemple, les singes appartenant au genre répandu *Cercopithecus*), mais parfois aussi entre genres distincts (comme les éléphants d'Afrique et d'Asie), et plus rarement encore entre des formes apparentées de loin (par exemple, par insémination artificielle, entre le chameau d'Asie et le guanaco sud-américain). Il arrive que l'hybridation ne soit détectable qu'à travers l'étude génétique d'espèces apparemment « pures », qui révèle que celles-ci se sont échangées des gènes à un moment de leur évolution passée, échange dont les conséquences sur les populations en cause peuvent être préjudiciables (quand, par exemple, les hybrides sont difformes ou stériles) ou bien avantageuses, comme dans les cas plus rares de « vigueur de l'hybride » ou hétérosis. On le voit, ces exemples sapent ou du moins infléchissent le concept d'espèce biologique considérée comme génétiquement fermée sur elle-même et imperméable aux flux génétiques externes ; ils font ressortir, en revanche, la fluidité de ce concept, qui n'est, après tout, que notre approximation de la réalité du monde naturel.

De nombreuses études se sont penchées sur le génome humain à la recherche d'indices de croisements avec nos cousins archaïques, et l'on est même allé, comme nous l'avons vu au chapitre VII, jusqu'à examiner l'ADN de nos poux de tête. Jusqu'à récemment, malgré les affirmations de chercheurs comme John Relethford, Vinayak Eswaran,

Henry Harpending et Alan Templeton, le tableau général de nos ADN autosomique, mitochondrial et du chromosome Y ne laissait voir aucun signe de pénétration par d'autres espèces humaines. Les branches courtes de nos arbres génétiques, en particulier l'ADN Y et l'ADNmt, indiquaient simplement une origine africaine récente, et les simulations basées sur l'ADNmt du niveau de mélange Néandertalien et Cro-Magnon l'évaluaient à zéro ou proche de zéro. Pourtant, malgré la clarté des signaux généalogiques qu'ils émettent, l'ADNmt et l'ADN Y ne constituent qu'un pourcent de la totalité de notre ADN. À l'évidence, des signes d'hybridation se dissimulaient dans le reste de notre génome. Les incohérences et les exceptions aux schémas simples fondés sur l'ADNmt et l'ADN Y laissent à présent entrevoir une plus grande complexité de l'histoire évolutive de notre espèce. C'est là un domaine où une recherche passionnante est en cours, en particulier depuis qu'on dispose de génomes néandertaliens et dénisoviens à comparer avec un nombre croissant de génomes modernes provenant du monde entier.

Un exemple récent de cette sorte d'étude est celle menée par Michael Hammer et son équipe. Utilisant des séquences d'ADN de soixante et une régions non codantes du génome autosomique de trois populations subsahariennes (Mandingues d'Afrique de l'Ouest, pygmées Biaka d'Afrique centrale et San d'Afrique australe), ils ont recherché les signes de mélanges anciens en Afrique même. Leur conclusion est que les populations africaines contiennent elles aussi environ 2 % de matériel génétique ancien, qu'elles ont acquis il y a quelque 35 000 ans, non pas de Néandertaliens ou de Dénisoviens, mais d'une population archaïque africaine inconnue, séparée de la lignée humaine moderne depuis peut-être 700 000 ans. Trois régions d'ADN distinctes manifestent de profondes divergences, et l'une semble avoir été introduite par une population archaïque d'Afrique centrale depuis longtemps disparue. Une telle échelle chronologique laisse penser que des groupes d'*heidelbergensis* ont pu survivre en Afrique aux côtés des hommes modernes en évolution.

Passons donc brièvement en revue ce que les fossiles nous enseignent à propos des espèces humaines d'il y a 200 000 ans. En Afrique orientale, on voit les premiers signes connus du crâne haut et arrondi des hommes modernes, tandis qu'en Europe, Neandertal poursuit son évolution. Nous n'avons pratiquement aucune donnée concernant les populations dans l'ouest de l'Asie à cette époque. En Inde, le crâne de Narmada, plus ancien, indique que des descendants d'*Homo erectus* ou *heidelbergensis* y ont peut-être habité, de même peut-être qu'en Chine aussi. En revanche, à cause de l'incertitude des datations, nous ne pouvons être sûrs que les fossiles de Ngandong soient le signe qu'*erectus* survivait encore à Java. *Homo floresiensis,* de son côté, était sans doute bien établi et depuis longtemps dans sa résidence isolée de Florès. Le tableau est donc assez clair pour l'Afrique et l'Europe, imparfait ailleurs. Mais considérons un peu plus en détail et d'un œil plus critique le registre africain.

Comme nous l'avons vu, Omo 1 à environ 195 000 ans et les crânes d'Herto à environ 160 000 ans établissent, semble-t-il, une présence précoce des hommes modernes en Éthiopie, que les fossiles de Guomde au Kenya pourraient même reculer jusqu'à 250 000 ans. Le crâne de Florisbad, Afrique du Sud, fragmentaire et d'aspect plus primitif, a cet âge à peu près, mais d'autres fossiles d'Afrique orientale n'entrent pas aussi bien dans le tableau : ainsi Omo 2, avec sa boîte crânienne de forme plus primitive et sa partie postérieure resserrée, et le crâne archaïque encore non daté d'Eliye Springs au Kenya. Pour moi, le crâne Laetoli H18 (Ngaloba) de Tanzanie, qu'on évalue à seulement 140 000 ans, n'est pas celui d'un homme moderne. Je doute également que le crâne de Singa, au Soudan, d'âge analogue mais pathologiquement déformé, soit tout à fait moderne ; et de même des fossiles de Djebel Irhoud, de l'autre côté du Sahara, même si le synchrotron montre que la mâchoire de l'enfant manifeste un schéma de développement lent et de type moderne de la dentition. On date actuellement ces fossiles à environ 160 000 ans, mais il y a des indices laissant ouverte la possibilité qu'ils soient encore plus vieux.

Lors de mes premières analyses de la forme des crânes de ces fossiles africains, je les avais considérés séparément, ce qui tendait à consolider l'idée que des spécimens comme Omo 1 et Djebel Irhoud (si celui-ci est assez ancien) pouvaient appartenir à notre ascendance. Puis, à mesure qu'augmentait la confiance que j'accordais à la nature et aux datations de l'échantillon africain, j'en vins à confondre dans mes comparaisons tous ces spécimens archaïques récents avec des spécimens venus d'ailleurs, par exemple Skhul et Qafzeh, les Cro-Magnons et les Néandertaliens. Je me suis ensuite rendu compte que c'était une erreur, car cela masque la variation interne considérable de l'échantillon africain.

C'est à une conclusion analogue sur cette variabilité que sont parvenus l'anthropologue Philipp Gunz et son équipe. Grâce à la technique de la morphométrie géométrique, ils ont mesuré la forme de la partie supérieure du crâne dans un échantillon fossile allant d'*erectus* à Cro-Magnon et dans une collection globale d'hommes modernes. Ils trouvent, à leur tour, que les spécimens africains tels que Djebel Irhoud, Omo 2 et Ngaloba occupent une position intermédiaire entre les archaïques comme Neandertal et *heidelbergensis* et les modernes, dont Cro-Magnon et Qafzeh. Mais d'autre part, les crânes des fossiles africains varient davantage entre eux par la forme que ceux d'aucun groupe équivalent de fossiles dans tout l'échantillon, modernes, néandertaliens, *heidelbergensis* ou *erectus.* Cela révèlerait-il quelque chose d'important quant à nos origines africaines ? Selon moi, *heidelbergensis* africain, représenté par des fossiles comme Bodo (Éthiopie), Elandsfontein (Afrique du Sud) et Broken Hill (Zambie), a probablement évolué en homme moderne dans certaines parties du continent, mais je balance aujourd'hui entre une évolution à caractère graduel ou bien rapide. Le consensus soutient que la transition a été graduelle, et qu'il suffit de dater des fossiles comme Broken Hill à environ 500 000 ans pour donner tout leur temps aux changements majeurs requis de la forme du crâne (et aussi, sans doute, de la stature, du cerveau, du comportement).

Mais même le registre fossile existant peut encore nous surprendre. Cinquante ans après la publication par Darwin de sa prudente prédiction que l'Afrique se révèlerait le continent de nos origines, le crâne de Broken Hill a été découvert par hasard, première étape du processus qui allait finalement lui donner raison. Pourtant, on n'a pas tout de suite reconnu ce crâne pour ce qu'il était, et il a bien failli être perdu pour la science. Le 17 juin 1921, des mineurs, fouillant une petite colline riche en minerai métallique près du bourg de Broken Hill (à présent Kabwe) dans ce qui était alors la Rhodésie du Nord (à présent la Zambie), découvrent un crâne enrobé de sédiment brun. Ses énormes orbites semblent les avoir effrayés à tel point qu'ils se seraient tous enfuis. Leur contremaître, un Suisse nommé Tom Zwigelaar, se montra un peu plus courageux et se fit photographier sur le lieu de la découverte, la relique à la main.

Le crâne de Broken Hill (« l'Homme de Rhodésie ») est

le premier fossile humain important jamais découvert en Afrique. Même à présent, c'est l'un des plus impressionnants. Il est enfermé dans une armoire métallique près de mon bureau au Muséum d'histoire naturelle de Londres et c'est l'un des trésors du département de paléontologie — d'un brun luisant, merveilleusement conservé, ses lourdes arcades sourcilières froncées au-dessus de ses orbites vides. D'abord rangé dans sa propre espèce, *Homo rhodesiensis*, par Arthur Smith Woodward, membre du Muséum, en 1921, il n'a ensuite cessé d'être renommé. En 1930, l'anthropologue tchéco-américain Aleš Hrdlička le décrit comme « une comète dans la préhistoire humaine », à cause de la difficulté à déchiffrer son âge et son affiliation. Bien qu'entier et manifestement primitif, sa place exacte dans l'évolution humaine est toujours indécise, car il n'a jamais été correctement daté. Quand j'étais étudiant, il servait encore à démontrer que l'Afrique avait été l'arrière-cour de l'évolution humaine, puisque, disait-on, un spécimen aussi primitif y vivait il y a 50 000 ans, alors que des humains plus avancés avaient déjà évolué en Europe et en Asie. À présent, comme je l'ai dit, on considère en général qu'avec des fossiles comme Bodo et Elandsfontein, il représente la composante africaine de nos ancêtres *heidelbergensis* qui vivaient il y a environ un demi-million d'années.

Petit garçon, visitant le Muséum avec mes parents, je me souviens très bien d'avoir vu le crâne de Broken Hill (ou plutôt un moulage en plâtre) et d'avoir été intrigué par son aspect primitif et le mystère qui en émanait. Depuis lors, je n'ai cessé de nourrir l'espoir de pouvoir aider à le situer définitivement dans l'histoire humaine, en tant qu'ancêtre ou en tant qu'espèce distincte, disparue sans avoir contribué à notre évolution. Je l'ai étudié à l'occasion de ma thèse de doctorat en 1971, puis je l'ai régulièrement intégré à mes analyses de fossiles, jusqu'à en faire un élément central de mon hypothèse qui fait d'*Homo heidelbergensis* le dernier ancêtre commun aux hommes modernes et aux Néandertaliens. Mais, tant qu'on en ignorait l'âge, sa place exacte dans l'évolution humaine ne pouvait que rester indécise et apparemment hors d'atteinte, du fait de la complète destruction de son site d'origine. Or cette datation se révèle enfin possible ; je suis, comme tout le monde, surpris par les résultats. Rappelons-nous que, pendant au moins quatorze ans avant la découverte du crâne, les mineurs n'avaient cessé de creuser à travers une colonne d'ossements fossilisés profonde de quinze mètres, et, comme ceux-ci étaient fortement imprégnés de minerai, ils jetaient tout dans la fournaise. J'aime mieux ne pas penser à ce qui aurait pu se perdre !

Après la découverte, Aleš Hrdlička et Louis Leakey, entre autres, ont réussi à récupérer d'autres fossiles humains et animaux et des artefacts sur le site et autour de la localité, et même sur les terrils et dans les huttes des mineurs, mais seuls deux os humains ont été trouvés près du crâne et en même temps que lui. Il s'agit d'un tibia long et rectiligne et du milieu d'un fémur. Cette dernière trouvaille a une histoire particulièrement intéressante. Elle est due à une certaine Mrs. Whittington, qui rendait visite à sa sœur, dont le mari travaillait à la mine. C'était à l'évidence une femme à l'esprit aventureux, car on dut la descendre avec une corde pour qu'elle puisse ramasser ledit fémur — qu'on oublia pour ainsi dire, jusqu'à ce que Desmond Clark en négocie le transfert à Londres depuis un musée rhodésien en 1963.

Deux mystérieux restes non humains ont également contribué à reconstituer l'histoire perdue du crâne de Broken Hill. L'un est un mince dépôt limoneux, minéralisé, d'une couleur jaune-brun, que les mineurs ont recueilli parce qu'ils croyaient à tort que c'était la peau momifiée de l'Homme de Rhodésie. L'autre est une masse de petits os gisant autour du crâne ou même cimentés à l'intérieur. D'abord identifiés comme provenant de chauve-souris, ce sont en fait des os, des mâchoires et des dents de divers petits mammifères, qui apportent des informations importantes sur l'âge du crâne et sa position originelle dans la grotte.

Le crâne lui-même montre une étrange combinaison de caractères. D'une part, la taille du cerveau est à peine inférieure à la moyenne moderne ; mais, d'autre part, la face est grande et la boîte crânienne décidément primitive : allongée et aplatie, avec d'énormes bourrelets sus-orbitaux (« monstrueux » dit Hrdlička), une partie postérieure inclinée et une crête osseuse transversale qui rappelle *Homo erectus.* Les pommettes ne sont pas saillantes comme chez les hommes modernes (quoiqu'un fragment d'une autre mâchoire supérieure trouvé ailleurs sur le site présente ce caractère) et les dents sont gâtés à un point inhabituel pour un humain archaïque : beaucoup sont pourries et quelques racines présentent des abcès.

On relève encore plusieurs caractères curieux, dont un petit trou presque circulaire du côté gauche de la boîte crânienne. On y a vu successivement la marque d'une pointe de lance, d'une canine de lion, voire d'une intervention chirurgicale primitive. Mais, peu de temps après mon arrivée au Muséum, voilà qu'une toute nouvelle idée a surgi. Un journal britannique, qui publiait en feuilleton un livre appelé *Secrets of the Lost Races* (« Les secrets des races perdues »), avait demandé la permission d'imprimer une photo du crâne de Broken Hill. Je demande alors quelle légende doit accompagner l'illustration, et on me répond que cela dirait « crâne d'un Néandertalien abattu par la balle d'un extraterrestre il y a 100 000 ans » ! Sur quoi j'ai fait remarquer qu'il ne s'agissait pas vraiment d'un Néandertalien, que le fossile était probablement bien plus vieux que 100 000 ans, et qu'un trou fait par une balle serait probablement entouré de fissures en étoile ; et puis quel extraterrestre qui se respecte irait utiliser quelque chose d'aussi primitif qu'un pistolet ? Malgré tout, nous étions d'accord pour que le journal publie la photo pourvu qu'il mentionne que des recherches récentes indiquaient que le trou était sans doute en voie de guérison et qu'il était probablement dû à une infection à l'intérieur de la boîte crânienne. Ce genre de données scientifiques ne cadrait évidemment pas avec la ligne du journal, qui, au lieu de la photo, publia un dessin. J'ai alors eu à passer quelques semaines désagréables pendant lesquelles des gens du public téléphonaient, écrivaient, voire venaient sans rendez-vous au musée pour demander à voir « le Neandertal abattu par l'homme de l'espace ».

Le tibia trouvé avec le crâne correspond à un individu d'environ 1,80 mètre, mais dont le poids ne devait pas dépasser 75 kilos, donc pas si lourd pour un *heidelbergensis* masculin, en comparaison des fossiles de Boxgrove (un tibia) et de Bodo (un crâne) qui dépassaient les 90 kilos. L'Homme de Rhodésie avait donc la haute taille et la sveltesse qu'on attend d'un habitant actuel des régions tropicales arides, mais en plus robuste et musclé. Les outils forment un ensemble varié, dont aucun exemplaire ne peut être associé de près au crâne, à l'exception d'une pierre ronde trouvée avec le fragment de fémur qui, comme d'autres du même site, s'est vue identifiée comme un projectile, un percuteur, ou même une pierre de bolas (une arme autrefois employée en Amérique du Sud pour chasser ou attraper le bétail, et consistant en plusieurs boules reliées par une corde qu'on lance pour empêtrer les pattes de l'animal). Parmi les autres artefacts, on relève des éclats, des grattoirs et peut-être même des outils en os, mais rien de tout cela ne paraît très ancien, 300 000 ans au maximum. Bien que certains ossements animaux trouvés autour du site puissent provenir de proies, aucun indice convaincant de dépeçage n'a encore été découvert. En outre, vu la complète destruction du site, on ne peut dire si les ossements et les outils lithiques proviennent d'habitants de la ou des grottes de la colline excavée, ou bien s'y sont trouvés par d'autres voies.

Voilà une quinzaine d'années que je m'efforce de dater plus précisément le crâne de Broken Hill, avec la collaboration de plusieurs collègues, dont des minéralogistes du Muséum. Nos principales méthodes sont l'ESR (résonance de spin électronique) pour un fragment de dent extrait du crâne et la datation à l'uranium-thorium pour divers ossements et sédiments (cf. chapitre II). Il aurait fallu normalement beaucoup de soin et de courage pour enlever un morceau d'émail de l'une de ces précieuses dents, mais un accident est venu à notre secours. Il se trouve qu'un membre du personnel inconnu ou un visiteur avait par accident cassé l'angle de l'une des molaires et, au lieu de le signaler, s'était contenté de recoller le morceau ! Lorsque l'œil d'aigle de ma collègue Lorraine Cornish l'eut remarqué, celle-ci n'a eu qu'à dissoudre la colle et nous avions le fragment d'émail idéal pour une datation. Toutefois, l'une des inconnues de la méthode ESR est la quantité de radiations reçue par l'émail depuis son enfouissement, qui doit être évaluée à partir des données du site, lesquelles manquent sérieusement dans le cas présent suite à la destruction due aux activités minières. Heureusement, des bouts de sédiments et des brèches contenant des os ont été récupérés de la mine, soit parfois parce qu'ils contenaient aussi des minéraux intéressants, soit après la découverte, en sorte qu'on peut les mesurer pour commencer à reconstituer l'environnement du lieu d'enfouissement.

L'un des pires scénarios pour l'emploi de l'ESR est l'enfouissement sous l'eau, car celle-ci interfère avec l'accumulation du signal. Or, nous savions par les archives de la mine qu'il avait fallu pomper l'eau régulièrement au niveau où l'on avait trouvé le crâne, qui gisait en fait sous la nappe phréatique. Toutefois, deux restes déjà mentionnés se sont révélés décisifs. Premièrement, la « peau » que les mineurs croyaient avoir découverte est en fait une couche sédimentaire imprégnée de minéraux qui avait dû occuper une position assez horizontale et qui n'a pas pu se former sous l'eau. Les notes prises au moment de la découverte affirment qu'elle se trouvait près du crâne et du tibia, dressée à angle aigu, ce qui laisse à penser qu'elle est tombée de plus haut. Deuxièmement, nous savons que le crâne était couvert d'ossements de petits animaux, par exemple de pies-grièches, et en contenait même. Or, les registres de la mine font clairement état de couches d'ossements de petits mammifères à un niveau bien supérieur à celui où le crâne a été découvert. Il paraît donc probable que le fait de creuser à la base des sédiments les a fait constamment s'écrouler, en sorte que le crâne provient presque certainement des niveaux les plus élevés du site, au-dessus de la nappe phréatique.

Cela étant, tous les facteurs une fois pris en compte, le signal ESR dans l'émail de la dent indique un âge compris entre 200 000 et 300 000 ans. Et deux autres estimations sur le fragment de fémur et la prétendue peau montrent qu'on est probablement plus près de 200 000 que de 300 000 ans. Certes, il se peut que la peau se soit accumulée plus haut que le niveau du crâne et du fémur avant que tout ne s'effondre, si bien qu'elle pourrait être un peu plus jeune qu'eux, mais rien n'indique en tout cas que cet assemblage approche d'une quelconque façon les 500 000 ans. Cette surprenante jeunesse n'est en rien contredite par les artefacts trouvés sur le site, qui présentent des affinités avec le début du *Middle Stone Age*, ni par l'étude menée par les paléontologues Margaret Avery et Christiane Denys sur les amas d'os de petits mammifères associés au crâne, dont les espèces concordent avec celles rencontrées sur des sites comme Twin Rivers, eux aussi dans la fenêtre des 200 000 à 300 000 ans.

Si le crâne de Broken Hill, l'un des restes d'*Homo heidelbergensis* les mieux préservés, est en effet postérieur à 300 000 ans, quelles en sont les implications pour nos modèles de l'évolution humaine et pour l'origine de notre espèce ? Le fossile de Broken Hill a servi, je l'ai expliqué, de pierre angulaire pour l'hypothèse d'une évolution graduelle des hommes archaïques aux modernes en Afrique. En datant Broken Hill à environ 500 000 ans, on le situait 300 000 ans avant les premiers hommes modernes connus, ce qui laissait tout le temps pour que se déroulent les changements requis. Mais la nouvelle datation fait que Broken Hill est à peine plus vieux qu'Omo 1, daté à 195 000 ans, et peut-être proche des fossiles d'aspect plus moderne de Florisbad et de Guomde. La conclusion est ou bien qu'une transition évolutive très rapide vers les premiers hommes modernes s'est produite il y a 250 000 ans environ, ou bien que la population humaine de l'Afrique à cette époque était très variée. Cette variation allait-elle jusqu'à la coexistence de plusieurs espèces humaines ? Nous avons déjà vu le problème que pose la variation entre les deux fossiles apparemment contemporains d'Omo Kibish 1 et 2, le crâne 1 décidément moderne, la boîte crânienne 2 plus primitive avec sa partie postérieure inclinée. J'ai aussi mentionné le crâne adulte d'Herto à la partie postérieure d'aspect lui aussi plutôt archaïque. Qui plus est, on connaît d'autres fossiles de type archaïque en Afrique (par exemple, ceux de Ngaloba et d'Eyasi en Tanzanie) dont les dates recoupent celles dont nous disposons présentement pour les plus anciens hommes modernes. J'en montrerai un exemple dans la suite. Bref, tout cela veut dire que j'ai dû revoir beaucoup de mes idées sur l'origine de notre espèce en Afrique. Mon opinion présente est qu'il faut parler d'origines au pluriel, et non d'une seule origine.

J'ai fait remarquer au chapitre précédent que les auteurs des outils paléolithiques trouvés dans de nombreuses régions de l'Afrique nous sont complètement inconnus, vu l'absence de fossiles associés. C'est particulièrement vrai des artefacts d'Afrique de l'Ouest, où le plus ancien fossile connu, de l'abri sous roche d'Iwo Eleru au Nigéria, est estimé à moins de 15 000 ans. Le squelette mal conservé y a été extrait d'une couche basale de sédiments par l'archéologue Thurstan Shaw et son équipe en 1965, et il était associé à des outils du *Later Stone Age.* Ce fait à lui seul indiquait un âge assez jeune, et une datation au radiocarbone d'un morceau de charbon l'a en effet estimé à environ 13 000 ans. Le squelette, en particulier le crâne et la mâchoire, a ensuite été étudié en 1971 par Don Brothwell, mon prédécesseur au Muséum. Selon lui, bien que le spécimen puisse avoir des liens avec les populations récentes d'Afrique de l'Ouest, il en diffère pourtant assez par son aspect. J'ai moi-même étudié le crâne pour ma thèse, avec des résultats surprenants : non seulement il ne ressemble que de loin aux populations africaines récentes, mais sa forme allongée et aplatie le rapproche en fait davantage des hommes modernes archaïques tels ceux de Skhul, et même de spécimens plus primitifs comme Omo 2. Voilà qui est décidément étrange pour un squelette aussi récent, aussi ai-je entrepris récemment une nouvelle étude en collaboration avec l'archéologue Philip Allsworth-Jones, l'expert en datation Rainer Grün et l'anthropologue Katerina Harvati. Nous avons commencé par vérifier avec Thurstan

Shaw s'il existait aucun signe que le crâne puisse être beaucoup plus vieux qu'on le pensait, mais il n'y en a aucun. Puis, grâce à l'archéologue nigérian Philip Oyelaran, j'ai obtenu un fragment d'os que j'ai transmis à Grün pour qu'il en estime l'âge directement. La méthode uranium-thorium indique qu'il n'a probablement pas plus de 20 000 ans, ce qui concorde avec la stratigraphie, les objets archéologiques associés et la datation au radiocarbone.

Enfin, se pourrait-il que Brothwell et moi nous soyons trompés en trouvant inhabituelle la forme du crâne ? Ayant appliqué les techniques les plus récentes de morphométrie géométrique à une réplique exacte (l'original est au Nigéria), Harvati trouve comme nous qu'il diffère tout à fait des crânes africains récents et même de tous les spécimens modernes de son échantillon comparatif. Il apparaît en fait plus proche de fossiles archaïques tardifs tels que Ngaloba, Djebel Irhoud et Omo 2, tous estimés à au moins 140 000 ans. Qu'en conclure ?

Vu la mauvaise conservation des ossements datant du Pléistocène en Afrique, nous ne disposons d'aucunes autres données quant au physique des habitants de la région pendant toute cette période, si bien qu'il nous faut faire preuve de prudence quand nous interprétons un spécimen isolé comme Iwo Eleru. En tout cas, celui-ci ne paraît ni pathologique ni difforme, et il semble bien indiquer que l'Afrique abritait encore des hommes d'aspect archaïque après — et même longtemps après l'apparition — des premiers hommes modernes. Cette hypothèse est renforcée par les travaux de l'anthropologue Isabelle Crevecoeur, dont la nouvelle étude des nombreux fossiles d'Ishango montre que ces humains du *Later Stone Age* ressemblent à ceux d'Iwo Eleru non seulement par l'ancienneté, mais aussi par les caractères étonnamment archaïques que présentent leurs crânes, leurs mâchoires et leurs squelettes.

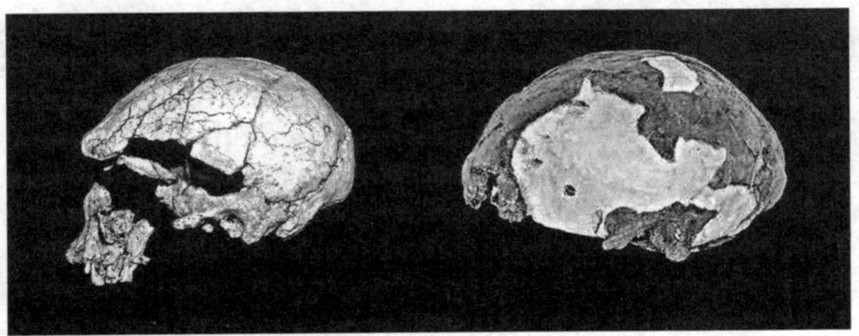

Fossiles africains de Ngaloba (Laetoli H.18, à gauche) et d'Iwo Eleru (à droite), qui se ressemblent par leur caractère archaïque, malgré les 20 000 ans d'Iwo Eleru comparés aux 140 000 ans de Ngaloba.

L'Afrique actuelle abrite la plus grande variation génétique de toutes les terres habitées, ainsi que la plus grande diversité en matière de forme des crânes. On l'attribue d'ordinaire à l'étendue de sa superficie, à l'importance de ses populations anciennes et à sa profondeur généalogique, plus grande que partout ailleurs. Mais se pourrait-il que cette profondeur aille encore plus loin que nous ne le pensions ? La morphologie moderne a-t-elle commencé par évoluer progressivement, puis s'est-elle répandue à partir de l'Afrique de l'Est, remplaçant complètement les formes archaïques en Afrique, puis hors d'Afrique, comme semble l'indiquer l'ADNmt ? Ou bien s'est-il produit une sorte d'évolution multirégionale ou d'assimilation à l'intérieur de l'Afrique qui aurait abouti à la coalescence des gènes, de la morphologie et des comportements modernes à partir de populations en partie isolées originaires de tout le continent ? Avec sa taille, la complexité de ses climats et la disparité de ses environnements, l'Afrique aurait pu en effet secréter des populations humaines distinctes aussi aisément que le reste du monde habité. L'origine des hommes modernes s'y caractérise-t-elle donc par de longues périodes de fissions et de fusions entre populations, au lieu de consister en un seul événement soudain ? Et se peut-il que le remplacement des dernières populations archaïques antérieures n'ait pas été total, en sorte qu'elles ont été en partie absorbées par les hommes modernes en voie d'évolution au lieu de s'éteindre tout à fait ? Et dans ce cas, des formes d'*Homo sapiens* archaïque, voire de l'espèce précédente *Homo heidelbergensis*, ont-elles survécu aux côtés de leurs descendants modernes ?

Voilà qui pourrait expliquer les aspects archaïques de la forme des crânes d'Herto, Omo 2 et Iwo Eleru, qui ressemblent partiellement au crâne de Broken Hill attribué à *Homo heidelbergensis*. Cette mosaïque anatomique n'est-elle alors que la rétention de caractères primitifs ancestraux, ou bien traduit-elle un flux génétique depuis des populations contemporaines qui avaient préservé ces caractères ? Mon sentiment intime est qu'un certain nombre des marqueurs génétiques « anciens » (évidemment pas tous) repérés hors d'Afrique et utilisés comme indices de flux génétiques venus d'archaïques non africains se révèlera constituer la trace de mélanges déjà accomplis en Afrique même. (Un bon exemple en est le gène microcéphaline évoqué plus haut.) Ces traces en sont ensuite sorties en même temps (ou chaque fois) que les hommes modernes se dispersaient. Puis la sélection et la dérive ont fait leur œuvre sur ces populations, produisant des changements dans la fréquence des gènes, différente selon les groupes et en comparaison de leurs analogues africains. En somme, s'il est certain que des gènes archaïques ont été sélectionnés par des croisements hors d'Afrique, d'autres ont été acquis avant l'exode, et d'autres encore se sont peut-être ajoutés en Afrique, après l'exode.

Il nous manque encore pour les populations africaines la quantité de données génétiques dont nous disposons pour l'Europe et l'Amérique du Nord, mais l'écart se resserre. Charla Lambert et Sarah Tishkoff ont analysé des milliers d'échantillons, mettant ainsi en lumière plusieurs agrégats de populations très anciens. De même, comme nous l'avons vu, Michael Hammer et ses collègues ont détecté des gènes archaïques dans trois échantillons d'hommes modernes, mais plus particulièrement en Afrique de l'Ouest. Poursuivant ce travail, ils ont à présent analysé un demi-million de bits de codage génétique dans des échantillons de populations mandingues (au Sénégal), biaka (en République centrafricaine) et san (en Namibie). Leurs analyses révèlent des temps de séparation de plus de 100 000 ans, remontant donc à avant la sortie d'Afrique. Ils ont en outre découvert des indices de mélanges anciens (avec des groupes humains « archaïques » inconnus) chez les Biaka et chez les San. Philip Gunz et son équipe sont de leur côté parvenus au même résultat sur la base de la grande variabilité manifestée par les crânes archaïques tardifs et modernes précoces, comme le montre l'extrait de leurs conclusions ci-dessous, auquel j'ai ajouté quelques commentaires :

> Nos données sur les hommes anatomiquement modernes [HAM] fossiles indiquent qu'avant l'isolement dû à l'éloignement [la dérive] d'Afrique, il existait déjà (au moins temporairement) un isolement de même nature en Afrique même. On explique certains apports apparemment anciens au patrimoine génétique humain par des mélanges avec des formes archaïques d'*Homo*, par exemple les Néandertaliens. Sans que nous puissions exclure cette possibilité, la structure démographique ancestrale que nous proposons pour les HAM archaïques en suggère une autre, encore sous-estimée : l'échange génétique entre populations distinctes d'HAM archaïques comme source possible d'apports « anciens » au patrimoine génétique humain moderne. Tout modèle cohérent avec nos données doit inclure

> un scénario plus dynamique et une structure démographique plus complexe que ne le fait le modèle *Out of Africa* classique. Nos découvertes concernant la diversité des formes neurocrâniennes s'accordent avec l'hypothèse que des expansions démographiques intra-africaines ont donné naissance à des groupes temporairement divisés et isolés. Certains de ces dèmes (subdivisions d'une population) séparés ont pu ensuite en partie fusionner à nouveau, tandis que d'autres quittaient l'Afrique à des époques et peut-être par des itinéraires différents, et d'autres encore revenaient en Afrique.

Il reste néanmoins un boulon important à serrer, à savoir la taille du groupe humain qui a quitté l'Afrique pour fonder les populations du reste du monde. La plus faible variation génétique hors d'Afrique indique que ce groupe n'était qu'un petit sous-échantillon de sa population d'origine ; certains calculs effectués à partir de l'ADNmt laissent même entendre qu'il pourrait s'agir de quelques centaines d'individus au plus. Mais il ne pouvait pas non plus être trop restreint, car il n'aurait pu alors contenir la variation qui, comme on vient de le voir, incluait des gènes archaïques récoltés en Afrique.

Il existe en outre quelques indices qui tendent à montrer que la dispersion hors d'Afrique est plus compliquée qu'un unique exode. D'une part, l'éventualité de deux sorties séparées par un intervalle de temps important ne colle pas avec l'étroite parenté des structures ancestrales pour l'ADN mitochondrial et du chromosome Y, à moins que la première dispersion (peut-être représentée par des échantillons comme ceux de Skhul et de Qafzeh) n'apparaisse plus à présent que dans l'ADN autosomique, l'ADN mitochondrial et Y plus ancien ayant été complètement remplacé au cours de la deuxième sortie. Mais, d'autre part, la possibilité qu'il y ait eu deux dispersions assez proches l'une de l'autre paraît appuyée par certaines interprétations intéressantes de données provenant du chromosome X, dont on sait que l'unique X des mâles est hérité de la mère, tandis que les deux X des femelles sont hérités chacun d'un des deux parents. Grâce à cette asymétrie sexuelle de l'héritage du chromosome X, on peut engranger des données sur les tailles relatives des populations ancestrales masculines et féminines. Avec des couples exclusifs, on s'attend à des nombres égaux d'ancêtres des deux sexes, tandis que la polygamie produira un excédent d'ancêtres féminines. Certaines données génétiques indiquent en effet qu'un système polygame tel que les hommes entretenaient des harems ou bien formaient des couples successifs caractérise peut-être notre évolution sur le long terme. Il se peut toutefois qu'à l'époque de la sortie d'Afrique, quelque chose de tout à fait différent se soit produit.

Quand les hommes et les femmes sont en nombre égal dans une population, on trouve trois chromosomes X pour chaque ensemble de quatre chromosomes autosomiques, puisque, comme on l'a vu, les hommes sont porteurs d'un seul X. La dérive génétique (cette modification fortuite des proportions entre gènes qui opère de la façon la plus nette sur les petites populations) devrait donc affecter plus fortement le chromosome X que les autres avec la proportion attendue de 4 à 3. Au moyen d'une base de données de plus de 130 000 SNP (polymorphismes nucléotidiques uniques) pour les chromosomes d'individus originaires d'Afrique de l'Ouest, d'Europe et d'Extrême-Orient, les généticiens Alon Keinan, David Reich et leur équipe ont calculé la quantité effective de dérive génétique ayant affecté ces diverses populations. L'échantillon ouest-africain (représentant sans doute le mieux la structure démographique de l'Afrique d'avant l'exode) est conforme à ce qu'on attend : des nombres approximativement égaux d'ancêtres masculins et féminins. Les proportions constatées dans les échantillons non africains, en revanche, semblent indiquer une plus forte dérive au niveau de l'ADN du chromosome X, avec moins de mères que de pères vers l'époque de la dispersion hors d'Afrique. Autrement dit, il se peut que les hommes aient été dominants dans la structure de la population pendant ou immédiatement après l'exode hors d'Afrique, et cela probablement durant des milliers d'années.

Si Keinan et Reich ont raison, quelque chose de vraiment étrange a dû se passer il y a environ 55 000 ans dans le nord-est de l'Afrique ou dans les régions mitoyennes, Levant et Arabie. Mais quoi ? Il y a plusieurs explications possibles, mais celle qu'ils préfèrent est que l'exode hors d'Afrique met en jeu au moins deux populations fondatrices successives. La première aurait fourni la participation féminine, donc l'ADNmt ancestral des non-Africains (l'haplogroupe L3 ou ses premiers descendants M et N). Quant aux hommes de cette première vague, ils auraient été en quelque sorte surpassés, voire expulsés par de nouveaux hommes, venus en une ou plusieurs vagues successives, ce qui a accru la représentation masculine totale par rapport aux femmes et, par déduction, a amené un remplacement des chromosomes Y originaux. Une hypothèse est que ces nouvelles bandes masculines aient violemment pris la place de leurs prédécesseurs pour s'accoupler avec leurs femmes, auquel cas on peut se demander si cela ne coïncide pas avec l'apparition des pointes de projectiles dans la région (cf. chapitre VI). Autre possibilité : le processus aurait été plus progressif, les nouveaux hommes présentant une supériorité reproductive sur les anciens, peut-être du fait de la formation d'une élite ou par suite de l'exportation d'une religion puissante dont les chamans auraient joui d'un accès privilégié aux femmes.

Ce ne sont là, bien sûr, que des spéculations, et le scénario de Keinan et Reich devra s'appuyer sur davantage d'analyses génétiques. On n'en suivra pas moins avec intérêt l'apparition de nouvelles données qui viendront le confirmer ou l'infirmer. L'hypothèse de multiples petites troupes d'hommes modernes quittant l'Afrique accroît en effet la probabilité qu'il y ait eu suffisamment d'individus pour transporter avec eux les gènes archaïques africains, auquel cas on n'est pas toujours forcé invoquer l'hybridation avec d'autres espèces hors d'Afrique pour en expliquer la présence. Cela dit, il est non moins certain qu'il y a eu des cas, au moins isolés, d'hybridation hors d'Afrique avec — par ordre de probabilité décroissante et de distance évolutive croissante — les Néandertaliens et autres descendants d'*heidelbergensis* (les Dénisoviens ?), des *erectus* survivants en Asie du Sud-Est et peut-être même (vu les bizarreries du comportement humain) les Hobbits de Florès.

Cet ajout de complexité et ces indices de croisements avec les Néandertaliens et les Dénisoviens est-il susceptible d'affecter le modèle que je défends de l'origine africaine récente (RAO) ? Ce modèle est-il réfuté en faveur des modèles multirégionaux, comme d'aucuns l'affirment ? Je

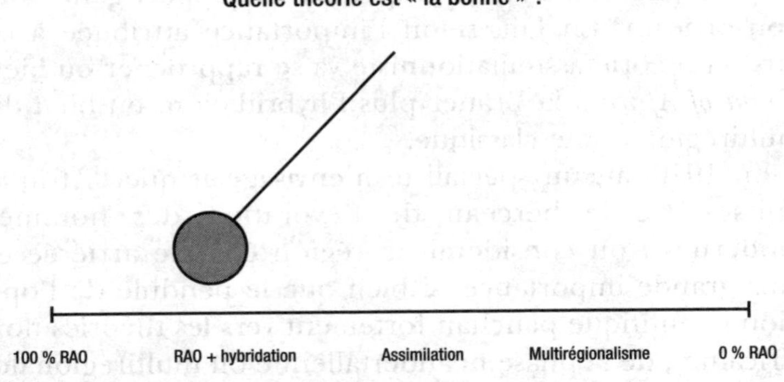

La position du pendule indiquant le lieu de nos origines s'est régulièrement déplacée au siècle dernier.

ne le pense pas, et, afin de mieux le faire voir, je suggère que nous reconsidérions en partie ce que nous avons dit plus haut des premiers temps de RAO au moyen d'un diagramme.

Ce diagramme permet de comparer différents modèles de l'évolution humaine récente en fonction de l'ampleur de l'apport génétique africain et non africain aux humains actuels du monde entier. À gauche figure l'origine africaine récente pure avec remplacement total des gènes non africains ; à l'autre extrémité, des théories possibles qui ne font aucune place à l'Afrique pour l'évolution des hommes modernes. (Aux chapitres premier et III, j'ai fait mention des hypothèses de Clark Howell et de Christy Turner d'une origine localisée au Moyen-Orient et en Asie du Sud-Est respectivement.) Entre les deux, on placera vers la gauche les théories « principalement *Out of Africa* » telle celle de Günter Bräuer, et vers la droite le multirégionalisme classique (qui, nous le verrons, n'accorde pas de rôle particulier à l'Afrique). Quelque part au milieu, on a la théorie assimilationniste de Fred Smith et Erik Trinkaus. Si le flux de gènes archaïques était la règle et non l'exception, on pourrait trouver jusqu'à 50 % d'apport génétique non africain. En fait, selon l'importance attribuée à ce flux, la théorie assimilationniste va se rapprocher ou bien d'*Out of Africa* à la Bräuer plus l'hybridation, ou bien du multirégionalisme classique.

En 1970, aucun spécialiste n'envisageait que l'Afrique puisse être le berceau de l'évolution des hommes modernes : on considérait la région comme arriérée et sans grande importance, si bien que le pendule de l'opinion scientifique penchait fortement vers les théories non africaines, de la phase néandertalienne ou multirégionale. Vingt ans plus tard, ce même pendule s'est mis à se déplacer vers RAO, lorsque les données fossiles se sont vues de plus en plus appuyées par des indices indiscutables venus de l'ADN mitochondrial et Y. Il a même oscillé encore plus loin, jusqu'à RAO pur, avec la multiplication des données fossiles, archéologiques et génétiques, dont la particularité de l'ADN néandertalien séquencé pour la première fois à la fin des années 1990.

À présent, avec l'arrivée d'énormes quantités de données sur l'ADN autosomique, y compris les génomes néandertalien et dénisovien, le pendule s'est arrêté et a même inversé son mouvement, s'éloignant de la théorie de la sortie d'Afrique récente (RAO) absolue. Je dirai qu'on envisage désormais une théorie RAO qui ressemble beaucoup à la première formulation de la théorie de Bräuer (*Out of Africa* + hybridation) ou encore à une version de la théorie assimilationniste de Smith et Trinkaus. Dès lors que les signes d'assimilation archaïque demeurent modestes et limités à l'Afrique et à la dispersion hors de celle-ci, constituant ainsi moins de 10 % de notre génome, « principalement *Out of Africa* » me paraît une désignation appropriée — et, pour moi, c'est toujours RAO. J'aurais été ravi de recevoir un tel soutien à l'idée de l'origine africaine d'*Homo sapiens* lors des débats féroces des années 1990, quand les opposants continuaient de dénier tout rôle particulier à l'Afrique ; je suis donc on ne peut plus heureux de l'avoir à présent. Et qu'il soit bien entendu que RAO ne parle pas que des origines africaines de notre commune morphologie moderne et de la plupart de nos gènes ; il y est aussi question des origines de nos schémas communs de comportement moderne.

Puisqu'il semble bien que des croisements se soient produits entre humains modernes et archaïques, en Afrique et hors d'Afrique, s'ensuit-il que nous devrions oublier les différents noms d'espèces et confondre tous les fossiles de ce dernier million d'années sous le nom d'*Homo sapiens*, comme le proposent certains ? Si les hybridations se révèlent avoir été fréquentes et répandues, alors oui, il se peut que nous devions le faire. Mais je ne pense pas que nous en soyons déjà là. Il y a encore de bonnes raisons scientifiques de donner des noms différents à des populations dont les histoires évolutives se sont depuis longtemps (relativement) séparées, qu'on les appelle espèces ou autrement. Comme on l'a vu, on peut mesurer la quantité de variation morphologique entre les espèces de primates actuelles, puis la comparer aux différences entre, disons, des crânes d'*Homo erectus* et *heidelbergensis*, ou entre des crânes néandertaliens et modernes. On voit alors que ceux-ci sont assez distincts pour être classés comme des espèces différentes, qu'elles satisfassent ou non le critère biologique d'absence de croisements (un idéal que de nombreuses espèces reconnues de primates ne respectent pas actuellement).

Mais si l'on persévère à fusionner les Néandertaliens et les hommes modernes, on finira avec un *Homo sapiens* que caractériseraient, par exemple, un crâne haut et arrondi et un crâne allongé et aplati ; pas d'arcade sourcilière continue et une arcade sourcilière continue ; un menton bien marqué, même chez les bébés, et pas de menton ; pas de fosse sus-iniaque chez les adultes et une fosse sus-iniaque chez les adultes ; une oreille interne de forme moderne et une oreille interne de forme néandertalienne ; un bassin étroit avec une branche pubienne horizontale courte et épaisse et un bassin large avec une branche pubienne horizontale longue et mince, et ainsi de suite. Ajouter des traits d'*heidelbergensis*, d'*antecessor* et d'*erectus* ne ferait qu'aggraver encore ce caractère hétéroclite d'*Homo sapiens*.

Les tenants du multirégionalisme ont fréquemment proposé l'hypothèse d'une fusion de *sapiens* et d'*erectus*. Mais, si c'est un fait que nos gènes modernes proviennent de plus d'une région, pourquoi la théorie multirégionale n'a-t-elle pas été confirmée, comme l'affirment ses derniers partisans ? Pour faire justice de cette affirmation, il me paraît utile de nous rappeler ce que proposait en fait le multirégionalisme classique. Voici l'extrait d'un article rédigé en 1994 par Milford Wolpoff et quatre autres avocats notoires de la théorie à cette époque :

> Les schémas évolutifs de trois régions différentes montrent que les tout premiers hommes « modernes » ne sont pas africains et ne présentent pas le complexe de caractères qui caractérisent les Africains de cette époque ou de n'importe quelle époque. [...] Il n'existe aucun indice de mélanges particuliers avec des Africains à aucune époque, et encore moins d'un remplacement. [...] Il existe des indices indiscutables de la continuité de combinaisons uniques et distinctes de caractères du squelette dans diverses régions, reliant les premières populations humaines aux hommes récents et actuels.

Une telle théorie ne fait aucune place particulière à l'Afrique dans notre évolution, mais elle affirme l'existence de liens spécifiques entre des caractères particuliers de fossiles d'*Homo erectus* datant de plus d'un million d'années dans des régions données et les humains vivant aujourd'hui dans ces mêmes régions. J'espère que les faits que j'ai exposés dans ce livre ont suffi à montrer que cette conception est pour l'essentiel fausse.

Toutefois, s'il est vrai que notre constitution comporte une composante significative de gènes archaïques, pourquoi ceux-ci ne sont-ils pas davantage apparus dans les analyses génétiques jusqu'à présent ? J'ai dit qu'on les avait en effet remarqués de temps en temps, mais que le fait est que, si cette composante archaïque ne représente qu'environ 5 % de notre génome, elle ne se verra pas dans les études de marqueurs génétiques particuliers dans quatre-vingt-quinze cas sur cent, de la même façon qu'elle ne s'est pas enregistrée au niveau de notre ADNmt et de nos chromosomes Y. Il a fallu des revues de génomes bien plus étendues et des comparaisons avec de vrais génomes archaïques pour faire apparaître les signes d'anciennes hybridations.

Le tableau d'ensemble est donc que nous sommes principalement d'origine africaine récente. Y a-t-il une raison particulière à cette prééminence de l'Afrique dans l'histoire de l'origine des hommes modernes ? Je répondrais par son étendue géographique et la taille de ses populations humaines, qui ont offert davantage d'occasions aux variations morphologiques et comportementales, ainsi qu'au développement et à la préservation des innovations, plus qu'à une voie évolutive spéciale à ce continent. La « modernité » n'est pas un paquet avec une origine africaine unique à un moment donné, dans un lieu donné et au sein d'une population donnée ; c'est un composite dont les éléments sont apparus à divers moments et en divers lieux, et qui se sont ensuite progressivement assemblés pour prendre la forme que nous lui reconnaissons aujourd'hui. Cet assemblage est-il pour autant terminé ? L'évolution des hommes modernes est-elle parvenue à sa fin ? Sommes-nous des produits finis maîtres de nos destinées, ou bien les mêmes processus qui ont opéré dans notre passé continuent-ils en partie à nous affecter maintenant et peut-être à l'avenir ? Pour le scientifique et écrivain Stephen Jay Gould, les choses sont claires : « Les humains n'ont connu aucun changement biologique ces derniers 40 000 ou 50 000 ans. Tout ce que nous nommons culture et civilisation, nous l'avons construit avec le même corps et le même cerveau. »

À chacune de mes conférences publiques, il se trouve invariablement quelqu'un pour m'interroger sur la direction à venir de l'évolution et sur ce à quoi ressembleront les hommes du futur ; tout aussi invariablement, je m'efforce d'esquiver ces questions pièges. Il m'est néanmoins arrivé d'exprimer en public une opinion différente de celle de Gould ou de mon ami généticien Steve Jones quant à cette question de savoir si l'évolution humaine est achevée. Pour Jones, la culture moderne et ses bienfaits, les soins médicaux par exemple, ont aboli le pouvoir de la sélection naturelle d'affecter les humains, puisque pratiquement tout le monde atteint à présent l'âge de se reproduire. Je ne suis pas d'accord. D'abord parce que des changements se produisent sans cesse dans notre génome, que nous les détections ou non : selon certains calculs, chacun de nous présenterait environ cinquante mutations par rapport à l'ADN de nos parents. En second lieu, la vie dans les pays développés présente en matière de reproduction et de santé des avantages et des désavantages, avec la contraception généralement accessible, mais aussi la malnutrition, l'alcool et les drogues. Enfin, et c'est le plus important, au moins un quart de la population mondiale se voit encore refuser des soins médicaux décents et tout ce qui est nécessaire à des conditions de vie et un régime alimentaire sains. La sélection continue donc d'agir avec force sur ces milliards de gens, et je ne vois pas que cela s'arrête bientôt. De mon point de vue, donc, il est certain que l'évolution continue de travailler *Homo sapiens.* Il y a même des signes que ses effets se sont accélérés ces derniers 10 000 ans au lieu de diminuer.

La science-fiction nous montre souvent les hommes de l'avenir avec des cerveaux énormes. Mais, comme nous l'avons vu, le gros cerveau n'est pas nécessairement le meilleur cerveau — voyez les Néandertaliens disparus — et, en fait, la taille du nôtre a plutôt diminué depuis 20 000 ans. D'un point de vue pratique et à moins qu'on ne parvienne à contourner la mise au monde, cette taille est déjà à la limite de ce que le bassin des femmes peut expulser au moment de l'accouchement. Pour ne rien dire du simple coût énergétique du fonctionnement d'un gros cerveau, lequel, semble-t-il, n'est pas toujours aussi efficace pour certaines tâches. Enfin, une grande partie de notre mémorisation et de notre réflexion est désormais externalisée, dans d'autres cerveaux ou dans des ordinateurs. Tous ces facteurs sont peut-être responsables du rapetissement de nos cerveaux, sans oublier des facteurs plus terre à terre tels que la réduction générale de notre stature en comparaison de nos ancêtres paléolithiques.

Plus réaliste pour notre évolution future est la possibilité d'une ingénierie génétique, déjà pratiquée à petite échelle. Le conseil génétique est déjà là pour informer les parents potentiels des mutations délétères qu'ils risqueraient de transmettre à leurs enfants, leur donnant ainsi le choix d'aller de l'avant dans la conception ou non. À mesure que cette pratique se généralisera, le patrimoine génétique en sera affecté. De façon encore plus ambitieuse, on pourra appliquer des thérapies géniques à des organes mal formés, tandis que des interventions sur la lignée germinale implanteront des modifications permanentes dans le génome de bébés encore à naître. Tout cela pose des problèmes éthiques considérables, sans parler des problèmes scientifiques. Ainsi, on sait que les actions des gènes sont souvent interconnectées et qu'un gène peut accomplir plus d'une fonction. Il faudra donc prendre grand soin de s'assurer que la modification effectuée sur l'ADN produise bien ce qu'on souhaitait. Les conséquences sociales de permettre aux parents de choisir entre avoir un garçon ou une fille sont à elles seules énormes. Qu'en sera-t-il alors si on offre à ces mêmes parents la possibilité de rehausser la beauté, les talents ou l'intelligence de leurs enfants ?

Pour la majeure partie, c'est encore là de la science-fiction, et peut-être vaut-il mieux que certaines possibilités le demeurent. Il semble bien, en revanche, que, depuis 10 000 ans, la sélection a modelé les individus pour mieux affronter des changements massifs de leurs modes de vie.

À mesure que les humains se sont répandus dans de nouveaux environnements au cours de ces derniers 50 000 ans — forêts tropicales en Afrique, divers types d'habitats en Eurasie, en Australasie et dans les Amériques —, ils se sont heurtés à de nouveaux défis auxquels il leur a fallu s'adapter physiquement et culturellement. Les adaptations physiques vont des grands changements au niveau de la taille et de la forme corporelle aux réactions immunitaires face à quantité de nouveaux agents pathogènes. Au cours de ces derniers 20 000 ans, elles ont également consisté en des mutations différentes en Europe et en Asie ayant pour effet une dépigmentation, afin de compenser la perte de lumière solaire ; et aussi en la multiplication des yeux bleus dans l'ouest de l'Eurasie — mais ce changement-là peut aussi résulter d'une sélection culturelle.

En fait, la culture, au lieu de ralentir le changement génétique, a peut-être bien apporté les moyens de l'accélérer. C'est ce que pensent de plus en plus de généticiens et d'anthropologues, dont Henry Harpending, Gregory Cochran, John Hawks, Anna Di Rienzo, Pardis Sabeti, Sharon Grossman, Ilya Shylakhter et Kevin Laland. Selon eux, les changements profonds qui ont affecté nos modes de vie depuis 10 000 ans, en particulier le passage au pastoralisme, à l'agriculture et à l'urbanisation, n'ont pu manquer d'avoir des effets évolutifs également profonds. L'énorme accroissement de la population humaine prouve à l'évidence la relation démontrée plus haut entre démographie et innovation : une population plus importante connaît non seulement davantage de mutations, et davantage de mutations favorables, mais elle offre aussi plus de chances que ces mutations soient préservées et disséminées. En outre, le fait que la culture de la terre entraîne ses propres changements dans les sociétés, les régimes et les milieux (pas toujours au bénéfice de tous) garantit la permanence de la sélection comme force évolutive puissante.

Il y a 10 000 ans, alors que l'agriculture prenait son essor dans ses berceaux proche-et extrême-orientaux, les populations de chasseurs-cueilleurs ne devaient représenter que quelques millions de personnes dans l'ensemble du monde, qui plus est très dispersées dans de nombreuses régions. 8 000 ans plus tard seulement, le chiffre estimé s'élevait à deux cents millions et voilà que, à la suite de la révolution industrielle et de mesures comme la vaccination, nous approchons les dix milliards. Cet énorme accroissement entre – 10 000 et – 2 000 ans a dû entraîner un accroissement proportionnel des mutations, parmi lesquelles certaines potentiellement favorables. Et, pour peu que la densité démographique ait été élevée (comme elle l'était dans beaucoup de communautés agricoles, puis urbaines), tout changement génétique pouvait potentiellement se répandre rapidement. Ayant acquis des ressources alimentaires stables grâce à l'agriculture, les hommes se sédentarisaient au sein de communautés toujours plus grandes. Mais le processus présentait des désavantages : conditions de vie malsaines et surpeuplement créaient des foyers de parasites et de maladies épidémiques comme la variole, le choléra et la fièvre jaune, tandis que la déforestation et l'irrigation provoquaient la diffusion du paludisme dans la plupart des régions tropicales et subtropicales. Le fait de s'en tenir à un ou deux aliments principaux entraînait en outre la perte du régime diversifié des chasseurs-cueilleurs et le dur travail des champs usait prématurément les corps de beaucoup. Les sociétés et les technologies ont dû elles aussi accompagner les changements. Les individus se sont ainsi trouvés socialement agglomérés en grands nombres, d'où le développement de la spécialisation des tâches et les inégalités de fortune, de statut et, très certainement, de succès à se reproduire.

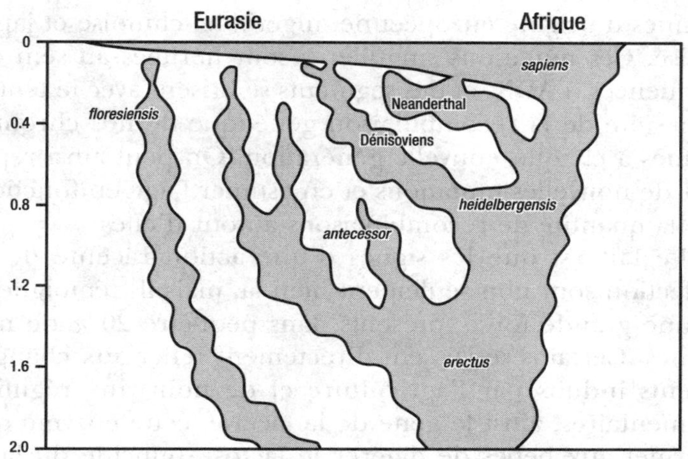

Arbre de l'évolution montrant la distribution géographique des humains pendant ces deux derniers millions d'années. On note la complexité des relations que révèlent les données génétiques les plus récentes.

Tous ces bouleversements ont dû créer un terrain favorable à l'action de l'évolution, et nombreux sont les généticiens qui ratissent le génome humain pour en trouver les traces. La méthode est connue sous le nom d'*études d'association pan-génomique.* Il s'agit de mettre au jour des corrélations entre des gènes et des caractères particuliers, qu'ils soient physiques, comme la couleur de la peau ou la taille, ou physiologiques, comme la réceptivité à une certaine maladie. Bien entendu, ces études doivent prendre en compte les influences environnementales, ainsi que la complexité de l'expression génique, puisqu'un résultat final donné peut provenir de l'interaction de plusieurs gènes et non d'un seul. L'une de leurs principales sources de données est la carte d'haplotype du génome humain, qui renseigne sur des millions de SNP chez 270 personnes d'origine européenne, nigériane, chinoise et japonaise. Ces mutations singulières sont héritées au sein de séquences d'ADN, et des segments se brisent avec le temps par suite de la recombinaison génétique de nos chromosomes à chaque nouvelle génération. On peut ainsi repérer de nouvelles mutations et en estimer l'âge en fonction de la quantité de recombinaisons autour d'elles.

Le fait est que les signes d'une action récente de la sélection sont non seulement bien là, mais ils témoignent d'une grande force, présents dans peut-être 20 % de nos gènes. Certains se laissent directement relier aux changements induits par l'agriculture et de nouveaux régimes alimentaires, ainsi le gène de la lactase, cette enzyme qui permet aux bébés de digérer le lactose (glucide du lait) pendant l'allaitement, mais qui se désactive ordinairement durant l'enfance, en sorte que beaucoup d'adultes sont intolérants au lactose. Toutefois, au cours de ces derniers 10 000 ans, il s'est produit séparément en Afrique de l'Est et dans des régions de l'ouest de l'Eurasie des modifications génétiques qui empêchent le gène de la lactase de se désactiver, permettant ainsi aux adultes (environ 80 % chez les Européens) de digérer le lait animal en toute tranquillité. Les populations qui n'ont pas cette mutation, en revanche, par exemple les Extrême-Orientaux et les aborigènes d'Australie et des Amériques, continuent à ne pouvoir boire le lait que pendant leur petite enfance. Par ailleurs, d'autres mutations se sont développées qui permettent de digérer de « nouveaux » glucides présents dans les régimes des populations d'Afrique de l'Ouest (le mannose) et d'Extrême-Orient (le mannose et le saccharose). Il y a aussi eu des modifications du gène codant pour l'amylase salivaire (qui aide à digérer l'amidon), à la fois dans sa structure et dans le nombre de copies chez de nombreux individus. On connaît en outre depuis des années des cas de sélection génique récente en rapport avec la protection contre le paludisme. Au moins vingt-cinq en ont été découverts. Comme le parasite du paludisme est transmis dans le sang, c'est là que se développe une bonne partie des défenses, par exemple des mutations du gène de l'hémoglobine, qui transporte l'oxygène, ou bien de l'enzyme G6PD. Et les groupes sanguins ont eux aussi réagi avec apparemment la sélection d'un tout nouveau groupe, Duffy, spécialement pour combattre la maladie. Beaucoup d'autres changements paraissent liés à la résistance à des maladies infectieuses comme la tuberculose, et 10 % des Européens ont la chance de porter des mutations apparemment sélectionnées pour résister à la variole, mais qui semblent aussi conférer une résistance au VIH.

Pour d'autres changements récents, il se peut qu'il y ait une relation avec les nouvelles conditions sociales amenées par la vie agricole. Au chapitre VI, j'ai fait mention de mutations du gène codant pour l'apolipoprotéine E, qui transporte le cholestérol, qui paraissent diminuer les risques de nombreuses affections liées au vieillissement, telles que les maladies coronariennes, et on a découvert au moins quatorze autres gènes récemment mutés corrélés à des maladies qui apparaissent le plus souvent chez des personnes âgées, par exemple les cancers et Alzheimer. Vu l'importance décisive de la famille étendue pour les chasseurs-cueilleurs comme pour les agriculteurs, il semble donc bien que l'évolution ait aussi travaillé à la survie des individus ayant passé l'âge de se reproduire, avec les avantages sociaux qui en découlent. En revanche, l'un des inconvénients éventuels d'une forte densité démographique pour l'harmonie sociale est l'augmentation des occasions d'adultère, avec pour corrélat possible des mutations répandues mais régionalement différenciées contrôlant la quantité et la qualité du sperme, qui trahissent peut-être une « compétition des spermes » déclenchée quand une femme a plus d'un partenaire masculin dans la journée ou un peu plus. Et il se peut encore que la centaine de mutations récentes des neurotransmetteurs associés à l'humeur et à la conduite ait été sélectionnée pour affronter les conséquences sociales du nombre et des tensions qui résultent d'une forte densité démographique.

Mais ces mutations des neurotransmetteurs ne sont qu'une partie des changements qui touchent notre génome pour ce qui concerne le cerveau et les sens. Bien que ce soit là un domaine hautement controversé, il n'en est pas moins probable que la sélection a favorisé des comportements et des capacités cognitives différentes en même temps que les hommes modernes se diversifiaient en fonction de leurs milieux et de la complexité de leurs sociétés. Avec le développement des métiers spécialisés et des compétences qui s'y associent, elle a pu jouer toujours davantage. Ainsi, le besoin de compter les stocks de céréales ou les troupeaux, puis l'essor du commerce et l'apparition de la monnaie ont dû encourager la sélection des aptitudes mathématiques. De même, il se peut que la complexité croissante de la communication dans des groupes en constante augmentation se marque par des mutations récentes des gènes produisant les protéines pour les cils cellulaires de notre oreille interne et la membrane qui les recouvre, et aussi d'un gène contribuant à la formation des os de l'oreille moyenne, qui transmettent les fréquences sonores. Le fait que des mutations distinctes apparaissent quand on compare des Chinois et des Japonais, des Européens et des Africains, donne à penser que la sélection a peut-être même accompagné l'évolution de langues différentes et de leurs sons les plus caractéristiques. La vue aussi a probablement été soumise à l'action d'une sélection récente en Extrême-Orient, en l'occurrence des mutations du gène protocadhérine-15 qui affecte le fonctionnement à la fois des cellules de l'oreille interne et des photorécepteurs de la rétine.

Il apparaît que l'évolution humaine, du moins pour ce qui concerne les modifications des séquences d'ADN individuelles, loin de ralentir ou de s'arrêter, s'est accélérée au cours de ces derniers 10 000 ans. Selon certains calculs, elle procèderait même actuellement cent fois plus vite qu'elle ne l'a fait depuis notre séparation d'avec la lignée des chimpanzés, il y a probablement plus de six millions d'années. Environ 7 % des gènes semblent avoir muté récemment dans certaines populations, la majorité depuis 40 000 ans et même, plus précisément, pendant ces derniers 10 000 ans. Il convient toutefois d'avancer prudemment, car, comme le font remarquer des généticiens comme Sarah Tishkoff et Mark Stoneking, l'expansion de la population humaine a pu multiplier des variantes rares par le seul effet du hasard, si bien que le bénéfice fonctionnel du changement génétique doit toujours être soigneusement démontré — et il peut souvent l'être. En outre, de façon peut-être plus grave, la perte et le renouvellement constants des changements génétiques font que des signatures anciennes, datant par exemple du *Middle Stone Age*, se sont perdues ou sont difficiles à détecter à présent. Il s'ensuit un biais du signal pour ces derniers 10 000 ans, car c'est précisément la période pendant laquelle on a le plus de chances de reconnaître des mutations nouvelles.

Heureusement, la génétique des populations est un domaine scientifique qui progresse rapidement, si bien que quantité de nouvelles données vont venir résoudre cette question dans les prochaines années, dont un millier de génomes humains complets provenant du monde entier. Dès maintenant, Pardis Sabeti travaille avec ses collègues à une nouvelle méthode qui combine trois tests pour les signatures de sélections multiples et qui permet de multiplier par cent la finesse de la détection de l'ADN récemment sélectionné. Elle étudie en outre une question importante dont je n'ai pas parlé, à savoir que tous les changements génétiques ne mettent pas en jeu l'ADN. Comme celui-ci, l'acide ribonucléique (ARN) est fait de longues chaînes de nucléotides, mais qui consistent d'ordinaire en un seul brin dans les cellules. Divers types d'ARN jouent un rôle central dans la synthèse des protéines et la régulation de l'expression génique, en sorte que l'ARN — lui aussi sujet à mutations — constitue un autre objet et un autre agent du changement évolutif. Il y a là tout un autre ensemble de données concernant l'hérédité, qui se situent au-delà de l'ADN et fondent le domaine de l'épigénétique, un domaine de recherche en plein développement qui, sans détourner l'attention de l'ADN, va certainement apporter de nouveaux aperçus sur l'hérédité et l'évolution. À ce niveau, des changements environnementaux transitoires peuvent avoir un impact sur les formes et les fonctions corporelles par-delà les changements purement génétiques, par exemple par le biais des histones, ces protéines qui forment une partie des chromosomes, ou bien des modifications que les virus ou les prions nous font subir.

Enfin, le fait que nous ayons constamment fait référence à la sélection dans cet exposé des modifications récentes de l'ADN humain ne doit pas nous faire oublier que les changements qu'elle provoque ne bénéficient pas toujours à tout le monde ; il peut y avoir des gagnants et des perdants, comme le montre le développement des cellules falciformes dans le sang des populations d'origine africaine. Ce phénomène a profité aux hétérozygotes pour le gène responsable (ceux qui n'en ont qu'une copie) en leur conférant une certaine immunité au parasite du paludisme. En revanche, sans intervention médicale, les individus nés avec deux copies du gène se retrouvent gravement anémiques et meurent prématurément. De même, on constate en Extrême-Orient un accroissement spectaculaire de la fréquence d'une mutation du gène du récepteur de la leptine, lié à des changements de l'indice de masse corporelle et à une tendance à stocker la graisse. Il se peut que cette mutation ait favorisé l'adaptation à des climats froids, mais, à présent, elle est cause de tension sanguine élevée et d'obésité. Certains chercheurs soutiennent également que les traversées maritimes longues et pénibles, contraintes comme pendant la traite négrière ou bien volontaires comme avec la colonisation de la Polynésie, ont pu sélectionner les physiques et les physiologies les plus capables de survivre à de telles rigueurs. Les survivants ont ensuite fondé des populations importantes qui vivent à présent dans des conditions bien différentes, ce qui explique peut-être la fréquence de l'hypertension liée au sel chez les Afro-Américains et du diabète et de l'obésité dans plusieurs régions de l'Océanie. Enfin, comme le fait remarquer l'anthropologue Peter Ellison, il est possible que la fréquence semble-t-il en augmentation d'affections telles que l'autisme, la schizophrénie, les allergies, l'asthme, les maladies auto-immunes et les cancers de la reproduction représente le désavantage de changements génétiques qui furent des avantages dans des milieux et pour des modes de vie plus anciens. Ces comparaisons entre le passé et le présent sont à la base d'un domaine scientifique tout nouveau appelé la *médecine évolutionnaire.*

On ne voit pas toujours clairement quel a été précisément l'agent de la sélection dans le passé, au-delà du plus ou moins grand succès à se reproduire. Quand la maladie est en cause, il va de soi qu'elle entraîne directement une sélection naturelle par le biais d'une réduction de la fertilité ou de la mort de ceux dont les défenses naturelles (héritées) sont incapables d'y faire face. Mais l'exposition aux agents pathogènes peut être augmentée ou diminuée par certains comportements : que l'on pense à l'emploi des préservatifs, qui agissent comme des contraceptifs, mais combattent en outre la propagation du VIH. Il est donc probable que de nombreux changements relèvent du domaine des interactions complexes entre le milieu naturel et les environnements que nous avons créés grâce à la diversité de nos cultures. Ce qui nous ramène à l'un des mécanismes évolutifs favoris de Darwin, mis en avant dans le titre complet de son autre livre célèbre, *La Filiation de l'homme et la sélection en relation avec le sexe.* Il est en effet évident que, comme l'avance Darwin, un certain nombre de changements se laissent attribuer à la sélection sexuelle/culturelle où les préférences en matière d'accouplement sont susceptibles d'infléchir l'évolution dans une direction particulière. Il est sans doute question ici, comme le soupçonnait Darwin, de certaines différences régionales (« raciales ») touchant l'aspect physique, et aussi de changements au niveau du cerveau et des comportements. La stature est un exemple pertinent : c'est un caractère complexe, mais hautement héritable. Or, il semble bien qu'elle soit en relation, tant qu'elle n'est pas excessive, avec à la fois la fécondité et le revenu dans les pays développés, et des études sur le choix des donneurs de sperme indiquent que les femmes préfèrent les grands, qui produiront à leur tour des enfants de grande taille.

Tout cela aurait fasciné Darwin. De son vivant, les faits assurés à propos de nos origines auraient tenu dans une petite valise. Quoique ce soit lui qui, de bien des façons, a commencé à écrire le livre de l'évolution humaine, il n'a pu faire plus qu'en esquisser le plan, en jetant sur le papier quelques grands titres, quelques mots et quelques phrases isolées. Depuis lors, nous en avons appris beaucoup quant aux débuts de notre histoire, si bien que des passages entiers, mots, phrases et paragraphes, sont désormais en place. Certains chapitres sont même presque écrits, tels ceux concernant le séquençage complet du génome humain et de celui des chimpanzés, auxquels viennent maintenant s'ajouter les chapitres sur Neandertal et les Dénisoviens. En même temps, d'autres sont à peine entamés, comme ceux sur le fonctionnement de notre cerveau, les premiers habitants du sous-continent indien, l'histoire ancienne du Hobbit en Asie du Sud-Est et les occupants de l'Afrique de l'Ouest pendant presque toute la préhistoire.

À l'évidence, tant que nous ne disposerons pas, pour beaucoup plus de régions du monde, de registres fossiles, archéologiques et environnementaux datés et égaux en qualité à ceux que nous avons pour l'Europe occidentale et, de plus en plus, pour l'Afrique orientale et australe, il nous sera impossible de deviner l'aspect que prendra le livre de notre histoire évolutive quand il approchera de sa fin. La paléoanthropologie est un domaine au développement si rapide qu'une partie du contenu du présent ouvrage devra être corrigée, voire supprimée tout à fait, sans en excepter, certainement, mes propres contributions. L'écriture de ce livre m'a permis de mesurer, mieux que je ne le faisais auparavant, la force qu'ont exercée la démographie, la dérive génétique et la sélection culturelle sur l'évolution humaine récente. Pendant que je l'écrivais, de nouvelles données sont apparues, qui montrent que notre origine, à nous autres *Homo sapiens*, n'est pas totalement africaine et récente. Mais cette dynamique est ce qui rend l'étude de l'évolution humaine si fascinante, et, en matières scientifiques, la question n'est pas d'avoir raison ou tort, mais d'approcher peu à peu la vérité sur le monde.

À sa mort, on fit à Darwin l'honneur de l'inhumer dans l'abbaye de Westminster et les éloges s'accumulèrent sur l'homme et son œuvre. L'un d'entre eux dit :

> M. Darwin aura profondément et largement marqué la psychologie, de même que la géologie, la botanique et la zoologie. Des ensembles de faits que l'on croyait séparés apparaissent à présent reliés de la façon la plus intime, et des principes scientifiques jusqu'alors dissimulés, mais que l'on doit considérer comme primordiaux, ont été mis en lumière. Si l'étude essentielle pour l'humanité est l'homme lui-même, M. Darwin aura fait plus que tout être humain pour l'avancement de ce savoir le plus souhaitable, car c'est grâce à lui que les hommes de notre génération ont pour la première fois pu commencer à obéir à ce précepte antique : connais-toi toi-même.

Cette expression renvoie certes à la Grèce antique, mais aussi à la directive de Linné décrivant l'espèce qu'il a nommée *Homo sapiens.* Pour moi, « connais-toi toi-même » s'est traduit par un voyage commencé il y a quarante ans dans les musées d'Europe où je mesurais des crânes et qui m'a amené à examiner pratiquement tous les aspects de nos origines. Cela a signifié prendre conscience du fait que le devenir « moderne » n'est autre que le chemin que nous apercevons quand nous regardons en arrière notre histoire évolutive. Histoire qui nous apparaît particulière, bien sûr, parce que nous lui devons notre existence. Nombreux sont les articles de vulgarisation qui s'illustrent d'un dessin de l'humanité (généralement masculine) marchant fièrement à travers la page. Ce faisant, ils ont contribué à instiller l'idée fausse que l'évolution n'a été qu'une progression menant jusqu'à nous, son sommet et sa finalité. Rien ne pourrait être plus éloigné de la vérité. Il y avait quantité d'autres chemins que l'évolution aurait pu emprunter. Beaucoup auraient conduit à l'absence d'humanité, d'autres à son extinction, d'autres encore à une version différente de la « modernité ». Nous incarnons une façon d'être humain — la seule qui survive aujourd'hui — mais ce que la paléoanthropologie a de fascinant, c'est de nous faire voir ces autres chemins vers l'humanité, leurs premiers succès et leur fin, due à l'échec ou simplement à la malchance. En matière d'évolution la différence est parfois étroite entre échec et succès. Nous sommes à présent sur le fil du rasoir, confrontés à la surpopulation et à la perspective d'un changement climatique global à une échelle jamais connue auparavant. Il reste à espérer que notre espèce sera à la hauteur de ces défis.

APPENDICES

Remerciements

Travaillant dans le domaine de la paléoanthropologie depuis quarante ans, j'ai évidemment une dette énorme envers nombre de gens, et il apparaît que mon réseau d'amis et de collaborateurs s'élargit avec le temps, plutôt que le contraire, ce qui est réconfortant. Je n'essaierai donc pas de nommer et de remercier tout ceux qui m'ont aidé de façon appréciable, qu'il s'agisse de mes familles naturelle et adoptive, de mes premiers professeurs, de mon directeur de thèse et des personnes qui m'ont accueilli dans toute l'Europe lorsque je rassemblais des données pour mon doctorat. Beaucoup de mes collègues, en revanche, sont nommément désignés dans l'ouvrage et dans la bibliographie, ou bien évoqués à travers leurs idées et l'influence qu'elles ont exercée sur les miennes, et j'espère les avoir présentées avec justesse et précision. Il est bien clair qu'en m'efforçant de reconstituer notre évolution passée, je me tiens sur les épaules de géants, mais j'ai aussi été grandement aidé sur ma route par d'innombrables gestes de gentillesse et de générosité. J'ai en outre bénéficié de ma participation à trois grands programmes de recherche : le Cambridge Stage 3 Project, maintenant achevé, le projet RESET subventionné par le Natural Environment Research Council, et le projet AHOB subventionné par Leverhulme Trust.

Pour le présent ouvrage, je suis particulièrement reconnaissant à Robert Kruszynski, Rebecca Varley-Winter et Gabrielle Delbarre pour leur aide concernant la bibliographie. Pour les illustrations, je remercie le département de paléontologie du Natural History

Museum et Photo Unit and Image Resources, ainsi que Silvia Bello, John Reader, Francesco d'Errico et Nicholas Conard. Merci enfin à l'équipe éditoriale et de production de Penguin Books et à Henry Holt pour le travail qu'ils ont fourni afin de mener ce livre à publication.

Sources et bibliographie

Ouvrages généraux

Boyd, R., and J. Silk. *How Humans Evolved.* 5th ed. Norton, New York, 2009.

Cartmill, M., and F. Smith. *The Human Lineage.* 2nd ed. Wiley-Blackwell, Hoboken, NJ, 2009.

Darwin, C. The Complete Work of Charles Darwin Online. http://darwin-online.org.uk.

Fagan, B. *Cro-Magnon : How the Ice Age Gave Birth to the First Modern Humans.* Bloomsbury Press, London, 2010.

Johanson, D., and K. Wong. *Lucy's Legacy : The Quest for Human Origins.* Harmony Books, New York, 2009.

Klein, R. G. *The Human Career.* University of Chicago Press, Chicago, 2009.

Lewin, R., and R. A. Foley. *Principles of Human Evolution.* Blackwells, Oxford, 2003.

Lockwood, C. *The Human Story.* Natural History Museum, London, 2007.

Potts, R., and C. Sloan. *What Does It Mean to Be Human ?* National Geographic, Washington, DC, 2010.

Stringer, C. *Homo britannicus.* Allen Lane, London, 2006.

—, "Modern Human Origins — Progress and Prospects." *Philosophical Transactions of the Royal Society, London (B)* 357 (2002), 563-79.

Stringer, C., and P. Andrews. *The Complete World of Human Evolution.* Thames & Hudson, London, 2005.

Stringer, C., and C. Gamble. *In Search of the Neanderthals.* Thames & Hudson, London, 1993.

Wood, B. *Human Evolution (a Brief Insight).* Sterling, New York, 2011.

Zimmer, C. *Smithsonian Intimate Guide to Human Origins.* Harper, New York, 2007.

CHAPITRE PREMIER : *Les grandes questions*

Beaumont, P. B., H. De Villiers and J. C. Vogel. “Modern man in sub-Saharan Africa prior to 49, 000 years B.P. : A review and evaluation with particular reference to Border Cave.” *South African Journal of Science* 74 (1978), 409-19.

Brace, C. L. “The fate of the ‘Classic’ Neanderthals : A consideration of hominid catastrophism.” *Current Anthropology* 59 (1964), 3-43.

Bramble, D. M., and D. E. Lieberman. “Endurance running and the evolution of *Homo.*” *Nature* 432 (2004), 345-52.

Bräuer, G. “The ‘Afro-European *sapiens* hypothesis’ and hominid evolution in east Asia during the Middle and Upper Pleistocene.” *Courier Forschungsinstitut Senckenberg* 69 (1984b), 145-65.

Campbell, B. G. “Conceptual progress in physical anthropology : Fossil Man.” *Annual Review of Anthropology* 1 (1972), 27-54.

Cann, R. L., M. Stoneking and A. C. Wilson. “Mitochondrial DNA and human evolution.” *Nature* 329 (1987), 111-12.

Cavalli-Sforza, L. L., A. Piazza, P. Menozzi and J. Mountain. “Reconstruction of human evolution : Bringing together genetic, archaeological, and linguistic data.” *Proceedings of the National Academy of Sciences USA* 85 (1988), 6002-6.

Clark, D. “Africa in prehistory : Peripheral or paramount ?” *Man* 10 (1975), 175-98.

Coon, C. S. *The Origin of Races.* Alfred A. Knopf, New York, 1962.

Dart, R. A. “*Australopithecus africanus* : The man-ape of South Africa.” *Nature* 115 (1925), 195-99.

Darwin, C. *The Descent of Man, and Selection in Relation to Sex.* John Murray, London, 1871 ; Penguin Classics, London, 2004.

—, *On the Origin of the Species by Means of Natural Selection, or the Preservation of Favoured Races in the Struggle for Life.* John Murray, London, 1859.

Gröning, F., J. Liu, M. J. Fagan and P. O'Higgins. "Why do humans have chins ? Testing the mechanical significance of modern human symphyseal morphology with finite element analysis." *American Journal of Physical Anthropology* (2010) (doi : 10.1002/ajpa.21447).

Howell, F. C. "Upper Pleistocene men of the southwest Asian Mousterian." In G. H. R. von Koenigswald, ed., *Neanderthal Centenary, 1856-1956*, pp. 185-98. Kemink en Zoon, Utrecht, 1958.

Howells, W. W. "Explaining modern man : Evolutionists versus migrationists." *Journal of Human Evolution* 5 (1976), 477-96.

Hrdlička, A. *The Skeletal Remains of Early Man.* Smithsonian Institution, Washington, DC, 1930.

Klein, R. G. *The Human Career.* University of Chicago Press, Chicago, 2009.

Leakey, R. E. F., K. W. Butzer and M. H. Day. "Early *Homo sapiens* remains from the Omo River region of Southwest Ethiopia." *Nature* 222 (1969), 1132-38.

Linnaeus, C. *Systema Naturae.* 10th ed. Vol. 1. Holmiae, Salvii, 1758.

McCown, T. D., and A. Keith. *The Stone Age of Mount Carmel.* Vol. 2. Clarendon, Oxford, 1939.

Notton, D., and C. Stringer. "Who Is the Type of *Homo sapiens ?*" (2010). http://iczn.org/ content/who-type-homo-sapiens.

Reader, J. *Missing Links : The Hunt for Earliest Man.* Collins, London, 1990.

Schwartz, J. H., and I. Tattersall. "Fossil Evidence for the Origin of *Homo sapiens. Yearbook of Physical Anthropology* 53 (2010), 94-121.

Shipman, P. *The Man Who Found the Missing Link : Eugène Dubois and his Lifelong Quest to Prove Darwin Right.* Simon & Schuster, New York, 2001.

Smith, A. *Systematics and the Fossil Record : Documenting Evolutionary Patterns.* Oxford, Blackwell, 1994.

Smith, F. H., I. Jankovic and I. Karavanic. "The assimilation model, modern human origins in Europe, and the extinction of Neandertals." *Quaternary International* 137 (2005), 7-19.

Stringer, C. "Out of Africa — a Personal History." In M. H. Nitecki and D. V. Nitecki, eds., *Origins of Anatomically Modern Humans*, pp. 151-72. Plenum Press, New York, 1994.

Stringer, C., and R. McKie. *African Exodus.* Cape, London, 1996.

Templeton, A. R. "The 'Eve' hypothesis : A genetic critique and reanalysis." *American Anthropologist* 95 (1993), 51-72.

Trinkaus, E. "Early Modern Humans." *Annual Review of Anthropology* 34 (2005), 207-30.

Weidenreich, F. "Facts and speculations concerning the origin of *Homo sapiens.*" *American Anthropologist* 49 (1947), 187-203.

White, R. "Rethinking the Middle/Upper Paleolithic transition." *Current Anthropology* 23 (1982), 169-92.

Wolpoff, M., C. B. Stringer and P. Andrews. "Modern human origins." *Science* 241 (1988), 773-74.

Wolpoff, M. H., A. G. Thorne, F. H. Smith, D. W. Frayer and G. G. Pope. "Multiregional evolution : A world-wide source for modern human populations." In M. H. Nitecki and D. V. Nitecki, eds., *Origins of Anatomically Modern Humans,* pp. 175-99. Plenum Press, New York, 1994.

Wolpoff, M. H., W. X. Zhi and A. G. Thorne. "Modern *Homo sapiens* origins : A general theory of hominid evolution involving the fossil evidence from east Asia." In F. H. Smith and F. Spencer, eds., *The Origins of Modern Humans : A World Survey of the Fossil Evidence,* pp. 411-83. Alan R. Liss, New York, 1984.

Chapitre ii : *Les clefs du passé*

Aitken, M., C. B. Stringer and P. Mellars. *The Origin of Modern Humans and the Impact of Chronometric Dating.* Princeton University Press, Princeton, NJ, 1993.

Ambrose, S. H. "Did the super-eruption of Toba cause a human population bottleneck ? Reply to Gathorne-Hardy and Harcourt-Smith." *Journal of Human Evolution* 45 (2003), 231-37.

Banks, W. E., F. d'Errico, A. Townsend Peterson, M. Masa Kageyama, A. Sima and M.-F. Sanchez-Goni. "Neanderthal extinction by competitive exclusion." *PLoS ONE* 3 (2008), 1-8.

Bradtmöller, M., A. Pastoors, B. Weninger and G.-C. Weriinger. "The repeated replacement model — rapid climate change and population dynamics in Late Pleistocene Europe." *Quaternary International* (2010) (in press).

Bronk Ramsey, C., T. Higham, A. Bowles and R. Hedges. "Improvements to the pretreatment of bone at Oxford." *Radiocarbon* 46 (2004), 155-63.

Castañeda, I. S., S. Mulitza, E. Schefuß, R. A. Lopes dos Santos,

J. S. Sinninghe Damsté and S. Schouten. "Wet phases in the Sahara/Sahel region and human migration patterns in North Africa." *Proceedings of the National Academy of Sciences USA* 106 (2009), 20159-63.

d'Errico, F., C. T. Williams and C. Stringer. "AMS dating and microscopic analysis of the Sherborne bone." *Journal of Archaeological Sciences* 25 (1998), 777-87.

Drake, N. A., A. S. El-Hawat, P. Turner, S. J. Armitage, M. J. Salem, K. H. White and S. McLaren. "Palaeohydrology of the Fazzan Basin and surrounding regions : The last 7 million years." *Palaeogeography, Palaeoclimatology, Palaeoecology* 263 (2008), 131-45.

Finlayson, C., and J. S. Carrión. "Rapid ecological turnover and its impact on Neanderthal and other human populations." *Trends in Ecology and Evolution* 22 (2007), 213-22.

Gathorne-Hardy F. J., and W. E. H. Harcourt-Smith. "The super-eruption of Toba, did it cause a human bottleneck ?" *Journal of Human Evolution* 45 (2003), 227-30.

Gowlett, J., and R. E. M. Hedges. *Archaeological Results from Accelerator Dating.* Oxford University School of Archaeology, Oxford, 1987.

Grün, R. "Direct dating of human fossils." *Yearbook of Physical Anthropology* 49 (2006), 2-48.

Grün, R., J. Brink, N. Spooner, L. Taylor, C. Stringer, R. Franciscus and A. Murray. "Direct dating of Florisbad hominid." *Nature* 382 (1996), 500-501.

Grün, R., and C. B. Stringer. "Electron spin resonance dating and the evolution of modern humans." *Archaeometry* 33 (1991), 153-99.

—, "Tabun revisited : Revised ESR chronology and new ESR and U-series analyses of dental material from Tabun Cl." *Journal of Human Evolution* 39 (2000), 601-12.

Grün, R., C. Stringer, F. McDermott, R. Nathan, N. Porat, S. Robertson, L. Taylor, G. Mortimer, S. Eggins and M. McCulloch. "U-series and ESR analyses of bones and teeth relating to the human burials from Skhul." *Journal of Human Evolution* 49 (2005), 316-34.

Grün, R. C. B. Stringer and H. P. Schwarcz. "ESR dating of teeth from Garrod's Tabun Cave collection." *Journal of Human Evolution* 20 (1991), 231-48.

Jacobi, R. M., and T. F. G. Higham. "The early lateglacial re-colonization of Britain : New radiocarbon evidence from Gough's Cave, southwest England." *Quaternary Science Reviews* 28 (2009), 1895-913.

Jacobs, Z., and R. G. Roberts. "Advances in optically stimulated luminescence dating of individual grains of quartz from archaeological deposits." *Evolutionary Anthropology* 16 (2007), 210-23.

Jacobs, Z., R. G. Roberts, R. F. Galbraith, H. J. Deacon, R. Grün, A. Mackay, P. Mitchell, R. Vogelsang and L. Wadley. "Ages for the Middle Stone Age of Southern Africa : Implications for human behavior and dispersal." *Science* 322 (2008), 733-35.

Jones, S. C. "Palaeoenvironmental response to the – 74 Ka Toba ash-fall in the Jurreru and Middle Son valleys in southern and north-central India." *Quaternary Research* 73 (2010), 336-50.

Libby, W. F. *Radiocarbon Dating*. University of Chicago Press, Chicago, 1955.

McDougall, I., F. H. Brown and J. G. Fleagle. "Stratigraphic placement and age of modern humans from Ethiopia." *Nature* 433 (2005), 733-36.

Mellars, P., and J. French. "Tenfold population increase in Western Europe at the Neandertal-to-modern human transition." *Science* 333 (2011), 623-27.

Mercier, N., H. Valladas, O. Bar-Yosef, B. Vandermeersch, C. Stringer and J.-L. Joron. "Thermoluminescence date for the Mousterian burial site of Es-Skhul, Mt. Carmel." *Journal of Archaeological Science* 20 (1993), 169-74.

Millard, A. R. "A critique of the chronometric evidence for hominid fossils : I. Africa and the Near East 500-50 ka." *Journal of Human Evolution* 54 (2008), 848-74.

Müller, U. C., J. Pross, P. C. Tzedakis, C. Gamble, U. Kotthoff, G. Schmiedl, S. Wulf and K. Christanis. "The role of climate in the spread of modern humans into Europe." *Quaternary Science Reviews* 30 (2011), 273-79.

Oppenheimer, C. "Limited global change due to the largest known Quaternary eruption, Toba ca. 74 kyr BP ?" *Quaternary Science Reviews* 21 (2002), 1593-1609.

Osborne, A. H., D. Vance, E. J. Rohling, N. Barton, M. Rogerson and N. Fello. "A Humid Corridor across the Sahara for the Migration 'Out of Africa' of early modern humans 120, 000 years ago." *Proceedings of the National Academy of Sciences USA* 105 (2008), 16444-47.

Petraglia, M. D., R. Korisettar, N. Bolvin, C. Clarkson, P. Ditchfield, S. Jones, J. Koshy et al. "Middle Paleolithic assemblages from the Indian subcontinent before and after the Toba Super-Eruption." *Science* 317 (2007), 114-16.

Rampino, M. R., and S. H. Ambrose. "Volcanic winter in the Garden of Eden : The Toba supereruption and the late Pleistocene human population Crash." *Geological Society of America Special Paper* 345 (2000), 71-82.

RESET Project : http://c14.arch.ox.ac.uk/RESET/embed.php ? File=index.html.

Robock, A., C. M. Ammann, L. Oman, D. Shindell, S. Lewis and G. Stenchikov. "Did the Toba volcanic eruption of ~74k BP produce widespread glaciation ?" *Journal of Geophysical Research* 114 (2009), D10107 (doi : 10.1029/ 2008JD011652).

Stewart, J. R., M. van Kolfschoten, A. Markova and R. Musil. "The mammalian faunas of Europe during oxygen isotope stage three." In T. H. van Andel and S. W. Davies, eds., *Neanderthals and Modern Humans in the European Landscape During the Last Glaciation, 60,000 to 20,000 Years Ago : Archaeological Results of the Stage 3 Project*, pp. 103-29. McDonald Institute for Archaeological Research, Cambridge, 2003.

Stringer, C. B. "Dating the origin of modern humans." In C. Lewis and S. Knell, eds., *The Age of the Earth : From 4004 BC to AD 2002*, pp. 265-74. Geological Society, London, 2001.

—, "Direct dates for the fossil hominid record." In J. Gowlett and R. E. M. Hedges, eds., *Archaeological Results from Accelerator Dating*, pp. 45-50. Oxford University, Oxford, 1986.

Stringer, C. B., and R. Burleigh. "The Neanderthal problem and the prospects for direct dating of Neanderthal remains." *Bulletin of the British and Natural History Museum*, Geology Series 35 (1981), 225-41.

Stringer, C. B., R. Grün, H. Schwarcz and P. Goldberg. "ESR dates for the hominid burial site of Es Skhul in Israel." *Nature* 338 (1989), 756-58.

Stringer, C., R. Jacobi and T. Higham. "New research on the Kent's Cavern 4 maxilla, its context and dating." In C. Stringer and S. Bello, eds., *First Workshop of AHOB2 : Ancient Human Occupation of Britain and Its European Context*, pp. 25-27. AHOB, London, 2007.

Stringer, C., H. Pälike, T. van Andel, B. Huntley, P. Valdes and J. Allen. "Climatic stress and the extinction of the Neanderthals." In T. H. van Andel and S. W. Davies, eds., *Neanderthals and Modern Humans in the European Landscape During the Last Glaciation*, pp. 233-40. McDonald Institute for Archaeological Research, Cambridge, 2003.

Timmreck, C., H.-F. Graf. S. J. Lorenz, U. Niemeier *et al.* "Aerosol size confines climate response to volcanic super-eruptions." *Geophysical Research Letters* 37 (2010), L24705 (doi : 10.1029/2010GL045464).

Williams, M. A. J., S. H. Ambrose, S. van der Kaars, C. Ruehlemann, U. Chattopadhyaya, J. Pal and P. R. Chauhan. "Environmental impact of the 73 ka Toba super-eruption in South Asia." *Palaeogeography, Palaeoclimatology, Palaeoecology* 284 (2009), 295-314.

Chapitre III : *Ce qui était caché*

Bailey, S. "Dental morphological affinities among late Pleistocene and Recent humans." *Dental Anthropology* 14(2) (2000), 1-8.

Bar-Yosef, O., and J. Callender. "The woman from Tabun : Garrod's doubts in historical perspective." *Journal of Human Evolution* 37 (1999), 879-85.

Dean, M. C. "Tooth microstructure tracks the pace of human life-history evolution." *Proceedings of the Royal Society* B 273 (2006), 2799-808.

Dean, C., M. Leakey, D. Reid, F. Schrenk, G. Schwartz, C. Stringer and A. Walker. "Growth processes in teeth distinguish modern humans from *Homo erectus* and earlier hominins." *Nature* 414 (2001), 628-31.

Drake, N. A., R. M. Blench, S. J. Armitage, C. S. Bristow and K. H. White. "Ancient watercourses and biogeography of the Sahara explain the peopling of the desert." *Proceedings of the National Academy of Sciences USA* 108 (2011), 458-62.

Gibbons, A. "Palaeontologists get X-ray vision." *Science* 318 (2007), 1546-47.

Harvati, K., S. R. Frost and K. P. McNulty. "Neanderthal taxonomy reconsidered : Implications of 3D primate models of intra- and interspecific differences." *Proceedings of the National Academy of Sciences USA* 101 (2004), 1147-52.

Hillson, S., S. Parfitt, S. Bello, M. Roberts and C. Stringer. "Two hominin incisor teeth from the Middle Pleistocene site of Boxgrove, Sussex, England." *Journal of Human Evolution* 59 (2010), 493-503.

Irish, J. D., and D. Guatelli-Steinberg. "Ancient teeth and modern human origins : An expanded comparison of African Plio-

Pleistocene and recent world dental samples." *Journal of Human Evolution* 45 (2003), 113-44.

Martinón-Torres, M., J. M. Bermúdez de Castro, A. Gómez-Robles, J.-L. Arsuaga, E. Carbonell, D. Lordkipanidze, G. Manzi and A. Margvelashvili. "Dental evidence on the hominin dispersals during the Pleistocene." *Proceedings of the National Academy of Sciences USA* 104 (2007), 13279-82.

Müller, W., H. Fricke, A. N. Halliday, M. T. McCulloch and J. A. Wartho. "Origin and migration of the Alpine Iceman." *Science* 302(5646) (2003), 862-66.

Ponce de León, M. S., L. Golovanova, V. Doronichev, G. Romanova, T. Akazawa, O. Kondo, H. Ishida and C. P. Zollikofer. "Neanderthal brain size at birth provides insights into the evolution of human life history." *Proceedings of the National Academy of Sciences USA* 105 (2008), 13764-68.

Ponce de León, M. S., and C. P. E. Zollikofer. "Neanderthal cranial ontogeny and its implications for late hominid diversity." *Nature* 412 (2001), 534-38.

Ponce de León, M. S., C. P. E. Zollikofer, R. Martin and C. Stringer. "Investigation of Neanderthal morphology with computer-assisted methods." In C. Stringer, R. N. Barton and C. Finlayson, eds., *Neanderthals on the Edge : 150th Anniversary Conference of the Forbes' Quarry Discovery, Gibraltar,* pp. 237-48. Oxbow Books, Oxford, 2000.

Richards, M. P., and E. Trinkaus. "Isotopic evidence for the diets of European Neanderthals and early modern humans." *Proceedings of the National Academy of Sciences USA* 106 (2009), 16034-39.

Smith, T. M., P. Tafforeau, D. J. Reid, R. Grün, S. Eggins, M. Boutakiout and J.-J. Hublin. "Earliest evidence of modern human life history in north African early *Homo sapiens.*" *Proceedings of the National Academy of Sciences USA* 104 (2007), 6128-33.

Smith, T. M., P. Tafforeau, D. J. Reid, J. Pouech, V. Lazzari, J. Zermeno, D. Guatelli-Steinberg, A. Olejniczak, A. Hoffmann, J. Radovcic, M. Makaremi, M. Toussaint, C. Stringer and J.-J. Hublin. "Dental evidence for ontogenetic differences between modern humans and Neanderthals." *Proceedings of the National Academy of Sciences USA* 108 (2011), 8720-24.

Smith, T. M., M. Toussaint, D. J. Reid, A. J. Olejniczak and J.-J. Hublin. "Rapid dental development in a Middle Paleolithic Belgian Neanderthal." *Proceedings of the National Academy of Sciences USA* 104 (2007), 20220-25.

Spoor, F., J.-J. Hublin, M. Braun and F. Zonneveld. "The bony labyrinth of Neanderthals." *Journal of Human Evolution* 44 (2003), 141-65.

Stevens, R. E., R. Jacobi, M. Street, M. Germonpré, N. J. Conard, S. C. Münzel and R. E. M. Hedges. "Nitrogen isotope analyses of reindeer (*Rangifer tarandus*), 45,000 BP to 900 BP : Palaeoenvironmental reconstructions." *Palaeogeography, Palaeoclimatology, Palaeoecology* 262 (1-2) (2008), 32-45.

Stringer, C. B., M. C. Dean and R. Martin. "A comparative study of cranial and dental development in a recent British sample and Neanderthals." In C. J. DeRousseau, ed., *Primate Life History and Evolution*, pp. 115-52. Liss, New York, 1990.

Stringer, C. B., L. Humphrey and T. Compton. "Cladistic analysis of dental traits in recent humans using a fossil outgroup." *Journal of Human Evolution* 32 (1997), 389-402.

Stringer, C. B., E. Trinkaus, M. Roberts, S. Parfitt and R. Macphail. "The Middle Pleistocene human tibia from Boxgrove." *Journal of Human Evolution* 34 (1998), 509-47.

Turner, C. "Microevolution of East Asian and European populations : A dental perspective." In T. Akazawa, K. Aoki and T. Kimura, eds., *The Evolution and Dispersal of Modern Humans in Asia*, pp. 415-38. Hokusen-Sha, Tokyo, 1992.

Walker, M. J., J. Ortega, K. Parmová, M. V. López and E. Trinkaus. "Morphology, body proportions, and postcranial hypertrophy of a female Neandertal from the Sima de las Palomas, southeastern Spain." *Proceedings of the National Academy of Sciences USA* 108 (2011), 10087-91.

Weaver, T. D., and J.-J Hublin. "Neandertal birth canal shape and the evolution of human childbirth." *Proceedings of the National Academy of Sciences USA* 106 (2009), 8151-56.

Chapitre iv : *Toujours plus loin*

Ardrey, R. *African Genesis.* Atheneum, New York, 1961.

Balter, M. "Was North Africa the launch pad for modern human migrations ?" *Science* 331 (2011), 20-23.

Bergman, C., and C. B. Stringer. "Fifty years after : Egbert, an early Upper Palaeolithic juvenile from Ksar Akil, Lebanon." *Paléorient* 15 (1990), 99-112.

Bermúdez de Castro, J. M., M. Martinon-Torres, E. Carbonell, S. Sarmiento, A. Rosas, J. van der Made and M. Lozano. "The Atapuerca sites and their contribution to the knowledge of human evolution in Europe." *Evolutionary Anthropology* 13 (2004), 11-24.

Bickart, K. C., C. I. Wright, R. J. Dautoff, B. C. Dickerson and L. Feldman Barrett. "Amygdala volume and social network size in humans." *Nature Neuroscience* 468 (2010) (doi : 10.1038/nn.2724).

Bigelow, R. *The Dawn Warriors : Man's Evolution toward Peace.* Little, Brown, Boston, 1969.

Brown, P., T. Sutikna, M. J. Morwood, R. P. Soejeno, E. Jatmiko, W. Saptomo and R. A. Due. "A new small-bodied hominin from the Late Pleistocene of Flores, Indonesia." *Nature* 431 (2004), 1055-61.

Crevecoeur, I., H. Rougier, F. Grine and A. Froment. "Modern human cranial diversity in the Late Pleistocene of Africa and Eurasia : Evidence from Nazlet Khater, Peştera cu Oase and Hofmeyr." *American Journal of Physical Anthropology* 140 (2009), 347-58.

Day, M. H., and C. B. Stringer. "Les restes crâniens d'Omo-Kibish et leur classification à l'intérieur du genre *Homo.*" *L'Anthropologie* 94 (1991), 573-94.

Dennell, R., and W. Roebroeks. "An Asian perspective on early human dispersal from Africa." *Nature* 438 (2005), 1099-104.

Fedele, F. G., B. Giaccio and I. Hajdas. "Timescales and cultural process at 40,000 BP in the light of the Campanian Ignimbrite eruption, Western Eurasia." *Journal of Human Evolution* 55 (2008), 834-57.

Golovanova, L. V., V. B. Doronichev, N. E. Cleghorn, M. A. Koulkova, T. V. Sapelko and M. S. Shackley. "Significance of ecological factors in the Middle to Upper Paleolithic transition." *Current Anthropology* 51(5) (2010), 655-91.

Harvati, K., and J.-J. Hublin. "Morphological continuity of the face in the late Middle and Upper Pleistocene hominins from northwestern Africa — a 3D geometric morphometric analysis." In J.-J. Hublin and S. McPherron, eds., *Modern Origins : A North African Perspective.* Springer, Dordrecht, in press.

Holliday, T. W. "Body proportions in late Pleistocene Europe and modern human origins." *Journal of Human Evolution* 32 (1997), 423-47.

Holt, B. M., and V. Formicola. "Hunters of the Ice Age : The biology of Upper Palaeolithic people." *Yearbook of Physical Anthropology* 51 (2008), 70-99.

Jöris, O., and D. S. Adler. "Setting the record straight : Toward a systematic chronological understanding of the Middle to Upper Palaeolithic boundary in Eurasia." *Journal of Human Evolution* 55 (2008), 761-3.

Jöris, O., and M. Street. "At the end of the 14C time scale — the Middle to Upper Palaeolithic record of Western Eurasia." *Journal of Human Evolution* 55 (2008), 782-802.

Kuhn, S. L., et al. "The early Upper Paleolithic occupations at Ucagizli Cave (Hatay, Turkey)." *Journal of Human Evolution* 56 (2009), 87-113.

Mellars, P., and C. B. Stringer. "Introduction." In P. Mellars and C. Stringer, eds., *The Human Revolution : Behavioural and Biological Perspectives in the Origins of Modern Humans*, pp. 1-14. Edinburgh University Press, Edinburgh, 1989.

Morwood, M. J., and W. L. Jungers. "Conclusions : Implications of the Liang Bua excavations for hominin evolution and biogeography." *Journal of Human Evolution* 57 (2009), 640-48.

Mounier, A., F. Marchai and S. Condemi. "Is *Homo heidelbergens* a distinct species ? New insight on the Mauer mandible." *Journal of Human Evolution* 56 (2009), 219-46.

Ramirez Rozzi, F. V., F. d'Errico, M. Vanhaeren, P. M. Grootes, B. Kerautret and V. Dujardin. "Cutmarked human remains bearing Neandertal features and modern human remains associated with the Aurignacian at Les Rois." *Journal of Anthropological Sciences* 87 (2009), 1-30.

Rightmire, G. P., D. Lordkipanidze and A. Vekua. "Anatomical descriptions, comparative studies and evolutionary significance of the hominin skulls from Dmanisi, Republic of Georgia." *Journal of Human Evolution* 50 (2006), 115-41.

Rosas, A., C. Martínez-Maza, M. Bastir, A. Garcia-Tbernero, C. Lalueza-Fox, R. Huguet, J. E. Ortiz et al. "Paleobiology and comparative morphology of a late Neandertal sample from El Sidrón, Asturias, Spain." *Proceedings of the National Academy of Sciences USA* 103 (2006), 19266-71.

Ruff, C. B. "Morphological adaptation to climate in modern and fossil hominids." *Yearbook of Physical Anthropology* 37 (1994), 65-107.

Shang, H., H. Tong, S. Zhang, F. Chen and E. Trinkaus. "An early modern human from Tianyuan Cave, Zhoukoudian, China." *Proceedings of the National Academy of Sciences USA* 104 (2007), 6573-78.

Stringer, C. B. "1970-1990 : Two revolutionary decades." In K. Boyle, C. Gamble and O. Bar-Yosef, eds., *The Upper Palaeolithic Revolution in Global Perspective : Papers in Honour of Sir Paul Mellars*, pp. 35-44. McDonald Institute for Archaeological Research, Cambridge, 2010.

—, "Out of Africa — a personal history." In M. H. Nitecki and D. V. Nitecki, eds., *Origins of Anatomically Modern Humans*, pp. 151-72. Plenum Press, New York, 1994.

—, "Population relationships of later Pleistocene hominids : A multivariate study of available crania." *Journal of Archaeological Sciences* 1 (1974), 317-42.

Stringer, C. B., and C. Gamble. *In Search of the Neanderthals.* Thames & Hudson, London, 1993.

Tostevin, G. B. "Social intimacy, artefact visibility and acculturation models of Neanderthal-modern human interaction." In P. Mellars, K. Boyle, O. Bar-Yosef and C. Stringer, eds., *Rethinking the Human Revolution*, pp. 341-58. McDonald Institute for Archaeological Research, Cambridge, 2007.

Trinkaus, E., and H. Shang. "Anatomical evidence for the antiquity of human footwear : Tianyuan and Sunghir." *Journal of Archaeological Science* 35 (2008), 1928-33.

White, T. D. "Once were cannibals." *Scientific American* 265 (2001), 47-55.

White, T. D., B. Asfaw, D. Degusta, W. H. Gilbert, G. D. Richards, G. Suwa and F. C. Howell. "Pleistocene *Homo sapiens* from Middle Awash, Ethiopia." *Nature* 423 (2003), 742-47.

Wolpoff, M. H., A. ApSimon, C. B. Stringer, R. Jacobi and R. Kruszynski. "Allez Neanderthal." *Nature* 289 (1981), 823-24.

Zilhao, J., E. Trinkaus, S. Constantin, S. Milota, M. Gherase, L. Sarcina, A. Danciu, H. Rougier, J. Quilès and R. Rodrigo. "The Peştera cu Oase people, Europe's earliest modern humans." In P. Mellars, K. Boyle, O. Bar-Yosef and C. Stringer, eds., *Rethinking the Human Revolution*, pp. 249-63. McDonald Institute for Archaeological Research, Cambridge, 2007.

CHAPITRE V : *Vers un comportement moderne : lire dans les pensées, manier les symboles*

Akazawa, T., and S. Muhehen, eds., *Neanderthal Burials : Excavations of the Dederiyeh Cave, Afrin, Syria.* International Research Centre for Japanese Studies, Kyoto, 2002.

Bahn, P. G., and Jean Vertut. *Journey Through the Ice Age.* University of California Press, Berkeley, 1997.

Balme, J., and K. Morse. "Shell beads and social behaviour in Pleistocene Australia." *Antiquity* 80 (2006), 799-811.

Barham, L. "Modern is as modern does ? Technological trends and thresholds in the south-central African record." In P. Mellars, K. Boyle, O. Bar-Yosef and C. Stringer, eds., *Rethinking the Human Revolution,* pp. 165-76. McDonald Institute for Archaeological Research, Cambridge, 2007.

—, "Systematic pigment use in the Middle Pleistocene of south-central Africa." *Current Anthropology* 31 (2002), 181-90.

—, ed. *The Middle Stone Age of Zambia, South Central Africa.* Western Academic and Specialist Press Limited, Bristol, 2000.

Bar-Yosef Mayer, O., B. Vandermeersch and O. Bar-Yosef. "Shells and ochre in Middle Paleolithic Qafzeh Cave, Israel : Indications for modern behavior." *Journal of Human Evolution* 56 (2009), 307-14.

Bouzouggar, A., N. Barton, M. Vanhaeren, F. d'Errico, S. Collcutt, T. Higham, E. Hodge, S. Parfitt, E. Rhodes, J.-L. Schwenninger, C. Stringer, E. Turner, S. Ward, A. Moutmir and A. Stambouli. "82,000-year-old shell beads from North Africa and implications for the origins of modern human behavior." *Proceedings of the National Academy of Sciences USA* 104 (2007), 9964-69.

Byrne, R. W. *The Thinking Ape : Evolutionary Origins of Intelligence.* Oxford University Press, Oxford, 1995.

Byrne, R. W., and L. A. Bates. "Primate social cognition : Uniquely primate, uniquely social, or just unique ?" *Neuron* 65 (2010), 815-30.

Clottes, J. *Return to Chauvet Cave : Excavating the Birthplace of Art. The First Full Report.* Thames & Hudson, London, 2003.

Conard, N. J. "Cultural evolution in Africa and Eurasia during the Middle and Late Pleistocene." In W. Henke and I. Tattersall, eds., *Handbook of Paleoanthropology,* pp. 2001-37. Springer, Berlin, 2007.

—, "Cultural modernity : Consensus or conundrum ?" *Proceedings of the National Academy of Sciences USA* 107 (2010), 7621-22.

—, "A female figurine from the basal Aurignacian of Hohle Fels Cave in southwestern Germany." *Nature* 459 (2009), 248-52.

Conard, N. J., M. Malina and S. Münzel. "New flutes document the earliest musical tradition in southwestern Germany." *Nature* 460 (2009), 737-40.

Coulson, S., S. Staurset and N. Walker. "Ritualized behavior in the

Middle Stone Age : Evidence from Rhino Cave, Tsodilo Hills, Botswana." *PaleoAnthropology* (2011), 18-61.

Culotta, E. "On the origin of religion." *Science* 326 (2009), 784-87.

Dennell, R. "The world's oldest spears." *Nature* 385 (1997), 767-68.

d'Errico, F., H. Salomon, C. Vignaud and C. Stringer. "Pigments from the Middle Palaeolithic levels of Es-Skhul (Mount Carmel, Israel)." *Journal of Archaeological Science* 37(12) (2010), 3099-110.

Dunbar, R. I. M. "The social brain and the cultural explosion of the human revolution." In P. Mellars, K. Boyle, O. Bar-Yosef and C. Stringer, eds., *Rethinking the Human Revolution*, pp. 91-98. McDonald Institute for Archaeological Research, Cambridge, 2007.

—, "The social brain : Mind, language, and society in evolutionary perspective." *Annual Review of Anthropology* 32 (2003), 163-81.

—, "Why are humans not just great apes ?" In C. Pasternak, ed., *What Makes Us Human*, pp. 37-48. Oneworld Publications, Oxford, 2007.

Gamble, C. *Origins and Revolutions : Human Identity in Earliest Prehistory*. Cambridge University Press, Cambridge, 2007.

Grün, R., C. Stringer, F. McDermott, R. Nathan, N. Porat, S. Robertson, L. Taylor, G. Mortimer, S. Eggins and M. McCulloch. "U-series and ESR analyses of bones and teeth relating to the human burials from Skhul." *Journal of Human Evolution* 49 (2005), 316-34.

Harris, S., J. T. Kaplan, A. Curiel, S. Y. Bookheimer, M. Iacoboni and M. S. Cohen. "The neural correlates of religious and nonreligious belief." *PLoS ONE* 4 (2009), e0007272.

Henrich, J. "The evolution of costly displays, cooperation and religion : Credibility enhancing displays and their implications for cultural evolution." *Evolution and Human Behavior* 30 (2009), 244-60.

Henshilwood, C. S. "The 'Upper Palaeolithic' of southern Africa : The Still Bay and Howiesons Poort techno-traditions." In S. Reynolds and A. Gallagher, eds., *African Genesis : Perspectives on Hominid Evolution*, pp. 38-50. Wits University Press, Johannesburg, 2009.

Henshilwood, C. S., and F. d'Errico, eds., *Homo Symbolicus : The Origins of Language, Symbolism and Belief* University of Bergen Press, Bergen, in press.

Henshilwood, C. S., F. d'Errico, M. Vanhaeren, K. van Niekerk and

Z. Jacobs. "Middle Stone Age shell beads from South Africa." *Science* 304 (2004), 403.

Henshilwood, C. S., F. d'Errico and I. Watts. "Engraved ochres from the Middle Stone Age levels at Blombos Cave, South Africa." *Journal of Human Evolution* 57 (2009), 27-47.

Henshilwood, C. S., F. d'Errico, R. Yates, Z. Jacobs, C. Tribolo, G. A. T. Duller, N. Mercier, J. Sealy, H. Valladas, I. Watts and A. G. Wintle. "Emergence of modern human behaviour : Middle Stone Age engravings from South Africa." *Science* 295 (2002), 1278-80.

Henshilwood, C. S., and C. W. Marean. "The origin of modern human behavior : Critique of the models and their test implications." *Current Anthropology* 44(5) (2003), 627-52.

Hovers, E., S. Ilani, O. Bar-Yosef and B. Vandermeersch. "An early case of color symbolism. Ochre use by modern humans in Qafzeh Cave." *Current Anthropology* 44 (2003), 492-522.

Hovers, E., Y. Rak and W. H. Kimbel. "Neanderthals of the Levant." *Archaeology* 49 (1996), 49-50.

Hublin, J. J. "Climatic changes, paleogeography, and the evolution of the Neandertals." In T. Akazawa, K. Aoki and O. Bar-Yosef, eds., *Neanderthals and Modern Humans in Western Asia*, pp. 295-310. Plenum, New York, 1998.

—, "The prehistory of compassion." *Proceedings of the National Academy of Sciences USA* 106 (2009), 6429-30.

Jerardino, A., and C. W. Marean. "Shellfish gathering, marine palaeoecology and modern human behavior : Perspectives from cave PP13b, Pinnacle Point, South Africa." *Journal of Human Evolution* 59(3-4) (2010), 412-24.

Klein, R. G. "Out of Africa and the evolution of human behavior." *Evolutionary Anthropology* 17 (2008), 267-81.

Kuhn, S. L., and M. C. Stiner. "Body ornamentation as information technology : Towards an understanding of the significance of early beads." In P. Mellars, K. Boyle, O. Bar-Yosef and C. Stringer, eds., *Rethinking the Human Revolution*, pp. 45-54. McDonald Institute for Archaeological Research, Cambridge, 2007.

Lewis-Williams, D. *The Mind in the Cave : Consciousness and the Origins of Art.* Thames & Hudson, London, 2002.

Lycett, S. J., M. Collard and W. C. McGrew. "Phylogenetic analyses of behavior support existence of culture among wild chimpanzees." *Proceedings of the National Academy of Sciences USA* 104 (2007), 45, 17588-92.

Marean, C. W., M. Bar-Matthews, J. Bernatchez, J. Fisher, P. Goldberg, A. Herries, Z. Jacobs, A. Jerardino, P. Karkanas, T. Minichillo, P. J. Nilssen, E. Thompson, I. Watts and H. M. Williams. "Early human use of marine resources and pigment in South Africa during the Middle Pleistocene." *Nature* 449 (2007), 905-8.

McBrearty, S. "Down with the revolution." In P. Mellars, K. Boyle, O. Bar-Yosef and C. Stringer, eds., *Rethinking the Human Revolution*, pp. 133-52. McDonald Institute for Archaeological Research, Cambridge, 2007.

McBrearty, S., and A. Brooks. "The revolution that wasn't : A new interpretation of the origin of modern human behavior." *Journal of Human Evolution* 39 (2000), 453-563.

McBrearty, S., and C. Stringer. "The coast in colour." *Nature* 449 (2007), 793-94.

Mellars, P. A. "The impossible coincidence : A single-species model for the origins of modern human behavior in Europe." *Evolutionary Anthropology* 14 (2005), 167-82.

—, "Major issues in the emergence of modern humans." *Current Anthropology* 30 (1989), 349-85.

—, "Why did modern human populations disperse from Africa ca. 60,000 years ago ? A new model." *Proceedings of the National Academy of Sciences USA* 103 (2006), 9381-86.

Mellars, P., K. Boyle, O. Bar-Yosef and C. Stringer, eds. *Rethinking the Human Revolution.* McDonald Institute for Archaeological Research, Cambridge, 2007.

Mellars, P. A., and C. B. Stringer. "Introduction." In P. A. Mellars and C. B. Stringer, eds., *The Human Revolution : Behavioural and Biological Perspectives in the Origins of Modern Humans*, pp. 1-14. Edinburgh University Press, Edinburgh, 1989.

Morris, D. *The Naked Ape.* Jonathan Cape, London, 1967.

Morriss-Kay, G. M. "The evolution of human artistic creativity." *Journal of Anatomy* 216 (2010), 158-76.

Mourre, V., P. Villa and C. S. Henshilwood. "Early use of pressure flaking on lithic artifacts at Blombos Cave, South Africa." *Science* 330 (2011), 659-62.

Nowell, A. "Defining behavioral modernity in the context of Neandertal and anatomically modern human populations." *Annual Review of Anthropology* 39 (2010), 437-52.

Pettitt, P. "The living as symbols, the dead as symbols : Problematising the scale and pace of hominin symbolic evolution." In

C. Henshilwood and F. d'Errico, eds., *Homo Symbolicus : The Origins of Language, Symbolism and Belief* University of Bergen Press, Bergen, in press.

Power, C. "Society as congregation — religion as binding spectacle." *Radical Anthropology* 1 (2007), 17-25.

Rizzolatti, G., M. Fabbri-Destro and L. Cattaneo. "Mirror neurons and their clinical relevance." *Nature Clinical Practice Neurology* 5(1) (2009), 24-34.

Roebroeks, W., J.-J. Hublin and K. MacDonald. "Continuities and discontinuities in Neandertal presence — a closer look at Northwestern Europe." In N. Ashton, S. Lewis and C. B. Stringer, eds., *The Ancient Human Occupation of Britain*, pp. 113-23. Elsevier, Amsterdam, 2011.

Stringer, C. B. *Homo britannicus.* Allen Lane, London, 2006.

Stringer, C. B., E. Trinkaus, M. Roberts, S. Parfitt and R. Macphail. "The Middle Pleistocene human tibia from Boxgrove." *Journal of Human Evolution* 34 (1998), 509-47.

Svoboda, J. "The Upper Paleolithic burial sites at Předmosti : Ritual and taphonomy." *Journal of Human Evolution* 54 (2008), 15-33.

Thieme, H. "Lower Palaeolithic hunting spears from Germany." *Nature* 385 (1997), 807-10.

Valladas, H., J.-L. Joron, G. Valadas, B. Arensburg, O. Bar-Yosef, A. Belfer-Cohen, P. Goldberg et al. "Thermoluminescence dates for the Neanderthal burial site at Kebara in Israel." *Nature* 330 (1987), 159-60.

Vanhaeren, M., and F. d'Errico. "Aurignacian ethnolinguistic-geography of Europe revealed by personal ornaments." *Journal of Archaeological Science* 33 (2006), 1105-28.

Vanhaeren, M., F. d'Errico, C. Stringer, S. James, J. Todd and H. Mienis. "Middle Paleolithic shell beads in Israel and Algeria." *Science* 312 (2006), 1785-88.

Villa, P. "On the evidence for Neanderthal burial." *Current Anthropology* 30 (1989), 325-26.

Watts, I. "Was there a human revolution ?" *Radical Anthropology* 4 (2010), 16-21.

White, R. *Prehistoric Art : The Symbolic Journey of Humankind.* Harry N. Abrams, New York, 2003.

—, "Systems of personal ornamentation in the Early Upper Palaeolithic : Methodological challenges and new observations." In P. Mellars, K. Boyle, O. Bar-Yosef and C. Stringer, eds., *Rethin-*

king the Human Revolution, pp. 287-302. McDonald Institute for Archaeological Research, Cambridge, 2007.

Whiten, A. "The place of 'deep social mind' in the evolution of human nature." In C. Pasternak, ed., *What Makes Us Human*, pp. 146-63. Oneworld Publications, Oxford, 2007.

Whiten, A., R. Hinde, C. Stringer and K. Laland, eds., *Culture Evolves*. Oxford University Press, Oxford, in press.

Wilkins, J. "Style, symboling, and interaction in Middle Stone Age societies." *Vis-à-vis : Explorations in Anthropology* 10(1) (2010), 102-25.

Wolpert, L. "Causal belief makes us human." In C. Pasternak, ed., *What Makes Us Human*, pp. 164-81. Oneworld Publications, Oxford, 2007.

Chapitre vi : *Vers un comportement moderne : technologie et modes de vie*

Adavasio, J. M., O. Soffer, D. C. Hyland, J. S. Illingworth, B. Klima and J. Svoboda. "Perishable industries from Dolni Věstonice I : New insights into the nature and origin of the Gravettian." *Archaeology, Ethnology and Anthropology of Eurasia* 2 (2001), 48-65.

Aiello, L. C., and R. I. M. Dunbar. "Neocortex size, group size, and the evolution of language." *Current Anthropology* 34(2) (1993), 184-93.

Alexander, R. D. *The Biology of Moral Systems*. Aldine de Gruyter, New York, 1987.

Alperson-Afil, N., G. Sharon, M. Kislev, Y. Melamed, I. Zohar, S. Ashkenazi, R. Rabinovich, R. Biton, E. Werker, G. Hartman, C. Feibel and N. Goren-Inbar. "Spatial organization of hominin activities at Gesher Benot Ya'aqov, Israel." *Science* 326 (5960) (2009), 1677-80.

Aranguren, B., R. Becattini, M. Mariotti Lippi and A. Revedin. "Grinding flour in Upper Palaeolithic Europe (25,000 years bp)." *Antiquity* 81 (314) (2007), 845-55.

Berger, T. D., and E. Trinkaus. "Patterns of trauma among the Neandertals." *Journal of Archaeological Science* 22 (1995), 841-52.

Binford, L. R. "Isolating the transition to cultural adaptations : An organizational approach." In E. Trinkaus, ed., *The Emergence of Modern Humans*, pp. 18-41. Cambridge University Press, Cambridge, 1989.

Bingham, P. M. "Human evolution and human history : A complete theory." *Evolutionary Anthropology* 9(6) (2000), 248-57.

Blaffer Hrdy, S. *Mothers and Others : The Evolutionary Origins of Mutual Understanding.* Harvard University Press, Cambridge, 2009.

Blais, J. R. E., C. Scheepers, C. Schyns, P. G. and R. Caldara. "Cultural confusions show that facial expressions are not universal." *Current Biology* 19(18) (2009), 1543-48.

Bowles, S. "Did warfare among ancestral hunter-gatherers affect the evolution of human social behaviors ?" *Science* 324 (2009), 1293-98.

Boyd, R., and P. J. Richerson. "Group beneficial norms spread rapidly in a structured population." *Journal of Theoretical Biology* 215 (2002), 287-96.

Brennan, M. U. "Health and disease in the Middle and Upper Paleolithic of south-western France : A bioarchaeological study." Ph.D. diss., New York University, 1991.

Brown, K. S., C. W. Marean, A. Herries, Z. Jacobs, C. Tribolo, D. Braun, D. L. Roberts, M. C. Meyer and J. Bernatchez. "Fire as an engineering tool of early modern humans." *Science* 325(5942) (2009), 859-62.

Burt, A., and R. L. Trivers. *Genes in Conflict : The Biology of Selfish Genetic Elements.* Belknap Press, Harvard, 2006.

Buss, D. M. *Evolutionary Psychology : The New Science of the Mind.* Allyn & Bacon, Boston, 1999.

—, ed., *The Handbook of Evolutionary Psychology.* Wiley, Hoboken, NJ, 2005.

Cartmill, M. "The human (r)evolution(s)." *Evolutionary Anthropology* 19 (2010), 89-91.

Caspari, R., and S.-H. Lee. "Older age becomes common late in human evolution." *Proceedings of the National Academy of Science USA* 101 (2004), 10895-900.

Chapais, B. *Primeval Kinship : How Pair-bonding Gave Birth to Human Society.* Harvard University Press, Cambridge, MA, 2008.

Chomsky, N. *Language and Mind.* Harcourt Brace Jovanovich, New York, 1968.

Churchill, S. E., R. G. Franciscus, H. A. McKean-Peraza, J. A. Daniel and B. R. Warren. "Shanidar 3 Neandertal rib puncture wound and paleolithic weaponry." *Journal of Human Evolution* 57 (2009), 163-78.

Churchill, S. E., and J. A. Rhodes. "The evolution of the human capacity for 'killing at a distance.'" In J.-J. Hublin and M. P. Richards, eds., *The Evolution of Hominin Diets : Integrating Approaches to the Study of Palaeolithic Subsistence*, pp. 201-10. Springer, Dordrecht, 2009.

Corballis, M., and T. Suddendorf. "Memory, time, and language." In C. Pasternak, ed., *What Makes Us Human ?* pp. 17-36. Oneworld Publications, Oxford, 2007.

Dart, R. A. "The predatory transition from ape to man." *International Anthropological and Linguistic Review* 1 (1953), 201-17.

Dawkins, R. *The Selfish Gene.* Oxford University Press, Oxford, 1976.

d'Errico, F., and J. Zilhão. "A case for Neandertal culture." *Scientific American* 13 (2003), 34-35.

Eaton, S. B., M. Shostak and M. Konner. *The Paleolithic Prescription : A Program of Diet, Exercise and a Design for Living.* Harper & Row, New York, 1988.

Finch, C. "Evolution of the human lifespan and diseases of aging : Roles of infection, inflammation, and nutrition." *Proceedings of the National Academy of Sciences USA* 107 (supplement 1) (2010), 1718-24.

Flannery, K. "Origins and ecological effects of early domestication in Iran and the Near East." In P. J. Ucko and G. W. Dimbleby, eds., *The Domestication and Exploitation of Plants and Animals*, pp. 73-100. Aldine, Chicago, 1969.

Fodor, J. A. *LOT 2 : The Language of Thought Revisited.* Oxford University Press, Oxford, 2008.

Fox, R. *Kinship and Marriage : An Anthropological Perspective.* Cambridge University Press, Cambridge, 1996.

Froehle, W., and S. E. Churchill. "Energetic competition between Neandertals and anatomically modern humans." *PalaeoAnthropology* (2009), 96-116.

Gargett, R. H. "Middle Palaeolithic burial is not a dead issue : The view from Qafzeh, Saint Césaire, Kebara, Amud, and Dederiyeh." *Journal of Human Evolution* 37(1) (1999), 27-90.

Germonpré, M., M. V. Sablin, R. E. Stevens, R. E. M. Hedges, M. Hofreiter, M. Stiller and V. R. Després. "Fossil dogs and wolves from Palaeolithic sites in Belgium, the Ukraine and Russia : Osteometry, ancient DNA and stable isotopes." *Journal of Archaeological Science* 36 (2009), 473-90.

Goodall, J. *Through a Window : 30 Years Observing the Gombe Chimpanzees.* Weidenfeld & Nicolson, London, 1990.

Gracia, A., J. L. Arsuaga, I. Martinez, C. Lorenzo, J. M. Carretero,

J. M. Bermúdez de Castro and E. Carbonell. "Craniosynostosis in the Middle Pleistocene human Cranium 14 from the Sima de los Huesos, Atapuerca, Spain." *Proceedings of the National Academy of Sciences USA* 106(16) (2009), 6573-78.

Hamilton, W. D. "The evolution of social behavior." *Journal of Theoretical Biology* 1 (1964), 295-311.

Hawkes, K., and J. F. O'Connell. "How old is human longevity ?" *Journal of Human Evolution* 49 (2005), 650-53.

Henry, A. G., A. S. Brooks and D. R. Piperno. "Microfossils in calculus demonstrate consumption of plants and cooked foods in Neanderthal diets (Shanidar III, Iraq ; Spy I and II, Belgium)." *Proceedings of the National Academy of Sciences USA* 108 (2011), 486-91.

Higham, T., R. Jacobi, M. Julien, F. David, L. Basell, R. Wood et al. "Chronology of the grotte du Renne (France) and implications for the context of ornaments and human remains within the Châtelperronian." *Proceedings of the National Academy of Sciences USA* 107 (2010), 20234-39.

Keith, A. *A New Theory of Human Evolution.* Watts, London, 1948.

Kelly, R. C. *Warless Societies and the Origin of War.* University of Michigan Press, Ann Arbor, 2000.

Kittler, R., M. Kaysar and M. Stoneking. "Molecular evolution of *Pediculus humanus* and the origin of clothing." *Current Biology* 13 (2003), 1414-17.

Kuhn, S. L., and M. C. Stiner. "What's a mother to do ? The division of labor among Neandertals and modern humans in Eurasia." *Current Anthropology* 47 (2006), 953-80.

Kvavadze, E., O. Bar-Yosef, A. Belfer-Cohen, E. Boaretto, N. Jakeli, Z. Matskevich and T. Meshveliani. "30,000-year-old wild flax fibers." *Science* 325(5946) (2010), 1359.

Laitman, J. T., and J. S. Reidenberg. "The evolution of the human larynx : Nature's great experiment." In M. P. Fried and A. Ferlito, eds., *The Larynx,* pp. 19-38. Plural, San Diego, 2009.

Lieberman, P. "The evolution of human speech." *Current Anthropology* 48 (2007), 39-66.

Light, J. E., M. A. Toups and D. L. Reed. "What's in a name ? The taxonomic status of human head and body lice." *Molecular Phylogenetics and Evolution* 47 (2008), 1203-16.

Mercader, J. "Mozambican grass seed consumption during the Middle Stone Age." *Science* 326 (2009), 1680-83.

Miklósi, A. *Dog Behaviour, Evolution, and Cognition.* Oxford Biology, Oxford, 2007.

Mithen, S. "Music and the origin of modern humans." In P. Mellars, K. Boyle, O. Bar-Yosef and C. Stringer, eds., *Rethinking the Human Revolution,* pp. 107-20. McDonald Institute for Archaeological Research, Cambridge, 2007.

—, *The Prehistory of the Mind.* Thames & Hudson, London, 1996.

Moore, J. "The evolution of reciprocal sharing." *Ethology and Sociobiology* 5 (1984), 5-14.

Pinker, S. *The Language Instinct.* Morrow, New York, 1994.

Piperno, D. R., E. Weiss, J. Hoist and D. Nadel. "Processing of wild cereal grains in the Upper Palaeolithic revealed by starch grain analysis." *Nature* 430 (2004), 670-73.

Preece, R. C., J. A. J. Gowlett, S. A Parfitt, D. R. Bridgland and S. G. Lewis. "Humans in the Hoxnian : Habitat, context and fire use at Beeches Pit, West Stow, Suffolk, UK." *Journal of Quaternary Science* 21 (2006), 485-96.

Reed, D. L., J. E. Light, J. M. Allen and J. J. Kirchman. "Pair of lice lost or parasites regained : The evolutionary history of anthropoid primate lice." *BioMedCentral Biology* 5 (2007), 7.

Reed, D. L., V. S. Smith, S. L. Hammond, A. R. Rogers and D. H. Clayton. "Genetic analysis of lice supports direct contact between modern and archaic humans." *PLoS Biology* 2 (2004), 1972-82.

Revedin, A., B. Aranguren, R. Becattini, L. Longo, E. Marconi, M. Mariotti Lippi, N. Skakun, A. Sinitsyn, E. Spiridonova and J. Svoboda. "Thirty-thousand-year-old evidence of plant food processing." *Proceedings of the National Academy of Sciences USA* 107(44) (2010), 18815-19.

Richards, M. P., P. B. Pettitt, M. C. Stiner and E. Trinkaus. "Stable isotope evidence for increasing dietary breadth in the European Mid-Upper Paleolithic." *Proceedings of the National Academy of Sciences USA* 98 (2001), 6528-32.

Rossano, M. J. "Making friends, making tools, and making symbols." *Current Anthropology* 51 (2010), 89-98.

Shea, J. J. "The Origins of lithic projectile point technology : Evidence from Africa, the Levant and Europe." *Journal of Archaeological Science* 33 (2006), 823-46.

Shea, J. J., and M. L. Sisk. "Complex projectile technology and *Homo sapiens* dispersal into western Eurasia." *PalaeoAnthropology* (2010), 100-22.

Soffer, O. "Ancestral lifeways in Eurasia — the Middle and Upper Paleolithic records." In M. H. Nitecki and D. V. Nitecki, eds., *Origins of Anatomically Modern Humans*, pp. 101-19. Plenum Press, New York, 1994.

Soffer, O., J. M. Adovasio, J. S. Illingworth, H. A. Amirkhanov, N. D. Praslov and M. Street. "Palaeolithic perishables made permanent." *Antiquity* 74 (2000), 812-21.

Sommer, J. D. "The Shanidar IV 'Flower Burial' : A re-evaluation of Neanderthal burial ritual." *Cambridge Archaeological Journal* 9(1) (1999), 127-29.

Stiner, M. C. "Thirty years on the 'Broad Spectrum Revolution' and paleolithic demography." *Proceedings of the National Academy of Sciences USA* 98 (2001), 6993-96.

Svoboda, J. A. "On modern human penetration to northern Eurasia : The multiple advances hypothesis." In P. Mellars, K. Boyle, O. Bar-Yosef and C. Stringer, eds., *Rethinking the Human Revolution*, pp. 329-40. McDonald Institute for Archaeological Research, Cambridge, 2007.

Taylor, T. *The Artificial Ape*. Macmillan, Basingstoke, 2010.

Teyssandier, N. "Revolution or evolution : The emergence of the Upper Paleolithic in Europe." *World Archaeology* 40(4) (2008), 493-519.

Teyssandier, N., F. Bon and J.-G. Bordes. "Within projectile range : Some thoughts on the appearance of the Aurignacian." *Journal of Anthropological Research* 66(2) (2010), 209-29.

Tomasello, M., M. Carpenter, J. Call, T. Behne and H. Moll. "Understanding and sharing intentions : The origins of cultural cognition." *Behavioral and Brain Sciences* 28 (2005), 675-735.

Tooby, J., and L. Cosmides. "Conceptual foundations of evolutionary psychology." In David M. Buss, ed., *The Handbook of Evolutionary Psychology*, pp. 5-67. Wiley, Hoboken, NJ, 2005.

Toups, M. A., A. Kitchen, J. E. Light and D. L. Reed. "Origin of clothing lice indicates early clothing use by anatomically modern humans in Africa." *Molecular Biology and Evolution* 28(1) (2011), 29-32.

Trinkaus, E. "Late Pleistocene adult mortality patterns and modern human establishment." *Proceedings of the National Academy of Sciences USA* 108 (2011), 1267-71.

—, "Neanderthal mortality patterns." *Journal of Archaeological Science* 22 (1995), 121-42.

—, *The Shanidar Neanderthals*. Academic Press, London 1983.

Trinkaus, E., and J. Svoboda, eds. *Early Modern Human Evolution in Central Europe : The People of Dolní Věstonice and Pavlov.* Oxford University Press, Oxford, 2006.

White, R. "Systems of personal ornamentation in the Early Upper Palaeolithic : Methodological challenges and new observations." In P. Mellars, K. Boyle, O. Bar-Yosef and C. Stringer, eds., *Rethinking the Human Revolution*, pp. 287-302. McDonald Institute for Archaeological Research, Cambridge, 2007.

Wilson, D. S., and E. O. Wilson. "Evolution 'for the good of the group.'" *American Scientist* 96(5) (2008), 380-89.

Wrangham, R. *Catching Fire : How Cooking Made Us Human.* Basic Books, New York, 2009.

Wrangham, R., and R. Carmody. "Human adaptation to the control of fire." *Evolutionary Anthropology* 19 (2010), 187-99.

Zilhão, J., D. E. Angelucci, E. Badal-García, F. d'Errico, F. Daniel, L. Dayet, K. Douka, T. G. Higham, M. J. Martínez-Sánchez, R. Montes-Bernárdez et al. "Symbolic use of marine shells and mineral pigments by Iberian Neanderthals." *Proceedings of the National Academy of Sciences USA* 107 (2009), 1023-28.

Zollikofer, C. P. E., M. S. Ponce de León, B. Vandermeersch and F. Lévêque. "Evidence for interpersonal violence in the St. Césaire Neanderthal." *Proceedings of the National Academy of Sciences USA* 99 (2002), 6444-48.

CHAPITRE VII : *Gènes et ADN*

Adcock, G. J., E. S. Dennis, S. Easteal, G. A. Huttley, L. S. Jermlin, W. J. Peacock and A. Thorne. "Mitochondrial DNA sequences in ancient Australians : Implications for modern human origins." *Proceedings of the National Academy of Sciences USA* 98 (2001), 537-42.

Bae, C. J. "The Late Middle Pleistocene hominin fossil record of Eastern Asia : Synthesis and review." *Yearbook of Physical Anthropology* 53 (2010), 75-93.

Bandelt, H.-J., V. Macaulay and M. Richards, eds. *Human mitochondrial DNA and the evolution of* Homo sapiens. Springer-Verlag, Berlin/Heidelberg, 2006.

Bowler, P. *Evolution : The History of an Idea.* University of California Press, Berkeley, 2009.

Brotherton, P., J. J. Sanchez, A. Cooper and P. Endicott. "Preferential access to genetic information from endogenous hominin ancient DNA and accurate quantitative SNP-typing via SPEX." *Nucleic Acid Research* 38 (2009), 1-12.

Bustamante, C. D., and B. M. Henn. "Shadows of early migrations." *Nature* 468 (2010), 1044-45.

Caspari, R. "1918 : Three perspectives on race and human variation." *American Journal of Physical Anthropology* 139(1) (2009), 5-15.

Charlesworth, B. "Fundamental concepts in genetics : Effective population size and patterns of molecular evolution and variation." *Nature Reviews Genetics* 10(3) (2009), 195-205.

Chiaroni, J., P. A. Underhill and L. L. Cavalli-Sforza. "Y chromosome diversity, human expansion, drift and cultural evolution." *Proceedings of the National Academy of Sciences USA* 106 (2009), 20174-79.

Coop, G., K. Bullaughey, F. Luca and M. Przeworski. "The timing of selection at the human FOXP2 gene." *Molecular Biology and Evolution* 25 (2008), 1257-59.

Cooper, A., A. Rambaut, V. Macaulay, E. Willerslev, A. Hansen and C. Stringer. "Human origins and ancient human DNA." *Science* 292 (2001), 1655-56.

Cruciani, F., B. Trombetta, A. Massaia, G. Destro-Bisol, D. Sellitto and R. Scozzari. "A revised root for the human Y chromosomal phylogenetic tree : The origin of patrilineal diversity in Africa." *American Journal of Human Genetics* 88 (2011), 814-18.

Currat, M., and L. Excoffier. "Strong reproductive isolation between humans and Neanderthals inferred from observed patterns of introgression." *Proceedings of the National Academy of Sciences USA* (2011) (doi : 10.1073/pnas.1107450108).

Duarte, C., J. Mauricio, P. B. Pettitt, P. Souto, E. Trinkaus, H. van der Plicht and J. Zilhão. "The early Upper Paleolithic human skeleton from the Abrigo do Lagar Velho (Portugal) and modern human emergence in Iberia." *Proceedings of the National Academy of Sciences USA* 96 (1999), 7604-9.

Edgar, H. J. H. "Biohistorical approaches to 'race' in the United States : Biological distances among African Americans, European Americans, and their ancestors." *American Journal of Physical Anthropology* 139(1) (2009), 58-67.

Edgar, H. J. H., and K. L. Hunley. "Race reconciled ? : How biological anthropologists view human variation." *American Journal of Physical Anthropology* 139(1) (2009), 1-4.

Endicott, P., S. Ho, M. Metspalu and C. Stringer. "Evaluating the mitochondrial timescale of human evolution." *Trends in Ecology and Evolution* 24 (2009), 515-21.

Endicott, P., S. Ho and C. Stringer. "Using genetic evidence to evaluate four palaeoanthropological hypotheses for the timing of Neanderthal and modern human origins." *Journal of Human Evolution* 59 (2010), 87-95.

Eswaran, V., H. Harpending and A. Rogers. "Genomics refutes an exclusively African origin of humans." *Journal of Human Evolution* 49 (2005), 1-18.

Gibbons, A. "A Denisovan legacy in the immune system ?" *Science* 333 (2011), 1086.

—, "Who were the Denisovans ?" *Science* 333 (2011), 1084-87.

Gravlee, C. C. "How race becomes biology : Embodiment of social inequality." *American Journal of Physical Anthropology* 139(1) (2009), 47-57.

Green, R. E., A. W. Briggs, J. Krause, K. Prüfer, H. A. Burbano, M. Siebauer, M. Lachmann and S. Pääbo. "The Neandertal genome and ancient DNA authenticity." *EMBO* (2009), 1-9.

Green, R. E., J. Krause, A. W. Briggs et al. "A draft sequence of the Neandertal genome." *Science* 328 (2010), 710-22.

Green, R. E., J. Krause, S. E. Ptak, A. W. Briggs, M. T. Ronan, J. F. Simons, L. Du et al. "Analysis of one million base pairs of Neanderthal DNA." *Nature* 444 (2006), 330-36.

Green, R. E., A.-S. Malaspinas, J. Krause, A. W. Briggs, P. L. F. Johnson, C. Uhler, M. Meyer, J. M. Good, T. Maricic, U. Stenzel, K. Prüfer et al. "A complete Neandertal mitochondrial genome sequence determined by high-throughput sequencing." *Cell* 134 (2008), 416-26.

Hudjashov, G., T. Kivisild, P. A. Underhill, P. Endicott, J. J. Sanchez, A. A. Lin, P. Shen et al. "Revealing the prehistoric settlement of Australia by Y chromosome and mtDNA analysis." *Proceedings of the National Academy of Sciences USA* 104 (2007), 8726-30.

Hughes, J. F., H. Skaletsky, T. Pyntikova, T. A. Graves, S. K. van Daalen, P. J. Minx, R. S. Fulton, S. D. McGrath, D. P. Locke et al. "Chimpanzee and human Y chromosomes are remarkably divergent in structure and gene content." *Nature* 463(7280) (2010), 536-39.

Hunley, K. L., M. E. Healy and J. C. Long. "The global pattern of gene identity variation reveals a history of long-range migrations, bottlenecks, and local mate exchange : Implications for biological race." *American Journal of Physical Anthropology* 139(1) (2009), 35-46.

Jablonski, N. G., and G. Chaplin. "The evolution of human skin coloration." *Journal of Human Evolution* 39 (2000), 57-106.

—, "Human skin pigmentation as an adaptation to UV radiation." *Proceedings of the National Academy of Sciences USA* 107, supplement 2 (2010), 8962-68.

Jolly, C. "A proper study for mankind : Analogies from the Papionin monkeys and their implications for human evolution." *American Journal of Physical Anthropology*, supplement 33 (2001), 177-204.

Karafet, T. M., F. L. Mendez, M. B. Meilerman, P. A. Underhill, S. L. Zegura and M. F. Hammer. "New binary polymorphisms reshape and increase resolution of the human Y chromosomal haplogroup tree." *Genome Research* 18(5) (2008), 830-38.

Krause, J., C. Lalueza-Fox, L. Orlando, W. Enard, R. E. Green, H. A. Burbano, J.-J. Hublin et al. "The derived FOXP2 variant of modern humans was shared with Neandertals." *Current Biology* 17(21), 1908-12.

Krings, M., A. Stone, R. W. Schmitz, H. Krainitzki, M. Stoneking and S. Pääbo. "Neanderthal DNA sequences and the origin of modern humans." *Cell* 90 (1997), 19-30.

Lalueza-Fox, C. "The Neanderthal Genome project and beyond." *Contributions to Science* 5(2) (2009), 169-75.

Lalueza-Fox, C., E. Gigli, M. de la Rasilla, J. Fortea, A. Rosas, J. Bertranpetit and J. Krause. "Genetic characterization of the ABO blood group in Neanderthals." *BMC Evolutionary Biology* 8(1) (2008), 342.

Lalueza-Fox, C., C. H. Rompler, D. Caramelli, C. Staubert, G. Catalano, D. Hughes, N. Rohland et al. "A Melanocortin 1 Receptor allele suggests varying pigmentation among Neanderthals." *Science* 318 (2007), 1453-55.

Lalueza-Fox, C., A. Rosas, A. Estalrrich, E. Gigli, P. F. Campos, A. García-Tabernero, S. Garcia-Vargas, F. Sánchez-Quinto, O. Ramírez, S. Civit, M. Bastir, R. Huguet, D. Santamaría, M. T. P. Gilbert, E. Willerslev and Marco de la Rasilla. "Genetic evidence for patrilocal mating behaviour among Neandertal groups." *Proceedings of the National Academy of Sciences USA* 108 (2011), 250-53.

Lambert, C., and S. A. Tishkoff. "Genetic structure in African populations : Implications for human demographic history." *Cold Spring Harbor Symposia on Quantitative Biology* 74 (2009), 395-402.

Lander, E. "Initial impact of the sequencing of the human genome." *Nature* 470 (2011), 187-97.

Lari, M., E. Rizzi, L. Milani, G. Corti, C. Balsamo et al. "The microcephalin ancestral allele in a Neanderthal individual." *PLoS ONE* 5(5) (2010), e10648 (doi : 10.1371/journal. pone.0010648).

Linz, B., F. Balloux, Y. Moodley, A. Manica, H. Liu, P. Roumagnac, D. Falush et al. "An African origin for the intimate association between humans and Helicobacter pylori." *Nature* 445 (2007), 915-18.

Liu, H., F. Prugnolle, A. Manica and F. Balloux. "A geographically explicit genetic model of worldwide human-settlement history." *American Journal of Human Genetics* 79 (2006), 230-37.

Liu, W., C.-Z. Jin, Y.-Q. Zhang, Y.-J. Cai, S. Xing et al. "Human remains from Zhirendong, South China, and modern human emergence in East Asia." *Proceedings of the National Academy of Sciences USA* 107 (2010), 19201-6.

Long, J. C., J. Li and M. E. Healy. "Human DNA sequences : More variation and less race." *American Journal of Physical Anthropology* 139(1) (2009), 23-34.

Martinón-Torres, M., R. Dennell and J. M. Bermúdez de Castro. "The Denisova hominin need not be an Out of Africa story." *Journal of Human Evolution* 60(2) (2011), 251-55.

Nei, M., and A. Roychoudhury. "Genetic relationship and evolution of human races." *Evolutionary Biology* 14 (1982), 1-59.

Pääbo, S., H. Poinar, D. Serre, V. Jaenicke-Despres, J. Hebler, N. Rohland, M. Kuch, J. Krause, L. Vigilant and M. Hofreiter. "Genetic analyses from ancient DNA." *Annual Review of Genetics* 38 (2004), 645-79.

Plagnol, V., and J. D. Wall. "Possible ancestral structure in human populations." *PLoS Genetics* 2 (2006), e105.

Pollard, K. S., S. R. Salama, B. King, A. D. Kern, T. Dreszer, S. Katzman, A. Siepel, J. S. Pedersen, G. Bejerano, R. Baertsch, K. R. Rosenbloom, J. Kent and D. Haussler. "Forces shaping the fastest evolving regions in the human genome." *PLoS Genetics* 2(10) (2006), e168.

Reich, D., R. E. Green, M. Kircher, J. Krause, N. Patterson, E. Y. Durand, B. Viola, A. W. Briggs, U. Stenzel et al. "Genetic history of an archaic hominin group from Denisova Cave in Siberia." *Nature* 468 (2010), 1053-60.

Relethford, J. H. "Genetic evidence and the modern human origins debate." *Heredity* 100 (2008), 555-63.

—, "Race and global patterns of phenotypic variation." *American Journal of Physical Anthropology* 139(1) (2009), 16-22.

Rosas, A., C. Martínez-Maza, M. Bastir, A. Garcia-Tbernero, C. Lalueza-Fox, R. Huguet, J. E. Ortiz et al. "Paleobiology and comparative morphology of a late Neandertal sample from El Sidrón, Asturias, Spain." *Proceedings of the National Academy of Sciences USA* 103 (2006), 15266-71.

Sarich V. M., and A. C. Wilson. "Immunological time scale for hominid evolution." *Science* 158 (1967), 1200-203.

Smith, C., A. Chamberlain, M. Riley, C. Stringer and M. Collins. "The thermal history of human fossils and the likelihood of successful DNA amplification." *Journal of Human Evolution* 45 (2003), 203-17.

Stone, R. "Signs of early *Homo sapiens* in China ?" *Science* 326 (2009), 655.

Templeton, A. "Out of Africa again and again." *Nature* 416 (2002), 45-51.

Tishkoff, S. A., M. K. Gonder, B. M. Henn, H. Mortensen, A. Knight, C. Gignoux, N. Fernandopulle, G. Lema, T. B. Nyambo, U. Ramakrishnan, F. A. Reed and J. L. Mountain. "History of click-speaking populations of Africa inferred from mtDNA and Y chromosome genetic variation." *Molecular Biology and Evolution* 24 (2007), 2180-95.

Toups, M. A., A. Kitchen, J. E. Light and D. L. Reed. "Origin of clothing lice indicates early clothing use by anatomically modern humans in Africa." *Molecular Biology and Evolution* 28(1) (2011), 29-32.

Vargha-Khadem, F., D. G. Gadian, A. Copp and M. Mishkin. "FOXP2 and the neuroanatomy of speech and language." *Nature Reviews Neuroscience* 6 (2005), 131-38.

Wainscoat, J., A. Hill, A. Boyce, J. Flint, M. Hernandez, S. Thein, J. Old, J. Lynch, A. Falusi, D. Weatherall and J. Clegg. "Evolutionary relationships of human populations from an analysis of nuclear DNA polymorphisms." *Nature* 319 (1986), 491-93.

Wall, J. D., M. P. Cox, F. L. Mendez, A. Woerner, T. Severson and M. F. Hammer. "A novel DNA sequence database for analyzing human demographic history." *Genome Research* 18(8) (2008), 1354-61.

Weaver, T., C. Roseman and C. Stringer. "Were Neandertal and modern human cranial differences produced by natural selection or genetic drift ?" *Journal of Human Evolution* 53 (2007) 135-45.

White, D., and M. Rabago-Smith. "Genotype-phenotype associations and human eye color." *Journal of Human Genetics* 56 (2011), 5-7.

Yotova V., J. F. Lefebvre, C. Moreau, E. Gbeha, K. Hovhannesyan, S. Bourgeois, S. Bédarida, L. Azevedo, A. Amorim, T. Sarkisian, P. H. Avogbe, N. Chabi, M. H. Dicko, E. S. Kou' Santa Amouzou, A. Sanni, J. Roberts-Thomson, B. Boettcher, R. J. Scott and D. Labuda. "An X-linked haplotype of Neandertal origin is present among all non-African populations." *Molecular Biology and Evolution* 28 (2011), 1957-62.

Zilhão, J., and E. Trinkaus, eds. *Portrait of the Artist as a Young Child : The Gravettian Human Skeleton from the Abrigo do Lagar Velho and Its Archaeological Context.* Portuguese Institute of Archaeology, Lisbon, 2002.

CHAPITRE VIII : *La fabrique de l'homme moderne*

Ambrose, S. H. "Coevolution of composite tool technology, constructive memory, and language : Implications for the evolution of modern human behavior." *Current Anthropology* 51(S1) (2010), 135-47.

—, "Middle and Later Stone Age settlement patterns in the central Rift Valley, Kenya : Comparisons and contrasts." In N. Conard, ed., *Settlement Dynamics of the Middle Palaeolithic and Middle Stone Age*, pp. 21-43. Kerns Verlag, Tübingen, 2001.

—, "Paleolithic technology and human evolution." *Science* 291 (2001), 1748-53.

—, "Small things remembered : Origins of early microlithic industries in Subsaharan Africa." In R. Elston and S. Kuhn, eds., *Thinking Small : Global Perspectives on Microlithic Technologies*, pp. 9-29. Archaeological Papers of the American Anthropological Association (12), Washington, DC, 2002.

—, "A tool for all seasons." *Science* 314 (2006), 930-31.

Armitage, S. J., S. A. Jasim, A. F. Marks, A. G. Parker et al. "The southern route 'Out of Africa' : Evidence for an early expansion of modern humans into the Arabian Peninsula." *Science* 331 (2011), 453-56.

Atkinson, Q. "Phonemic diversity supports a serial founder effect model of language expansion from Africa." *Science* 332 (2011), 346-49.

Baker, M. "The search for association." *Nature* 467 (2010), 1135-38.

Balter, M. "Anthropologist brings worlds together." *Science* 329 (2010), 743-45.

Barker, G., H. Barton, M. Bird, P. Daly, I. Datan, A. Dykes, L. Farr, D. Gilbertson, B. Harrisson, C. Hunt, T. Higham, L. Kealhofer, J. Krigbaum, H. Lewis, S. McLaren, V. Paz, A. Pike, P. Piper, B. Pyatt, R. Rabett, T. Reynolds, J. Rose, G. Rushworth, M. Stephens, C. Stringer, J. Thompson and C. Turney. "The 'human revolution' in lowland tropical Southeast Asia : The antiquity and behavior of anatomically modern humans at Niah Cave (Sarawak, Borneo)." *Journal of Human Evolution* 52 (2007), 243-61.

Bookstein, F., K. Schäfer, H. Prossinger, H. Seidler, M. Fieder, C. Stringer, G. W. Weber, J.-L. Arsuaga, D. E. Slice, F. J. Rohlf, W. Recheis, A. J. Mariam and L. P. Marcus. "Comparing frontal cranial profiles in archaic and modern *Homo* by morphometric analysis." *Anatomical Record* 257(6) (1999), 217-24.

Bruner, E. "Comparing endocranial form and shape differences in modern humans and Neandertal : A geometric approach." *PaleoAnthropology* (2008), 93-106.

—, "Geometric morphometrics and paleoneurology : Brain shape evolution in the genus *Homo.*" *Journal of Human Evolution* 47 (2004) 279-303.

Burke, A. "Spatial abilities, cognition and the pattern of Neanderthal and modern human dispersal." *Quaternary International* (2010), 1-6 (doi : 10.1016/j.quaint.2010.10.029).

Castañeda, I. S., S. Mulitza, E. Schefuß, R. A. Lopes dos Santos, J. S. Sinninghe Damsté and S. Schouten. "Wet phases in the Sahara/Sahel region and human migration patterns in North Africa." *Proceedings of the National Academy of Sciences USA* 106 (2009), 20159-63.

Chase, B. M. "South African palaeoenvironments during marine oxygen isotope stage 4 : A context for the Howiesons Poort and Still Bay industries." *Journal of Archaeological Science* 37 (2010), 1359-66.

Coolidge, F. L., and T. Wynn, eds. *The Rise of* Homo sapiens : *The Evolution of Modern Thinking.* Wiley-Blackwell, Chichester, 2009.

Cronin, H. *The Ant and the Peacock : Altruism and Sexual Selection from Darwin to Today.* Cambridge University Press, Cambridge, 1991.

—, "Getting human nature right." In J. Brockman, ed., *The New Humanist : Science at the Edge,* pp. 53-65. Barnes & Noble Books, New York, 2003.

de Beaune, S. A., F. L. Coolidge and T. Wynn, eds., *Cognitive Archaeology and Human Evolution.* Cambridge University Press, Cambridge, 2009.

Ding, Y.-C., D. L. Grady, J. M. Swanson, R. K. Moyzis et al. "Evidence of positive selection acting at the human dopamine receptor D4 gene locus." *Proceedings of the National Academy of Sciences USA* 99(1) (2002), 309-14.

Douglas, K. "Culture club : All species welcome." *New Scientist* 2787 (2010), 38-41.

Flood, J. *Archaeology of the Dreamtime : The Story of Prehistoric Australia and Its People.* Yale University Press, New Haven, 1990.

Foley, R. "The ecological conditions of speciation : A comparative approach to the origins of anatomically-modern humans." In P. Mellars and C. Stringer, eds., *The Human Revolution : Behavioural and Biological Perspectives in the Origins of Modern Humans,* pp. 298-318. Edinburgh University Press, Edinburgh, 1989.

Gunz, P., S. Neubauer, B. Maureille and J.-J. Hublin. "Brain development after birth differs between Neanderthals and modern humans." *Current Biology* 20(21) (2010), 921-2.

Haslam, M., C. Clarkson, M. Petraglia, R. Korisettar et al. "The 74 ka Toba super-eruption and southern Indian hominins : Archaeology, lithic technology and environment at Jwalapuram Locality 3." *Journal of Archaeological Science* 37 (2010), 3370-84.

Henrich, J. "Demography and cultural evolution : How adaptive cultural processes can produce maladaptive losses — the Tasmanian case." *American Antiquity* 69 (2004), 197-214.

—, "The evolution of costly displays, cooperation and religion : Credibility enhancing displays and their implications for cultural evolution." *Evolution and Human Behavior* 30 (2009), 244-60.

Henrich, J., R. Boyd and P. J. Richerson. "Five misunderstandings about cultural evolution." *Human Nature* 19 (2008), 119-37.

Henrich, J., and R. McElreath. "The evolution of cultural evolution." *Evolutionary Anthropology* 12 (2003), 123-35.

Henshilwood, C. S., F. d'Errico and I. Watts. "Engraved ochres from the Middle Stone Age levels at Blombos Cave, South Africa." *Journal of Human Evolution* 57 (2009), 27-47.

The HUGO Pan-Asian SNP Consortium. "Mapping human genetic diversity in Asia." *Science* 326 (2009), 1541-45.

Kingdon, J. *Self-made Man and His Undoing.* Simon & Schuster, London, 1993.

Klein, R. G. *The Human Career.* University of Chicago Press, Chicago, 1999.

—, "Out of Africa and the evolution of human behavior." *Evolutionary Anthropology* 17 (2008), 267-81.

Klein, R. G., G. Avery, K. Cruz-Uribe, D. Halkett, J. E. Parkington, T. Steele, P. Thomas, T. P. Volman and R. Yates. "The Ysterfontein 1 Middle Stone Age site, South Africa, and early human exploitation of coastal resources." *Proceedings of the National Academy of Sciences USA* 101 (2004), 5708-15.

Lahr, M. M. *The Evolution of Modern Human Diversity : A Study of Cranial Variation.* Cambridge University Press, Cambridge, 1996.

Lahr, M. M., and R. A. Foley. "Multiple dispersals and modern human origins." *Evolutionary Anthropology* 3 (1994), 48-60.

—, "Towards a theory of modern human origins : Geography, demography and diversity in recent human evolution." *Yearbook of Physical Anthropology* 41 (1998), 137-76.

Lieberman, D. E. "Speculations about the selective basis for modern human craniofacial form." *Evolutionary Anthropology* 17 (2008), 55-68.

Lieberman, D. E., B. M. McBratney and G. Krovitz. "The evolution and development of cranial form in *Homo sapiens.*" *Proceedings of the National Academy of Sciences USA* 99 (2002), 1134-39.

Marean, C. W., M. Bar-Matthews, J. Bernatchez, J. Fisher, P. Goldberg, A. Herries, Z. Jacobs, A. Jerardino, P. Karkanas, T. Minichillo, P. J. Nilssen, E. Thompson, I. Watts and H. M. Williams. "Early human use of marine resources and pigment in South Africa during the Middle Pleistocene." *Nature* 449 (2007), 905-8.

Miller, G. *The Mating Mind : How Sexual Choice Shaped the Evolution of Human Nature.* Heinemann, London, 2000.

O'Connell, J. F., and J. Allen. "Dating the colonization of Sahul (Pleistocene Australia-New Guinea) : A review of recent research." *Journal of Archaeological Science* 31 (2004), 835-53.

—, "Pre-LGM Sahul (Pleistocene Australia-New Guinea) and the archaeology of early modern humans." In P. Mellars, K. Boyle, O. Bar-Yosef and C. Stringer, eds., *Rethinking the Human Revolution,* pp. 395-410. McDonald Institute for Archaeological Research, Cambridge, 2007.

O'Connell, J. F., J. Allen and K. Hawkes. "Pleistocene Sahul and the origins of seafaring." In A. Anderson, J. Barrett and K. Boyle, eds., *The Global Origins and Development of Seafaring,* pp. 58-69. McDonald Institute for Archaeological Research, Cambridge, 2010.

Oppenheimer, S. "The great arc of dispersal of modern humans : Africa to Australia." *Quaternary International* 202 (2009), 2-13.

Parkington, J. E. *Shorelines, Strandlopers and Shell Middens.* Creda Communications, Cape Town, 2006.

Pearson, O. M. "Postcranial remains and the origin of modern humans." *Evolutionary Anthropology* 9 (2000), 229-47.

—, "Statistical and biological definitions of 'anatomically modern' humans : Suggestions for a unified approach to modern morphology." *Evolutionary Anthropology* 17 (2008), 38-48.

Petraglia, M. D. "Mind the gap : Factoring the Arabian Peninsula and the Indian Subcontinent into Out of Africa models." In P. Mellars, K. Boyle, O. Bar-Yosef and C. Stringer, eds., *Rethinking the Human Revolution,* pp. 383-94. McDonald Institute for Archaeological Research, Cambridge, 2007.

Petraglia, M. D., M. Haslam, D. Q. Fuller, N. Boivin and C. Clarkson. "Out of Africa : New hypotheses and evidence for the dispersal of *Homo sapiens* along the Indian Ocean rim." *Annals of Human Biology* 37 (2010), 288-311.

Petraglia, M. D., R. Korisettar, N. Boivin, C. Clarkson, P. Ditchfield, S. Jones, J. Koshy et al. "Middle Paleolithic assemblages from the Indian subcontinent before and after the Toba Super-Eruption." *Science* 317 (2007), 114-16.

Pettitt, P. B. "The living as symbols, the dead as symbols : Problematising the scale and pace of hominin symbolic evolution." In C. Henshilwood and F. d'Errico, eds., *Homo Symbolicus : The Origins of Language, Symbolism and Belief.* University of Bergen Press, Bergen, in press.

—, "The Neanderthal dead : Exploring mortuary variability in Middle Palaeolithic Eurasia." *Before Farming* 1 (2002), 1-19.

Powell, A., S. Shennan and M. Thomas. "Late Pleistocene demography and the appearance of modern human behavior." *Science* 324 (2009), 1298-1301.

Revel, M., E. Ducassou, F. E. Grousset, S. M. Bernasconi, S. Migeon, S. Revillon, J. Mascle, A. Murat, S. Zaragosi and D. Bosch. "100,000 years of African monsoon variability recorded in sediments of the Nile margin." *Quaternary Science Reviews* 29 (2010), 1342-62.

Rightmire, G. P. "*Homo* in the Middle Pleistocene : Hypodigms, variation, and species recognition." *Evolutionary Anthropology* 17 (2008), 8-21.

Rohling, E. J., Q. S. Liu, A. P. Roberts, J. D. Stanford, S. O. Rasmussen, P. L. Langen and M. Siddall. "Controls on the East Asian monsoon during the last glacial cycle, based on comparison between Hulu Cave and polar ice-core records." *Quaternary Science Reviews* 28 (27-28) (2009), 3294-302.

Rose, J. I. "New light on human prehistory in the Arabo-Persian Gulf Oasis." *Current Anthropology* 51(6) (2010), 849-83.

Rosenberg, K. R., L. Zuné and C. B. Ruff. "Body size, body proportions and encephalization in a Middle Pleistocene archaic human from northern China." *Proceedings of the National Academy of Sciences USA* 103 (2006), 3552-56.

Ryosuke, K., T. Yamaguchi, M. Takeda, O. Kondo, T. Toma, K. Haneji, T. Hanihara, H. Matsukusa, S. Kawamura, K. Maki, M. Osawa, H. Ishida and H. Oota. "A common variation in EDAR is a genetic determinant of shovel-shaped incisors." *American Journal of Human Genetics* 85(4) (2009), 528-35.

Sauer, C. "Seashore — primitive home of man ?" *Proceedings of the American Philosophical Society* 106 (1962), 41-47.

Scholz, C., A. Cohen, T. Johnson, J. King, M.Talbot and E. Brown. "Scientific drilling in the Great Rift Valley : The 2005 Lake Malawi Scientific Drilling Project — an overview of the past 145,000 years of climate variability in Southern Hemisphere East Africa." *Palaeogeography, Palaeoclimatology, Palaeoecology* 303 (2011), 3-19.

Scholz, C. A., T. C. Johnson, A. S. Cohen, J. W. King, J. A. Peck, J. T. Overpeck, M. R. Talbot et al. "East African megadroughts between 135 and 75 thousand years ago and bearing on early-modern human origins." *Proceedings of the National Academy of Sciences USA* 104 (2007), 16422-27.

Shea, J. "*Homo sapiens* is as *Homo sapiens* was." *Current Anthropology* 52 (2011), 1-35.

Shennan, S. "Demography and cultural innovation : A model and its implications for the emergence of modern human culture." *Cambridge Archaeological Journal* 11 (2001), 5-16.

—, "Descent with modification and the archaeological record." *Philosophical Transactions of the Royal Society B* 366 (2011), 1070-79.

Soares, P., L. Ermini, N. Thomson, M. Mormina, T. Rito, A. Rohl, A. Salas, S. Oppenheimer, V. Macaulay and M. B. Richards. "Correcting for purifying selection : An improved human mitochondrial molecular clock." *American Journal of Human Genetics* 84 (2009), 1-20.

Soffer, O. "Ancestral lifeways in Eurasia — the Middle and Upper Paleolithic records." In M. H. Nitecki and D. V. Nitecki, eds.,

Origins of Anatomically Modern Humans, pp. 101-19. Plenum Press, New York, 1994.

Stringer, C. B. "Coasting out of Africa." *Nature* 405 (2000), 24-27.

—, "Reconstructing recent human evolution." *Philosophical Transactions of the Royal Society, London (B)* 337 (1992), 217-24.

Svoboda, J. "The Upper Paleolithic burial sites at Predmosti : Ritual and taphonomy." *Journal of Human Evolution* 54 (2008), 15-33.

Texier, J.-P., G. Porraz, J. Parkington, J.-P. Rigaud, C. Poggenpoel, C. Miller, C. Tribolo, C. Cartwright, A. Coudenneau, R. Klein, T. Steele and C. Verna. "A Howiesons Poort tradition of engraving ostrich eggshell containers dated to 60,000 years ago at Diepkloof Rock Shelter, South Africa." *Proceedings of the National Academy of Sciences USA* 107 (2010), 7621-22 (doi : 10.1073/pnas.0913047107).

Tierney, J. E., J. M. Russell, Y. S. Huang and A. S. Cohen. "Northern Hemisphere controls on tropical Southeast African climate during the last 60,000 years." *Science* 322 (2008), 252-55.

Trinkaus, E., and J. Svoboda, eds. *Early Modern Human Evolution in Central Europe : The People of Dolni Věstonice and Pavlov.* Oxford University Press, Oxford, 2006.

Utrilla, P., C. Mazo, M. C. Sopena, M. Martinez-Bea and R. Domingo. "A Palaeolithic map from 13,660 calBP : Engraved stone blocks from the Late Magdalenian in Abauntz Cave (Navarra, Spain)." *Journal of Human Evolution* 57(2) (2009), 99-111.

Verschuren, D., and J. M. Russell. "Paleolimnology of African lakes : Beyond the exploration phase." *PAGES News* 17(3) (2009), 112-14.

Watts, I. "Ochre in the Middle Stone Age of southern Africa : Ritualised display or hide preservative ?" *South African Archaeological Bulletin* 57 (2002), 1-14.

—, "Red ochre, body painting and language : Interpreting the Blombos ochre." In R. Botha and C. Knight, eds., *The Cradle of Language*, pp. 62-92. Oxford University Press, Oxford, 2009.

Weaver, T., C. Roseman and C. Stringer. "Were Neandertal and modern human cranial differences produced by natural selection or genetic drift ?" *Journal of Human Evolution* 53 (2007), 135-45.

White, T. D., B. Asfaw, D. Degusta, W. H. Gilbert, G. D. Richards, G. Suwa and F. C. Howell. "Pleistocene *Homo sapiens* from Middle Awash, Ethiopia." *Nature* 423 (2003), 742-47.

Wynn, T. "Archaeology and cognitive evolution." *Behavioral and Brain Sciences* 25 (2002), 389-438.

Wynn, T., and F. L. Coolidge. "Beyond symbolism and language." *Current Anthropology* 51 (2010), 5-16.
—, "Did a small but significant enhancement in working memory capacity power the evolution of modern thinking ?" In P. Mellars, K. Boyle, O. Bar-Yosef and C. Stringer, eds., *Rethinking the Human Revolution*, pp. 79-90. McDonald Institute for Archaeological Research, Cambridge, 2007.
—, eds. "Working memory : Beyond language and symbolism." *Current Anthropology* 51, supplement 1 (2010).

Chapitre ix : *L'évolution passée et à venir de notre espèce (en guise de conclusion provisoire)*

Ackermann, R. R. "Phenotypic traits of primate hybrids : Recognizing admixture in the fossil record." *Evolutionary Anthropology* 19(6) (2010), 258-70.
Allsworth-Jones, P., K. Harvati and C. Stringer. "The archaeological context of the Iwo Eleru cranium from Nigeria, and preliminary results of new morphometric studies." In R. Botha and C. Knight, eds., *West African Archaeology, New Developments, New Perspectives*, pp. 29-42. British Archaeological Reports International Series S2164, 2010.
Avery, D. M. "Taphonomy of micromammals from cave deposits at Kabwe (Broken Hill) and Twin Rivers in central Zambia." *Journal of Archaeological Science* 29 (2002), 537-44.
Baiter, M. "Are humans still evolving ?" *Science* 309 (2005), 234-37.
Barham, L., A. Pinto Llona and C. Stringer. "Bone tools from Broken Hill (Kabwe) cave, Zambia, and their evolutionary significance." *Before Farming* 2002/2 (2002) ; http :// www.waspress.co.uk/.
Belluz, J. "Leading geneticist Steve Jones says human evolution is over." *Times* (London), 7 October 2008.
Blum, M. G. B., and M. Jakobsson. "Deep divergences of human gene trees and models of human origins." *Molecular Biology and Evolution* (2010) (doi : 10.1093/molbev/msq265).
Boyd, R., and P. J. Richerson. "Group beneficial norms spread rapidly in a structured population." *Journal of Theoretical Biology* 215 (2002), 287-96.

Cochran, G., and H. Harpending. *The 10,000 Year Explosion : How Civilization Accelerated Human Evolution.* Basic Books, New York, 2009.

Crevecoeur, I., P. Semal, E. Cornelissen and A. S. Brooks. "The Late Stone Age human remains from Ishango (Democratic Republic of Congo) : Contribution to the study of the African Late Pleistocene modern human diversity." *American Journal of Physical Anthropology* (Program of the 79th Annual Meeting of the American Association of Physical Anthropologists) 141(50) (2010), 87.

Darwin, C. Obituary. http://darwin-online.org.uk/obit.

Foley, R. A., and M. Mirazón-Lahr. "The evolution of the diversity of cultures." *Philosophical Transactions of the Royal Society B* 366 (2011), 1080-89.

Gibbons, A. "Tracing evolution's recent fingerprints." *Science* 329 (2010), 740-42.

Gluckman, P., A. Beedle and M. Hanson. *Principles of Evolutionary Medicine.* Oxford University Press, Oxford, 2009.

Gould, S. J. "The spice of life." *Leader to Leader* 15 (2000), 14-19.

Gunz, P., F. L. Bookstein, P. Mitteroeker, A. Stadlmayr, H. Seidler and G. W. Weber. "Early modern human diversity suggests subdivided population structure and a complex Out-of-Africa scenario." *Proceedings of the National Academy of Sciences USA* 106 (2009), 6094-98.

Hammer, M., A. Woerner, F. Mendez, J. Watkins and J. Wall. "Genetic evidence for archaic admixture in Africa." *Proceedings of the National Academy of Sciences USA* (in press).

Hawks, J., E. T. Wang, G. Cochran, H. C. Harpending and R. K. Moyzis. "Recent acceleration of human adaptive evolution." *Proceedings of the National Academy of Sciences USA* 104 (2007), 20753-58.

Henrich, J., R. Boyd and P. J. Richerson. "Five misunderstandings about cultural evolution." *Human Nature* 19 (2008), 119-37.

Hrdlička, A. *The Skeletal Remains of Early Man.* Smithsonian Institution, Washington, DC, 1930.

Keinan, A., and D. Reich. "Can a sex-biased human demography account for the reduced effective population size of chromosome X in non-Africans ?" *Molecular Biology and Evolution* 27(10) (2010), 2312-21.

Laland, K. N., J. Odling-Smee and S. Myles. "How culture shaped the human genome : Bringing genetics and the human sciences together." *Nature Reviews/Genetics* 11 (2010), 137-48.

McAuliffe, K. "The incredible shrinking brain." *Discover Magazine*, September 2010, 54-59.

Montgomery, P. Q., H. O. L. Williams, N. Reading and C. Stringer. "An assessment of the temporal bone lesions of the Broken Hill cranium." *Journal of Archaeological Science* 21 (1994), 331-37.

Pennisi, E. "Evolutionary medicine : Darwin applies to medical school." *Science* 324(5924) (2009), 162-63.

Premo, L. S., and J.-J. Hublin. "Culture, population structure and low genetic diversity in Pleistocene hominins." *Proceedings of the National Academy of Sciences USA* 106 (2009), 33-37.

Relethford, J. H. "Genetic evidence and the modern human origins debate." *Heredity* 100 (2008), 555-63.

Richerson, P. J., R. L. Bettinger and R. Boyd. "Evolution on a restless planet : Were environmental variability and environmental change major drivers of human evolution ?" In F. M. Wuketits and F. J. Ayala, eds., *Handbook of Evolution*, vol. 2 : *The Evolution of Living Systems (Including Hominids)*, pp. 223-42. Wiley, Weinheim, 2005.

Richerson, P. J., R. Boyd and R. L. Bettinger. "Cultural innovations and demographic change." *Human Biology* 81 (2009), 211-35.

Richerson, P. J., R. Boyd and J. Henrich. "Gene-culture coevolution in the age of genomics." *Proceedings of the National Academy ofSciences USA* (2010) (doi : 10.1073/pnas0914631107).

Ruff, C. "Variation in human body size and shape." *Annual Review of Anthropology* 31 (2002), 211-32.

Sabeti, P. C., P. Varilly et al. "Genome-wide detection and characterization of positive selection in human populations." *Nature* 449(7164) (2007), 913-18.

Stoneking, M. "Does culture prevent or drive human evolution ?" *On the Human* (2009). http://onthehuman.org/2009/12/does-culture-prevent-or-drive-human-evolution/.

Templeton, A. "Out of Africa again and again." *Nature* 416 (2002), 45-51.

Tishkoff, S. A., F. A. Reed, F. R. Friedlaender, C. Ehret, A. Ranciaro, A. Froment, J. B. Hirbo, A. A. Awomoyi et al. "The genetic structure and history of Africans and African Americans." *Science* 324 (2009), 1035-44.

Trinkaus, E. "The human tibia from Broken Hill, Kabwe, Zambia." *PaleoAnthropology* (2009), 145-65.

—, “Modern human versus Neandertal evolutionary distinctiveness.” *Current Anthropology* 47 (2006), 569-95.

Wade, N. “Adventures in very recent evolution.” *New York Times*, 19 July 2010. http :// www.nytimes.com/2010/07/20/science/20adapt.html.

Ward, P. “What will become of *Homo Sapiens* ?” *Scientific American* 300 (2009), 68-73.

Index

Abauntz (site de la grotte ~) : 337.
Abdur (site d'~) : 343.
ABI-RACHED, Laurent : 295.
Aborigènes : 30, 105, 231, 244, 297, 324, 336, 347, 354, 396.
ADAM (dernier ancêtre commun) : 267.
ADN : 11, 16, 39-40, 42, 45, 67, 83, 134, 151, 174-175, 188, 245, 252, 254-264, 266, 268-269, 276, 279-281, 285-289, 292-293, 295-297, 346-347, 365-366, 382, 384, 387, 391-392, 396, 399-400 ; *voir aussi* Gènes, génétique.
ADN mitochondrial (ADNmt) : 39-40, 42, 47, 244, 252, 258-268, 279-281, 283, 286-287, 293, 296-298, 340, 346, 366, 379, 382, 384, 387, 389 ; *voir aussi* Ève mitochondriale *et* Mitochondries.
ADOVASIO, James M. Adovasio, dit Jim : 221.
Afrique : 11, 15-16, 18, 20, 26-29, 32-33, 35, 37-42, 44-46, 48-49, 58, 73-76, 78-80, 82, 106, 112, 120-121, 125, 127-128, 142-143, 146, 148, 156-158, 165, 167, 175, 185-191, 196, 207, 210-213, 218-219, 227, 233, 238, 244-245, 248, 253-255, 259, 262-264, 267-269, 272-273, 276, 278, 285-286, 288-289, 291-292, 294, 298-304, 306, 308, 310, 314, 316, 318-323, 325, 327, 329, 331, 333, 338-343, 345, 356, 358, 363, 365-367, 369-370, 376-387, 389-390, 393, 396, 403 ; voir aussi *Out of Africa*.
Ahmarien : 145, 148.
AIELLO, Leslie : 239, 319.
Aïnous : 347.
ALEXANDER, Richard : 234.
Alimentation : 108, 114-118, 147, 213-215, 217-221, 231, 238, 242, 394, 396.
ALLEN, Jim : 354-355.
Alloparents : *voir* Parents, parenté.
ALLSWORTH-JONES, Philip : 377.

Altamira (site de la grotte d'~) : 180.
Ambrose, Stanley : 80, 83, 311.
Amériques : 29, 219, 247, 266, 269, 373, 381, 393, 396.
Amud (site d'~) : 36, 70, 72.
Anatomie : 26-27, 33, 49-50, 53, 57, 73, 93, 98-99, 103-105, 112, 123, 125, 140, 149, 152, 154-155, 165, 242, 273-277, 284-285, 290, 301, 356-357, 359, 364, 388 ; *voir aussi* Morphométrie (techniques de ~).
Andel, Tjeerd Hendrik van : 84.
Andrews, Peter : 14, 42.
Antarctique : 338, 341.
Arabie, péninsule Arabique : 81, 288, 292, 343-345, 384.
Ardrey, Robert : 133.
Armitage, Simon : 345.
Art : 11, 63, 78, 163, 176, 178-182, 184, 197-198, 200-201, 204-205, 232, 238, 242, 313, 337, 352, 354 ; *voir aussi* Symboles, symbolisme.
Asie : 15, 20, 33, 48, 58, 73, 87, 120, 127-128, 156, 159, 219, 246, 255, 259, 266-269, 272, 275, 291, 293-295, 299, 345-347, 351, 365, 367, 370, 393.
Asie du Sud-Est : 20, 44, 82, 105, 122, 124, 294-295, 322, 324, 343-344, 346-347, 385-386.
Atkinson, Quentin : 320-321.
Atlantique (océan ~) : 65, 86, 143, 338.
Aurignacien : 87, 136, 141-142, 149-150, 184, 197, 245-246, 248, 318.
Australasie : 42, 269, 343, 346, 393.
Australie : 18, 29-30, 32, 45, 58, 106, 122, 158, 168, 202, 219, 231-232, 247, 266, 275, 295-297, 299, 323-324, 336-337, 344, 346, 352, 354-355, 396.
Australopithecus afarensis : 125, 156.
Australopithecus africanus : 27.
Australopithecus sediba : 125.
Avery, Margaret : 376.

Babouins : *voir* Primates.
Bailey, Shara : 106.
Banks, William : 85.
Barker, Graeme : 352.
Barton, Nicholas Hamilton Barton, dit Nick : 209.
Bar-Yosef, Ofer : 71-72, 221.
Beaumont, Peter B. : 38.
Beeches Pit (site de ~) : 213.
Bello, Silvia : 107.
Berger, Thomas : 217, 223.
Bermúdez de Castro, José María : 121.
Biaka : 366, 381.
Bigelow, Robert : 133.
Binford, Lewis Roberts : 216, 219.
Bingham, Paul : 235.
Bir el-Ater (site de ~) : 79.
Blaffer Hrdy, Sarah : 215-216.
Blixen, Karen : 43.
Blombos (site de la grotte de ~) : 193-195, 314, 316, 326, 334, 339, 342.
Bocherens, Hervé : 116.
Bodo (site de ~) : 131, 369-370, 373.

Bohunicien : 141-142, 145, 149.
Border Cave (site de ~) : 38.
Bougainville (île de ~) : 294.
Boule, Marcellin : 30.
Bouriates : 272.
Bowles, Samuel : 235-236.
Boxgrove (site de ~) : 106-108, 131, 160-162, 167-168, 319, 373.
Boyd, Robert : 360-362.
Brace, Charles Loring : 33, 135.
Bradshaw (site et peintures de ~) : 337.
Bramble, Dennis M. : 49.
Bräuer, Günter : 42, 302, 386-387.
Brennan, Mary Ursula : 229.
Brésil : 168, 362.
Brink, James : 73.
Broken Hill (site et crâne de ~) : 16, 26, 37-38, 67, 158, 301, 369-372, 374, 376, 380.
Bromage, Timothy G. Bromage, dit Tim : 99.
Brooks, Allison : 189-190.
Brotherton, Paul : 281.
Brothwell, Don : 377-378.
Brown, Kyle : 210.
Brown, Peter : 125.
Bruner, Emiliano : 309.
Busk, George : 209.
Byrne, Richard William : 169, 171.

Campbell, Bernard Grant : 33.
Campi Flegrei (éruption volcanique de ~) : 143.
Cannibalisme : 66, 131-132, 150, 158, 225, 280, 299.
Cann, Rebecca : 14, 40, 42, 260.
Caspari, Rachel : 229-231.
Cassio (in *Othello* de William Shakespeare) : 172.
Cerveau : 20, 26-27, 48, 98, 101-104, 121-123, 126-127, 167-171, 173-175, 188, 191, 212, 215, 237-240, 242, 246, 253-254, 256, 278, 284-286, 301, 308, 313, 320, 330, 334, 356, 358, 369, 372, 390, 392, 398, 402-403 ; *voir aussi* Hypothèse du cerveau social (HCS).
Chamanisme : 198, 200, 204-206, 334, 384.
Chancelade (site de ~) : 25.
Chapais, Bernard : 232.
Chasseurs-cueilleurs : 65-66, 78, 106, 146-147, 168, 173-174, 176, 198, 200, 215, 217-220, 232, 242, 262, 269, 283, 322, 335, 339, 362, 394, 397.
Châtelperronien : 134-136, 141-142, 224, 248-249, 302.
Chauvet (site de la grotte ~) : 63, 179-181, 184.
Chiens : 245-246.
Chimpanzés : *voir* Primates.
Chine : 28-29, 32, 39, 58, 81, 117, 121, 128, 151, 154, 156, 243, 266, 278, 288, 294, 321, 364, 367.
Chomsky, Noam : 237-238.
Christ Church (site de la crypte de ~) : 99.
Churchill, Steven E. Churchill, dit Steve : 218, 222, 224-225.
Clacton (site de ~) : 161.
Clark, John Desmond : 38, 191, 302, 371.
Climat, changements climati-

ques : 65-66, 73, 75, 79, 81-86, 97, 115, 117, 126, 142, 152-153, 189, 219, 223, 243-244, 273-274, 303-304, 322-323, 331, 333, 340, 344-345, 351, 354-356, 361, 379, 401, 405 ; *voir aussi* Glaciation (périodes de ~).
Cochran, Gregory : 393.
Collins, Matthew : 297.
Compton, Tim : 66, 106.
Concept biologique d'espèce (CBE) : 54-55.
Confucius : 21.
Coolidge, Frederick : 309.
Coon, Carleton Stevens : 32-33, 38.
Cooper, Alan : 252, 297.
Corballis, Michael : 239.
Cormack, Allan McLeod : 94.
Cornish, Lorraine : 374.
Couleur de la peau : 248, 273-275, 281-282, 291-292, 393, 395.
Coulson, Sheila : 203.
Crevecoeur, Isabelle : 378.
Crimée : 85, 104.
Cro-Magnon (site et hommes de ~) : 25, 32, 34-37, 45, 68, 84-86, 91, 93, 103, 116, 119, 134-136, 140, 142, 150-152, 154-155, 178, 180, 200, 221-222, 225, 230-231, 243, 246, 248-251, 276, 289-291, 296-297, 302, 305, 321, 366, 368.
Cronin, Helena : 332.
Croyances : *voir* Religion.
Cruciani, Fulvio : 267.
Cueva Antón (site de ~) : 249-250, 331.
Cueva de los Aviones (site de ~) : 249-250, 331.
Culture, acculturation : 79-80, 83, 102, 114, 135, 151-152, 154, 156, 167, 171, 174, 176, 187, 189-190, 223, 230, 236, 238, 242, 249, 251, 269, 273, 276, 283, 302, 315, 320, 326-327, 329-330, 333, 335, 337, 340, 360-364, 390-391, 393, 402-403.
Currat, Mathias : 292.
Cussac (site de la grotte de ~) : 180-181.

Dali (site de ~) : 294.
Dart, Raymond : 27, 234.
Darwin, Charles Robert : 11, 15-18, 20, 24, 27, 91, 128, 165-166, 185, 204, 211, 214, 234, 236-237, 239, 244, 253-254, 273-274, 318-319, 332, 335, 369, 402, 404.
Datation (techniques de ~) : 57, 63, 69, 81, 86, 142, 152, 193, 196, 249, 352, 374-375, 377-378.
Dawkins, Richard : 234.
Dawson, Charles : 26.
Day, Michael : 36.
Deacon, Hilary : 80.
Dean, Christopher Dean, dit Chris : 99, 109.
Démographie, densité démographique : 73, 144, 219, 228, 253, 267, 277, 288, 292, 323, 326, 331, 337-338, 340-341, 344, 354-356, 362-363, 381-382, 393-394, 397-399, 403.
Denisova (site de la grotte de ~) : 293, 295.

Dénisovien : 293-295, 299-300, 347, 366, 385, 387, 403.
DENNELL, Robin : 127.
Dentition : 33, 101-102, 106-108, 110, 112-114, 118-119, 140-141, 147, 149-151, 212, 229-230, 290, 293, 301, 307, 347, 351, 356, 358, 368, 372, 374.
DENYS, Christiane : 376.
Dérive génétique : *voir* Gènes, génétique.
Desdémone (in *Othello* de William Shakespeare) : 172.
Devil's Tower (crâne de ~) : 97, 99-101, 104, 112.
Diepkloof (site de ~) : 340.
Différences régionales (*ou* caractères raciaux) : 252, 273-274, 276.
DI RIENZO, Anna : 393.
Dispersions : 29, 33, 42-45, 53, 118, 128, 142, 159, 242, 246, 268-269, 272, 276, 286, 329, 341, 343-345, 347, 359, 361, 380, 382, 384, 387 ; *voir aussi* Migrations ; *Out of Africa.*
Divje Babe (site de la grotte de ~) : 184.
Djebel Faya (site de ~) : 345.
Djebel Irhoud (site de ~) : 36-37, 111-112, 368, 378.
DJOSER (pharaon) : 61.
Dmanissi (site de ~) : 120-122, 127-128.
DRAKE, Nick : 78.
DUBOIS, Eugène : 20-21.
DUNBAR, Robin Ian MacDonald : 169, 172-174, 204, 239, 314, 317, 319.
Dzudzuana (site de la grotte de ~) : 221.

EGBERT (enfant préhistorique) : 148.
Elandsfontein (site de ~) : 369-370.
Eliye Springs (site et crâne de ~) : 367.
ELLISON, Peter : 401.
El Sidrón (site des cavernes d'~) : 129, 131, 133-134, 281-285.
Émirien : 145, 148.
ENDICOTT, Philip : 265.
Engis (site d'~) : 113.
Enkapune ya Muto (site d'~) : 341.
Eoanthropus dawsoni : 26, 56.
Épidémies : *voir* Maladies.
ERRICO, Francisco d' : 196.
ESWARAN, Vinayak : 365.
Eurasie : 45, 81, 127, 141, 143, 151, 210, 293, 318, 347, 354, 356, 393, 396.
Europe : 15-16, 20, 24-26, 29, 31-33, 35-37, 44-45, 49, 58, 66-67, 73-75, 82-87, 96, 108, 118, 122, 128, 135-136, 141-142, 144-146, 149-151, 154, 156, 159, 176, 178, 184, 189-191, 193, 196-198, 200-201, 223, 230, 236, 243, 248, 266, 268, 276, 281-282, 287-290, 292, 296, 299, 303, 318-319, 321, 326, 328, 338, 342, 367, 370, 381, 383, 393, 403-404.
ÈVE (dernière ancêtre commune) : 261-262, 265-267.
Ève mitochondriale : 14, 40-41, 43, 142 ; *voir aussi* Mitochondries *et* ADNmt.

EWING, Joseph Franklin : 148.
EXCOFFIER, Laurent : 292.
Extrême-Orient : 38, 42, 44, 118, 128, 347, 383, 394, 396, 398, 401.
Eyasi (site de ~) : 376.

FALCONER, Hugh : 209.
Famille : *voir* Parents, parenté.
Feu : 211-214, 325.
FINLAYSON, Clive : 84, 210.
FLANNERY, Kent Vaughn : 219.
FLEAGLE, John : 76.
Florisbad (crâne de ~) : 73, 367, 376.
FODOR, Jerry Alan : 238.
FOLEY, Robert Andrew Foley, dit Rob : 321, 343.
FOX, Robin Lane : 232.
FRENCH, Jennifer : 86.
FROEHLE, Andrew W. : 223.

Galley Hill (squelette de ~) : 30.
GAMBLE, Clive : 177, 251.
GARGETT, Robert H. : 227.
GEIST, Valerius : 218.
Gènes, génétique : 175, 229, 234-235, 237-238, 242, 244-245, 251-263, 268-269, 272-273, 275-279, 281-286, 288-292, 294-297, 302, 313, 319-320, 322, 326, 329-330, 332-333, 335, 337, 341, 345-347, 351, 354, 356, 359, 363-366, 379-389, 392-401, 403 ; *voir aussi* ADN.
GENGIS KHAN : 267.
Gesher Benot Ya'aqov (site de ~) : 211.
Gibbons : *voir* Primates.
Gibraltar : 84-86, 88, 98, 100, 116, 129, 209, 213, 220, 342.
Glaciation (périodes de ~) : 63, 65-66, 72, 79, 83, 85-86, 143-145, 154, 158, 180, 198, 223, 244, 323-325, 338, 342 ; *voir aussi* Climat, changements climatiques.
GOODALL, Jane : 236.
Gorilles : *voir* Primates.
Gough's Cave (site de ~) : 64-65, 86, 132.
GOULD, Stephen Jay : 390-391.
Goyet (site de la grotte ~) : 245.
Grande-Bretagne : 44, 63, 66, 88, 213.
Gravettien : 134, 202, 213, 290, 302, 337.
Grimaldi (site de ~) : 25.
Groenland : 65, 272.
GROSSMAN, Sharon : 393.
Grotte du Renne (site de la ~) : 248.
GRÜN, Rainer : 71, 73, 377-378.
GUNZ, Philipp : 308, 368, 381.
Guomde (site de ~) : 303, 367, 376.

Hadza : 269.
HAECKEL, Ernst : 17, 20-21.
HAMILTON, William : 234.
HAMMER, Michael : 366, 381.
HARPENDING, Henry : 366, 393.
HARRISON, Barbara : 352.
HARRISON, Tom Harnett : 352.
HARVATI, Katerina : 93, 377-378.
HAWKES, Kristen : 214-215.
HAWKS, John : 393.
Heidelberg (homme de ~) : 16, 24, 27, 38.

Heinrich (événement d'~) : 86, 143-144, 338.
Heinrich, Hartmut : 143.
Henrich, Joseph Henrich, dit Joe : 325, 329.
Henshilwood, Christopher Stuart, dit Chris : 193.
Hérédité : 253-254, 257-258, 267, 400.
Herto (site et crânes d'~) : 79, 112, 128, 157-158, 192, 201, 303, 312, 314, 338-339, 367, 376, 380.
Higham, Tom : 65-66.
Hillson, Simon : 107.
Hobbit de Florès : voir *Homo floresiensis.*
Hohle Fels (site de la grotte de ~) : 181, 184.
Homo antecessor : 54, 131, 388.
Homo calpicus : 209.
Homo erectus : 21, 28-30, 32-33, 39, 44-45, 47-50, 53-54, 93, 95-96, 102, 109, 111, 121-122, 125, 127-128, 151, 153, 157, 163, 191, 212, 215, 239, 264, 272, 308, 321-322, 347, 356, 364, 367-369, 372, 385-386, 388-389.
Homo ergaster : 54.
Homo floresiensis (*ou* « Hobbit de Florès ») : 54, 82, 123-127, 295, 353, 357, 367, 385, 403.
Homo georgicus : 54.
Homo habilis : 44, 128, 131.
Homo heidelbergensis : 38, 44-45, 47, 49-50, 54, 67, 93-94, 107, 131, 153, 157-158, 162, 167, 210, 212, 293-294, 303, 305, 307-308, 317, 356, 359, 367-371, 373, 376, 380, 385, 388.
Homo helmei : 54.
Homo neanderthalensis : 24-25, 38, 47, 49-50, 54, 209 ; *voir aussi* Néandertaliens.
Homo rhodesiensis : 26, 54, 303, 370, 372-373.
Homo sapiens : 17, 21, 28-30, 32, 34, 36-37, 39, 42, 44-45, 47, 49-50, 54-55, 79, 85, 102-103, 105-106, 111, 118, 127-128, 144, 147, 151, 156, 158-159, 191, 200, 210, 236, 239, 286, 288, 301-303, 305, 308, 338, 360, 363-365, 380, 387-388, 391, 403-404.
Hong Shang : 152.
Ho, Simon : 265.
Hottentots : 32, 267, 269, 363.
Hounsfield, Sir Godfrey Newbold : 94.
Howell, Francis Clark : 32, 36, 386.
Howells, William White, dit Bill : 35, 37, 157.
Howiesons Poort (site de ~) : 79-81, 326, 340.
Hrdy, Sarah : *voir* Blaffer Hrdy, Sarah.
Hrdlička, Aleš : 26, 370-372.
Hublin, Jean-Jacques : 104-105, 110, 112, 363.
Huff, Chad : 264.
Hughes, Jennifer : 267.
Humphrey, Louise : 106.
Humphrey, Nicholas Keynes : 169.
Huxley, Thomas Henry : 17, 20, 27, 254.
Hybridation : 13, 31, 42, 55, 128,

251, 289, 292, 295, 364-366, 385-387, 390.
Hypothèse de la continuité régionale : 272.
Hypothèse de la grand-mère : 215.
Hypothèse de la révolution humaine : 178, 186, 189, 328, 354, 356.
Hypothèse de l'œil coopératif : 164.
Hypothèse du cerveau social (HCS) : 169-170, 172-173 ; *voir aussi* Cerveau (étude du ~).
Hypothèse du spectre : 33, 36.

Iago (in *Othello* de William Shakespeare) : 172.
Inde, continent *et* sous-continent indien : 19, 82-83, 294, 321, 345-346, 367, 403.
Indien (océan ~) : 19-20, 338, 341, 343.
Indonésie : 29, 81-82, 124, 344.
Infections : *voir* Maladies.
Innovation, inventions : 33, 44, 79, 81, 83, 128, 155, 169, 178, 187, 189, 210, 216, 245, 321-322, 326-327, 329, 331, 333, 341, 361-362, 390, 393.
Inuits : 35, 272.
IRISH, Joel : 106.
Ishango (site d'~) : 378.
Iwo Eleru (site et crâne d'~) : 377-378, 380.

JACOBI, Roger : 65-66.
JACOBS, Zenobia : 80.
JAKOB, Teuku : 123.
Java (île et homme de ~) : 21, 24, 26-28, 30, 56-57, 95, 122, 124, 126, 301, 367.
Jinniushan (site de ~) : 294.
JOLLY, Clifford J. : 289-290.
JONES, Steve : 391.
JORDE, Lynn : 264.

Kapthurin (site de ~) : 314, 319.
Kebara (site de ~) : 70-72.
KEINAN, Alon : 383-384.
KEITH, Sir Arthur : 30-31, 66, 234.
KELLY, Raymond : 233.
Kent's Cavern (site de ~) : 66, 144.
KINGDON, Jonathan : 343.
KING, William : 24, 38.
Klasies (site des grottes de l'embouchure du fleuve ~) : 38, 80, 132, 187, 339, 343.
KLEIN, Richard : 135-136, 186-189, 238-239, 304, 312.
KNIGHT, Chris : 207-208, 214.
Kostenski (site de ~) : 75, 404.
Kow Swamp (site du lac ~) : 296.
KRANTZ, Grover Sanders : 53.
Krapina (site la grotte de ~) : 94, 231.
KRUSZYNSKI, Robert : 112.
Ksar 'Akil (site de ~) : 148.
KUBRICK, Stanley : 234.
KUHN, Steven : 145, 216-219, 222.
KURTÉN, Björn Olaf Lennartson : 53.
KVAVADZE, Eliso : 221.

La Chapelle-aux-Saints (site de ~) : 25.
La Ferrassie (site de ~) : 193.

LAHR, Marta : 343.
LAITMAN, Jeffrey Todd Laitman, dit Jeff : 241.
LALAND, Kevin : 393.
LALUEZA-FOX, Carles : 283.
LAMBERT, Charla : 381.
Langage : 11, 163, 174, 178, 185-186, 191, 202, 211, 236-242, 254, 284-285, 305, 313, 318-320, 334, 398.
Lapedo (site de la vallée de ~) : 290.
Lascaux (site de la grotte de ~) : 63, 179.
Later Stone Age : 186, 189, 196, 310, 337, 341, 354, 377-378. voir aussi *Middle Stone Age.*
LEAKEY, Louis : 30, 36, 371.
LEAKEY, Mary : 36.
LEAKEY, Meave : 109.
LEAKEY, Richard : 36, 76, 156.
LEE, Sang-Hee : 229-230.
Le Moustier (site de ~) : 25, 113.
Lémurie : 19-21.
LEWIS-WILLIAMS, David : 194, 200, 204-205.
Liang Bua (site de la grotte de ~) : 122, 125, 127.
LIBBY, Willard Frank : 61-62.
LIEBERMAN, Daniel E. : 49.
LIEBERMAN, Philip : 241.
LINNÉ, Carl von : 21, 404.
Loi d'Allen : 153, 274.
Loi de Bergmann : 153-154, 274.
LONG, Jeffrey : 272, 294.
LUCY (femme préhistorique) : voir *Australopithecus afarensis.*
LYELL, Charles : 20.
Maba (site de ~) : 294.
MACHIAVEL, Nicolas (Niccolò Macchiavelli) : 171.
Madagascar : 19-20.
Magubike (site de ~) : 341.
Maladies : 83, 123, 125, 204, 212, 225, 229, 256, 269, 283, 295, 299, 351, 393-395, 397, 401-402.
Mandingues : 366, 381.
MAREAN, Curtis W. : 192, 210.
Marillac (site de ~) : 131.
MARTIN, Robert D. Martin, dit Bob : 99.
MARX, Karl Heinrich : 334.
MCBREARTY, Sally : 189-190.
MCCOWN, Theodore : 31.
Méditerranée (mer ~) : 57, 77-78, 143, 146, 196, 342.
Mélanésie, Mélanésiens : 272, 294-295.
MELLARS, Sir Paul Anthony : 42, 86, 136, 188-189.
MENDEL, Johan Gregor : 253.
MERCADER, Julio : 213.
METSPALU, Mait : 265.
Mezmajskaja (site de ~) : 104.
Middle Stone Age : 189-190, 193, 203, 205, 207, 210, 213, 251, 304, 310, 316, 325-326, 329, 333-335, 337, 341-343, 355, 376, 399 ; voir aussi *Later Stone Age.*
Migrations : 20, 58, 67, 118-119, 234, 238, 245, 262, 288, 323, 329, 340, 345, 347, 363 ; *voir aussi* Dispersions.
MILLER, Geoffrey : 332.
MITHEN, Steven : 240.
Mitochondries : 39, 245, 252,

259 ; *voir aussi* ADNmt *et* Ève mitochondriale.
Monti Lessini (site de ~) : 281.
Moore, James : 234.
Morphométrie (techniques de ~) : 95, 104, 110-113, 368, 378 ; *voir aussi* Anatomie.
Mort, inhumation, rites funéraires : 132, 155, 158, 176, 197, 201, 203-204, 227-228, 242, 290, 313, 318, 330, 355.
Morwood, Michael John Morwood, dit Mike : 122, 124, 126.
Moula-Guercy (site de Baume ~) : 131.
Moustérien : 134, 302.
Moyen-Orient : 32, 36-37, 45, 69-72, 75, 88, 116, 118, 141-142, 145, 148-149, 219, 287-288, 292, 295, 318, 321, 339, 342-343, 386.
Multirégionalisme : *voir* Théorie multirégionale.
Mungo (site du lac ~) : 202, 296-297, 352.
Musique : 182, 184-185, 197.
Mutations : 39-40, 175, 186, 189, 229, 237-238, 251-252, 256-259, 262, 265, 275-276, 281, 284-287, 289, 313, 319, 391-394, 396-401.

Narmada (site et crâne de ~) : 294, 367.
Nazlet Khater (site et squelette de ~) : 148-149.
Neander (site de la vallée de ~) : 24-25, 91, 209, 280.
Néandertaliens (*ou* hommes de Néandertal) : 12, 16, 20, 24, 30-38, 42, 45-46, 49-50, 52, 54-58, 62, 68-75, 82-89, 93, 95-97, 100-101, 103-106, 108-116, 118, 123-126, 128-129, 131-136, 138, 140-142, 144, 149-155, 159, 163, 168, 175, 178, 184-185, 187-188, 191, 193, 197, 200, 209-210, 212-213, 216-218, 220, 222-231, 233, 236, 239-241, 243-244, 246-249, 251, 253, 260, 262, 266-267, 272, 279-296, 299-302, 305, 307, 309, 312, 317-319, 321, 326-327, 330-331, 342, 347, 356, 359-360, 363-364, 366-368, 371-373, 381, 385, 387-388, 391, 403 ; voir aussi *Homo neanderthalensis.*
Négritos : 347.
Nei, Masatoshi : 268.
Ngaloba (site de ~) : 368, 376, 378.
Ngandong (site de ~) : 367.
Niah (site de la grotte de ~) : 351-352.
Niassa Rift (site du ~) : 213.
Nourriture : *voir* Alimentation.
Nouvelle-Guinée : 122, 288, 294, 299, 344, 354, 362.
Nouvelle-Zélande : 18.

Oberkassel (site de ~) : 25.
Océanie : 401.
O'Connell, James : 214-215, 354-355.
Olduvai (site de la gorge d'~) : 60, 75.
Olorgesailie (site de ~) : 314.
Omo Kibish (site et squelettes

d'~) : 36-38, 76-77, 112, 156, 158, 192, 303, 312, 338, 367-368, 376-378, 380.
Oppenheimer, Stephen : 343.
Orangs-outans : *voir* Primates.
Orient : 16, 363 ; *voir aussi* Extrême-Orient ; Moyen-Orient *et* Proche-Orient.
Othello (in *Othello* de William Shakespeare) : 172.
Ötzi (homme préhistorique) : 63, 124.
Outils : 33, 44, 79, 85, 107, 128, 131, 135, 141-142, 147, 149, 163, 167, 169, 176, 187-188, 191-193, 196, 204, 210-211, 213-214, 219, 238, 240-242, 254, 304-306, 309, 324, 330, 341, 346, 354, 373-374, 377.
Out of Africa 1 et 2 (*ou* sortie d'Afrique, hors d'Afrique) : 38, 43-46, 53, 105, 120-121, 127-128, 159, 187, 190, 246, 253, 262, 264-269, 272, 277, 310, 313, 323, 327, 340-342, 344-345, 364, 379-385, 387.
Oyelaran, Philip : 378.

Pääbo, Svante : 280-281.
Page, David : 267.
Paléolithique : 33, 45, 63-65, 78-79, 81, 133-136, 141, 146, 151, 178, 180, 187, 189, 191, 195-196, 205, 210, 216, 219-221, 224, 232-233, 235-236, 249, 302, 310, 318, 321, 334, 337, 346, 354, 360-362, 377, 392.
Parents, parenté : 215-216, 220, 229, 231-233, 255, 333-334, 391-392.
Parfitt, Simon : 107.
Parkington, John : 313.
Parole : *voir* Langage.
Pathologies, agents pathogènes : *voir* Maladies.
Paviland (site de ~) : 202.
Peau : *voir* Couleur de la peau.
Peintures rupestres : *voir* Art (formes d'~).
Péninsule Ibérique : 86, 129, 342.
Peştera cu Oase (site de ~) : 116-117, 138-142, 144, 148-149.
Petraglia, Michael Petraglia, dit Mike : 82, 345-346.
Pettitt, Paul : 314-315, 317.
Piltdown (homme de ~) : 16, 26-28, 30, 56-57, 122, 305.
Pinker, Steven Arthur : 238.
Pinnacle Point (site des grottes de ~) : 192, 211, 314, 339, 342.
Pithecanthropus alalus : 20.
Pithecanthropus erectus : 21.
Pléistocène : 24, 121, 246, 344, 363, 378.
Polynésie : 269, 401.
Ponce de León, Marcia : 99-100.
Powell, Adam : 329.
Předmostí (crânes de ~) : 278.
Premo, Luke : 363.
Previc, Fred H. : 304.
Primates : 16, 18-21, 27, 48-49, 54-57, 93, 101-103, 125-126, 133, 162-174, 177-178, 198, 203, 215, 218, 227-229, 232, 234, 236-237, 239-241, 244, 246, 253-257, 259, 261-262, 264-267, 279, 283-284, 287,

289, 293, 298, 305, 317, 327, 360, 363, 365, 388, 399, 403.
Proche-Orient : 79, 264, 340, 394.
Pygmées : 262, 267, 269, 363, 366.

Qafzeh (site de la grotte de ~) : 70-72, 79, 106, 113, 140, 187, 193, 195, 230, 292, 305, 314, 345-346, 368, 382.

Races : *voir* Différences régionales.
RAMACHANDRAN, Vilayanur : 166.
RAO : *voir* Théorie de l'origine africaine récente.
REDDING, Richard : 228.
REED, David L. : 299.
REICH, David : 293, 383-384.
Reilingen (site et crâne de ~) : 96.
RELETHFORD, John : 365.
Religion, croyances religieuses : 163, 200-201, 203-208, 236, 310, 331, 333-335, 356, 384. *voir aussi* Rites, rituels.
REVEDIN, Anna : 213.
Révolution du large spectre : 219.
Révolution humaine : *voir* Hypothèse de la révolution humaine.
RICHARDS, Michael : 116.
RICHERSON, Peter : 360-362.
Rites, rituels : 132, 158, 163, 176-177, 185, 197-198, 200-203, 207-208, 227, 238, 242, 314, 334, 336-337 ; *voir aussi* Religion, croyances religieuses.
ROBERTS, Bert : 80.
ROBERTS, Mark : 107, 160, 162.
Robin Hood (site de la grotte de ~) : 63-64.
ROBOCK, Alan : 82.
RODSETH, Lars : 177.
ROEBROEKS, Wil : 127.
Rois (site de la grotte des ~) : 149-151, 225.
RÖNTGEN, Wilhelm Conrad : 93-94.
ROSAS, Antonio : 121.
ROSE, Jeffrey : 345.
ROSEMAN, Charles : 308, 359.
ROYCHOUDHURY, Arun : 268.

SABETI, Pardis : 393, 399.
Sahara (désert du ~) : 78-79, 339, 368.
Sahelanthropus (crâne de ~) : 111.
Saint-Césaire (site de ~) : 134-136, 224-226, 248.
Salé (site et crâne de ~) : 227.
San : 49, 198, 366, 381.
Sandawe : 269.
SANZ DE SAUTUOLA, Don Marcelino : 180.
SANZ DE SAUTUOLA, Maria : 180-181.
SARICH, Vincent Matthew Sarich, dit Vince : 255.
SAUER, Carl Ortwin : 343.
SCHAAFFHAUSEN, Hermann : 52.
Schöningen (site de ~) : 161, 191, 319, 326.
SCHWARCZ, Henry : 71.
Scladina (site de la grotte ~) : 110-111, 113.
SCLATER, Philip Lutley : 19.
Sélection culturelle : *voir* Culture.

Sélection de groupe : 234-235.
Sélection naturelle : 11, 234, 236, 238, 272-274, 360, 391, 393, 401.
Sélection sexuelle : 53, 236, 238, 273-274, 276, 320, 332, 402.
Semang : 204.
SHAKESPEARE, William : 172.
Shanidar (site de la grotte et hommes de ~) : 224-226, 228, 233.
SHAW, Charles Thurstan : 377-378.
SHEA, John J. : 218.
SHENNAN, Stephen : 329.
Sherborne (site de ~) : 63.
Shoshones : 198.
SHYLAKHTER, Ilya : 393.
Sibérie : 87, 198, 272, 293-294.
Sima de las Palomas (site de la ~) : 104.
Sima de los Huesos (site de la ~) : 95, 106, 132, 226.
Sinanthropus pekinensis : 28.
Singa (site et crâne de ~) : 227, 368.
Singes : *voir* Primates.
Skhul (site de ~) : 30-32, 36-37, 69-72, 79, 106, 113, 140, 187, 192, 195, 230, 292, 305, 314, 345-346, 368, 377, 382.
SMITH, Frederick H. Smith, dit Fred : 46, 386-387.
SMITH, Tanya : 110, 112.
Société, sociabilité, liens sociaux : 102, 146, 163, 166, 168-175, 177-178, 185, 191, 196-198, 200, 202-203, 206-207, 212, 214, 216, 222, 226-228, 230-232, 235-236, 239-241, 246, 249, 292, 317, 328, 334, 336, 392, 397-398.
SOFFER, Olga : 220-221.
Solo (site de ~) : 301.
Solutréenne (industrie ~) : 193.
SOMMER, Jeffrey : 228.
Sortie d'Afrique : voir *Out of Africa*.
SPOOR, Fred : 95, 97.
Spy (site de ~) : 25.
Steinheim (site et crâne de ~) : 96.
Sterkfontein (site de ~) : 131.
STEWART, John : 84.
Still Bay (site de ~) : 79-81, 83, 193, 340.
STINER, Mary : 145, 216-219, 222.
STONEKING, Mark : 14, 40, 42, 244, 260, 399.
Sulawesi : 124, 126.
Sungir (site de ~) : 155-156, 202-203.
SVOBODA, Jiří : 214.
SYKES, Bryan : 205, 252.
Symboles, symbolisme : 80, 146, 163, 176-178, 181, 185, 189-194, 207-208, 232-233, 238, 242, 248-249, 251, 313-318, 322, 326, 328, 334, 337, 340, 346, 355, 362 ; *voir aussi* Art (formes d'~).

Tabun (site de ~) : 30-32, 36, 69-72, 103-105, 109, 292.
TAFFOREAU, Paul : 111-112.
Tasmanie, Tasmaniens : 35, 323-325, 331, 337, 354-355.
Taung (site et crâne de ~) : 16, 27.
TAYLOR, Timothy : 245.
TEMPLETON, Alan : 366.
TEYSSANDIER, Nicolas : 236.

Théorie de l'assimilation : 46, 141, 386-387.
Théorie de l'origine africaine récente (RAO) : 14, 41-43, 45-46, 53, 90, 120, 156, 273, 278, 286, 288, 296-297, 300, 302, 321, 358, 366, 385-387, 390 ; *voir aussi* Théorie du remplacement.
Théorie de l'origine unique : 38.
Théorie du jardin d'Éden : 37, 303.
Théorie du premier Néandertalien : 32-33, 36.
Théorie du pré-*sapiens* : 30-33.
Théorie du remplacement : 46, 72, 136, 389 ; *voir aussi* Théorie de l'origine africaine récente.
Théorie multirégionale : 14, 28, 30, 32-34, 36, 42, 46, 297, 301, 385-386, 388-389.
THOMAS, Mark : 329.
THORNE, Alan Gordon : 38, 297.
Tianyuan (site de la grotte de ~) : 117-118, 152, 156, 351.
TILLIER, Anne-Marie : 98.
TIMMRECK, Claudia : 82.
TISHKOFF, Sarah : 381, 399.
Toba (éruption du volcan ~) : 81-83, 143, 189, 311, 340, 346, 356.
TOMASELLO, Michael : 240.
Torres (insulaires du détroit de ~) : 299.
TOUPS, Melissa : 244.
TRINKAUS, Erik : 46, 66-67, 70, 104, 141, 152, 154-155, 217, 223-224, 229, 290, 359, 364, 386-387.
TRIVERS, Robert : 234.
Tsodilo Hills (site de la grotte de ~) : 203, 334.
TURNER, Christy G. : 105-106, 386.
Twin Rivers (site de ~) : 191, 376.

Üçağizli (site de la grotte d'~) : 144-148.

VALLEBONA, Alessandro : 94.
VANDERMEERSCH, Bernard : 136.
VANHAERAN, Marian : 196.
Vêtements : 155, 243-245, 298, 324.
Vindija (site de la grotte de ~) : 131, 134, 280, 286, 288.
Virus : *voir* Maladies.

WADLEY, Lyn : 80.
WALKER, Alan : 109.
WALLACE, Alfred Russel : 15, 24, 273.
WEAVER, Timothy D. Weaver, dit Tim : 104-105, 308, 359-360.
WEIDENREICH, Franz : 28-30, 32-33, 38.
WEINER, Joseph S. : 33.
WELLS, Spencer : 343.
WHITEN, Andrew : 169, 171.
WHITE, Randall White, dit Randy : 135, 196.
WHITE, Timothy White, dit Tim : 157.
WHITTINGTON, Mrs. : 371.
Willandra (site des lacs ~) : 296, 355.
WILLOUGHBY, Pamela : 150, 341.
WILSON, Allan : 14, 40, 42, 255, 260.

WOLPERT, Lewis : 204.
WOLPOFF, Milford Howell : 38, 135, 389.
WOODS, Eldrick Tont Woods, dit Tiger : 277.
WOODWARD, Sir Arthur Smith : 26, 370.
WRANGHAM, Richard W. : 212.
WU XINZHI : 38.
WYNN, Thomas : 309.

Xujiayao (site de ~) : 294.

YOTOVA, Vania : 288.
Yunxian (site de ~) : 294.

Zhiren (site de la grotte de ~) : 294.
Zhoukoudian (site de ~) : 28, 117-118, 151, 278.
ZILHÃO, João : 249, 331.
ZOLLIKOFER, Christoph : 99-100, 224.
ZWIGELAAR, Tom : 369.

Avant-propos à l'édition française 9

Introduction 11

CHAPITRE I : *Les grandes questions* 15

CHAPITRE II : *Les clefs du passé* 56

CHAPITRE III : *Ce qui était caché* 89

CHAPITRE IV : *Toujours plus loin* 120

CHAPITRE V : *Vers un comportement moderne : lire dans les pensées, manier les symboles* 160

CHAPITRE VI : *Vers un comportement moderne : technologie et modes de vie* 209

CHAPITRE VII : *Gènes et ADN* 252

CHAPITRE VIII : *La fabrique de l'homme moderne* 301

CHAPITRE IX : *L'évolution passée et à venir de notre espèce* 358

APPENDICES

Remerciements 409

Sources et bibliographie 411

Index 452

nrf essais

NRF Essais n'est pas une collection au sens où ce mot est communément entendu aujourd'hui ; ce n'est pas l'illustration d'une discipline unique, moins encore le porte-voix d'une école ni celui d'une institution.

NRF Essais est le pari ambitieux d'aider à la défense et restauration d'un genre : l'essai. L'essai est exercice de pensée, quels que soient les domaines du savoir : il est mise à distance des certitudes reçues sans discernement, mise en perspective des objets faussement familiers, mise en relation des modes de pensée d'ailleurs et d'ici. L'essai est une interrogation au sein de laquelle la question, par les déplacements qu'elle opère, importe plus que la réponse.

Éric Vigne

(Les titres précédés d'un astérisque ont originellement paru dans la collection Les Essais.)

Raymond Abellio *Manifeste de la nouvelle Gnose.*

*Theodor W. Adorno *Essai sur Wagner* (*Versuch über Wagner* ; traduit de l'allemand par Hans Hildenbrand et Alex Lindenberg).

Frédérique Aït-Touati *Contes de la Lune. Essai sur la fiction et la science modernes.*

Svetlana Alpers *L'atelier de Rembrandt. La liberté, la peinture et l'argent* (*Rembrandt's Enterprise. The Studio and the Market* ; traduit de l'anglais [États-Unis] par Jean-François Sené).

Svetlana Alpers *La création de Rubens* (*The Making of Rubens* ; traduit de l'anglais [États-Unis] par Jean-François Sené).

Svetlana Alpers *Les vexations de l'art. Velázquez et les autres* (*The Vexations of Art. Velázquez and others* ; traduit de l'anglais [États-Unis] par Pierre-Emmanuel Dauzat).

Kwame Anthony Appiah *Le code d'honneur. Comment adviennent les révolutions morales* (*The Honor Code. How Moral Revolutions Happen* ; traduit de l'anglais [États-Unis] par Jean-François Sené).

François Azouvi *La gloire de Bergson. Essai sur le magistère philosophique.*

Bronislaw Baczko *Comment sortir de la Terreur. Thermidor et la Révolution.*

Bronislaw Baczko *Job mon ami. Promesses du bonheur et fatalité du mal.*

Alain Bancaud *Une exception ordinaire. La magistrature en France 1930-1950.*

Gilles Barbedette *L'invitation au mensonge. Essai sur le roman.*

Jean-Pierre Baton et Gilles Cohen-Tannoudji *L'horizon des particules. Complexité et élémentarité dans l'univers quantique.*

Pierre Birnbaum *Géographie de l'espoir. L'exil, les Lumières, la désassimilation.*

Pierre Birnbaum *Les deux maisons. Essai sur la citoyenneté des Juifs (en France et aux États-Unis).*

Michel Blay *Les raisons de l'infini. Du monde clos à l'univers mathématique.*

Luc Boltanski *La condition fœtale. Une sociologie de l'engendrement et de l'avortement.*

Luc Boltanski *De la critique. Précis de sociologie de l'émancipation.*

Luc Boltanski *Énigmes et complots. Une enquête à propos d'enquêtes.*

Luc Boltanski et Ève Chiapello *Le nouvel esprit du capitalisme.*

Luc Boltanski et Laurent Thévenot *De la justification. Les économies de la grandeur.*

Olivier Bomsel *L'économie immatérielle. Industries et marchés d'expériences.*

Jorge Luis Borges *Entretiens sur la poésie et la littérature* suivi de *Quatre essais sur J. L. Borges* (*Borges the Poet* ; traduit de l'anglais [États-Unis] par François Hirsch).

Pierre Bouretz *Les promesses du monde. Philosophie de Max Weber.*

Pierre Bouretz *Témoins du futur. Philosophie et messianisme.*

Pierre Bouretz *Qu'appelle-t-on philosopher ?*

Pierre Bouretz *D'un ton guerrier en philosophie. Habermas, Derrida & Co.*

Pierre Briant *Alexandre des Lumières. Fragments d'une histoire européenne.*

*Michel Butor *Essais sur les Essais.*

Roberto Calasso *Les quarante-neuf degrés* (*I quarantanove gradini* ; traduit de l'italien par Jean-Paul Manganaro).

*Albert Camus *Le mythe de Sisyphe. Essai sur l'absurde.*

*Albert Camus *Noces.*

*Albert Camus *L'été.*

Pierre Carrique *Rêve, vérité. Essai sur la philosophie du sommeil et de la veille.*

Barbara Cassin *L'effet sophistique.*

Roger Chartier *Cardenio entre Cervantès et Shakespeare. Histoire d'une pièce perdue.*

*Cioran *La chute dans le temps.*

*Cioran *Le mauvais démiurge.*

*Cioran *De l'inconvénient d'être né.*

*Cioran *Écartèlement.*

*Jean Clair *Considérations sur l'état des beaux-arts. Critique de la modernité.*

Élisabeth Claverie *Les guerres de la Vierge. Une anthropologie des apparitions.*

Jean Clottes (sous la direction de) *La France préhistorique. Un essai d'histoire.*

Pierre Dardot et Christian Laval *Marx, prénom : Karl.*

Robert Darnton *Édition et sédition. L'univers de la littérature clandestine au* XVIIIe *siècle.*

Robert Darnton *Le Diable dans un bénitier. L'art de la calomnie en France, 1650-1800 (Slander. The Art of Libel in Eighteenth-Century France* ; traduit de l'anglais [États-Unis] par Jean-François Sené).

Robert Darnton *Apologie du livre. Demain, aujourd'hui, hier (The Case for Books. Past, Present, and Future* ; traduit de l'anglais [États-Unis] par Jean-François Sené).

Philippe Delmas *Le bel avenir de la guerre.*

Daniel C. Dennett *La stratégie de l'interprète. Le sens commun et l'univers quotidien* (*The Intentional Stance* ; traduit de l'anglais [États-Unis] par Pascal Engel).

Vincent Descombes *Le complément de sujet. Enquête sur le fait d'agir de soi-même.*

Vincent Descombes *Les embarras de l'identité.*

Jared Diamond *De l'inégalité parmi les sociétés. Essais sur l'homme et l'environnement dans l'histoire* (*Guns, Germs, and Steel. The Fates of Human Societies* ; traduit de l'anglais [États-Unis] par Pierre-Emmanuel Dauzat).

Jared Diamond *Le troisième chimpanzé. Essai sur l'évolution et l'avenir de l'animal humain* (*The Third Chimpanzee. The Evolution and Future of the Human Animal* ; traduit de l'anglais [États-Unis] par Marcel Blanc).

Jared Diamond *Effondrement. Comment les sociétés décident de leur disparition ou de leur survie* (*Collapse. How Societies Chose to Fail or Succeed* ; traduit de l'anglais [États-Unis] par Pierre-Emmanuel Dauzat).

Jared Diamond *Le monde jusqu'à hier. Ce que nous apprennent les sociétés traditionnelles* (*The World Until Yesterday. What Can We Learn from Traditional Societies ?* ; traduit de l'anglais [États-Unis] par Jean-François Sené).

Alain Dieckhoff *L'invention d'une nation. Israël et la modernité politique.*

Michel Dummett *Les sources de la philosophie analytique* (*Ursprünge der analytischen Philosophie* ; traduit de l'allemand par Marie-Anne Lescourret).

*Mircea Eliade *Occultisme, sorcellerie et modes culturelles* (*Occultism, Witchcraft and Cultural Fashions* ; traduit de l'anglais [États-Unis] par Jean Malaquais).

*Mircea Eliade *Briser le toit de la maison. La créativité et ses symboles* (textes traduits de l'anglais par Denise Paulme-Schaeffner et du roumain par Alain Paruit).

Pascal Engel *La norme du vrai. Philosophie de la logique.*

*Étiemble et Yassu Gauclère *Rimbaud.*

Gérard Farasse *L'âne musicien. Sur Francis Ponge.*

Jean-Marc Ferry *La question de l'État européen.*

Alain Finkielkraut *La mémoire vaine. Du crime contre l'humanité.*

Laurence Fontaine *L'économie morale. Pauvreté, crédit et confiance dans l'Europe préindustrielle.*

Laurence Fontaine *Le Marché. Histoire et usages d'une conquête sociale.*

Michael Fried *La place du spectateur. Esthétique et origines de la peinture moderne* (*Absorption and Theatricality. Painting and Beholder in the Age of Diderot* ; traduit de l'anglais [États-Unis] par Claire Brunet).

Michael Fried *Le réalisme de Courbet. Esthétique et origines de la peinture moderne II* (*Courbet's Realism* ; traduit de l'anglais [États-Unis] par Michel Gautier).

Michael Fried *Le modernisme de Manet. Esthétique et origines de la peinture moderne III* (*Manet's Modernism or, The Face of Painting in the 1860s* ; traduit de l'anglais [États-Unis] par Claire Brunet).

Michael Fried *Contre la théâtralité. Du minimalisme à la photographie contemporaine* (extrait de *Art and Objecthood* ; traduit de l'anglais [États-Unis] par Fabienne Durand-Bogaert).

Jack Goody *Le vol de l'histoire. Comment l'Europe a imposé le récit de son passé au monde* (*The Theft of History* ; traduit de l'anglais par Fabienne Durand-Bogaert).

Stephen Jay Gould *La structure de la théorie de l'évolution* (*The Structure of Evolutionary Theory* ; traduit de l'anglais [États-Unis] par Marcel Blanc).

Ilan Greilsammer *La nouvelle histoire d'Israël. Essai sur une identité nationale.*

Frédéric Gros *États de violence. Essai sur la fin de la guerre.*

Frédéric Gros *Le Principe Sécurité.*

Pierre Guenancia *L'intelligence du sensible. Essai sur le dualisme cartésien.*

Jürgen Habermas *Droit et Démocratie. Entre faits et normes* (*Faktizität und Geltung. Beiträge zur Diskurstheorie des Rechts und des demokratischen Rechtsstaats* ; traduit de l'allemand par Rainer Rochlitz et Christian Bouchindhomme).

Jürgen Habermas *Vérité et justification* (*Wahrheit und Rechtfertigung. Philosophische Aufsätze* ; traduit de l'allemand par Rainer Rochlitz).

Jürgen Habermas *L'avenir de la nature humaine. Vers un eugénisme libéral ?* (*Die Zukunft der menschlichen Natur. Auf dem Weg zu einer liberalen Eugenik ?* ; traduit de l'allemand par Christian Bouchindhomme).

Jürgen Habermas *Entre naturalisme et religion. Les défis de la démocratie* (*Zwischen Naturalism und Religion. Philosophische Aufsätze* ; traduit de l'allemand par Christian Bouchindhomme et Alexandre Dupeyrix).

Jürgen Habermas *La constitution de l'Europe* (*Zur Verfassung Europas. Ein Essay* ; traduit de l'allemand par Christian Bouchindhomme).

Pierre Hadot *Le voile d'Isis. Sur l'histoire de l'idée de nature.*

François Hartog *Mémoire d'Ulysse. Récits sur la frontière en Grèce ancienne.*

Stephen Hawking et Roger Penrose *La nature de l'espace et du temps* (*The Nature of Space and Time* ; traduit de l'anglais [États-Unis] par Françoise Balibar).

Nathalie Heinich *États de femmes. L'identité féminine dans la fiction occidentale.*

Raul Hilberg *Exécuteurs, victimes, témoins. La catastrophe juive 1933-1945* (*Perpetrators Victims Bystanders. The Jewish Catastrophe 1933-1945* ; traduit de l'anglais [États-Unis] par Marie-France de Paloméra).

Raul Hilberg *Holocauste : les sources de l'histoire* (*Sources of Holocaust Research* ; traduit de l'anglais [États-Unis] par Marie-France de Paloméra).

Axel Honneth *La réification. Petit traité de Théorie critique* (*Verdinglichung. Eine anerkennungstheorische Studie* ; traduit de l'allemand par Stéphane Haber).

Axel Honneth *Ce que social veut dire,* tome 1 : *Le déchirement du social* ; tome 2 : *Les pathologies de la raison* (textes extraits de *Die zerrissene Welt des Sozialen. Sozialphilosophie Aufsätze* ; *Pathologien der Vernunft. Geschichte und Gegenwart der Kritischen Theorie* et *Das Ich im Wir. Studien zur Anerkennungstheorie* ; traduit de l'allemand par Pierre Rusch).

Olivier Ihl *Le mérite et la République. Essai sur la société des émules.*

Christian Jouhaud *Les pouvoirs de la littérature. Histoire d'un paradoxe.*

Bruno Karsenti *D'une philosophie à l'autre. Les sciences sociales et la politique des modernes.*

Ian Kershaw *Hitler. Essai sur le charisme en politique* (*Hitler* ; traduit de l'anglais par Jacqueline Carnaud et Pierre-Emmanuel Dauzat).

Ben Kiernan *Le génocide au Cambodge 1975-1979. Race, idéologie et pouvoir* (*The Pol Pot Regime. Races, Power, and Genocide in Cambodia under the Khmer Rouge, 1975-79* ; traduit de l'anglais [États-Unis] par Marie-France de Paloméra).

*Alexandre Koyré *Introduction à la lecture de Platon* suivi de *Entretiens sur Descartes.*

Julia Kristeva *Le temps sensible. Proust et l'expérience littéraire.*

Michel Lallement *Tensions majeures. Max Weber, l'économie, l'érotisme.*

Thomas Laqueur *La fabrique du sexe. Essai sur le corps et le genre en Occident* (*Making Sex. Body and Gender from the Greeks to Freud* ; traduit de l'anglais [États-Unis] par Michel Gautier).

Thomas Laqueur *Le sexe en solitaire. Contribution à l'histoire culturelle de la sexualité* (*Solitary Sex. A Cultural History of Masturbation* ; traduit de l'anglais [États-Unis] par Pierre-Emmanuel Dauzat).

Christian Laval *L'homme économique. Essai sur les racines du néolibéralisme.*

Hervé Le Bras et Emmanuel Todd *L'invention de la France. Atlas anthropologique et politique.*

J. M. G. Le Clézio *Le rêve mexicain ou la pensée interrompue.*

Jean-Marc Lévy-Leblond *Aux contraires. L'exercice de la pensée et la pratique de la science.*

Jacqueline Lichtenstein *La tache aveugle. Essai sur les relations de la peinture et de la sculpture à l'âge moderne.*

*Gilles Lipovetsky *L'ère du vide. Essais sur l'individualisme contemporain.*

Gilles Lipovetsky *Le crépuscule du devoir. L'éthique indolore des nouveaux temps démocratiques.*

Gilles Lipovetsky *La troisième femme. Permanence et révolution du féminin.*

Gilles Lipovetsky *Le bonheur paradoxal. Essai sur la société d'hyperconsommation.*

Nicole Loraux *Les expériences de Tirésias. Le féminin et l'homme grec.*

Nicole Loraux *La voix endeuillée. Essai sur la tragédie grecque.*

Sergio Luzzato *Padre Pio. Miracles et politique à l'âge laïc* (*Padre Pio. Miracoli e politica nell'Italia del Novecento* ; traduit de l'italien par Pierre-Emmanuel Dauzat)

Giovanni Macchia *L'ange de la nuit. Sur Proust* (*L'angelo della notte ; Proust e dintorni* ; traduit de l'italien par Marie-France Merger, Paul Bédarida et Mario Fusco).

Marielle Macé *Façons de lire, manières d'être.*

Roderick MacFarquhar et Michael Schoenhals *La dernière révolution de Mao. Histoire de la Révolution culturelle 1966-1976* (*Mao's Last Revolution* ; traduit de l'anglais [États-Unis] par Pierre-Emmanuel Dauzat).

Gérard Mairet *La fable du monde. Enquête philosophique sur la liberté de notre temps.*

Christian Meier *La naissance du politique* (*Die Entstehung des Politischen bei den Griechen* ; traduit de l'allemand par Denis Trierweiler).

*Yves Michaud, *Violence et politique.*

Jonathan Moore (sous la direction de) *Des choix difficiles. Les dilemmes moraux de l'humanitaire* (*Hard Choices. Moral Dilemmas in Humanitarian Intervention* ; traduit de l'anglais [États-Unis] par Dominique Leveillé).

Frédéric Musso *Albert Camus ou la fatalité des natures.*

Sönke Neitzel et Harald Welzer *Soldats. Combattre, tuer, mourir : procès-verbaux de récits de soldats allemands* (*Soldaten. Protokolle vom Kämpfen, Töten und Sterben* ; traduit de l'allemand par Olivier Mannoni).

Pierre Pachet *La force de dormir. Essai sur le sommeil en littérature.*

Thomas Pavel *La pensée du roman.*

*Octavio Paz *L'arc et la lyre* (*El arco y la lira* ; traduit de l'espagnol [Mexique] par Roger Munier).

*Octavio Paz *Deux transparents. Marcel Duchamp et Claude Lévi-Strauss* (*Marcel Duchamp, Claude Lévi-Strauss o el nuevo Festín de Esopo* ; traduit de l'espagnol [Mexique] par Monique Fong-Wust et Robert Marrast).

*Octavio Paz *Conjonctions et disjonctions* (*Conjunciones y Diyunciones* ; traduit de l'espagnol [Mexique] par Robert Marrast).

*Octavio Paz *Courant alternatif* (*Corriente alterna* ; traduit de l'espagnol [Mexique] par Roger Munier).

*Octavio Paz *Le labyrinthe de la solitude* suivi de *Critique de la pyramide* (*El laberinto de la soledad* ; *Posdata ;* traduit de l'espagnol [Mexique] par Jean-Clarence Lambert).

*Octavio Paz *Point de convergence. Du romantisme à l'avant-garde* (*Los hijos del limo* ; traduit de l'espagnol [Mexique] par Roger Munier).

*Octavio Paz *Marcel Duchamp : l'apparence mise à nu* (*Apariencia desnuda, la obra de Marcel Duchamp. El Castillo de la Pureza. * water writes always in * plural* ; traduit de l'espagnol [Mexique] par Monique Fong).

Philip Pettit *Républicanisme. Une théorie de la liberté et du gouvernement* (*Republicanism. A Theory of Freedom and Government* ; traduit de l'anglais par Patrick Savidan et Jean-Fabien Spitz).

Nadine Picaudou *L'islam entre religion et idéologie. Essai sur la modernité musulmane.*

Jackie Pigeaud *L'Art et le Vivant.*

Martine Poulain *Livres pillés, lectures surveillées. Une histoire des bibliothèques françaises sous l'Occupation.*

Joëlle Proust *Comment l'esprit vient aux bêtes. Essai sur la représentation.*

Hilary Putnam *Représentation et réalité* (*Representation and Reality* ; traduit de l'anglais [États-Unis] par Claudine Engel-Tiercelin).

David M. Raup *De l'extinction des espèces. Sur les causes de la disparition des dinosaures et de quelques milliards d'autres* (*Extinction, Bad Genes or Bad Luck ?* ; traduit de l'anglais [États-Unis] par Marcel Blanc).

Jan Philipp Reemtsma *Confiance et violence. Essai sur une configuration particulière de la modernité* (*Vertrauen und Gewalt. Versuch über eine besondere Konstellation der Moderne* ; traduit de l'allemand par Bernard Lortholary).

Jean-Pierre Richard *L'état des choses. Études sur huit écrivains d'aujourd'hui.*

Rainer Rochlitz *Le désenchantement de l'art. La philosophie de Walter Benjamin.*

Rainer Rochlitz *Subversion et subvention. Art contemporain et argumentation esthétique.*

Rainer Rochlitz *L'art au banc d'essai. Esthétique et critique.*

*Emir Rodriguez Monegal *Neruda le voyageur immobile* (*El Viajero inmovil* ; traduit de l'espagnol par Bernard Lelong).

Claude Romano *Le chant de la vie. Phénoménologie de Faulkner.*

Philippe Roussin *Misère de la littérature, terreur de l'histoire. Céline et la littérature contemporaine.*

Henry Rousso *La dernière catastrophe. L'histoire, le présent, le contemporain.*

Marc Sadoun *De la démocratie française. Essai sur le socialisme.*

Marc Sadoun (sous la direction de) *La démocratie en France*, tome 1 : *Idéologies* ; tome 2 : *Limites.*

Elias Sanbar *Figures du Palestinien. Identité des origines, identité de devenir.*

Jean-Paul Sartre *Vérité et existence.*

Saskia Sassen *La Globalisation. Une Sociologie* (*A Sociology of Globalization* ; traduit de l'anglais [États-Unis] par Pierre Guglielmina).

Jean-Marie Schaeffer *L'art de l'âge moderne. L'esthétique et la philosophie de l'art du XVIIIe siècle à nos jours.*

Jean-Marie Schaeffer *Les célibataires de l'art. Pour une esthétique sans mythes.*

Jean-Marie Schaeffer *La fin de l'exception humaine.*

Dominique Schnapper *La communauté des citoyens. Sur l'idée moderne de nation.*

Dominique Schnapper *La relation à l'Autre. Au cœur de la pensée sociologique.*

Dominique Schnapper *La démocratie providentielle. Essai sur l'égalité contemporaine.*

Dominique Schnapper *Une sociologue au Conseil constitutionnel.*

Dominique Schnapper *L'Esprit démocratique des lois.*

Jerome B. Schneewind *L'invention de l'autonomie. Une histoire de la philosophie morale moderne* (*The Invention of Autonomy. A History of Modern Moral Philosophy* ; traduit de l'anglais [États-Unis] par Jean-Pierre Cléro, Pierre-Emmanuel Dauzat et Évelyne Meziani-Laval).

John R. Searle *La redécouverte de l'esprit* (*The Rediscovery of the Mind* ; traduit de l'anglais [États-Unis] par Claudine Tiercelin).

John R. Searle *La construction de la réalité sociale* (*The Construction of Social Reality* ; traduit de l'anglais [États-Unis] par Claudine Tiercelin).

Jean-François Sirinelli (sous la direction de) *Histoire des droites en France*, tome 1 : *Politique* ; tome 2 : *Cultures* ; tome 3 : *Sensibilités.*

Wolfgang Sofsky *Traité de la violence* (*Traktat über die Gewalt* ; traduit de l'allemand par Bernard Lortholary).

Wolfgang Sofsky *L'ère de l'épouvante. Folie meurtrière, terreur, guerre* (*Zeiten des Schreckens. Amok, Terror, Krieg* ; traduit de l'allemand par Robert Simon).

Jean-Fabien Spitz *Le moment républicain en France.*

Jean Starobinski *Le remède dans le mal. Critique et légitimation de l'artifice à l'âge des Lumières.*

George Steiner *Réelles présences. Les arts du sens* (*Real Presences. Is there anything* in *what we say ?* ; traduit de l'anglais par Michel R. de Pauw).

George Steiner *Passions impunies* (*No Passion spent* ; traduit de l'anglais par Pierre-Emmanuel Dauzat et Louis Évrard).

George Steiner *Grammaires de la création* (*Grammars of Creation* ; traduit de l'anglais par Pierre-Emmanuel Dauzat).

George Steiner *Maîtres et disciples* (*Lessons of the Masters* ; traduit de l'anglais par Pierre-Emmanuel Dauzat).

George Steiner *Poésie de la pensée* (*The Poetry of Thought* ; traduit de l'anglais par Pierre-Emmanuel Dauzat).

*Salah Stétié *Les porteurs de feu et autres essais.*

Chris Stringer *Survivants. Pourquoi nous sommes les seuls humains sur terre* (*Lone Survivors. How We Came to Be the Only Humans on Earth* ; traduit de l'anglais par Alain Kihm).

Ian Tattersall *L'émergence de l'homme. Essai sur l'évolution et l'unicité humaine* (*Becoming Human. Evolution and Human Uniqueness* ; traduit de l'anglais [États-Unis] par Marcel Blanc).

Emmanuel Todd *L'origine des systèmes familiaux,* tome 1 : *L'Eurasie.*

*Miguel de Unamuno *L'essence de l'Espagne* (*En torno al Casticismo* ; traduit de l'espagnol par Marcel Bataillon).

Jean-Marie Vaysse *L'inconscient des Modernes. Essai sur l'origine métaphysique de la psychanalyse.*

Patrick Verley *L'échelle du monde. Essai sur l'industrialisation de l'Occident.*

Paul Veyne *René Char en ses poèmes.*

Michael Walzer *Traité sur la tolérance* (*On Toleration* ; traduit de l'anglais [États-Unis] par Chaïm Hutner).

Harald Welzer *Les exécuteurs. Des hommes normaux aux meurtriers de masse* (*Täter. Wie aus ganz normalen Menschen Massenmörder werden* ; traduit de l'allemand par Bernard Lortholary).

Harald Welzer *Les guerres du climat. Pourquoi on tue au XXIe siècle* (*Klimakriege. Wofür im 21. Jahrhundert getötet wird* ; traduit de l'allemand par Bernard Lortholary).

Harald Welzer, Sabine Moller et Karoline Tschuggnall *« Grand-Père n'était pas un nazi ». National-socialisme et Shoah dans la mémoire familiale* (*« Opa war kein Nazi ». Nationalsozialismus und Holocaust im Familiengedächtnis* ; traduit de l'allemand par Olivier Mannoni).

Bernard Williams *L'éthique et les limites de la philosophie* (*Ethics and the Limits of Philosophy* ; traduit de l'anglais par Marie-Anne Lescourret).

Bernard Williams *Vérité et véracité. Essai de généalogie* (*Truth and Truthfulness. An Essay in Genealogy* ; traduit de l'anglais par Jean Lelaidier).

Yosef Hayim Yerushalmi *Le Moïse de Freud. Judaïsme terminable et interminable* (*Freud's Moses. Judaism Terminable and Interminable* ; traduit de l'anglais [États-Unis] par Jacqueline Carnaud).

Levent Yilmaz *Le temps moderne. Variations sur les Anciens et les contemporains.*

Patrick Zylberman *Tempêtes microbiennes. Essai sur la politique de sécurité sanitaire dans le monde transatlantique.*

Composition : Nord Compo
Achevé d'imprimer
par Normandie Roto Impression s.a.s.
61250 Lonrai, le 4 mars 2014
Dépôt légal : mars 2014
Numéro d'imprimeur : 1400881
ISBN 978-2-07-012194-6 / Imprimé en France

160300